F. Arrizogui '97

WINFRIED WEIER

BRENNPUNKTE DER GEGENWARTSPHILOSOPHIE

WINFRIED WEIER

BRENNPUNKTE DER GEGENWARTSPHILOSOPHIE

Zentralthemen und Tendenzen im Zeitalter des Nihilismus

WISSENSCHAFTLICHE BUCHGESELLSCHAFT
DARMSTADT

Einbandgestaltung: Studio Franz & McBeath, Stuttgart.

Die Deutsche Bibliothek – CIP-Einheitsaufnahme

Weier, Winfried:
Brennpunkte der Gegenwartsphilosophie:
Zentralthemen und Tendenzen im Zeitalter des
Nihilismus / Winfried Weier. – Darmstadt:
Wiss. Buchges., 1991
ISBN 3-534-10863-9

Bestellnummer 10863-9

Gedruckt auf säurefreiem und alterungsbeständigem Werkdruckpapier
Gesamtherstellung: Wissenschaftliche Buchgesellschaft, Darmstadt
Printed in Germany
Schrift: Times, 9.5/11

ISBN 3-534-10863-9

Inhalt

Vorwort

Ein „Brennpunkt“ ist diejenige Stelle, an der mehrere Lichtstrahlen sich überkreuzen und zusammentreffen. In der Übertragung dieses Symbols auf die Philosophie ist darunter zu verstehen der Treffpunkt mehrerer Einzelperspektiven (arabische Ziffern) zu Zentralthemen (römische Ziffern) oder der Treffpunkt solcher in Grundmotiven (Buchteile A–D).

In meiner Schrift ›Nihilismus. Geschichte, System, Kritik‹ (1980, 387 S.) habe ich bereits den Versuch unternommen, den zeitgenössischen Nihilismus aus seinen geistigen und existentiellen Motiven zu verstehen und herzuleiten, wie es mir in meiner Schrift ›Die Grundlegung der Neuzeit. Typologie der Philosophiegeschichte‹ (1988, 320 S.) um eine Bestimmung der Grundtypen des neuzeitlichen Denkens wie eine Charakterisierung ihrer Eigenart ging. Nach diesen Vorstudien lag es nahe, von eben diesem Ansatz her eine Darstellung zu versuchen, welche die Thematik des Nihilismus so breit und grundsätzlich faßte, daß fast eine Gesamtschau der Gegenwartsphilosophie hervortrat und damit ihre Grundkonzeption, ihre ideelle Einheit zum Vorschein kam. Das heißt, wenn man, wie es im folgenden geschieht, einmal von der neuscholastischen und christlich orientierten Philosophie absieht, stellt diese Fragestellung erstmalig eine Zentrierung der Gegenwartsphilosophie nach Motiven, Themen und Tendenzen bzw. Perspektiven in Aussicht. Eine solche ist deshalb dringend erforderlich, weil alle mir bekannten Darstellungen der Gegenwartsphilosophie diese weder in Verbindung sehen mit den spezifisch geistigen Grundfragen der Philosophie überhaupt noch aus den ihre verschiedenen Systeme und Strömungen vereinigenden Motiven, Themen und Tendenzen zu interpretieren und zu verstehen wissen. Die Folge ist die, daß diese Darstellungen eine eigentlich *philosophische* Auseinandersetzung mit der Gegenwartsphilosophie deshalb nicht einzuleiten und zu vermitteln vermögen, weil sie gar nicht auf die Grundfragen der Philosophie zurückgehen, sondern statt dessen der Ziel- und Interessensrichtung der empirischen und rationalen Wissenschaften sich verpflichtet wissen. Dies aber führt wiederum dazu, daß eine solche

Aneignung der Gegenwartsphilosophie nicht mehr ihre lebendige Aufarbeitung und kritische Weiterführung vorbereiten kann, sondern zu einem Versinken in bloßen Wissensfakten führt, das dem Auftrag der „noch lebendigen Philosophie“ nicht mehr entsprechen kann, „um ihren wahren und echten Sinn und damit um den Sinn eines echten Menschentums zu ringen“ (E. Husserl).

Es ist daher falsch, die Problematik des nihilistischen Denkens als etwas dem Philosophieren Abträgliches anzusehen. Wie ich in meiner Nihilismus-Schrift das „Ethos“ der nihilistischen Denkmotive als Weg zu einem neuen Wertverständnis des nachnihilistischen Zeitalters, einer so verstandenen Postmoderne darzulegen suchte, so sollen diese Motive hier zu einem neuen Verständnis der Problemhintergründe unseres Zeitalters und zu einem tieferen Erfassen seiner Anliegen, Postulate und Absichten führen.

Aus Gründen der Raumersparnis wurden bei der Zitation der Sekundärschriften die Untertitel weggelassen und diese auf die wichtigsten Forschungsarbeiten der achtziger Jahre beschränkt. Der Hinweis „a. a. O.“ wurde ausschließlich dazu verwandt, um auf die jeweils zitierte Gesamtausgabe zurückzuverweisen.

Winfried Weier

Einleitung und Überblick

1. Grundperspektiven des Nihilismus und Zentralthemen der Gegenwartsphilosophie

Die vorliegenden Versuche einer Darstellung der Gegenwartsphilosophie sind allesamt dadurch bezeichnet, daß sie das ihre verschiedenen Positionen und Gestalten miteinander Verbindende, ihnen allen Gemeinsame nicht herausarbeiten. Dieses ist zu sehen in der nihilistischen Grundanschauung, daß es keinen objektiven, d. h. subjektiver Meinung überlegenen, die Bedingung der Möglichkeit sowie die Bestimmung allen Seins darstellenden und daher transzendenten Sinn, keinen das Zentrum, Ziel und Ursprung allen Seins einschließlich des Menschen ausmachenden Wesensgrund und keine sich allein aus ihrem Gehalt als verbindlich rechtfertigenden Wertprinzipien gebe. Zwar macht die darauf vorder- oder hintergründig gerichtete, weil dem Wesen des Menschseins unerläßliche Fragehaltung[1] auch den entscheidenden Problemhintergrund der Gegenwartsphilosophie aus. Aber diese Frage ist hier ins Utopische gewiesen, d. h. als gegenstandslos oder gar illegitim deklariert.

a) Friedrich Nietzsche (1844–1900) bezeichnet den „Nihilismus" als den „Glauben an die absolute Sinnlosigkeit",[2] die „radikale Ablehnung von Wert, Sinn, Wünschbarkeit",[3] die Überzeugung, „daß alles keinen Sinn habe".[4] Die Folge davon sieht er in einem „Dasein ohne Sinn und Ziel",[5] das in seinem darauf gerichteten Fragen stets auf ein schlechthinniges „Umsonst"[6] zurückverwiesen ist. Was auch immer

[1] Vgl. W. Weier, Menschliches Fragen als Zeugnis für objektiven Sinn, Freiburger Zeitschrift für Philosophie und Theologie, Bd. XX, H. 1–2, 1973, 168–197.

[2] Großoktav-Ausgabe, Leipzig 1894 ff. (abgek.: WGA), XVI, 102.

[3] Kritische Gesamtausgabe, hrsg. v. G. Colli u. M. Montinari, Berlin 1967 ff. (abgek.: WKG), VIII/1, 123.

[4] WGA XV, 142.

[5] WKG VIII/1, 217.

[6] Ebd.

man im einzelnen darunter verstehen mag, fest steht, daß der Sinn als ein solcher ausgeschlossen ist, der die Bestimmung eines Seienden bzw. des Menschen auf ein Ziel hin besagt, das den Charakter höchster Erfüllung, Vollendung und Ergründung dieses Seienden besitzt. Ihm ist es wesenhaft, insofern notwendig und immer über jede Form seiner Verwirklichung bzw. Selbstverwirklichung hinauszugreifen, als diese auf ihre zufälligen und jeweiligen Möglichkeiten eingegrenzt bleibt. In dieser Grundperspektive liegt der entscheidende und tragende Ansatz einer jeden Transzendenzphilosophie, ja der dem Menschsein überhaupt unerläßlichen Transzendenz begründet. Wie es also im Wesen des Sinnes liegt, die Endlichkeit zu transzendieren, besagt konsequentermaßen seine Leugnung oder Ausschaltung den Regreß auf die Dimension der reinen Endlichkeit, wie er in der Tat für die Gegenwartsphilosophie signifikant ist.[7]

Allein im Sinn kann das rein Zufällige überschritten werden hin auf das darin zwar schon gegenwärtige, aber auf seinen Ausdruck noch hingespannte Notwendige, Absolute, Unendliche. Insofern besagt seine Negation den Rückgang auf die reine sinnentfremdete Faktizität, wie sie in dem nur noch der nackten Tatsächlichkeit verpflichteten Positivismus (Kap. IV, V), dem an der Oberfläche des Aufscheinenden verbleibenden Phänomenalismus (Kap. IV), dem am irrationalen Nun-mal-so-Sein haftenden Psychologismus (Kap. III) und Strukturalismus (Kap. IV) zum Prinzip aller Philosphie erhoben wurde.

In seiner Anwendung auf das menschliche Sein zeigt sich dieser Faktizismus als ein bei seinen materiellen (Kap. X), biologischen (Kap. III), vitalen (Kap. VIII), soziologischen (Kap. X), historischen (Kap. IX) Bedingtheiten stehenbleibender Immanentismus oder als ein die Ebene reiner Aktualität und Selbstverwirklichung verabsolutierender und darin sich erschöpfender existenz- und lebensphilosophischer Aktualismus (Kap. I–III, IX). Diesem Rekurs auf die reine Faktizität entspricht eine Depotenzierung und Entwirklichung der Sphäre des idealen Seins und der idealen Geltung, wie sie sich besonders in der Phänomenologie (Kap. XII) und der sogenannten „Badischen Schule“ (Kap. XI) zeigen. Die Folge ist in einem Wirklichkeitsverständnis und Weltbild zu sehen, das sich in der Dimension der räumlichen, zeitlichen, bedingten, zufälligen, biologischen, materiellen oder auch ideal-logischen Tatsächlichkeiten erschöpft und die

[7] Vgl. F.-J. von Rintelen, Philosophie der Endlichkeit als Spiegel der Gegenwart, Meisenheim/Gl. 1951.

Dimension zeitüberlegener, notwendiger, werdeloser, urphänomenaler und unbedingter Sinngehalte nicht mehr kennt.

Ist auf solche Weise der objektive Sinn ausgeschaltet, so wird aller Sinn zum Produkt, ja zum Spielball der von allen objektiven Inhalten losgelösten und sich absolut setzenden freien Subjektivität ganz gleich, ob sich diese als eine vernunfthafte, willentliche, emotionale, rationale oder existentielle versteht. An die Stelle eines geistigen Erschauens oder auch existentiellen Vernehmens objektiver Sinngeltungen[8] tritt ein allen Sinn und alles Sein setzender Idealismus (Kap. I, II), der jeden Bedeutungsgehalt zerlegende und durch jeden beliebigen anderen ersetzende Konstruktivismus (Kap. II), der den Sinn in rein logischer Formalität auflösende Rationalismus (Kap. V), eine ihn auf rein transzendentale Noemata reduzierende Phänomenologie (Kap. VI) oder ein ihn geradezu zur Fiktion entwirklichender existenzphilosophischer Autonomismus (Kap. II). Freilich sind auch alle Handlungsziele in eine sinnentfremdete Zweckrationalität zurückgenommen (Kap. IV, V). Ist der Sinn versubjektiviert, wird die Frage nach Wahrheit und objektiver Erkenntnis zur reinen Methodenfrage, zu einer Hermeneutik, die sich in der perspektivistischen Annahme erschöpft, daß alle Wahrheit und aller Sinn letztlich allein aus Interpretation und sprachlicher Ausdeutung bestehe (Kap. VII).

b) Weiter bezeichnet Nietzsche den „Nihilismus“ als den „Glauben an die absolute Wertlosigkeit“.[9] Auf die Frage „Was bedeutet Nihilismus?“ antwortet er: „daß die obersten Werte sich entwerten. Es fehlt das Ziel, es fehlt die Antwort auf das ‚Warum‘.“[10] Diese Entwertung der Werte, die Nietzsche auch als die „oberste Wünschbarkeit der Menschheit“[11] anspricht, hat „die absolute Unhaltbarkeit des Daseins“ zur Folge.[12] Damit ist gesagt, daß dieses wie alles Sein kein tragendes Warum oder ein schlechthin gültiges Ziel mehr findet. Die nihilistische Entwertung aller Werte meint mithin die Negation solcher Inhalte, die ihren Berechtigungsgrund in sich selbst tragen kraft ihres Gehalts, ihres Ziels wie ihrer Bedeutung sich aus sich selbst rechtfertigen, ohne weiterer Begründung oder Rechtfertigung bedürftig oder fähig zu sein.

[8] Vgl. W. Weier, Strukturen menschlicher Existenz. Grenzen heutigen Philosophierens (abgek.: ME), Paderborn 1977, §§ 34–49.

[9] WKG VIII/1, 321.

[10] Ebd. VIII/2, 14.

[11] Ebd., 237.

[12] Ebd., 27. Vgl. Sämtl. Werke in zwölf Bänden, hrsg. v. P. Gast u. E. Förster-Nietzsche, Stuttgart 1964 (abgek.: WGN), VIII, 558.

Hieraus folgt eine Entfunktionalisierung der geistigen Intuition (Kap. IV, V, XII), die gerade die objektiven Werte zu ihrem eigentlichen und genuinen Gegenstand hat. Nicht zuletzt geht auch hieraus jene für die Gegenwartsphilosophie so signifikante Krise des Geistes (Kap. III) hervor wie die Entwirklichung (Kap. XI) und Depotenzierung (Kap. XII) des idealen Seins überhaupt. Mit dem Untergang der Werte verbleibt als einziges Handlungsziel die Wirkung, der Effekt (Kap. IV), nach dem nunmehr ausschließlich der „Wert" einer jeden Handlung zu bestimmen ist, das heißt, es entfällt völlig eine jede den kurzgefaßten Effekt transzendierende Perspektive, wie das Transzendieren überhaupt ziel- und gegenstandslos wird und in die reine Immanenz zurückfällt (Kap. II, XII).

Besonders grundlegend ist diese nihilistische Preisgabe der objektiven Werte freilich für das Verständnis des sittlichen Sollens in der Gegenwartsphilosophie. Denn nunmehr gibt es keine Direktiven mehr, die kraft ihrer Vollkommenheit und Verbindlichkeit nicht nur erstrebenswert sind, sondern allem Streben eine letzte Begründung verleihen und die als ein An-sich-Normatives auftreten, das keinen Zweifel daran zuläßt, daß es unbedingt und unter allen Umständen zu realisieren ist. An die Stelle solcher sittlicher Normen treten alle jene Zwecke, die entweder einem rein humanitären Wollen (Kap. II), einer rationalistischen Vorteilserwägung (Kap. V), den Mechanismen des Irrationalen bzw. einer wertentfremdeten Tradition oder Kultur entspringen (Kap. I, IV, X) und eben deshalb gar kein eigentliches Sollen im strengen Sinne[13] begründen können, sondern der Ideologiekritik (Kap. VII) verfallen. Freilich drückt sich die Auflösung der unbedingten Werte auch überhaupt in der Hinwendung zu den reinen Bedingtheiten von Materie (Kap. X), Leben (Kap. VIII, XI), Geschichte (Kap. IX) und Zeit (Kap. II, XII) und dem hierdurch begründeten generellen Immanentismus aus.

c) Nietzsche wollte den „Nihilismus" auch in der „Einsicht erkennen, „daß wir nicht das geringste Recht haben, ein An-sich der Dinge anzusetzen".[14] Damit ist gemeint der Ausschluß aller Wesensprinzipien, d. h. aller der Seinsverwirklichung der Seienden voraus- und zugrundeliegenden realen Ziele und Gründe als darin wirkender

[13] Vgl. W. Weier, Phänomene und Bilder des Menschseins. Grundlegung einer Dimensionalen Anthropologie (abgek.: PB), ELEMENTA, Schriften zur Philos. und ihrer Problemgeschichte, Bd. XLIV, hrsg. v. R. Berlinger u. W. Schrader, Amsterdam, Würzburg 1986, Kap. 11.

[14] WKG VIII/2, 237.

und wirklicher Sinn- und Bedeutungsgehalte. Diese Leugnung besagt die Preisgabe einer jeden, dem Sein selbst eigenen und verstehbaren Soseinsbestimmtheit und Eigengesetzlichkeit ganz gleich, ob diese als Eidos, Idee, Usia, Substanz, Wesen oder auch Struktur bzw. Form angesprochen ist.

Diese Grundperspektive hat zunächst einmal anthropologische Konsequenzen, indem sie konsequentermaßen alle substantiellen und persistierenden Prinzipien innerhalb des Menschseins aufhebt und dieses in völlig wesenlose, augenblickhafte, rein zufällige, in keiner Mitte mehr zentrierte Akte auflöst. Davon ist freilich besonders die Dimension des Überzeitlichen und Werdelosen innerhalb des Menschseins betroffen, was notwendig die Krise des Geistes (Kap. III), die Auflösung der Person (Kap. VIII, XI), den Rekurs auf reine Dynamik (Kap. IV, IX), Prozessualität (Kap. IV, VIII) oder rein zeitbedingte Aktualität (Kap. II, XII) und infolgedessen den Abstieg in die reinen Prinzipien der Vitalität (Kap. V, VIII), der Biosphäre (Kap. II, III), einer so verstandenen Psyche (Kap. I–III, V) oder des materiellen Seins (Kap. X) nach sich zieht.

Aber die allgemein-ontologischen Konsequenzen sind nicht weniger weitreichend. Das Sein aller Seienden wird entwirklicht und verflacht in reiner Relation (Kap. IV, XI), Funktion (Kap. IV) oder in inhaltsleerer Form (Kap. V) und als solches der rational-logischen Konstruktion (Kap. II), der transzendentalen Konstitution (Kap. VI) oder dem rein existentiellen Entwurf (Kap. III, VII) anheimgegeben. Das heißt, es löst sich in seinem An-sich-Sein auf und wird zu reiner Perspektive (Kap. VII) verflacht. Eine notwendige Folge ist die Auflösung der Gegenstandsstruktur der Seienden, d. h. der Untergang des Seins von Welt und Mensch im Imaginären (Kap. V). Aus dieser Problemsituation ergibt sich, daß die Erkenntnislehre den ganzen Raum der Ontologie und Metaphysik einnimmt und diese am Ende verdrängt.[15]

Für diese Negation des Wesens ist ein gänzlich eindimensionales, ganz und gar immanentistisches Seinsverständnis (Kap. VIII–XII) signifikant. Denn nicht mehr ist wie für die aristotelisch-thomasische Metaphysik[16] das Sein konstituiert in der zweiten Dimension der We-

[15] Vgl. Nietzsche, WGN VII, 121. G. Keil, Philosophiegeschichte II, Stuttgart, Berlin, Köln, Mainz 1987, 191 ff.

[16] Vgl. W. Weier, Sinn und Teilhabe. Das Grundthema der abendländischen Geistesentwicklung (abgek.: ST), Salzburger Studien zur Philosophie, Bd. VIII, Salzburg, München 1970, 92–105, 144–164. Ders., Seinsteilhabe und

sens-, Bedeutungs-, Bestimmungs- und Sinnprinzipien einerseits und in der ersten Dimension ihrer bedingten, zeitlichen, zufälligen und jeweiligen Verwirklichung innerhalb der Raum-Zeit-Sphäre wie des materiellen Seins andererseits. Vielmehr ist das Sein in die einzige Dimension des Materiellen, Zeitlichen und Bedingten (Kap. IX–XII) restringiert und in der daraus resultierenden reinen Zufälligkeit aller Substantialität und Persistenz beraubt. Aus dieser Eindimensionalität geht jenes Identitätsdenken hervor, das keinen Sinn mehr hat für die Analogie der verschiedenen Verwirklichung identischer Wesensprinzipien im jeweiligen Sein der Seienden und daher auch nicht für die Analogie des Sinnausdrucks identischer Gehalte in der Verschiedenheit von Denken und Sein. Hieraus resultiert die rationalistisch-eindimensionale, die Identität von erkennendem Subjekt und erkanntem Objekt postulierende Erkenntnisdeutung (Kap. XII).

Überschaut man diese Grundlegung der Gegenwartsphilosophie in den Antizipationen des Nihilismus, so kann kein Zweifel sein, daß sie daraus ihr sonderliches Gepräge, ihre einheitliche Gestalt, vor allem aber ihr eigenes Problembewußtsein empfängt, wodurch sie sich von allen im Zeichen der Sinnmetaphysik stehenden Zeitaltern auf das deutlichste abhebt und unterscheidet und überdies ihren epochalen Charakter dokumentiert. Nur wer diesen einheitsstiftenden Grundcharakter der Gegenwartsphilosophie übersieht, kann darin nichts als Zersplitterung,[17] Zwiespalt[18] und Widerspruch[19] entdecken. Zugleich wird aber auch sichtbar, daß und wie sich das Grundthema des Nihilismus in eine Fülle von Einzelthemen ausfaltet, die wieder Zentralthemen für die in ihnen zentrierten Untersuchungen, Betrachtungen, Einzelsperspektiven sind, welche alle Detailaspekte in sich vereinigen. Eine so gefaßte Darstellung der Gegenwartsphilosophie bietet erstmalig Gelegenheit, sie nicht als ein verwirrendes Vielerlei von Einzeltheorien, sondern in ihrer Grundkonzeption wie ihrer hieraus resultierenden ideellen Ganzheit und Integrität kennen und verstehen zu lernen.

Sinnteilhabe im Denken des hl. Thomas von Aquin, in: Thomas von Aquin II, hrsg. v. K. Bernath, Darmstadt 1981, 192–220.

[17] Vgl. W. Hochkeppel, Mythos Philosophie, Hamburg 1976, 91.

[18] Vgl. W. Stegmüller, Hauptströmungen der Gegenwartsphilosophie, Bd. I, Stuttgart 1978, XXXVIII.

[19] Vgl. H.-J. Störig, Kleine Weltgeschichte der Philosophie, Stuttgart, Berlin, Köln, Mainz 1985, 686.

2. Motive und Tendenzen

Es wäre nun freilich eine sehr unzureichende und oberflächliche Darstellung, wollte man die genannten Feststellungen und Beobachtungen für sich stehen lassen, ohne sie auf ihre entscheidenden Motive und Beweggründe zu hinterfragen, die selbstverständlich nicht wiederum nihilistisch sind, da der „Mensch", wie Jaspers formuliert,[20] „wenn er auch das Nichts will, eben in diesem Willen einen Sinn hat". Überdies ist zu bedenken, daß alles „Denken", wie Hans Lipps hervorhebt,[21] in einen „Horizont" eingelagert ist, „der das erkennende Subjekt hält, weiterträgt und insgeheim leitet", da dieses sich ja nicht „von ungefähr" um Erkenntnis bemüht, sondern „dabei etwas *will*". Wie an anderer Stelle weiter ausgeführt,[22] sind es vor allem drei Grund- oder Urmotive (Teile A–C), welche die Gegenwartsphilosophie entscheidend dirigieren, bestimmen und bewegen:

An erster Stelle ist das Motiv der idealistischen und absoluten Freiheit (Teil A) zu nennen, die schon in verschiedenen Studien[23] für das Auftreten des zeitgenössischen Nihilismus verantwortlich gemacht wurde. Diesem seit der Renaissance sich mehr und mehr durchsetzenden Motiv[24] geht es in erster Linie um die von allen störenden Faktoren freie Entfaltung der Selbstursprünglichkeit des Menschseins, also um die Uranfänglichkeit, Spontaneität, Autonomie und Originalität seiner Selbstverwirklichung. In dem Maße, in dem nun alle verbindlichen und verpflichtenden Sinn- und Wertgeltungen ebenso wie alle wesenhaften Bestimmungsgründe den Anspruch der Freiheit auf reine Selbstbegründung beeinträchtigen, heben sie diese insofern ganz auf, als eine solche nur als völlig uneingeschränkte im eigentli-

[20] Psychologie der Weltanschauungen, Berlin, Heidelberg, New York 1971, 286.

[21] Die Wirklichkeit des Menschen, Frankfurt a. M. 1954, 41.

[22] Vgl. W. Weier, Nihilismus. Geschichte, System, Kritik (abgek.: N), Paderborn, München, Wien, Zürich 1980, §§ 7–43. Ders., Die Grundlegung der Neuzeit. Typologie der Philosophiegeschichte, Grundzüge, Bd. LXXI, Darmstadt 1988, Kap. 4–6.

[23] Vgl. N §§ 7–43. Ders., Geistesgeschichte im Systemvergleich. Zur Problematik des historischen Denkens (abgek.: GS), Salzburger Studien zur Philosophie, Bd. XIV, München 1984, Kap. 13. F. H. Jacobi, Werke, Leipzig 1812–25, III, 20. W. Müller-Lauter, Nihilismus als Konsequenz des Idealismus, in: Denken im Schatten des Nihilismus, hrsg. v. A. Schwan, Darmstadt 1975, 113–163.

[24] Vgl. GN Kap. 3.

chen Sinn bestehen kann.[25] Deshalb war die entschiedene Hinwendung zur Selbstursprünglichkeit des Menschen gleichbedeutend mit seinem Eintritt ins Nichts (Kap. I). Und in dem Maße, in dem die Gegenwartsphilosophie an der Entfaltung seiner Kreativität, der Selbstbegründung und Selbstbestimmung seines Eigenseins als an seinem unveräußerlichen Selbstbesitz interessiert war, erkannte sie in jeder Sinn- und Wertgeltung wie in jedem ontologischen Wesensgrund die Infragestellung, letztlich die Leugnung dieses ihr unverzichtbaren Anspruchs (Kap. II). Diese aus dem Freiheitsmotiv hervorgehenden Tendenzen führten aber insofern zur Krise des Geistes, als dieser gegenstands- und funktionslos wurde, indem gerade Sinn, Wert und Wesen seinen eigentlichen Gegenstandsbereich bezeichnen, seinen ihm unveräußerlichen Wirkkreis ausmachen (Kap. III).

Selbstbegründung aber verlangt Selbstsicherheit und damit eine Wissensbegründung, die zweifelsfreie und durch nichts zu erschütternde Gewißheit anbietet. So tritt das radikale Sicherheitsmotiv (Teil B) an die Seite der absoluten Freiheit. Dann aber ist vorgezeichnet die Hinwendung zu den Sicherheiten und Gewißheiten der Empirie (Kap. IV), der Ratio (Kap. V) und der Selbstreflexion (Kap. VI) und die damit Hand in Hand gehende Abkehr von den Gewißheitsformen der geistigen Intuition. Denn indem diese sich nur in dem überzeitlichen Akt der Einsicht in ihren inneren Gehalt und seine Rechtfertigung aus sich selbst darbieten, stehen sie nicht jederzeit zur Verfügung für die danach greifenden Weisen und Formen der Vergewisserung und Begründung. Deshalb fallen alle geistigen Einsichten für den Positivismus unter abgründigen Projektionsverdacht (Kap. IV), wie sich der Rationalismus von ihnen abkehrt, um sich allein dem rational fixierbaren, definierbaren, beweisbaren Zweck, Vorteil, Gewinn und Nutzen zuzuwenden (Kap. V). In vergleichbarer Weise restringiert die transzendentalphilosophische Phänomenologie alle Geltung geistig erschaubarer Noemata auf den Bewußtseinskreis bzw. den Akt der Intuition selbst (Kap. VI).

Zu diesem Sicherheitsanliegen gesellen sich das Wahrhaftigkeitsmotiv und der Echtheitswille (Teil C), indem es als unredlich oder unaufrichtig erscheint, sich einem in bezeichneter Weise nicht letztlich Gesicherten zuzuwenden. Diese Motive fügen das Ethos der intellektuellen Redlichkeit den genannten Beweggründen hinzu und verlangen die unbedingte Einhaltung desselben zur Sicherung der Lauter-

[25] Vgl. PB Kap. 9; ME § 18. W. Weier, Die Frage nach der Möglichkeit existentieller Kreativität, Wiener Jahrbuch für Philos., Bd. XX, 1988, 75–94.

keit und Integrität der Wissenschaften. Dabei stimmen sie in ihrer Zielsetzung mit der des Sicherheitsmotivs überein, das heißt, sie halten die Weisen der geistigen und existentiellen Vergewisserung nicht für ausreichend, ihrem radikalen Anspruch auf uneingeschränkte Verfügbarkeit und Beherrschbarkeit alles Wißbaren zu entsprechen. Sie fordern vielmehr die Methode der Skepsis gegenüber allen inhaltlichen Geltungen und Verbindlichkeiten, die „Wahrheit" nur noch als Wirkung, Entwurf oder Methode zurückläßt, also als rein subjektive die Leugnung aller Erkenntnis objektiver Wahrheit (Kap. VII) besagt. Wie die prinzipielle Skepsis so geht aus diesen Motiven auch die Tendenz hervor, angesichts der Fluktualität von Leben, Erleben und Zeit jede Hinwendung zu bleibenden Geltungen, überzeitlichen und dem ständigen Wechsel nicht unterworfenen Inhalten als unredlich abzulehnen, um so geradezu einen Gegensatz zwischen Geist und Leben bzw. Existenz sehen zu wollen (Kap. VIII). Aus dieser grundsätzlichen Abkehr von jeder Form der Sinntranszendenz ergab sich die entschiedene Hinwendung zur reinen Immanenz des Lebensvollzugs sowie das Aufgehen allen Seins in reiner Geschichtlichkeit und die hieraus resultierende Vorrangigkeit des Dynamischen gegenüber jeder zeitüberlegenen Wirklichkeit, deren Annahme dem grundsätzlichen Verdacht der Unwahrhaftigkeit ausgesetzt war (Kap. IX).

Diese aus den drei Grundmotiven hervorgehenden Tendenzen konvergieren in der nihilistischen Ablehnung jeder Sinntranszendenz, die geradezu als eine Ideenflucht anzusprechen ist. Diese aber drückt sich positiv in einem Realitätsdrang (Teil D) aus, der als eine grundsätzliche Ablehnung alles idealen und unbedingten Sinnes und der gleichzeitige Hang zum bedingten, materiellen, vitalen, zeitlichen Sein anzusehen ist. Besonders diejenigen Wirklichkeiten, die durch die Merkmale der Bedingtheit, Bewegtheit und Entwicklung als real ausgewiesen sind, sollen als Inbegriff allen Seins gelten (Kap. XI). Diesem Realitätsdrang entspricht die völlige Entwirklichung aller zeitüberlegenen Singeltungen, ihre Reduktion auf Erlebnis, Zeit und Akt (Kap. XI) wie jene Depotenzierung des „idealen Seins", die für die Phänomenologie Schelers und Hartmanns ebenso signifikant ist wie für die Existenzphilosophie Jaspers' und Heideggers (Kap. XII).

Wie also die Motive den allgemeinen Nihilismus der Gegenwartsphilosophie begründen,[26] so geben die aus ihnen hervorgehenden

[26] Vgl. N §§ 7–43. GN Kap. 4–6.

Tendenzen diesem die Vielfalt seiner Gestalten und Ausdrucksformen, die also allesamt hintergründig vereinigt sind in den durchaus sinnbezogenen und keineswegs nihilistischen Anliegen[27] der Motive.

3. Die Urfragen und Urformen des Geistes

Aus dem Gesagten geht schon hervor, daß der Nihilismus nicht nur wertverpflichtete Motive hinter sich hat, sondern in einen Horizont der Sinn-, Wert- und Wesensgehalte eingebettet ist, deren Negation er darstellt und die er als das zu Negierende in seine Grundanschauung des Nichts hineinnimmt, darin intentional beibehält, nie loslassen kann, anders er sich selbst aufgeben müßte.[28] Diese Tatsache hat nun ihren entscheidenden Grund darin, daß der Geist in der ontologischen Struktur seines Fragens und Verstehens diesen Inhalten zugewandt ist – ein Phänomen, das freilich weiter zu ergründen ist[29] –, und zwar dem Sinn als einem objektiven, wirklichen, gültigen und daher zeitüberlegenen, den Werten als unbedingten, sich aus sich selbst rechtfertigenden, ihre Durchsetzung fordernden Inhalten und dem Wesen als der Urbedeutung des Seins der Seienden, ohne welche diese nicht zu fassen und zu verstehen sind, sondern im Imaginären verschwimmen. In dieser Intention liegt begründet der wesentliche Bezug des Geistes zur Transzendenz als einer die Sphäre des nur Bedingten, Zufälligen und Zeitlichen überschreitenden Dimension, als dem eigentlichen Ursprung alles Sinn-, Wert- und Wesenhaften. Unlöslich verbunden mit dieser Ausgerichtetheit des Geistes ist die Frage nach der Wahrheit als einer immer gültigen, unabänderlichen, werdelosen und urphänomenalen Vorgegebenheit allen Denkens und Seins und schließlich die Frage nach Gott als letztem Identitäts- und Zielpunkt all dieser Intentionen. Damit hängt insbesondere die Frage zusammen, ob das Denken an demselben Sinn teilhaben kann, der für alles Sein grundlegend und bestimmend ist. Wie an anderer Stelle weiter ausgeführt,[30] stellen diese Urfragen des Geistes sich in den für die verschiedenen Epochen bezeichnenden Grundtypen des Denkens dar und finden schließlich ihren zeitbedingten, historischen Ausdruck in den Lehr-

[27] Vgl. N §§93–100.

[28] Vgl. N §66.

[29] Vgl. ME §§21–23. W. Weier, Menschliches Fragen als Zeugnis für objektiven Sinn, 168–197.

[30] GS Kap. 1–3.

meinungen der einzelnen Philosophen. Die für Neuzeit und Gegenwart signifikante Urtypik ist nun zu sehen in dem grundsätzlichen und methodischen Mißtrauen, ob diesen Intentionen überhaupt eine Wirklichkeit entspreche oder entsprechen könne. Es wäre jedoch völlig abwegig zu meinen, daß im Zuge solcher Skepsis die genannten Intentionen am Ende aufgegeben worden seien. Sie bekunden vielmehr im Gegenteil dadurch ihre das geistige Sein konstituierende Mächtigkeit und Kraft, daß sie auch in dieser Skepsis oder durch diese hindurch weiterhin wirksam blieben als das selbst ihre nihilistische Negation tragende Fundament,[31] als die Basis und Bedingung ihrer Möglichkeit überhaupt.[32] Eben dadurch aber zeigen sie sich als „das Grundthema der abendländischen Geistesentwicklung".[33] Deshalb kann eine eigentlich philosophische, d. h. den Urfragen des Geistes verpflichtete Darstellung der Gegenwartsphilosophie auch nur vor dem Hintergrund dieser Fragen erfolgen, von denen aus dann die für das zeitgenössische Philosophieren signifikanten Strömungen, Tendenzen und Bewegungen zu beschreiben, zu verstehen und zu interpretieren sind. Dieser Vorgang ist durch die in allen diesbezüglichen Überschriften verwandte Form „Vom ... zu ..." signalisiert.

Nichts wäre daher falscher, als zu meinen, die genannten Urfragen seien zwar Probleme antiken und mittelalterlichen Philosophierens gewesen, aber für die Gegenwart nicht mehr bezeichnend. Würde diese Anschauung doch den schwerwiegenden Grundfehler beinhalten, die Selbigkeit und Identität des Geistes nicht mehr zu sehen in der Fülle seiner epochalen und historischen Erscheinungsformen. Wie daher Schelling betont: „In der Philosophie kann nichts entstehen, was nicht vorher im menschlichen Geist selbst vorhanden war",[34] und Hegel mit Recht sagt, die „spekulative Vernunft" „finde in dem Bauzeug eines besonderen Zeitalters Geist von ihrem Geist, Fleisch von ihrem Fleisch und schaue sich in ihm als ein und dasselbe Wesen an",[35] so meint W. Dilthey, daß die „Selbigkeit der Vernunft" es sei, welche „Zusammenhang, Gleichartigkeit und Verwandtschaft" unter den Sy-

[31] N § 66.

[32] ST 513–531, 583 ff.

[33] Vgl. den zitierten Titel: Sinn und Teilhabe. Das Grundthema der abendländischen Geistesentwicklung.

[34] Schellings Werke, Münchner Jubiläumsdruck, hrsg. v. M. Schröter, München 1958–62, I, 381.

[35] Differenz des Fichteschen und Schellingschen Systems, Sämtl. Werke, Jubiläumsausgabe, hrsg. v. H. Glockner, Bd. I, Stuttgart 1927, 43 f.

stemen vermittele,[36] wie W. Windelband den „Gegenstand der Geschichte der Philosophie" in denjenigen „Auffassungs- und Urteilsformen" erkennt, die „sich dauernd lebendig erhalten haben und in denen damit die bleibende innere Struktur der Vernunft zu klarer Erkenntnis gekommen ist".[37] Im Umgang mit der Geistesgeschichte haben wir es daher nicht mit einem anderen, uns Äußerlichen oder Fremden zu tun, sondern mit *dem* Denken, *der* Philosophie, das aber heißt, wie Hegel sagt: „mit unserem eigenen Geist",[38] den ihm unveräußerlichen Urformen und den ihm unverzichtbaren Urfragen. In diesem Sinne hatte schon Kant erklärt, „eine philosophische Geschichte der Philosophie" ziehe ihre „Fakten" aus „der Natur der menschlichen Vernunft" als „philosophische Archäologie".[39] So sind auch für Jaspers die „für ein Zeitalter typischen Voraussetzungen und Denkweisen" nur „die historischen Kleider der ewigen Fragen",[40] der „zeitlos objektiven Gestalten", die „den Geist ihres Zeitalters überschreiten".[41]

Es ist jedoch in diesem Zusammenhang zu betonen, daß die neopositivistische Auffassung, es gebe keinerlei wissenschaftliche und insbesondere empirische Kriterien zu einer verifizierbaren Beantwortung dieser Fragen, durch neueste Forschung als unhaltbar erwiesen ist. Dem Nachweis, daß *jede* Denkposition sie als Bedingung ihrer Möglichkeit voraussetzen muß, sie also der Struktur des Denkens wesenhaft und unveräußerlich sind,[42] steht der Nachweis ihrer Verifizierbarkeit aus den Grunderfahrungen menschlicher Existenz gegenüber.[43]

[36] Der Aufbau der geschichtlichen Welt in den Geisteswissenschaften, Ges. Schriften, Bd. VII, Stuttgart, Göttingen 1973, 141.

[37] Lehrbuch der Geschichte der Philosophie, hrsg. v. H. Heimsoeth, Tübingen 1957, 17.

[38] Vorlesungen über die Geschichte der Philosophie, hrsg. v. J. Hoffmeister, Philos. Bibl. Bd. 166, Leipzig 1940, 133.

[39] Kants ges. Schriften, hrsg. v. d. Preuß. Akad. d. Wiss., Bd. XX, Berlin 1942, 341.

[40] Die großen Philosophen, Bd. I, München 1959, 8.

[41] Ebd., 10. Vgl. W. G. Tennemann, Geschichte der Philosophie, Bd. I, Leipzig 1798, 52.

[42] ST 513–570.

[43] ME §§ 34–49, 92. N §§ 93–96.

4. Die Bedeutung problemorientierter Philosophiegeschichte

Nur ein radikales Zurückgehen auf die Urfragen des Geistes selbst, insbesondere die nach dem Sinn und dem Absoluten, ist also in der Lage, wie Philosophiegeschichte überhaupt so auch die Gegenwartsphilosophie zu der ihr gemäßen, weil philosophischen Darstellung zu bringen, das heißt, die ihr eigenen Konturen, ihre spezifische Typik sichtbar werden zu lassen vor jenem Hintergrund, vor dem sich die gesamte Geistesgeschichte ereignet. Nur wenn eine solche Darstellung eingebettet ist in den Frage- und Problemhorizont der Philosophiegeschichte überhaupt, kann sie vor einem szientistischen Versinken in bloßem Wissen bewahren und zurückversetzen in die Aktualität und Prozessualität des Philosophierens selbst. Indem sie zurückgeht auf jene Urthemen, die den gemeinsamen Gegenstand der Geistes- und Philosophiegeschichte, ihr eigentliches Aktionsfeld darstellen, kann sie ihre wirkliche Dynamik und Bewegtheit wieder erstehen lassen vor dem geistigen Auge des Betrachters, der nur so in diese einbezogen werden kann, daß er selbst ein lebendig Philosophierender wird. Mit Recht weist daher Hegel darauf hin, daß der „Geist sein eigenes Leben aufgebe, wenn er alles rein historisch behandle",[44] und „bloß historische Kenntnis" ein geringer Gewinn sei, weil sie ein dem Wesen der Philosophie „Fremdes, Äußeres" bleibe.[45] In vergleichbarer Weise betont H. Ritter, es komme darauf an, daß wir „zuerst zur Erkenntnis einer Lehre in uns, dann zur Erkenntnis des lebendigen Seins dieser Lehre in anderen gelangen",[46] weil „die philosophische Erkenntnis einer Lehre früher sei als die geschichtliche".[47] Die folgenschwere Trennung von historischer und systematischer Forschung ging immer zu Lasten beider und hat jederzeit, wie Hegel sich ausdrückt, die „Geschichte der Philosophie" zu „Totenhäusern",[48] ihre „Systeme" zu „toten Meinungen"[49] werden lassen.[50] Den seitherigen

[44] Vorlesungen über die Geschichte der Philosophie, 134.

[45] Ebd., 138f.

[46] Über die Bildung des Philosophen durch die Geschichte der Philosophie, Leipzig, Altenburg 1817, 103.

[47] Ebd., 101.

[48] Vorlesungen über die Geschichte der Philosophie, 134.

[49] Differenz des Fichteschen und Schellingschen Systems, Sämtl. Werke, a.a.O., I, 40.

[50] Vgl. ST 50ff.

Darstellungen der Gegenwartsphilosophie ist daher der Vorwurf nicht zu ersparen, daß sie losgelöst vom Mutterboden der Philosophie, nämlich der bezeichneten Urfragen des Geistes, nur Sammlungen von Sentenzen und Lehrmeinungen bieten, die in ihrer Relevanz für die originären Problemgehalte des Geistes noch nicht einmal erfragt, geschweige erkannt werden.[51] Deshalb muß endlich der Versuch einer problemorientierten Darstellung der Gegenwartsphilosophie gewagt werden.

Die Folge dieser Trennung von den Hintergründen *des* Philosophierens, d. h. des eigentlich geistigen Fragens nach Sinn, Wert und Wesen, liegt in einer Konzeptions- und Orientierungslosigkeit innerhalb der systematischen Philosophie und systematisch-historischen Forschung. Bislang ist noch nicht einmal der Versuch unternommen worden, eine Grundkonzeption der Gegenwart zu erarbeiten, d. h., ihre ideelle und geistige Identität herauszuheben. Daraus geht eine Ermattung und Erlahmung in der Auseinandersetzung mit den Urfragen der Philosophie hervor und ein Versagen angesichts der Aufgabe, diese weiterzuführen und über den erreichten Stand hinauszutreiben. Allein eine problemorientierte Philosophiegeschichte kann daher noch Philosophie sein, d. h. ihren Beitrag leisten im Ringen der Geistesgeschichte mit ihren eigentlichen Problemgehalten.

Damit hängt es zusammen, daß die seitherigen Darstellungen der Gegenwartsphilosophie keinen eigentlichen Bezug zur Geistesgeschichte und daher überhaupt keinen wahren Geschichtsbezug aufweisen uneingedenk der Tatsache, daß die Urfragen des Geistes wesenhaft übergeschichtlich sind und nur ihre epochalen Typen und individuellen Ausformungen bei den einzelnen Denkern historischen Charakter besitzen.[52] Dadurch wird die Gegenwartsphilosophie einerseits aus der Verflochtenheit in ihre geistesgeschichtlichen Entstehungsgründe, andererseits aus ihrer Gegenwärtigkeit in den Urfragen eines jeden Zeitalters herausgerissen und daher nur noch historistisch eindimensional, nicht aber mehr in ihrem Aufbau von historischen und übergeschichtlichen Dimensionen gesehen.[53] Dabei

[51] Vgl. W. Hochkeppel, Mythos Philosophie, 108.

[52] Vgl. GS Kap. 1–3.

[53] W. Stegmüller. Hauptströmungen der Gegenwartsphilosophie, I, XXVI: „Jene ‚ewigen und alten Probleme' sind ... zum Teil zwar noch vorhanden, doch bilden sie sozusagen nur mehr den unsichtbaren Hintergrund der explizit vorgenommenen Problemformulierungen, die sich von ihnen wesentlich unterscheiden."

bedenkt man nicht, daß solches Sich-Klammern an die historische Faktizität von Lehrmeinungen, wie wenn es sich dabei um unberechenbare Naturereignisse handelte, auch schon nicht mehr ihrem tatsächlich historischen, weil eben geistesgeschichtlich begründeten Charakter gerecht wird, geschweige denn ihrer wesenhaften Hineingehaltenheit in den Problemhorizont der Philosophie selbst.

A. Das Freiheitsmotiv

I. Der absolute Autonomismus

1. Von der Freiheit im Sinn zur Freiheit im Nichts

Im Phänomen der Freiheit selbst, insbesondere in ihrem Verhältnis zum Sinn, liegt eine Ambivalenz, eine Zweideutigkeit, die von höchster Bedeutung ist für das Verständnis der Geistesgeschichte. Einerseits ist Freiheit auf den Sinn angewiesen, damit dieser ihr Ziel und Inhalt vermittle, anders sie sich nicht betätigen und entfalten kann. Denn allein im Sinn kann Freiheit zu sich selbst, der Entfaltung ihrer Aktpotenz, der Verwirklichung ihrer Dynamik finden. Er dient ihr als Ziel ihres Vollzugs, als Entscheidungsprinzip ihrer Wahl. Dabei ersucht Freiheit ihn nicht als illusionären oder fiktiven, sondern meint ihn vielmehr als objektiven, verbindlichen, ziel- und wertgebenden. Diesem Grundzug der Freiheit entsprach in ganz besonderer Weise das mittelalterliche Freiheitsmotiv, wie es z.B. durch Bernhard von Clairvaux (1091–1153) repräsentiert ist. Den ärgsten, die Freiheit zerstörenden Zwang sieht er in der Verfallenheit an die Unwahrheit oder das Wertlose, also in der Bindung an das Sinnlose oder Widersinnige. Deshalb erkennt er die höchste Form der Freiheit in der Befreiung von diesem Zwang, die zugleich eine Befreiung für den Sinn darstellt. Der „libertas“ des „consilium“, d.h. der Freiheit der Einsicht in das wahrhaft Sinnvolle, entspricht daher die „libertas“ des „complacitum“, d.h. die Freiheit der Mitfreude mit dem in sich Werthaften.[1]

Auf der anderen Seite kann kein Zweifel sein, daß gerade im Wesen der Freiheit sich die Befähigung und Aufgabe des Menschen zeigt, sein Eigensein aus selbstursprünglicher Entscheidung zu bestimmen und zu entfalten, um solchermaßen zu Selbstverwirklichung, Selbstbetätigung und Selbstsein zu gelangen. Dieser Grundzug der Freiheit meint aber nun gerade einen Anspruch auf Eigentlichkeit und unveräußerlichen Selbstbesitz, wie er schwer vereinbar erscheint mit der Anschauung, daß Freiheit auf einen sie leitenden und daher auch be-

[1] De gratia et libero arbitrio, 4, 11; ML. t. 182, 1007 Cf.

stimmenden Sinn als ihr Ziel und ihren Inhalt angewiesen sei. Denn dann wäre dieser objektive Sinn ihrer Selbstbestimmung schon zuvorgekommen, bevor sie sich schöpferisch gestalten und freiheitlich verwirklichen könnte. Er hätte sie sich gleichsam schon weggenommen, sie um sich selbst gebracht. Dann aber liegt es unter solcher Perspektive geradezu im Wesen der Freiheit, jeden Bezug zu objektivem Sinn auszuschließen, ja – mehr noch – das Bestehen eines solchen überhaupt in Frage zu stellen, da er, gäbe es ihn, ja alleine schon aufgrund seiner Geltung über sie verfügt hätte. So aber sieht Freiheit ihr Verhältnis zum objektiven Sinn als ein gegensätzliches, antinomisches, begreift diesen und sich als Alternativen im strengsten Sinne. Was so vom Sinn gilt, ist gleichermaßen auch zu sagen von jedem, der Freiheit vor- oder übergeordneten Bestimmungsgrund, seien es verpflichtende Werte, Wesensprinzipien, Transzendenz oder Gott. Es wird verständlich, daß die Gegenwartsphilosophie zu diesem Zentralgehalt mittelalterlichen und antiken Denkens in ein höchst kritisches Verhältnis treten mußte in dem Maße, in dem es ihr gerade um die Entdeckung und Ergründung der menschlichen Selbstursprünglichkeit, die Eigenwirklichkeit des Menschseins ging. Dieser Vorgang aber ist gleichbedeutend mit dem Heraustreten der Freiheit aus dem großen Horizont transzendenter Sinn-, Wert- und Wesensgehalte und ihrem Eintritt in das Nichts als die letzte Negation von alledem.

Hieraus ergibt sich, daß das ganz besondere Interesse der so orientierten Gegenwartsphilosophie auf jene Ursprünge innerhalb des Menschseins gerichtet ist, die den Charakter der Freiheit und Kreativität, der Autonomie und des Eigenseins besitzen, wie sie nicht nur in der Freiheit selbst und als solcher, sondern auch in der Vernunft und Sittlichkeit zu erkennen sind. Damit zeigen sich aber noch zwei weitere Grundzüge der so ausgerichteten Philosophie. Der eine liegt darin, daß sie Freiheit, Vernunft und Sittlichkeit als solche versteht, die sich allein aus und durch sich selbst begründen und die mithin als absolut zu denken sind. Der andere Grundzug betrifft ihr Verhältnis zu allen, ihnen vorgegebenen Prinzipien, Normen und Geltungen. Diese haben zurückzutreten ins Nichts, damit die Selbstursprünglichkeit des Menschseins als eine absolute gewährleistet sei.[2]

Wie an anderer Stelle gezeigt,[3] schließen die beiden Akte der Frei-

[2] Dieser Vorgang ist im einzelnen beschrieben in: N §§7–9, 14–17, 23–25, 38, 39. Vgl. GS Kap. 13. W. Weier, Die definitorischen Ursprünge des Nihilismus, Studia Philosophica, Vol. XXIV, 1974, 162–198.

[3] PB Kap. 9. W. Weier, Sentido y libertad, Anuario Filosofico, Vol. VII, 1974, 491–525.

heit sich jedoch nicht letztlich aus, sondern bilden in der ontologischen Struktur der Freiheit eine wesentliche Einheit. Denn im Befreiungsakt aktiviert diese ihre Potenz, den Sinn nicht nur wie alle, nicht selbstursprünglichen Seienden lediglich zu empfangen und rezeptiv auszudrücken, sondern ihn aus eigener Spontanität zu wählen und aus originärer Kreativität zu gestalten. Sie richtet sich also wohl gegen einen ihr Eigensein lähmenden, nicht aber auch schon gegen einen ihre Selbstwerdung allererst ermöglichenden und erweckenden Sinn. Diesen hat sie gerade nicht ausgeschlossen, bevor sie sich in dem Akt der Teilhabe ihm öffnet, ihn als Prinzip ihres Wählens und Entscheidens anzielt und somit als objektiven Inhalt meint. In der Einheit der beiden Akte wird also Freiheit zu einer sinnvollen, erfüllten und der Sinn zu einem freiheitlichen, aus Selbstursprünglichkeit ergriffenen.

§ 1. Die Bestimmung der Freiheit

Es ist für das idealistische Denken grundlegend, Freiheit als eine so absolute Unbedingtheit zu verstehen, daß ihm bereits jede Ausrichtung auf eine ihr nicht vollkommen verfügbare Wirklichkeit, ihr vorgegebene Objektivität als mit ihrem eigentlichen Wesen unvereinbar erscheint. Dabei meint es, daß Freiheit, Eigentlichkeit, Urphänomenalität und Einzigartigkeit des Menschen schon aufgehoben seien, wenn er nur zu einer objektiven Ordnung von Sinn, Sein und Wert in Beziehung trete. Denn eine solche komme seiner freiheitlichen Entscheidung schon zuvor, nehme sie sich vorweg und verfüge über sie, bevor sie sich selbst bestimmen, schöpferisch entwerfen und uranfänglich verwirklichen könne. Sie lasse also nicht mehr genügend Raum für jene Freiheit, die, wie es dem Wesen der Freiheit überhaupt unerläßlich sei, in vollkommener Uranfänglichkeit anhebe, aus unvorherbestimmbarem Ansatz sich allein aus sich selbst entwerfe, durch nichts geschmälertes Verfügungsrecht über ihre eigene Selbstbestimmung besitze und in ihrer Selbstverwirklichung ein schöpferisches Novum setze. In einer Einfügung des Menschen in eine vorgängige Sinn-, Seins- und Wertordnung sieht das idealistische Denken sogleich eine Prädisposition oder Präformation der freiheitlichen Ursetzung, die mit einer Aufhebung derselben und daher des eigentlichen Mensch-Seins überhaupt gleichbedeutend sei. Erst recht will es in der Annahme eines menschlichen Wesensgrundes die Infragestellung aller menschlichen Selbstbestimmung sehen. Daher kennt es nur die Alternative: Entweder gebe es menschliche Freiheit als Uranfänglichkeit einer Wahl und echte Ursprünglichkeit des Aus-sich-Seins, was nur der bestreiten könne, der Freiheit weder begriffen noch ergriffen habe. Und dann müsse alle Vorgegebenheit verbindlicher, bestimmender oder auch nur richtungweisender Art ausgeschlossen werden. Oder aber es gebe eine objektive Ordnung von Sein, Sinn, Wert und Wesen. Eine solche verlange jedoch Unter-Ordnung, Anpassung, Unterwerfung und schließe somit den Uransatz der Freiheit, ja des Mensch-Seins aus.

In diesem Alternativdenken ignoriert der idealistische Freiheitsgedanke im vorhinein und ohne Angabe eines Grundes die dritte Möglichkeit, daß Freiheit sich auch in spontaner, selbstursprünglicher Teilhabe an in sich gültigen, objektiven, sie erfüllenden Sinn-, Wert- und Wesensgehalten entfalten und verwirklichen könne.[4] Dabei zieht er nicht in Betracht, daß Freiheit inhaltlicher Ziele bedarf, die ihr als objektiv und erstrebenswert gelten müssen, damit sie sich auf diese hinbewegen und so sich allererst betätigen und aktivieren kann.

Dieses idealistische Freiheitsverständnis ist in exemplarischer Weise vertreten durch Johann Gottlieb Fichte (1762–1814). Weil das Ich zu Freiheit als absolutem Selbstbesitz befähigt sei, sei es dazu bestimmt. Und weil es dazu bestimmt ist, *ist* es absolut frei. Denn „Bestimmung und Sein sind Eins".[5] Das Ich folgt dieser Bestimmung und diesem Sein, „indem und dadurch, daß es sich frei setzt, sich befreit, und es setzt sich frei oder befreit sich, indem es frei ist".[6] Dieses Sich-frei-Setzen Fichtes meint die Hineinnahme alles Objektiven in die reine Subjektivität und damit seine Aufhebung. So bezeichnet Fichte die „Identität des Subjects und Objects" als sein „Wesen".[7] Diese Versubjektivierung alles Objektiven beinhaltet die Lossage von allen, dieser Freiheit vorgeordneten Objektivitäten, also von allen ihr präponierten Inhalten: „Ich werde mir selbst zur einzigen Quelle alles meines Seins und meiner Erscheinungen."[8] Diese sich absolut setzende und jede unverrückbare Geltung verneinende Freiheit Fichtes sagt sich nicht nur von allen, ihr präponierten Inhalten los, sondern sucht auch die Objektivität des Gegenständlichen aufzulösen und auf

[4] Zu der hieraus resultierenden Kennzeichnung des neuzeitlichen Denkens vgl.: ST 195–512. GN Kap. 4–6. PB Kap. 9.

[5] Grundriss des Eigenthümlichen der Wissenschaftslehre, Fichtes sämtl. Werke, hrsg. v. I. H. Fichte, Berlin 1845/60, Nachdruck: Berlin 1964, I, 374.

[6] Ebd.

[7] Die Bestimmung des Menschen, a. a. O., II, 225.

[8] Ebd., 289.

die unbedingten und freien Setzungen des Ich zu reduzieren. So wird ihm „das Bewußtseyn eines Gegenstandes" zum „Bewußtseyn seines Setzens eines Gegenstandes".[9] Dadurch, daß alle Objektivität, mithin auch alle objektive Sinn-, Wert- oder Wesensordnung, dem absolut befreiten Ich überantwortet wird, erhebt es sich über diese und löst sie zugleich als eine an sich objektive auf. Fichte sah daher im freien Willen jene Macht, die nicht nur eine ganze Welt ins Nichts versinken, sondern auch nach ihrem eigenen Plane wieder erstehen ließ: „Mein Wille allein mit seinem festen Plan soll kühn und kalt über den Trümmern des Weltalls schweben."[10] Schon 1802 weist daher W. T. Krug darauf hin, daß der „Idealismus" „wahrer Nihilismus" sei, weil er „alle Realität sowohl außer als in uns" vernichte.[11]

Friedrich Wilhelm Schelling (1775–1854) zieht hieraus den Schluß, daß „außer dem Ich nichts" sei, nachdem „alles, was ist, im Ich ist".[12] Das „Wesen" aber des Ich „ist Freiheit",[13] wie der „Geist" „absolut frei" ist.[14] Im Sinne seiner Transzendentalphilosophie soll diese Freiheit für Schelling „Anfang und Ende der Philosophie"[15] sein und wird näher als eine solche bestimmt, die „nur nach den Gesetzen des eigenen Wesens handelt".[16] Dieses absolute Ich Schellings nimmt alles „Sein", alle „Realität" in sich selbst hinein[17] und läßt nichts vor, über oder neben sich bestehen. Im besonderen weist Schelling jede über das Ich hinausliegende Absolutheit, also alle diesem übergeordneten, von sich aus und unbedingt gültigen Prinzipien ab. Denn „die Philosophie, die von der Freiheit ausgeht, hebt eben damit das Absolute außer uns auf".[18] Er hält es für schlechthin undenkbar, daß es ein „An-sich" als ein „absolut-Objektives außer dem Ich" gebe.[19] Denn er glaubt, daß die Freiheit vernichtet sei, wenn alles Objektive nicht zur bloßen Erscheinung für das dieses bestimmende Subjekt

[9] Ebd., 222.

[10] Vorlesungen über die Bestimmung des Gelehrten, a. a. O., VI, 323.

[11] Über die verschiedenen Methoden des Philosophierens und die verschiedenen Systeme der Philosophie, Meißen 1802, 34.

[12] Vom Ich als Prinzip der Philosophie, a. a. O., I, 116.

[13] Ebd., 103.

[14] Ebd., 352, 355.

[15] Ebd., 101.

[16] Philos. Untersuchungen über das Wesen der menschlichen Freiheit, a. a. O., IV, 276f.

[17] Vom Ich als Prinzip der Philosophie, a. a. O., I, 110.

[18] Aus der ›Allg. Übersicht der neuesten philos. Literatur, a. a. O., I, 397.

[19] Vorlesungen über die Methode des akad. Studiums, a. a. O., III, 296.

werde.[20] Dieses Subjekt steht somit als die Identität alles Objektiven mit dem Subjektiven im Nichts, weshalb schon 1803 F. Köppen Schellings System „Nihilismus" nannte.[21]

Georg Wilhelm Friedrich Hegel (1770–1831) ist es, der „die Vorstellung von mir selbst als einem absolut freien Wesen" als „erste Idee" bezeichnet.[22] Wenn er sagt, daß mit dieser Vorstellung „eine ganze Welt aus dem Nichts hervortrete",[23] und dieses Hervortreten die „einzig wahre und gedenkbare Schöpfung aus dem Nichts"[24] nennt, so kommt darin zum Ausdruck, daß es für Hegel jenseits der sich selbst bestimmenden Freiheit nur das Nichts gibt, weil diese allen ihr präponierten Sinn, alles ihr überlegene Sein per se vertilgt. Hegel kennt Freiheit daher nur als die „absolute Freiheit aller Geister", die alle Inhalte einer „intellektuellen Welt" in sich selbst tragen und daher nicht „außer sich" suchen dürfen.[25] Das „Anundfürsichsein" ist daher „erst für uns", allein für uns nur ein solches.[26] „Es ist für sich nur für uns."[27] Das „Sein" ist „in Wahrheit Subjekt" und nur „insofern wirklich" als es die „Bewegung des Sichselbstsetzens" ist.[28] „Das Ding ist Ich", d.h., „das Selbstbewußtsein hat es als sich selbst erzeugt",[29] „das Sein ist Denken",[30] „Gott ist Subjektivität",[31] und das „Wahre" ist als „Subjekt aufzufassen".[32] In dieser Reduktion auf die transzendentale Subjektivität ist das Objektive in seinem An-sich-Sein zerstört und mithin als solches aufgegeben. Deshalb steht diese Objekt-Subjekt-Identität letztlich im Nichts. Schon Chr. H. Weiße hatte bemerkt, daß dieses „Werden aus dem Nichts, womit begonnen ward", nicht mehr über dieses hinauskomme.[33]

[20] Neue Deduktion des Naturrechts, a.a.O., I, 172f.

[21] Schellings Lehre oder das Ganze der Philosophie des absoluten Nichts, Hamburg 1803, 85.

[22] Erstes Systemprogramm des deutschen Idealismus. Dokumente zu Hegels Entwicklung, hrsg. v. J. Hoffmeister, Stuttgart 1936, 219.

[23] Ebd.

[24] Ebd.

[25] Ebd.

[26] Phänomenologie des Geistes, a.a.O., II, 27f.

[27] Ebd.

[28] Ebd., 23.

[29] Ebd., 604f.

[30] Ebd., 51.

[31] System der Philosophie II, a.a.O., IX, 50.

[32] Phänomenologie des Geistes, a.a.O., II, 22.

[33] Die Idee der Gottlosigkeit, Dresden 1833, 232f.

Die Rückführung allen dem absoluten Willen vorgegebenen Seins und damit zugleich allem diesen übergeordneten Sinnes auf jenen selbst verfolgt auch Arthur Schopenhauer (1788–1860). Die „Körperwelt" wird auf die „Vorstellung" von ihr und diese wiederum auf das zurückgeführt, „was wir in uns selbst als Willen finden".[34] Dieser Wille, als den „jeder sich selbst findet", ist es, in dem „das innere Wesen der Welt besteht".[35] Solche Identität von Körperwelt, Vorstellung, Welt und Wille ist eine absolute. Dieser Wille eines „jeden" hat nichts mehr vor, über oder neben sich und steht mithin im Nichts. Zu diesem Ergebnis gelangt Schopenhauer in der Tat, wenn er sagt: „Vor uns bleibt allerdings nur das Nichts."[36] Und eben weil dieser Wille nach der Auflösung alles an sich Objektiven, Gültigen, Sinn-, Wert- und Wesenhaften ins totale Nichts tritt, kann er auch selbst nicht mehr durch Bezugnahme zu einem solchen sinnvoll sein. Er ist daher „grundloser",[37] „zweckloser",[38] „zielloser",[39] „erkenntnisloser", „blinder"[40] Wille. Schon 1860 war in L. Feuerbachs Briefwechsel die Rede davon gewesen, daß der „Schopenhauersche Nihilismus namentlich bei der Jugend zahlreiche Anhänger" habe.[41]

Wie Fichte so interpretiert auch Max Stirner (1806–1856) die Fähigkeit zu vollkommenem Selbstbesitz, absoluter Freiheit, Einzigartigkeit, Schöpferkraft und Ursprünglichkeit als den unbedingten Anspruch darauf. Die „Gewalt" der Inbesitznahme soll darüber entscheiden, was sein „Eigentum" ist: „Sag ich mir, wohin eine Gewalt langt, das ist mein Eigentum, und nehme ich alles als Eigentum in Anspruch, was zu erreichen ich mich stark genug fühle, und lasse ich mein wirkliches Eigentum so weit reichen, als ich zu nehmen mich berechtige, d.h. – ermächtige."[42] Daß auch bei Stirner die gewaltsame Aneignung des Eigentums auf eine Subjektivierung alles Objektiven und damit auf dessen völlige Auflösung hinausläuft, zeigt sich darin, daß der Regreß des Eigners auf sein Eigentum für ihn gleichbedeu-

[34] Die Welt als Wille und Vorstellung, hrsg. v. A. Hübscher, Leipzig 1938, I, 125f.

[35] Ebd., I, 193.

[36] Ebd., § 71.

[37] Ebd., § 29.

[38] Ebd.

[39] Ebd.

[40] Ebd., § 54.

[41] L. Feuerbach, Briefwechsel, hrsg. v. W. Schuffenhauer, Leipzig 1963, 300.

[42] Der Einzige und sein Eigentum, Leipzig 1882, 263f.

tend ist mit dem Schritt ins Nichts: „Im Einzigen kehrt selbst der Eigner in sein schöpferisches Nichts zurück, aus welchem er geboren wird.“[43] Genauso wie er „einmal“ das Dasein von „Gott“, „Sittlichkeit“ und dem „Guten“ gewollt und dekretiert hat, ebenso will er „ihr Nichtsein wollen dürfen“.[44] Damit sind zugleich alle objektiven Wahrheiten gemeint: „Deine Ohnmacht ist ihre Macht.“[45] Allein der Mensch sei es, der sie ermächtigen und entmachten könne: „Ihre Wahrheit also bist du.“[46] Wenn dem so ist, sind sie nicht mehr in sich oder an sich wahr und fallen somit ins Nichts. Diesen Schluß zieht Stirner. Denn er fährt fort:„Ihre Wahrheit ist das Nichts . . ., ihre Wahrheit ist ihre Nichtigkeit.“[47]

Im Zuge dieser idealistischen Freiheitsbewegung fordert Friedrich Nietzsche (1844–1900) die Befreiung von allen subjektivüberlegenen Werten. In ihnen sieht er „Götzen“, sein „Wort für ‚Ideale‘ “, die den Selbstbesitz der absoluten Freiheit aufheben und die es daher „umzuwerfen“ gilt.[48] Dabei geht es Nietzsche weniger um den Umsturz aller Werte als um die Wiedererlangung der vollen Freiheit: „Nicht, daß du Götzen umwarfst: daß du den Götzendiener in dir umwarfst, das war dein Mut.“[49] So fordert Nietzsche einen neuen Stolz, der es nicht länger duldet, sich einer vorgängigen Ordnung zu beugen, sondern diese zerschmettert, um selbst ihren Thron zu besteigen. Durch die Befreiung von allen in sich verbindlichen Werten soll der Mensch sich wieder in den Besitz seiner sinnentwerfenden und schöpferischen Kräfte, seiner ihm ganz allein eigenen Ursprünglichkeit zurückversetzen: „Einen neuen Stolz lehrte ich mein Ich . . .: nicht mehr den Kopf in den Sand der himmlischen Dinge zu stecken, sondern frei ihn zu tragen, einen Erden-Kopf, der der Erde Sinn schafft.“[50] Doch er muß erfahren, wie diese Freiheit, die alle richtungweisenden Inhalte hinter sich gelassen hat, das Ziel, den Weg verliert: „Deine Gefahr ist keine kleine, du freier Geist und Wanderer! . . . Du hast das Ziel verloren: wehe, wie wirst du diesen Verlust verscherzen und verschmerzen? Damit – hast du auch den Weg verloren!“[51] Der Weg

[43] Ebd., 379.
[44] Ebd., 348.
[45] Ebd., 365.
[46] Ebd.
[47] Ebd.
[48] WKG VI/3, 256. WGN VIII, 294.
[49] WGN VIII, 558.
[50] WKG VI/1, 32. WGN VI, 32.
[51] WKG VI/1, 337. WKG VII/3, 117. WGN VI, 304.

dieser Freiheit endet vor dem Abgrund des Nichts, das sie lähmt: „Ich stehe still. Ich bin auf einmal müde. Voran geht es abwärts, blitzschnell, ringsum Abgrund ... Ich greife zitternd nach einem Halt ... Wo bin ich? Ich sehe in eine purpurne Nacht, sie sieht mich an und winkt mir.“[52]

Theodor W. Adorno (1903–1969) und Max Horkheimer (1895–1973) vertreten die Auffassung, daß die idealistische Befreiung des absoluten Subjekts von allen ihm vor-, über- oder nebengeordneten Objektivitäten einen Leerraum geschaffen habe, den im Laufe der nachfolgenden Entwicklung die unkontrollierbaren Mächte der Gesellschaft, des Irrationalen, der Affekte wie psychologischer Mechanismen besetzen konnten, um so in einer „Dialektik der Aufklärung“, in einer „negativen Dialektik“ die im Idealismus erstrebte absolute Freiheit in totale Unfreiheit zu verkehren.[53] Sie sehen die Freiheit und Spontanität des Individuums durch das „Allgemeine“,[54] die „irrationale Planmäßigkeit“ der Gesellschaft,[55] den „Schematismus der Produktion“[56] absorbiert, manipuliert und konformiert. Das „Unrecht“, das so dem Individuum durch die entleerte Subjektivität widerfahre, sei in der „Konkurrenzphase“, also zur Zeit der Rivalität zwischen Subjektivem und Objektivem, „dessen eigenes Prinzip“ gewesen.[57] Sie sind dabei zweifellos insofern im Recht, als die idealistische Abschaffung alles von sich aus Verbindlichen der Auslieferung des Subjekts an das schlechthin Inobjektive gleichkam.

Indem also die idealistische Freiheit alle Wirklichkeit, allen Sinn, alles in sich Gültige oder Objektive aufsog, trat sie selbst ins Nichts. In ihrer Konfrontation mit ihm geriet sie aber selbst in den Sog des Nichts, das sie entmachtete und verschlang. Denn da ihr totaler Herrschaftsanspruch um den Preis der völligen Zertrümmerung alles tragenden, bergenden und zielgebenden Sinnes erkauft war, konnten ihre Entwürfe auch keinen solchen mehr verwirklichen. Indem sich die verabsolutierte Freiheit rein aus sich selbst bestimmte, ohne noch

[52] WKG V/2, 510. WGA XII, 223.

[53] Th. W. Adorno, Dialektik der Aufklärung, Ges. Schriften, hrsg. v. R. Tiedemann, Bd. III, Frankfurt a. M. 1981, 57, 143–146, 172. Ebd., 108: „Da die Vernunft keine inhaltlichen Ziele setzt, sind die Affekte alle gleich weit von ihr entfernt.“ Ders., Negative Dialektik, Ges. Schriften, a. a. O., VI, 1973, 215, 219, 221 f., 259, 262, 344.

[54] Dialektik der Aufklärung, a. a. O., III, 54, 56, 177 f., 277.

[55] Ebd., 172.

[56] Ebd., 146.

[57] Ebd., 277.

in irgendeinen Bezug zu objektiven Inhalten zu treten, wurde sie nicht nur zu desorientierter Willkür und bloßer Darstellung jeweiliger Situationen und Strebungen, sondern erlahmte auch und erstarrte in sich selbst, da sie aller gültigen und erstrebenswerten Ziele entbehrte, auf die sie sich ausrichten könnte. Indem sie nur noch zufälligen Imaginationen oder leeren Fiktionen folgen konnte, wurde sie entfunktionalisiert und depotenziert. Die Entwürfe des absolut freien Ich bewegten sich im „leeren Raum um Welt und Ich".[58] Sie waren auf sich selbst zurückgeworfen und konnten keinen Anhalt mehr an bleibender Geltung oder Wahrheit finden. Sofern sie sich in nichts von willkürlichen Projektionen und Figmenten unterschieden, nachdem sie jedes objektive Sinnkriterium ausgeschaltet hatten, führten sie das befreite Selbst in die Einsamkeit seiner unumschränkten, aber völlig leeren Autonomie.[59] Darin begegnete es dem Nichts alles Inhaltlichen und Verbindlichen und der Absurdität, sich auf einen Sinn hin entwerfen zu müssen, der nicht mehr Sinn sein konnte, weil er aller subjektüberlegenen Geltung entsagt hatte und sich daher in bloßen Anmutungen und leeren Impressionen erschöpfen mußte, die der zufälligen Situation und der Zeitbedingtheit des Daseins ausgeliefert waren. Mit Recht sagt daher F. H. Jacobi, sobald sich der Mensch allein „in sich selbst begründen will", löst sich ihm alles „allmählich auf in sein eigenes Nichts".[60]

§ 2. Die Definition der Vernunft

Wie deutlich wurde, erkannte das idealistische Freiheitsverständnis in jeder, dem absoluten Ich vorgeordneten Objektivität von verbindlichem Geltungsrang eine Mißachtung und Aufhebung seines ihm unveräußerlichen Anspruchs auf unbedingten Selbstbesitz. Entsprechend begreift es die schöpferische und sinnentwerfende Spontaneität der Vernunft als eine völlig absolute, durch nichts bedingte, die jede Rückbindung an eine ihr präponierte Wirklichkeit ausschließt. Sofern

[58] G. Benn, Ges. Werke, hrsg. v. D. Wellershoff, Wiesbaden 1960, I, 208. Vgl. II, 432.

[59] D. Arendt, Der „poetische Nihilismus" in der Romantik, Tübingen 1972, II, 376: „Das Subjekt-Denken, dessen Prozeß sich löst vom vorgegebenen Objekt, verfällt mit der Entfernung vom Gegenstand sich selbst, fällt anheim einem leeren Formalismus oder Normativismus des Selbst; Objektlosigkeit und Subjektleere sind komplementäre Erscheinungen."

[60] Jacobi an Fichte, a. a. O., III, 49.

aber nun jeder objektive Sinn und jeder verpflichtende Wert wegen der ihm wesentlichen Geltung die Vernunft sich unterordnet, erblickt die radikale Freiheit darin eine Vorgegebenheit, die für die sich absolut setzende Vernunft nicht bestehen kann. Denn sie kennt nur die Alternative: Entweder gebe es eine schöpferische und urphänomenale Originalität der Vernunft, was nicht zu bestreiten sei. Und dann setze diese absolute Unbedingtheit voraus. Diese sei aber schon aufgegeben, wenn die Vernunft einen objektiven Sinn vor sich habe, der sie vorherbestimme und sich so schon vorwegnehme. Oder aber die Vernunft besitze keine solche Schöpferkraft und Uranfänglichkeit. Wer dies sage, habe die Vernunft selbst schon aufgehoben. Nur dann aber könne sie einen vorgängigen, objektiven Sinn präsentieren. Dabei schloß das auf letzten und absoluten Selbstbesitz ausgehende Freiheitsmotiv die dritte Möglichkeit aus, daß die Vernunft *in* der Entfaltung ihrer urhebenden, schöpferischen Kräfte doch aus eigener Spontaneität an objektiver Ordnung teilhaben könne. In einer solchen Teilhabe sieht es bereits ein Sich-Aufgeben, Sich-selbst-Verleugnen, eine Entmündigung der Vernunft. Denn wenn sie nur schon eine Objektivität als gültig erkenne und somit anerkenne, müsse sie sich dieser schon unterordnen, das heißt auf die ihr unveräußerliche Autonomie verzichten. Somit könne und dürfe es keine der Vernunft überlegene Objektivität von Sinn, Wert, Sein oder Wesen geben.

So lehnt Fichte jeden, der Vernunft vorangehenden Sinn und daher auch alles ihr vorgeordnete Sein als eine Vorwegnahme ihrer selbst ab. Der sich selbst setzende „Geist“ zerstört daher alle, seiner Selbstsetzung nicht verfügbare Wirklichkeit in einem zweifachen Schritt. Er betrachtet das „Absolute außer sich“ als ein „Noumen“, welches „nur für ihn da ist“,[61] und er holt alles Objektive in sich selbst hinein, indem er sich als „Identität des Objects und Subjects“[62] begreift. Indem so alle Erkenntnis von Sinn und Sein auf die Selbsterkenntnis des Geistes zurückfällt, geht „alles Wissen“ von ihm selbst aus,[63] wie alles Wißbare „der Geist selbst“ ist.[64] In dieser seiner Verabsolutierung hat er sich aber selbst ins Nichts gestellt. Deshalb wirft F. H. Jacobi Fichte vor, daß „das Philosophieren der reinen Vernunft“ konsequentermaßen nur möglich ist, wenn „alles außer ihr in Nichts verwandt wird“.[65]

[61] Grundlage der gesamten Wissenschaftslehre, a. a. O., I, 281.
[62] Die Bestimmung des Menschen, a. a. O., II, 225.
[63] Ebd., 229.
[64] Ebd.
[65] Jacobi an Fichte, a. a. O., III, 20.

Schelling erklärt daher im Sinne seiner „Transzendentalphilosophie", darin er im Unterschied zu seiner „Naturphilosophie" mit Fichte übereinstimmt: „Außer der Vernunft ist nichts, und in ihr ist alles."[66] Ein „Absolutes" außer derselben ist daher „mit der letzten Wurzel von Realität aufgehoben".[67] Alle „Realität" fällt in die „Idealität",[68] alles Objektive ins rein Subjektive[69] zurück. Deshalb besteht für Schelling kein Grund zur Annahme einer vom „Selbstbewußtseyn" der absoluten Vernunft „unabhängigen Welt".[70] Vielmehr ist die Vernunft „schlechthin sich selbst gleich",[71] d.h., in all ihren Erkenntnissen begegnet sie allein sich selbst. Nachdem sie nicht mehr in Bezug zu einer über sie hinausliegenden, transzendenten Wirklichkeit steht, sind „Immanenz" und „Transzendenz" für Schelling „leere Worte".[72] Sosehr er sich bemüht, über Fichte hinausgehend, den Identitätspunkt nicht nur auf Seiten des transzendentalen Subjekts, sondern auch der „Natur" zu sehen,[73] lösen sich doch im Zusammenfall des Idealen mit dem Realen, des Objektiven mit dem Subjektiven diese Koinzidenzien gegenseitig auf, weshalb schon F. Köppen 1803 bemerkte, Schellings Systems sei „weder Realismus noch Idealismus" und „eben deswegen Nihilismus".[74]

Da für Hegel „Geist" „als absolute Freiheit vorhanden ist",[75] gilt das von dieser Gesagte auch für den absoluten Geist. Er ist „das Selbstbewußtsein", welches erfaßt, daß „seine Gewißheit seiner selbst" Inbegriff der „realen wie der übersinnlichen Welt",[76] er allein das „Wirkliche" ist.[77] Er setzt „alles Sein", so daß dieses „jeden Schein der Selbständigkeit gegen ihn verliert".[78] Völlig Analoges gilt für die „absolute Vernunft"[79] Hegels. Da sie „in ihrer Gesetzgebung von

[66] Darstellung meines Systems der Philosophie, a.a.O., III, 11.

[67] Vorlesungen über die Methode des akad. Studiums, a.a.O., III, 296.

[68] System des transzendentalen Idealismus, a.a.O., II, 390.

[69] Ebd., 380.

[70] Ebd., 378.

[71] Darstellung meines Systems der Philosophie, a.a.O., III, 12.

[72] Von der Weltseele, a.a.O., I, 445.

[73] Vgl. ST 299–306.

[74] Schellings Lehre oder das Ganze der Philosophie des absoluten Nichts, Hamburg 1903, 85.

[75] Phänomenologie des Geistes, a.a.O., II, 450.

[76] Ebd.

[77] Ebd., 27.

[78] System der Philosophie III, a.a.O., X, 37f.

[79] Hegels theologische Jugendschriften, hrsg. v. H. Nohl, Frankfurt a.M. 1966, 238.

nichts mehr sonst abhängig ist“[80] und „rein von fremder Beimischung geschaffen werden muß“,[81] verwandelt sie „das Sein in ein gedachtes Sein“[82] und wird sich selbst zum letzten Grund des Absoluten: „Die reine aller Schranken unfähige Vernunft ist die Gottheit selbst.“[83] Sofern diese Vernunft nichts mehr vor, über oder neben sich hat, das nicht sie selbst wäre, ist der Anfang alles Wissens für Hegel das Nichts. Das Wissen geht aus von der „Vollkommenheit des wahren Nichts“, und es ist „das Erste der Philosophie, das absolute Nichts zu erkennen“.[84] Deshalb bemerkte schon 1833 Chr. H. Weiße, die „absolute Leere und Bestimmungslosigkeit“, von der die Hegelsche Vernunft ausgehe, könne keinen Übergang mehr zur Realität wie zum Sein finden.[85] I. H. Fichte nennt es ein „fortwirkendes Verdienst“ Weißes, erkannt zu haben, daß die Hegelsche Reduktion des Wirklichen“ auf die „logischen Bestimmungen und Kategorien“ den „Nihilismus der Hegelschen Lehre“ beinhalte.[86] So nennt auch W. Janke Hegels Philosophie den „eigentlichen Nihilismus“, weil sie „das absolute Nichts zum Prinzip“ erhebe.[87]

Indem Nietzsche einerseits die idealistische Identifizierung von Ideellem und Reellem nicht nachvollzog, andererseits aber an der Loslösung der absoluten Vernunft von allen ihr vorgeordneten Objektivitäten festhielt, fielen ihre Erkenntnisse auf bloße Setzungen zurück, die keinen Anspruch auf objektive Geltung mehr begründen konnten. „Erkenntnis“ ist daher für ihn nur noch willkürliche „Auslegung“, ein bloßes „Sinnhineinlegen“,[88] ja „alles, was uns bewußt wird“, ist nur „zurechtgemacht, schematisiert, ausgelegt“.[89] So bezeichnet er alles „Erkennen“, sowohl das „absolute“ wie das „relative“, als eine „Fiktion“.[90] Konsequentermaßen ist der „Sinn“ nichts

[80] Ebd., 89.

[81] Ebd., 238.

[82] Phänomenologie des Geistes, a. a. O., II, 191 ff.

[83] Hegels theologische Jugendschriften, 75.

[84] Aufsätze, a. a. O., I, 409.

[85] Die Idee der Gottlosigkeit, 232 f.

[86] Neue Systeme und alte Schule, Zeitschrift für Philosophie und spekulative Theologie, II, 1838, 264 f.

[87] Fichte. Sein und Reflexion – Grundlagen der kritischen Vernunft, Berlin, New York 1970, 35.

[88] WGN IX, 414. WKG VIII/1, 102, 138; VIII/2, 23.

[89] WKG VIII/2, 295; VIII/1, 230. WGN IX, 332.

[90] WKG VII/3, 342 f.

als eine bloße „Perspektive“[91] jener absoluten Autonomie, die für ihn der „Wille zur Macht“ darstellt: „Aller Sinn ist Wille zur Macht.“[92] Sind erst einmal die „Vernunft-Kategorien“ zur „Fiktion“ geworden, so können sie nur noch ins Nichts führen: „Der Glaube an die Vernunft-Kategorien ist die Ursache des Nihilismus.“[93]

Die Deutschen Idealisten hätten es weit von sich gewiesen, den philosophischen Nihilismus begründet zu haben, da sie ja die Subjektivität nicht entleeren, sondern gerade als das Objektive schlechthin darstellen wollten. In dem Maße jedoch, in dem alle Setzungen der Vernunft zu objektiven Seinsprinzipien wurden, wurden diese zu subjektiven Projektionen und Perspektiven. Und indem sie alle ihnen überlegenen Inhalte ins Nichts zurückwarfen, konnten sie sich auch nicht mehr durch Berufung auf solche von willkürlichen Annahmen oder leeren Fiktionen unterscheiden. Sie gerieten daher in den Sog des Nichts alles an sich Objektiven. Am Ende war die Vernunft in den Kreis ihrer eigenen Immanenz gefangen. Treffend bemerkte F. H. Jacobi: „Von Vernunft ist die Wurzel: vernehmen. – Reine Vernunft ist ein Vernehmen, das nur sich selbst vernimmt.“[94] Die nur noch sich selbst vernehmende Vernunft mochte sich noch so sehr sagen, daß ihre Entwürfe den Sinn der Welt allererst schaffen, sie blieb doch außerstande, diese durch Ausrichtung auf einen in sich stehenden, über- und außersubjektiven Sinn zu legitimieren oder zu objektivieren. Vielmehr fanden sich all ihre Setzungen im Gegenüber des Nichts, das sie selbst geschaffen hatte und nicht mehr überwinden konnte.

Wie D. Arendt zeigt, mußte der in seinem eigenen Denk-Netz gefangene „Geist“ entdecken, „daß er mit der Apotheose der kreativen Vernunft All und Welt verloren hat und gewonnen hat er buchstäblich – Nichts“.[95] Auch L. Landgrebe weist darauf hin, daß der „Glaube an die Macht der Vernunft, von sich aus dem Ganzen des Weltgeschehens einen Sinn zu verleihen“, zum Nihilismus führen mußte, weil die in ihm verankerte „neuzeitliche Emanzipation des Menschen keine echte neue Begründung seiner Stellung zu sich selbst und zur Welt bedeutet“. Landgrebe spricht von einer „eigentümlichen Hohlheit aller Appelle an Vernunft“, sofern diese zwar zunächst noch von der „Substanz“ des „religiös bestimmten Gedankens“ an ein „lumen naturale“

[91] WKG IX, 410; VIII/1, 138.
[92] WGN IX, 410. WKG VIII/3, 94.
[93] WKG VIII/2, 291. WGN IX, 15.
[94] Jacobi an Fichte, a. a. O., III, 19.
[95] Der „poetische Nihilismus“ in der Romantik, II, 374.

zehren mochte, diesen aber aufgrund ihrer Verabsolutierung gerade verwarf, so daß der „Rest dieser Substanz" dünn und schal wurde.[96] Wie Horkheimer und Adorno zeigen wollen, wurde die aufgeklärte Vernunft in demselben Maße, in dem sie um der Erlangung absoluter Autonomie willen „alles von sich aus Verbindliche" abschaffte, zum Spielball unberechenbarer Strebungen, jeweiliger Affekte und Launen, um so am Ende gerade alle Autonomie zu verlieren.[97]

Die Folge war nicht nur eine Entwertung aller Vernunfteinsichten, sondern eine Entfunktionalisierung der Vernunft überhaupt, so daß ein nihilistischer Fiktionalismus und Irrationalismus[98] freies Spiel hatten. Vollkommen zu Recht bemerkt Adorno unter der Überschrift ›Nihilismus‹: „Der Begriff des Sinns involviert Objektivität jenseits allen Machens; als gemachter ist er bereits Fiktion, verdoppelt das sei's auch kollektive Subjekt und betrügt es um das, was er zu gewähren scheint."[99]

§ 3. Die Deutung der Sittlichkeit

Wie die idealistische Freiheit schon ihre eigene Selbstbestimmung und die Spontaneität der Vernunft als eine absolute und daher jede vorgeordnete Verbindlichkeit ausschließende versteht, so erst recht die Sittlichkeit. Mit gutem Grunde hält sie zwar daran fest, daß die sittliche Qualität einer Handlung aufgehoben sei, wenn sie nicht um der reinen Autonomie des Sittlichen willen, sondern in Abhängigkeit von äußeren Bedingungen vollzogen werde. Diese Unabhängigkeit des Sittlichen von allen es konditionierenden Faktoren setzt sie aber so absolut, daß sie bereits jede Bezugnahme zu vorgängiger Wirklichkeit von ihm ausschließt. Schon die Ausrichtung der sittlichen Handlung auf ein sie mitbestimmendes göttliches Wesen wird als ihre Veräußerlichung und damit als die Aufhebung ihrer sittlichen Qualität aufgefaßt. Mit diesem Ausschluß Gottes als eines sittlichen Prinzips sind zugleich all jene Sinn-, Wert- und Wesensprinzipien abgewiesen, die wegen

[96] Zur Überwindung des europäischen Nihilismus. Hamburger Akad. Rundschau, Jg. 1, 1946/47, 229f.

[97] Dialektik der Aufklärung, a. a. O., III, 112, 106.

[98] Vgl. W. Weier, Die nihilistischen Wurzeln der Existenzphilosophie, Sophia, Rassegna Critica di Filosofia e Storia della Filosofia, 41. Jg., Nr. 1–4, 1973, 93–106. Ders., Die Grundlegung des Nihilismus in der Existenzphilosophie, Theologie und Philosophie, 50. Jg., H. 2, 1975, 183–205.

[99] Negative Dialektik, a. a. O., VI, 369.

ihrer unbedingten Verbindlichkeit jener absoluten Vernunft nicht vollkommen verfügbar sind, darin die idealistische Sittlichkeit ihre eigene Absolutheit begründet und welche sich allein aus sich selbst bestimmt.

Die idealistische Freiheit kennt nur die Alternative: Entweder gebe es echte, unbedingte und unveräußerliche Sittlichkeit, was nicht zu bezweifeln sei. Dann aber setze sie absolute Freiheit und Autonomie voraus und weise alle diese mitbestimmenden Prinzipien ab. Oder aber es bestünden solche, dem sittlichen Subjekt und seiner Freiheit präponierte Bestimmungsgründe, und dann sei es um die Qualität des Sittlichen geschehen. Die dritte Möglichkeit, daß das Sittliche seine Autonomie allererst aus der Teilhabe an einer vorgängigen, objektiven und unbedingten Ordnung empfange,[100] läßt die idealistische Freiheit aufgrund der Radikalität ihrer Absolutsetzung nicht zu. Um den verabsolutierten Eigenwert des Sittlichen zu wahren, lehnt sie alle, den sittlichen Akt subordinierenden Prinzipien von verbindlichem Geltungsdrang ab und will den Grund der sittlichen Absolutheit allein in dem autonomen Ich erkennen, das sich aus sich selbst bestimmt.

Kant geht davon aus, daß ein „moralisches Gesetz", das als Grund einer Verbindlichkeit gelten soll, „absolute Notwendigkeit bei sich führen müsse".[101] Aus diesem Grunde weist er zu Recht jede Begründung dieser Notwendigkeit aus „der Natur des Menschen oder den Umständen in der Welt, darin er gesetzt ist", ab.[102] Aber – und dies ist entscheidend – er schließt auch jeden Bezug der sittlichen Verbindlichkeit zu vernunftüberlegenen Prinzipien aus, um diese „a priori *lediglich* in Begriffen der reinen Vernunft" begründet zu sehen.[103] Dadurch ist auch insofern sein postulatorischer Atheismus bestimmt, als er in der Ausrichtung auf ein göttliches Wesen eine Veräußerlichung des Sittlichen, eine Aufhebung seiner unbedingten Selbstbegründung erkennt. Er kann keinen Gott als Sinnprinzip des Sittlichen zulassen, sondern nur an einen Gott denken, der den Entwürfen der absoluten sittlichen Vernunft durch die Vorstellung eines Lohners dient.[104]

[100] Vgl. W. Weier, Zur Phänomenologie des sittlichen Sollens, Vierteljahresschrift für wissenschaftl. Pädagogik, 41. Jg., H. 3, 1965, 179–204, PB Kap. 10.

[101] Grundlegung zur Metaphysik der Sitten, a. a. O., Bd. IV, Berlin 1903, 389.

[102] Ebd.

[103] Ebd.

[104] Kritik der praktischen Vernunft, a. a. O., Bd. V, Berlin 1908, 124ff. Wie Descartes in Gott lediglich noch den Garanten für die Übereinstimmung der

Fichtes „Sittenlehre“ geht von der „sich bestimmenden Freiheit“ aus.[105] Er meint, es „komme darauf an“, daß diese das „Vorbild“, nach dem sie sich selbst bestimmt, ganz und gar in ihre „Gewalt“, in ihren „Besitz“ bringe.[106] Im Besitz der Freiheit ist aber allein die von dieser selbst dirigierte absolute Vernunft. Deshalb hebt Fichte hervor, daß die Sittenlehre „auf dem Reflexionsstandpunkt, wo sie steht ..., den Begriff selbst fürs Absolute halten“ und „von Gott nichts wissen müsse“.[107] Denn zur Begründung ihrer „moralischen Ordnung“ bedarf sie keines „anderen Gottes“, sondern ist sich vielmehr „selbst Gott“.[108]

Auch Schelling kennt keine, über die Vernunft hinausgehenden Prinzipien des Sittlichen, da er davon überzeugt ist, daß die Vernunft dieses allein aus und durch sich selbst begründe. In jeder Bezugnahme der absoluten Sittlichkeit zu einem „objektiven Gott“ oder einer „objektiven Welt“ sieht er eine Aufhebung ihrer eigenen Qualität, ihrer Autonomie und Unbedingtheit und betrachtet den Glauben an solche vernunftübergreifende Objektivitäten als „Vernunftschwäche“,[109] als mangelndes Bewußtsein, daß die Vernunft selbst das „Absolute“, „Ewige“, „Höhere“ sei.[110] Mithin ist ihm alles daran gelegen „zu handeln, ehe ein objektiver Gott ist“, anders die „Freiheit“ der sittlichen Handlung und somit diese selbst aufgehoben sei.[111]

Gleicherweise ist für Hegel die absolute Sittlichkeit gegen alles abgeriegelt, das nicht im Vollbesitz der absoluten Freiheit ist. Denn „Sittlichkeit“ bedeutet ihm das „Recht“ des „freien“ und „subjektiven Willens“, der „sein Dasein innerhalb seiner hat“, sich allein aus sich selbst begründet, sich ausschließlich „in sich reflektiert“.[112] Weder in seiner „Gesetzgebung“ ist dieser Wille von irgendeiner ihm präponierten

Realität mit der selbsttätigen Vernunft sah, nicht aber mehr ein Sinnprinzip, so fordert Kant nur einen Gott, der den Zusammenklang von Sittlichkeit und Lohn bewirke, schließt ihn aber als vorgängigen Sinngrund aus.

105 Das System der Sittenlehre, a. a. O., XI, 16.

106 Ebd.

107 Ebd., XI, 5.

108 Über den Grund unseres Glaubens an eine göttliche Weltregierung, a. a. O., V, 186.

109 Philos. Briefe über Dogmatismus und Kritizismus, a. a. O., I, 214.

110 Darstellung meines Systems, a. a. O., III, 11 ff.

111 Philos. Briefe über Dogmatismus und Kritizismus, a. a. O., I, 214.

112 Enzyklopädie § 487, hrsg. v. F. Nicolin u. O. Pöggeler, Philos. Bibl. 33, Hamburg 1959, 391.

Verbindlichkeit „abhängig“[113] noch in seiner Selbstbeurteilung. Er ist vielmehr „fähig, sich selbst zu richten“.[114]

Diese Absetzung der sittlichen Handlung von einem göttlichen Prinzip oder „Vorbild“ meint ihre Loslösung von allem, das nicht sie selbst ist, also von aller ihr vorgegebenen Ordnung, Geltung oder Verbindlichkeit. Solange nun die davon abgeriegelte praktische Vernunft noch im idealistischen Verständnis eine Identität des Objektiven mit dem Subjektiven darstellte, mochten ihre Setzungen den Rang sittlicher Werte und Prinzipien beanspruchen. Sobald aber dieses Identitätsdenken unglaubwürdig wurde, fielen sie der zufälligen Verfassung und jeweiligen Bedingtheit des Subjekts anheim. Als solche konnten sie keine sittliche Autonomie mehr begründen, sondern wurden zu einem Produkt subjektiver Strebungen, jeweiliger Perspektiven, zufälliger Anmutungen, die keinen verpflichtenden und objektiven Sinn mehr präsentieren konnten. Mit ihnen hatte der Nihilismus leichtes Spiel. Denn alle Geltung wurde zu einem Figment, der Wert zum situationsbedingten Zweck, das Wesenhafte zum augenblickshaften Akt. Durch den Verlust aller richtungweisenden Inhalte geriet der sittliche Akt in Desorientierung und Willkür. Die Ethik konnte sich nicht mehr auf inhaltlich-materiale, sondern nur noch auf leere und rein formale Kriterien berufen, die bald dem Nihilismus in die Arme fielen.

So wollte schon F. H. Jacobi in der Kantischen Ethik den Nihilismus präkonzipiert sehen und behauptet, das „ganze Gerüste“ der praktischen Philosophie Kants sei „Nihilismus“.[115] Aber auch Kant selbst hatte schon geahnt, daß das Nichts der Immoralität der moralischen Wesen ganzes Reich wie einen Tropfen Wasser trinken werde, sobald die großen sittlichen Kräfte zum Spielball autonomistischer Willkür würden.[116] Wie Adorno bemerkt, verurteilte die idealistische Verabsolutierung des sittlichen Subjekts am Ende jede Tat zur „Pseudoaktivität“, „potentiell zum Schwachsinn“, zur „Schizophrenie“.[117] Mit Horkheimer erkennt er „Dialektik der Aufklärung“ im Umschlag der übersteigerten sittlichen Autonomie in die totale Auflösung aller sittli-

[113] Hegels theologische Jugendschriften, 89.

[114] Ebd.

[115] Über das Unternehmen des Kriticismus, die Vernunft zu Verstande zu bringen, a. a. O., III, 183ff.

[116] Vgl. Th. W. Adorno/M. Horkheimer, Dialektik der Aufklärung, a. a. O., III, 105.

[117] Negative Dialektik, a. a. O., VI, 341, 277.

chen Qualitäten.[118] Auch L. Landgrebe hebt hervor, „daß der Glaube des Menschen an die Selbstherrlichkeit der Moral nicht die Gewinnung eines neuen Bodens bedeutet, sondern nur den Charakter eines Surrogats hat, so daß er nach Nietzsches Worten zum Nihilismus führen muß".[119]

In der Tat zieht Nietzsche als erster die Konsequenz, daß die von verbindlichem Sinn losgerissenen Werte nichts als „perspektivische Schätzungen" sind.[120] Denn damit, daß die sittlichen Werte als eine vorgängige Objektivität unerreichbar und mithin der Subjektivität überantwortet sind, sind sie noch lange nicht gültig: „Wir sehen, daß wir die Sphäre, wohin wir unsere Werte gelegt haben, nicht erreichen – damit hat die andere Sphäre, in der wir leben, noch keineswegs an Wert gewonnen: im Gegenteil, wir sind müde, weil wir den Hauptantrieb verloren haben."[121] Ganz klar sieht Nietzsche, daß die idealistische Setzung aller sittlichen Prinzipien in den Nihilismus treibt: „Jede rein moralische Wert*setzung* endet mit Nihilismus. Man glaubt, mit einem Moralismus ohne religiösen Hintergrund auszukommen: aber damit ist der Weg in den Nihilismus notwendig."[122]

2. Von der Freiheit des Geistes zur Freiheit des Selbst[123]

Die Begründung und Eigenart der Freiheit, wie sie die antike und mittelalterliche Transzendenzphilosophie verstand[124] oder wie sie in den deutschen Tragödien des Hochbarock[125] bzw. der Klassik[126] dargestellt wurde, bestand in der Tat in ihrer Teilhabe an unbedingten Sinn- und Wertgeltungen. Da nun kein Zweifel sein kann, daß solche

[118] Dialektik der Aufklärung, a.a.O., III, 112.
[119] Zur Überwindung des europäischen Nihilismus, 228f.
[120] WKG VIII/1, 112. WGN IX, 418.
[121] Ebd., 12.
[122] WKG VIII/1, 326. WGN IX, 19.
[123] Zu den Grundbegriffen „Selbst" bzw. „Existenz" vgl.: ME §§ 13–27. PB Kap. 6.
[124] Vgl. ST 59–194.
[125] Vgl. W. Weier, Duldender Glaube und tätige Vernunft in der Barocktragödie, Zeitschr. f. Deutsche Philologie, Bd. LXXXV, H. 4, 1966, 501–542.
[126] Vgl. ders., Entwicklungsphasen des Todesproblems in der deutschen Tragödie zwischen Idealismus und Realismus, Literaturwissenschaftl. Jahrbuch d. Görres-Gesellsch., Bd. V, 1964, 143–175.

den eigentlichen Gegenstandsbereich der geistigen Intuition darstellen, das Medium, in dem der Geist zu sich selbst kommt und sich verwirklicht, ist diese Freiheit der Teilhabe als Freiheit des Geistes zu verstehen. Hieraus ergibt sich auch als notwendige Konsequenz, daß jene die Auflösung des objektiven Sinnes postulierende Freiheit im Nichts eine andere, hiervon streng zu unterscheidende Gestalt der Freiheit zeugt. Denn es kann sich bei dieser nicht mehr eigentlich um jene Freiheit des Geistes handeln, sondern nur noch um die Freiheit des sich absolut setzenden, aus reiner und leerer Autonomie begründenden und alle normativen Prinzipien ausschließenden Selbst.

So erkennt Jean-Paul Sartre (1905–1975) den entscheidenden Grundzug der Freiheit darin, daß sie jede „essentielle" Vorgegebenheit von sich ausschließt, um sich als die im Nichts stehende Freiheit der „Existenz" zu verstehen.[127] Diese Existenz begreift sich als ein Selbstsein, das sich grundsätzlich jeder ihm vorgegebenen „Ordnung der Wahrheit" „verweigert", „entzieht", um sich allein in sich und aus sich selbst zu begründen.[128] Dem Entwurf dieses Selbst ist nichts vorgegeben, „nichts existiert ihm vorweg".[129] In dieser existentialistischen Grundkonzeption löst sich Existenz von allen Inhalten geistiger Intuition, von allem objektiven „Sinn"[130] und gültigen „Wert",[131] um selbst und allein Ursprung alles Gültigen und Verbindlichen zu sein.[132] In vergleichbarer Weise sieht Albert Camus (1913–1960) einen unüberbrückbaren Gegensatz zwischen objektivem „Sinn" und existentieller „Freiheit".[133] In einem solchen erkennt er nichts anderes als „Fesseln", „Schranken" der Freiheit, einen „Zwang", der ihn um sein eigenes und eigentliches „Leben" bringt.[134] Aus der hieraus resultierenden Leugnung aller geistig erschaubaren Sinn-, Wert- und Wesensgehalte folgt für ihn jene Konfrontation der existentiellen Freiheit

[127] Ist der Existentialismus ein Humanismus?, übers. v. Ullstein-Verlag, Berlin 1986, 16. Vgl. D. Føllesdal, Sartre on Freedom, in: The Philosophy of J.-P. Sartre, hrsg. v. P. A. Schilpp, La Salle, Illinois 1981, 392–407.

[128] Descartes und das Problem der Freiheit, übers. v. K. Johns, in: Descartes, Abhandlung über die Methode, Mainz 1948, 195.

[129] Ist der Existentialismus ein Humanismus?, 11.

[130] Ebd., 34.

[131] Ebd., 16.

[132] Ebd., 34.

[133] Der Mythos von Sisyphos. Ein Versuch über das Absurde, übers. v. H. G. Brenner u. W. Rasch, Hamburg 1987, 52. Vgl. J. Hengelbrock, A. Camus, Freiburg, München 1982, 37–134.

[134] Ebd.

mit der sinnlosen Welt, die für ihn Inbegriff des „Absurden" ist.[135] Mithin fordert er die Hingabe an dieses als den Gewinn existentieller „Freiheit" und „Unabhängigkeit",[136] die ihm nichts anderes bedeutet als jenes sich ganz allein gehörende, sich selbst ausschöpfende Leben,[137] welches das einzige Ziel dieser Freiheit des Selbst darstellt.

Auch die Existenzphilosophie von Karl Jaspers (1883–1969) und Martin Heidegger (1889–1976) zeigt Grundzüge dieser Freiheitsdeutung. So besteht für ersteren Freiheit nur im „Zerschlagen aller Objektivität",[138] im Anheben einer „Reihe aus dem Nichts".[139] Denn sie wendet sich nicht eigentlich geistigen Inhalten, „Wahrheiten", „Ideen", „Wesenheiten" als vorgegebenen Objektivitäten zu, sondern entwirft, schafft diese einzig und allein aus eigener Selbstursprünglichkeit. „Wahrheit" ist somit nur, sofern „ich sie bin als vollziehend in der Existenz",[140] „Sinn" und „Möglichkeit" der „Transzendenz" besteht allein in dieser,[141] die auch „über der Idee steht".[142] Auch für Heidegger „war" kein „Sinn" und keine „Wahrheit" des Seins losgelöst von Existenz oder „vordem Existenz überhaupt nicht war".[143] Denn allein der „primäre Entwurf des Verstehens ‚gibt' den Sinn",[144] weil „das Wesen der Wahrheit sich als Freiheit enthüllt".[145] Wenn Heidegger auch in den Entwürfen dieser verabsolutierten Freiheit das Ereignis des „Sinnes" und der „Wahrheit des Seins",[146] dessen „Ortschaft"[147] oder „Sprache"[148] sehen will, so meint er doch mit diesem „Seinssinn des Daseins" „kein freischwebendes Anderes und ‚Außer-

135 Ebd., 29.

136 Ebd., 51ff.

137 Ebd., 56.

138 Philosophie II, Existenzerhellung, Berlin, Göttingen, Heidelberg 1956, 184.

139 Ebd., 188.

140 Von der Wahrheit, München 1958, 652.

141 Philosophie II, 198.

142 Von der Wahrheit, 623. Philosophie I, Philosophische Weltorientierung, Berlin, Göttingen, Heidelberg 1956, 48.

143 Sein und Zeit, Gesamtausgabe, Bd. II, hrsg. v. F.-W. von Herrmann, Frankfurt a. M. 1977, 300.

144 Ebd., 430.

145 Vom Wesen der Wahrheit, Gesamtausgabe, Bd. IX, hrsg. v. F.-W. Herrmann, Frankfurt a. M. 1976, 192.

146 Was ist Metaphysik?, a. a. O., IX, 312.

147 Brief über den „Humanismus", a. a. O., IX, 332.

148 Ebd., 364.

halb' seiner selbst", sondern „das sich verstehende Dasein selbst".[149] Indem also diese Freiheit des ek-sistierenden Daseins an keinen vorgängigen Sinngehalten mehr teilhat, wird sie selbst zum „Platzhalter des Nichts"[150] und versinkt in reiner „Endlichkeit"[151] und „Zeitverfallenheit".[152]

Im Endresultat muß also jede dem ek-sistierenden Dasein vorgeordnete Sinn-, Wesens- und Wertgeltung verschwinden, damit dieses gemäß der autonomistischen und idealistischen Definition von Freiheit und Ursprünglichkeit als einziges und letztes Sinnprinzip allen Seins gedeutet werde. In dem Maße aber, in dem dieses Selbst sich zum Ursprung allen Seins und Sinnes erhebt, ist sein Verhältnis zu diesem in grundsätzlichem Unterschied zum Geist kein schauendes, selbsttätig nachentwerfendes oder empfangendes, vielmehr setzt es, zeugt es aus sich allein als einzigem Ursprung allen Sinn. Seine Kreativität ist daher keine vorgängige Prinzipien mit- oder nachvollziehende, sondern eine solche auf das grundsätzlichste aufhebende und ausschließende. Dieses Selbst ist sich in allem, was es tut und wählt, einziges und letztes Prinzip und daher die Verwirklichung der absoluten, idealistischen Freiheit. Dagegen sucht die Freiheit des Geistes in der aus seinem Gehalt hervorgehenden Unbedingtheit und Objektivität des Sinnes den letzten Grund seiner eigenen Unbedingtheit und Freiheit. Wie also an die Stelle des Sinnes das Nichts tritt, so an die Stelle der Freiheit des Geistes die Freiheit des reinen Selbst.

3. Von der Freiheit des Selbst zur „Freiheit" der Psyche[153]

Die Freiheit im Nichts, welche an die Stelle der Freiheit im Sinn getreten war, hatte zwar die Kraftquellen zu existentieller Selbstwerdung herausgefordert und in einzigartiger Weise zur Entfaltung gebracht, dabei aber zugleich das Selbst überfordert. Fehlten ihm doch im Nichts alle Gründe, um seine Wahl und Entscheidung rechtfertigen zu können, und gleicherweise alle Ziele, um diese zu aktivieren und

[149] Sein und Zeit, a. a. O., II, 430.

[150] Was ist Metaphysik?, a. a. O., IX, 118.

[151] Ebd., 120. Kant und das Problem der Metaphysik, Frankfurt a. M. 1951, 206.

[152] Sein und Zeit, a. a. O., II, 312, 434f.

[153] Vgl. ME § 88.

handlungsfähig zu machen. Vor allem aber war die Begründung des Selbstseins als eines unbedingten Daseins dadurch erschwert, ja unmöglich gemacht, daß es keine Inhalte mehr gab, die aufgrund ihrer unbedingten Geltung existentielle Unbedingtheit tragen und erwecken konnten. In Ermangelung unbedingter Bestimmungsgründe und -ziele fiel daher das Selbst den bedingten Motivationen anheim, also den psychischen Affekten, Emotionen und Impulsen, den Bedingtheiten der reinen Vitalität. So wurde aus der Freiheit des Selbst die Freiheit der Psyche bzw. des Ich, die nicht auf die Befreiung *von den* Bedingtheiten, sondern auf Befreiung *der* (sc. psychischen) Bedingtheiten gerichtet war. Damit aber schlug die erstrebte absolute Selbstbegründung in jene Fremdbegründung um, die letztlich nur darauf ausgeht, die reine Emotionalität der Psyche so weit wie möglich von allen Fremdeinflüssen, insbesondere von solchen der Gesellschaft, zu befreien, uneingedenk der Tatsache, daß die Psyche schon aufgrund ihrer physiologischen Bedingtheit wie ihrer sinnblinden Zwanghaftigkeit zu eigentlicher Autonomie und Selbstbegründung überhaupt nicht fähig ist. Es ist aber wichtig zu erkennen, daß diese Problemsituation die notwendige Folge der dargestellten Entwicklung der Freiheit ohne Sinn war.

§ 1. Das Ziel der existentiellen Freiheit[154]

M. Horkheimer, Th. W. Adorno und H. Marcuse sehen deutlich die Gefahr, daß menschliche Existenz zu einem bloßen Moment an einem nach dialektischer Gesetzlichkeit ablaufenden oder irrationalen Mächten ausgelieferten Prozeß ihres historischen oder soziologisch prädeterminierten Daseins werden und der Mensch als Mensch sich dabei verlieren könne. Sie sind in dem Bestreben vereint, Existenz aus ihrem Verfallen an diesen Prozeß in die Freiheit ihres Selbstseins zurückzubringen.

Mit Adorno hat Horkheimer bemerkt, daß die idealistische Verabsolutierung der Vernunft einen dialektischen Prozeß eröffnete. Indem die absolute Vernunft alles „von sich aus Verbindliche“ abschaffte, war es ihr erlaubt, „die ihr adäquaten Bindungen souverän zu dekretieren und zu manipulieren“.[155] So aber lieferte sie sich der Unver-

[154] Zur näheren Bestimmung von „existentieller Freiheit“ vgl.: ME §§ 13–17. PB Kap. 6, 9, 11.

[155] Dialektik der Aufklärung, M. Horkheimer, Ges. Schriften, hrsg. v. A. Schmidt u. G. Schmid Noerr, Bd. V, Frankfurt a. M. 1987, 116.

nunft aus, d.h., sie schlug in ihr Gegenteil um.[156] Da mithin nicht mehr objektive Inhalte, sondern willkürliche Setzungen die Vernunft beherrschten, wurde sie zum Spielball der Irrationalität: „Da die Vernunft keine inhaltlichen Ziele setzt, sind die Affekte alle gleich weit von ihr entfernt."[157] So gewannen „die irrationale Planmäßigkeit der Gesellschaft"[158] auf der einen, der „Schematismus der Produktion"[159] auf der anderen Seite Macht über sie. Dabei wurde zugleich die existentielle Freiheit zerstört. Denn nicht einem ihr unverletzbaren Sinn war sie zugewandt, sondern einem soziologischen „Konformismus"[160] ausgeliefert, der jede „Spontaneität" steuert und „absorbiert",[161] Existenz nicht mehr sie selbst sein läßt und alles, „was nicht konformiert" mit ökonomischer Ohnmacht schlägt[162]: „Die Stellung des Einzelnen wird damit prekär."[163]

Angesichts dieser Situation will Horkheimer die existentielle Freiheit zurückgewinnen. Er glaubt, daß die „Konstruktion des Geschichtsverlaufs" ebenso notwendig den „Protest gegen diese Ordnung" enthalte wie die „Idee der Selbstbestimmung des menschlichen Geschlechts".[164] Die Verwirklichung dieses Protestes ist Ziel seiner „kritischen Theorie".[165] Diese soll erreichen, daß „die Taten" nicht mehr aus einem „Mechanismus", sondern aus eigenen „Entscheidungen" hervorgehen.[166] Sie soll darum kämpfen, daß die Notwendigkeit des bisherigen Geschehens „aus einer blinden in eine sinnvolle" verwandelt werde.[167] Auf diesem Wege erhofft sich Horkheimer eine „Befreiung" sowohl vom „Zwang der Natur" wie von den „zur Fessel

[156] Ebd.

[157] Ebd., 112.

[158] Ebd., 176.

[159] Ebd., 149.

[160] Ebd., 158.

[161] Ebd., 146.

[162] Ebd., 158.

[163] Ebd., 177.

[164] Traditionelle und kritische Theorie, a.a.O., Bd. IV, Frankfurt a.M. 1988, 203.

[165] Vgl. J.J. Sánchez, Wider die Logik der Geschichte, Zürich, Einsiedeln, Köln 1980, 47–130. H. Hesse, Vernunft und Selbstbehauptung, Frankfurt a.M. 1984, 53–136. S. Cochetti, Mythos und Dialektik der Aufklärung, Königstein/Ts. 1985, 1–76. R. Wiggershaus, Die Frankfurter Schule, München, Wien 1986, 566–725. M. Maòr, M. Horkheimer, Berlin 1989, 60–74.

[166] Trad. u. krit. Theorie, a.a.O., IV, 203.

[167] Ebd.

gewordenen Formen des gesellschaftlichen Lebens".[168] Diese Freiheit, die Horkheimer erstrebt, ist im Ansatz existentiell gemeint. Denn er hofft auf „Widerstandskräfte" im Menschen, die sich jedem Konformismus mit dem gesellschaftlichen „Subjekt" entziehen[169] und dem „fortschreitenden Anstürmen der kollektiven Schemata" jenen „Geist der Humanität" entgegensetzen, der nicht das Individuum als „Glied gesellschaftlicher Gruppen", es aber um so mehr ergreift, „sofern es alleingelassen wird".[170]

Besonders Adorno hat näher gezeigt, wie der idealistische Freiheitsbegriff mit innerer Notwendigkeit gerade die Aufhebung des Subjekts implizierte. Denn um das Subjekt von aller vor- und übergeordneten Wirklichkeit zu befreien, mußte der Idealismus es mit aller Objektivität identifizieren. So aber wurde nicht nur das Objekt subjektiv, sondern auch das Subjekt objektiv, d.h. zum Inbegriff dessen, was gerade überwunden werden sollte: „Die Konstruktion des Subjekt-Objekts ist von abgründigem Doppelcharakter. Sie fälscht nicht nur ideologisch das Objekt in die freie Tat des absoluten Subjekts um, sondern erkennt auch im Subjekt das sich darstellende Objektive und schränkt damit das Subjekt anti-ideologisch ein."[171] Indem also Hegel um der Befreiung des Subjekts willen dieses verabsolutierte, mußte er es zugleich als Moment einer Subjekt-Objekt-Identität fassen und eben dadurch seine Freiheit gerade wieder aufheben. So brachte also die Negation der Unfreiheit keineswegs Freiheit, sondern erneut Unfreiheit hervor. Darin erkennt Adorno einerseits das Gesetz der „negativen Dialektik", wonach die Negation der Negation nichts Positives ergibt,[172] andererseits den „Weltgeist" als „permanente Kata-

[168] Ebd., 204.

[169] Dialektik der Aufklärung (Horkheimer-Gesamtausg.), a.a.O., V, 158, 177.

[170] Zur Kritik der instrumentellen Vernunft, hrsg. v. A. Schmidt, Frankfurt a.M. 1967, 135.

[171] Negative Dialektik, a.a.O., VI, 343.

[172] Ebd., 161. Vgl. H. Mörchen, Adorno und Heidegger, Stuttgart 1981, 187ff., 351ff. A. Allkemper, Rettung und Utopie, Zürich 1981, 39–128. N. Rath, Adornos kritische Theorie, Paderborn, München, Wien, Zürich 1982, 108–127. A. Wellmer, Dialektik von Moderne und Postmoderne, Frankfurt a.M. 1985, 48–114. H. Gripp, Th. W. Adorno, Paderborn, München, Wien, Zürich 1986, 56–93. C. Schlüter, Adornos Kritik der apologetischen Vernunft, Würzburg 1988, II, 547–634. U. Müller, Erkenntniskritik und negative Metaphysik bei Adorno, Frankfurt a.M. 1988, 170–184. A. Thyen, Negative Dialektik und Erfahrung, Frankfurt a.M. 1989, 109–221.

strophe",[173] die „Vernunft des Weltgeistes" als „Unvernunft".[174] In der Identifikation des Subjekts aber mit diesem sieht er die Aufhebung des Subjekts.[175] Da also der Mensch selbst zum Objekt jener idealistischen Naturbeherrschung wurde, die seiner Befreiung galt, wurde er gleichzeitig um seine Freiheit gebracht in „jener zweiten Natur, zu der die Gesellschaft gewuchert ist".[176] Diese zweite Natur stellt die „Negation der ersten", noch nicht verobjektivierten Natur dar und wird zum „unwiderstehlichen Gleichnis der Gefangenschaft".[177] Die Fragestellung Adornos geht nun insofern auf die existentielle Freiheit aus, als er ähnlich wie Kierkegaard darauf hindenkt, das Subjekt wieder aus seiner zweiten Natur, d. h. seiner Veräußerung an die Subjekt-Objekt-Identität zu befreien und aus jener „Verblendung"[178] und „Selbsttäuschung"[179] herauszuführen, die in der idealistischen Verobjektivierung des Subjekts lag. Insofern richtet sich Adornos Fragestellung auf das unbedingte Dasein aus.

Wie Horkheimer und Adorno in ihrer Schrift ›Dialektik der Aufklärung‹ die idealistische Negation aller subjektüberlegenen Inhalte für die Auslieferung des Menschen an die Irrationalität reiner Geschichtlichkeit verantwortlich machen, so beschreibt Herbert Marcuse (1898–1979) das eindimensionale Dasein als einen Zustand, in dem „Ideen, Bestrebungen und Ziele, die ihrem Inhalt nach das bestehende Universum transzendieren, entweder abgelehnt oder zu Begriffen dieses Universums herabgesetzt werden".[180] Wie die Sprachanalyse zu einer „Entzauberung transzendenter Begriffe" führe,[181] so verkünde L. Wittgenstein die Philosophie als das Unternehmen, das „alles so läßt, wie es ist".[182] Daher komme es, daß die „beiden Dimensionen der wesentlichen und der unwesentlichen Wahrheiten" nicht mehr aufeinander wirken[183] und der Mensch der das Bestehende

[173] Negative Dialektik, a. a. O., VI, 314.
[174] Ebd., 311.
[175] Ebd., 337.
[176] Ebd., 75 f.
[177] Ebd., 351.
[178] Ebd., 162.
[179] Ebd., 219.
[180] Der eindimensionale Mensch. Studien zur Ideologie der fortgeschrittenen Industriegesellschaft, Schriften, Bd. VII, übers. v. A. Schmidt, Frankfurt a. M. 1989, 32.
[181] Ebd., 185.
[182] Ebd., 198.
[183] Ebd., 151.

transzendierenden Dimension verlustig gegangen sei. Doch dieser Verlust der zweiten Dimension gehe so weit, daß der Mensch, während er sich in Freiheit gegenüber seinem bedingten Dasein zu entfalten wähnt, in Wahrheit durch die darin sich auswirkenden gesellschaftlichen Repressionen bereits manipuliert, vorprogrammiert sei, indem er diese nicht als solche, sondern in „falschem Bewußtsein" als scheinbar freie widerspiegele,[184] sich also frei glaube, während er gefangen ist.[185] Der Raum der existentiellen Freiheit ist also im vorhinein bereits von „öffentlichen, gesellschaftlichen Mächten besetzt".[186]

Angesichts dieser Situation geht es Marcuse um eine „optimale Entfaltung der menschlichen Existenz",[187] um die wieder zu erlangende „Freiheit der Individuen",[188] um den „Einzelnen".[189] Sein Kampf gilt der „Ausschaltung der persönlichen Entscheidungsfreiheit",[190] der „Schwächung der persönlichen Verantwortung",[191] der „Realitätsgerechtigkeit" des „zufriedenen Positivismus".[192] Die Bewältigung dieser Aufgabe erhofft er sich von einer „kritischen Theorie", die „‚transzendierende' Analyse der Tatsachen im Licht ihrer gehemmten und geleugneten Möglichkeiten"[193] sein will. Dieser Zielsetzung geht es letztlich um die existentielle Möglichkeit, im Sprung über die Eindimensionalität des bloßen, soziologisch präokkupierten Daseins diesem gegenüber Eigensein zu gewinnen.

[184] Ebd., 202.
[185] Ebd., 27.
[186] Psychoanalyse und Politik, Frankfurt a.M. 1968, 20.
[187] Aufsätze und Vorlesungen 1948–69, Schriften, Bd. VIII, Frankfurt a.M. 1984, 44.
[188] Aufsätze 1934–41, Schriften, Bd. III, Frankfurt a.M. 1979, 237. Vgl. E. Koch, Eros und Gewalt, Würzburg 1985, 94–194.
[189] Triebstruktur und Gesellschaft. Ein philos. Beitrag zu S. Freud, Schriften, Bd. V, übers. v. M. von Eckhardt-Jaffe, Frankfurt a.M. 1979, 84, 136.
[190] Aufsätze und Vorlesungen 1948–69, a.a.O., VIII, 50. Psychoanalyse und Politik, 9.
[191] Ebd., 55.
[192] Aufsätze 1934–41, a.a.O., III, 235.
[193] Der eindimensionale Mensch, a.a.O., VII, 13.

§ 2. Die Wende zur „Freiheit“ der Psyche

Wenn Horkheimer, Adorno und Marcuse zu Recht die idealistische Negation aller subjektüberlegenen Inhalte einer dem innerweltlichen Dasein enthobenen Dimension für den Verlust der existentiellen Freiheit verantwortlich machen, so ist evident, daß ihre Wiedererlangung davon abhängig ist, ob es gelingt, einen Sinn von zeitüberlegener Geltung und ontischer Wirklichkeit zu entdecken, der existentielle Freiheit nicht bedroht,[194] sondern allererst begründet. Anderenfalls wird die erstrebte Rückkehr zu existentieller Freiheit, mag sie noch so ernsthaft gemeint und gefordert sein, notwendig ihr Ziel verfehlen müssen und am Ende doch nicht über die Unfreiheit eines seinen historischen, soziologischen und irrationalen Konditionen ausgelieferten Daseins hinauskommen. Da im Zuge der dargestellten Entwicklung ein solcher Sinn nicht mehr erreichbar sein konnte, kommen die Genannten wieder von ihrem Wege ab und lassen die so sehr erstrebte Freiheit existentiellen Selbstseins in einer „Freiheit“ *des* uneigentlichen, konditionierten, bloßen Daseins versinken, die nie diesem *gegenüber* jene eigentliche, existentielle Freiheit erlangt, wozu Geist und Existenz im Unterschied zur Psyche befähigt sind.[195] Aus ihr mußte somit notwendig die bloße Befreiung der Psyche von allen sie prädeterminierenden gesellschaftlichen Faktoren werden.

Horkheimer findet, wie er ausdrücklich betont, im „Gegensatz“ zu einer „Phänomenologie“, die das Handeln in „festen Wesenseinsichten“ begründet, „keinen Sinn“, „keine ewige Bestimmung“.[196] Gleicherweise entdeckt er auch keine „Werte“, sondern nur die sich im Zusammenhang mit dem gesellschaftlichen Prozeß dauernd ändernden „Bedürfnisse, Wünsche, Interessen und Leidenschaften der Menschen“.[197] Die unausweichliche Folge ist, daß er nicht mehr von Existenz, sondern vom „Charakter jedes Individuums einer Gruppe“ spricht und meint, dieser gehe „ebensosehr“ auf die „in ihm selbst als diesem menschlichen Wesen angelegte Dynamik“ wie auf die „typischen und besonderen Umstände seines Schicksals in der Gesellschaft“ zurück.[198] Wie „einzigartig“ jeder sei, soll „ebenso“ vom

[194] Daß dieses Ziel keineswegs illusorisch ist, wurde gezeigt in: ME §§ 34–49.

[195] Vgl. PB Kap. 5–9.

[196] Bemerkungen zur philos. Anthropologie, a. a. O., III, Frankfurt a. M. 1988, 255.

[197] Materialismus und Moral, a. a. O., III, 133.

[198] Bemerkungen zur philos. Anthropologie, a. a. O., III, 250.

„Zustand der Gesellschaft" wie von seiner „inneren Beschaffenheit" abhängen.[199] In einem nächsten Schritt entfernt er sich noch weiter von der angezielten Freiheit und bewegt sich hin zum bloßen, in seinen sozialen Konditionen völlig untergehenden Dasein. Nun wird bereits die „Arbeit der Gesellschaft" zur „Voraussetzung" existentieller „Autonomie".[200] Am Ende ist „Existenz" „völlig vom Bestehenden abhängig",[201] d.h. als ein eigenes und eigentliches Dasein schon negiert. Nicht mehr im Menschen, sondern in der „Menschheit" will Horkheimer das „Subjekt" der Befreiung sehen.[202] Schließlich wird existentielle Freiheit zu einer „bloß inneren",[203] die zur „Resignation in der Praxis" führt,[204] und der „idealistischen Denkweise" zugerechnet.[205]

Indessen glaubt Horkheimer noch an eine Freiheit. Diese ist für ihn aber nicht so sehr die Freiheit des Einzelnen, des Individuums als vielmehr jenes „Subjekts", das die Gesellschaft selbst ist.[206] Allein, aufgrund des intimen und dialektischen Ineinanders von Einzelnem und Gesellschaft ist diese Befreiung des gesellschaftlichen Subjekts rückverwiesen auf die Aktivität des Einzelnen, seine „Widerstandskräfte gegen die kollektiven Schemata",[207] seinen „Protest" und „Kampf" gegen die „bestehende Ordnung"[208] und alles „Bestehende",[209] also auf sein Bemühen, die „Fesseln des gesellschaftlichen Lebens" zu sprengen.[210] Freiheit ist reduziert auf die Revolte gegen alles Bestehende.

Völlig zu Recht und im Gegensatz zu Idealismus und Existenzphilosophie erkennt Adorno, daß Sinn nur als objektiver wirklich ist: „Der Begriff des Sinns involviert Objektivität jenseits allen Machens;

[199] Ebd., 271.
[200] Ebd., 252.
[201] Ebd., 251.
[202] Trad. u. krit. Theorie, a.a.O., IV, 207: „Im Übergang von der gegenwärtigen zu einer zukünftigen Gesellschaftsform soll die Menschheit sich jedoch erstmals zum bewußten Subjekt konstituieren und ihre eigenen Lebensformen bestimmen."
[203] Ebd., 205.
[204] Ebd.
[205] Ebd.
[206] Materialismus und Moral, a.a.O., III, 118. Trad. u. krit. Theorie, a.a.O., IV, 207.
[207] Zur Kritik der instrumentellen Vernunft, 135.
[208] Trad. u. krit. Theorie, a.a.O., IV, 203.
[209] Ebd.
[210] Ebd., 204.

als gemachter ist er bereits Fiktion."[211] Eine von dieser „Objektivität" losgelöste Autarkie oder Autonomie ist daher leer und unbegründet: „Das Diktat seiner Autarkie verdammt Denken zur Leere."[212] „Losgelöst davon (sc. vom Objektiven) ist Autonomie fiktiv."[213] Als „Jargon der Eigentlichkeit" bezeichnet Adorno daher eine Existenzphilosophie, die den „Inhalt" durch das „formale Gehabe von Autonomie" ersetzt.[214]

Da aber auch Adorno im Banne der idealistischen Auflösung aller objektiven Sinn-, Wert- und Wesensgehalte verbleibt, erscheint ihm alle Freiheit – mehr oder weniger – als „Selbsttäuschung".[215] Denn während das Subjekt sich frei zu bestimmen meint, ist seine Entscheidung immer schon durch die irrational wirkenden Mechanismen der Gesellschaft vorentschieden, vorweggenommen. Sofern ein Entrinnen aus dieser Grundsituation letzthin unmöglich ist, kann eine Resignation der Freiheit um sich greifen und an Boden gewinnen. Deshalb kann Adorno in der Freiheit des Einzelnen am Ende nur noch eine „Pseudoaktivität", „Schwachsinn"[216] und „Schizophrenie"[217] erkennen, und das „Subjekt" wird ihm zur „Lüge".[218] Allein, indem es am „Nichtidentischen" wiedergutzumachen sucht, „was es daran verübt hat", kann es der idealistischen Unterwerfung unter das Objekt entgegenwirken.[219] Diese „Nichtidentität" kann es aber nur realisieren, indem es sich überhaupt aus dem Raum der idealistischen Freiheit in einen von diesem nicht erreichbaren Bereich zurückzuversetzen sucht. Deshalb sieht Adorno nirgendwoanders einen Ausweg, ein „Glück" als dort, „wo das Selbst nicht es selbst ist".[220] Mithin geht es ihm darum, daß das Ich durch „Anamnesis an den ungebändigten, vor-ichlichen Impuls", d.h. durch Erinnerung an den noch von keinem festen Ich gesteuerten Zustand,[221] sich in jenes Stadium zurückzuziehen sucht, das für ihn den Inbegriff der „Nichtidentität" am

[211] Negative Dialektik, a.a.O., VI, 369.
[212] Ebd., 152.
[213] Ebd., 222.
[214] Jargon der Eigentlichkeit, a.a.O., VI, 425.
[215] Negative Dialektik, a.a.O., VI, 162, 219.
[216] Negative Dialektik, a.a.O., VI, 341.
[217] Ebd., 277.
[218] Ebd., 274.
[219] Ebd., 149. Vgl. U. Müller, Erkenntniskritik und Negative Metaphysik bei Adorno, 185–216.
[220] Ebd., 277.
[221] Ebd., 221.

reinsten darstellt, ja selbst über diese Kategorie hinausliegt. Und dieser ist für ihn letztlich der des Materiellen.[222] Man könnte meinen, daß Adorno um der doch immer schon vorbesetzten Freiheit willen die Freiheit überhaupt bezweifelt und eine Rettung nur dort sieht, wo der Freiheitsraum schlechtin verlassen ist.

So sehr Marcuse „wesentliche Wahrheiten",[223] das „Universum transzendierende Ideen"[224] anzielt, bleibt er der idealistischen Auflösung unbedingter Sinn- und Wertgehalte treu. Deshalb trifft er nur auf ein Utopisches,[225] das sich in der „Negation des Bestehenden" erschöpft".[226] Da existentielle Freiheit also auf den Sprung ins Utopische angewiesen bleibt, nimmt es nicht wunder, daß sie in diesem weder Persistenz noch Abstand gegenüber dem eindimensionalen Dasein gewinnen kann. Aus dieser Not macht Marcuse eine Tugend, indem er entgegen seinem ursprünglichen Ansatz eine Freiheit erstrebt, die sich im „Zurruhekommen aller Transzendenz",[227] im Aufgehen in bloßem Dasein,[228] im „Seinlassen" der „eigenen Existenz"[229] erschöpft. Dabei erlangt Marcuse nicht die eigentlich angezielte, sondern nur die Freiheit eines in seinen „Bedürfnissen" „befriedeten Daseins".[230] Die „optimale Entfaltung der menschlichen Existenz" ist so zweifellos nicht erreicht. Denn von unbedingtem Selbstsein kann deshalb keine Rede mehr sein, da Existenz in völliger Abhängigkeit von jenen „Bedürfnissen", die es zu befreien gilt, verbleibt. In ihrer „großen Weigerung"[231] rebelliert zwar Existenz gegen alle Repressionen, die die freie Entfaltung der Triebstruktur, insbesondere der libidinösen, einengen oder verstellen könnten, bleibt aber selbst von dieser abhängig, ihr verfallen, ist durch ihre Jeweiligkeit bedingt und erlangt dieser gegenüber nie existentielle Verfügungsmacht und Frei-

[222] Ebd., 193: „Die Kategorie der Nichtidentität gehorcht noch dem Maß der Identität. Emanzipiert von solchem Maß, zeigen die nicht-identischen Momente sich als materiell, oder als untrennbar fusioniert mit Materiellem."

[223] Der eindimensionale Mensch, a. a. O., VII, 151.

[224] Ebd., 32.

[225] Kultur und Gesellschaft I, Frankfurt a. M. 1965, 16.

[226] Psychoanalyse und Politik, 77.

[227] Triebstruktur und Gesellschaft, a. a. O., V, 116.

[228] Aufsätze und Vorlesungen, a. a. O., VIII, 29 f.

[229] Psychoanalyse und Politik, 60.

[230] Der eindimensionale Mensch, a. a. O., VII, 36. Aufsätze, a. a. O., III, 278 f. Psychoanalyse und Politik, 39.

[231] Der eindimensionale Mensch, a. a. O., VII, 83. Triebstruktur und Gesellschaft, a. a. O., V, 131. Versuch über Befreiung, a. a. O., VIII, 243.

heit. Die Chancen zur Realisation dieser „großen Weigerung" erkennt Marcuse daher allein in den Bereichen, die noch nicht oder jedenfalls noch nicht völlig durch die Gesellschaft vereinnahmt sind, in der „erotischen"[232] und „ästhetischen"[233] Haltung. Entgegen S. Freuds Vorstellung von dem unvermeidbaren „biologischen" Konflikt zwischen Lustprinzip und Realitätsprinzip, zwischen Sexualität und Kultur, soll sich die „Idee von der einenden und befriedigenden Macht des Eros" durchzusetzen,[234] und besonders die „Perversionen" scheinen Marcuse „ein promesse de bonheur zu bieten, das größer ist als die normale Sexualität".[235] Er glaubt, daß aus dieser Haltung ein in seinen „Bedürfnissen" „befriedetes Dasein"[236] hervorgehen könne, darin die „Harmonie zwischen der individuellen und allgemeinen Befriedigung", also zwischen der Freiheit des Individuums und der Gesellschaft, wieder hergestellt ist[237] und die „falschen Bedürfnisse" durch „wahre" ersetzt werden.[238]

Freilich schlägt in diesem Prozeß von der Freiheit im Nichts zur Freiheit des Selbst und schließlich zur Befreiung der Psyche die absolute Autonomie in Heteronomie um, so daß man von einer „negativen Dialektik der idealistischen Denkmotive"[239] sprechen kann. Denn tatsächlich handelt es sich bei der absoluten Freiheit des Selbst im Sinne des Existentialismus und der letztlich illusionären Befreiung der Psyche, wie sie die Frankfurter Sozialphilosophen verfolgen, um dialektische Entwicklungsschritte desselben Prinzips, nämlich des Gegensatzes von Sinn und Freiheit, wie ihn die Deutschen Idealisten gelehrt haben. Diese Opposition hätte nicht zu so epochaler Bedeutung gelangen können, wäre sie nicht in entscheidender Weise mitgetragen von der tiefen Faszination, die von dem Gedanken der Selbstursprünglichkeit und Kreativität des Menschseins ausgeht.

[232] Der eindimensionale Mensch, a. a. O., VII, 165.
[233] Ebd., 149.
[234] Triebstruktur und Gesellschaft, a. a. O., V, 44.
[235] Ebd., 49.
[236] Der eindimensionale Mensch, a. a. O., VII, 36. Aufsätze, a. a. O., III, 278f. Psychoanalyse und Politik, 39.
[237] Triebstruktur und Gesellschaft, a. a. O., V, 165.
[238] Der eindimensionale Mensch, a. a. O., VII, 27.
[239] Vgl. N §§ 82–92.

II. Die Faszination der Kreativität[1]

Die schon am Phänomen der Freiheit, insbesondere an ihrem Verhältnis zum Sinn sichtbare Ambivalenz oder Zweideutigkeit tritt erneut in Erscheinung in dem Bezug des schöpferischen Aktes zu einem ihn leitenden oder doch mitbestimmenden Prinzip. Einerseits kann kein Zweifel sein, daß echte, wahre und fruchtbare Kreativität des objektiven, d. h. von ihr unabhängigen Sinnes bedarf, um sich von leerer Eigenwilligkeit, Phantasterei oder Illusion zu unterscheiden und um kommunikationsfähig zu bleiben. Denn allein indem der schöpferische Akt die einzigartige, unwiederholbare und selbstursprüngliche Verwirklichung übersubjektiver und zeitüberlegener Geltung darstellt, kann er vom anderen, ihn nachvollziehenden Subjekt als Erfüllung, Manifestation und Konkretion solcher Inhalte erfahren und erlebt werden, welche dieses mit ihm verbinden. Die Mitteilbarkeit der Kunst und eines jeden schöpferischen Aktes setzt voraus, daß Erst- und Nachvollzug an einer Sinnidentität teilhaben können, die ihrerseits nicht auf ein einzelnes Subjekt und daher auch nicht auf eine Zeitsituation restringiert werden kann. Überdies hat der schöpferische Mensch ein Selbstbewußtsein, welches voraussetzt, daß seine Schöpfung nicht nur das zufällige Produkt eines Augenblicks, eine irrelevante Impression oder eine sich in reiner Subjektivität ergehende Anwandlung ist, sondern das zeitliche und urphänomenale Ereignis eines selbst nicht zeitlichen, nicht situationsbedingten, in reiner Geschichtlichkeit nicht letztlich aufgehenden Gehalts darstellt. Aus diesem Grunde bestand zu allen Zeiten eine besondere Nähe zwischen Kunst und Idee, Kreativität und Sinn, Zeitlichem und Ewigem.

Dies alles ändert jedoch nichts daran, daß Kreativität, soll sie überhaupt bestehen können, als Bedingung ihrer Möglichkeit vorausetzt die Fähigkeit des Menschen zu einem wirklichen Urbeginn im strengsten Sinne des Wortes. Dieser aber besagt, daß er ein aus jeder seiner Vorgegebenheiten schlechthin unableitbares, daher überzeitliches

[1] Vgl. W. Weier, Die Frage nach der Möglichkeit existentieller Kreativität, 75–94.

und werdeloses Urphänomen darstellt, eine Urtat, für die es bezeichnend ist, ebenso eigenständig, einzigartig und unwiederholbar zu sein wie der in ihr erstmalig zu sich selbst kommende Mensch. Deshalb besagt Kreativität als solche und für sich betrachtet in ontologischer Sicht vollkommene Selbstbegründung, reines Aus-sich-Sein, uneingeschränkte Unbedingtheit, also Eigenschaften, wie sie allein einem absoluten Sein zukommen. Absolutheit aber beinhaltet schlechthinnige Uranfänglichkeit, also vollkommene Unabhängigkeit von jedem sie bestimmenden oder auch nur mitbestimmenden Prinzip und daher auch von jedem für sie gültigen und daher verbindlichen Sinn, Wert oder Wesensgrund.

Freilich dürfen auch diese beiden Grundzüge der Kreativität nicht als sich ausschließend verstanden werden, da sie, wie an anderer Stelle gezeigt,[2] darauf verweisen, daß jede spezifisch menschliche Schöpfung einerseits in ihrem Sein endlich ist, andererseits den freilich endlichen Ausdruck des Sinnes des Unbedingten und daher auch Unendlichen[3] darstellt. Für die Gegenwartsphilosophie ist es aber nun signifikant, daß ihr Blick so sehr an dem zweiten Wesenszug der Kreativität hängt und darüber den erstgenannten aus dem Auge verliert, wie es ein Bewußtsein des Absoluten voraussetzt und impliziert. Aus diesem Bewußtsein trat schon in der Renaissance bei Denkern wie Marsilio Ficino, Pico della Mirandola, Juan Luiz Vives oder Carolus Bovillus der Mensch als „Deus in terris“, „terrenus Deus“ dem Weltenschöpfer gegenüber.[4] Diese Faszination der Kreativität ist thematisch zentriert um das Verständnis des Sinnes als des eigenen Sinnentwurfs, der Existenz als des Selbstseins, der Sittlichkeit als der Selbstverantwortung, der Transzendenz als des eigentätigen Transzendierens und der Welt als der schöpferischen Konstruktion.

1. Vom objektiven zum rein subjektiven Sinn

a) Nicolai Hartmann (1882–1950) will sich in die Tradition Hegels und des Deutschen Idealismus stellen, dessen Verdienst er darin erblickt, „die Herrschaft der Sinntranszendenz durchbrochen zu

[2] Ebd.

[3] Zur näheren Begründung und Explikation vgl.: Ders., Existenz zwischen Unbedingtheit und Endlichkeit. Die Grundfrage des neuzeitlichen Autonomiegedankens im Problemhorizont der klassischen Metaphysik, Perspektiven der Philosophie, Bd. XIV, 1988, 263–292.

[4] Im einzelnen dargestellt in: GN Kap. 3.

haben".[5] Er glaubt, daß der „deutsche Idealismus" überhaupt es zu einer „Überwindung der Sinntranszendenz",[6] zu ihrer „Aufhebung"[7] bringe. In Hegel sieht er den „Vollender des kantischen Gedankens", „daß alle Sinngebung im Leben und in der Geschichte die Tat des Geistes ist, der ihn verwirklicht".[8] Demgemäß lehnt er jede „Gebundenheit der Sinngebung an ein metaphysisch Allgemeines und Ewiges" ab als „Rest der Ideenmetaphysik", an deren Stelle er die reine „nunmehr proklamierte Sinnimmanenz" treten lassen will.[9]

Dabei geht Hartmann davon aus, daß nur eine totale ontologische Sinnleere in der Welt[10] es dem Menschen ermöglichen kann, in eigener „Sinngebung" an die Welt Sinn und „Sinnerfüllung" zu finden.[11] Das heißt, daß für ihn Sinnfindung allein als reine „Sinn-‚Gebung' durch den Menschen"[12] möglich ist, welche nur unter der Voraussetzung denkbar sein kann, daß nicht bereits über den Sinn der Welt verfügt, diese nicht schon im vorhinein auf einen Sinn hinbestimmt ist, also unter der Voraussetzung einer uneingeschränkten „Sinnlosigkeit" der Welt.[13] Damit will er sagen, daß solche „Sinnerfüllung" voraussetzt, daß nicht schon „von oben", durch eine „Sinnordnung", im „Ganzen der Welt"[14] ein objektiver Sinn vorgegeben, die „Welt nicht in den Ursprüngen schon auf Sinn hin angelegt",[15] sondern darauf angewiesen ist, erst durch „Epigenesis", durch die Sinngebung des Menschen, also im „ontisch Sekundären" allererst einen Sinn zu empfangen.[16] Mithin liegt es im Wesen des Sinnes, daß er keinerlei „Ansich" besitzt, sondern im „Für-ihn-Sein" (sc. den Menschen), also in reiner Subjektivität auf- und untergeht.[17]

[5] Sinngebung und Sinnerfüllung, Kleinere Schriften I, Berlin 1955, 256.
[6] Ebd., 257.
[7] Ebd., 258.
[8] Ebd., 254.
[9] Ebd., 258.
[10] Vgl. A. Guggenberger, Der Menschengeist und das Sein, München 1942, 178f. H. M. Baumgartner, Die Unbedingtheit des Sittlichen, München 1961, 160f.
[11] Sinngebung und Sinnerfüllung, 271.
[12] Ebd., 270f.
[13] Ebd., 271.
[14] Ebd., 270.
[15] Ebd.
[16] Ebd.
[17] Ebd., 271. Vgl. N. Hartmann, Zur Grundlegung der Ontologie, Meisenheim/Gl. 1948, 46.

Für diese „Sinnimmanenz“ ist es also bezeichnend, daß sie jede Form der Teilhabe an einer der menschlichen Sinnurheberschaft nicht letztlich überantworteten Sinnvorgegebenheit ablehnt. In einer der menschlichen Kreativität nicht allein eigenen und zugehörigen Sinngeltung sieht Hartmann daher die Infragestellung und Preisgabe der menschlichen Selbstursprünglichkeit. Denn entsprechend dem dargestellten zweiten Grundzug der Kreativität ist er davon überzeugt, daß diese nur als eine vollkommen absolute, jede Heterogenität, jede Abhängigkeit von einem anderen ausschließende bestehen kann. Wie an anderer Stelle gezeigt,[18] hatte sich schon in der Renaissance mehr und mehr der Gedanke durchgesetzt, es liege im Wesen der menschlichen Kreativität, daß die Welt darauf angewiesen sei, allererst in und aus dieser Sinn zu erlangen.

b) Aus diesen Grundperspektiven ergibt sich ein Zweifaches. Zum einen, daß der Sinn nicht mehr den eigentlichen Gegenstandsbereich des ihn in seiner Geltung erschauenden und aus dieser verstehenden Geistes sein kann, dieser also gegenstands- und funktionslos wird. Zum anderen, daß er völlig anheimfällt dem ihn aus eigenem Ursprung entwerfenden menschlichen Subjekt, wie es Grundlage des als „Existenz“ angesprochenen Selbstseins ist.

So beansprucht diese Existenz für Jaspers, letzter und einziger Sinnurheber zu sein. Allerdings sieht er im Unterschied zu Hartmann nicht die Welt als den eigentlichen Raum an, in den hinein Existenz den Sinn entwirft, sondern vielmehr die „Transzendenz“, der er konsequentermaßen im Gegensatz zur antiken und mittelalterlichen Sinnmetaphysik keine eigene und unabhängig von Existenz bestehende Sinnursprünglichkeit zubilligt. So kennt Jaspers zwar noch „Transzendenz“ als den Raum des existentiellen Transzendierens und „Ideen“ „über“ der Existenz, die jedoch ihren ganzen Gehalt allein aus der existentiellen Ursprünglichkeit empfangen. Wie er daher einerseits erklärt: „Existenz trägt ... den Sinn jeder Weise des Umgreifenden“,[19] so verflechtet er andererseits die „Wahrheit der Ideen“ so sehr mit der „Wahrheit des existentiellen Selbst“, daß er dieses als das „Zentrum der Wahrheit“[20] und als jenen „Ursprung“ anspricht, „von dem die Ideen geschaffen und getragen werden“.[21] Mithin gilt: „Ich selbst stehe über der Idee.“[22] „Idee wurzelt in der

[18] Vgl. GN Kap. 3.

[19] Vernunft und Existenz, München 1973, 43.

[20] Von der Wahrheit, 623.

[21] Ebd., 620.

[22] Ebd.

Existenz."[23] Damit ist gesagt, daß dem sich aus eigener Kreativität und Freiheit entwerfenden Selbst keinerlei ontologische Wesensbestimmtheit vorausgeht, dieses „durch eigene Entscheidung sich selbst Grund wird", sich in „autonomem Handeln hervorbringt"[24] und sein „eigenes Wesen schafft".[25] Denn „indem ich wähle, bin ich".[26]

Diese Perspektiven sind von fundamentaler Bedeutung für das Verhältnis von Existenz und Sinn, Existenz und Wahrheit. So ist „Freiheit dieser Wahl", die sich in sich selbst als „freier Ursprung" bewußt ist, „der eigentliche Sinn",[27] „philosophische Wahrheit" „gilt nur, sofern sie in mir lebendig ist, weil ich sie bin als vollziehend in der Existenz".[28] „Die eine Wahrheit ist die Wahrheit der Existenz",[29] und „die unbedingte Wahrheit der Existenz" ist allein „absolut gültig im Hier und Jetzt dieser Existenz".[30] Zusammenfassend läßt sich sagen, daß also nicht ein objektiver und unbedingter Sinn den existentiellen Entwurf bestimmt, sondern umgekehrt dieser den kraft seiner „Wahl" „gültigen" Sinn.

c) Indem in der dargelegten Entwicklung der Sinn nicht von sich aus und kraft seines eigenen Gehalts eine subjektivüberlegene Geltung besaß, sondern in der freien Wahl und Setzung des absolut autonomen Subjekts auf- und unterging, war er eigentlich nicht mehr von einer bloßen Fiktion zu unterscheiden und nicht mehr ein aktiv konstituierendes, sondern nur noch ein passiv konstituiertes Prinzip. Hieraus entstehende Unklarheiten und Widersprüche waren es sicher auch, die Heidegger zu der für sein Denken grundlegenden Perspektive führten, danach der Sinnentwurf der absoluten Existenz nicht als im rein Fiktionalen sich erschöpfende Subjektivität zu verstehen sei, sondern gerade wegen ihrer totalen Kreativität vielmehr selbst das Ereignis des Seins und der Wahrheit des Seins darstellen sollte. Auf diese Weise wurde einerseits die Ek-sistenz hineingehoben und hinaufgesteigert in den Raum der Transzendenz, andererseits diese zurückgezogen in den Bereich der reinen Ek-sistenz. So sollten Immanenz und Transzendenz, Sein und Ek-sistenz, Seinssinn und ek-sistierender

[23] Philosophie II, 428.
[24] Ebd., 48.
[25] Ebd., 182.
[26] Ebd.
[27] Ebd.
[28] Von der Wahrheit, 652.
[29] Ebd., 736.
[30] Ebd., 650.

Sinnentwurf zu einer Koinzidenz gelangen, in der sie sich ineinander finden sollten, ohne sich aneinander zu verlieren.

Dabei nähert sich Heidegger einem Identitätsdenken.[31] Das Hinausstehen der Ek-sistenz in das Sein und den Sinn des Seins bedeutet zugleich ein Hineinstehen des Seins in die Ek-sistenz und somit die „Offenheit des Seins", das die „Ekstatis des Ekstatischen" der Existenz als das „Innestehen im ‚Aus' und ‚Da' der Unverborgenheit, als welche das Sein selbst west", gewährt und ermöglicht.[32] Dieses Ineinander und Auseinander von Sinn des Seins und Sinnentwurf der Ek-sistenz, das eine Analogie zu Hegelscher Dialektik nicht verleugnen kann,[33] läßt Heidegger die Ek-sistenz gleicherweise als die „Wahrheit des Seins" hütend wie von ihr behütet, als Sinn entwerfend wie vom Seinssinn geworfen, als rufend wie angerufen erscheinen. Ek-sistenz hütet die Wahrheit des Seins, um in dieser Hut sich selbst zu erhellen. Insofern Ek-sistenz das „Schickliche", in dem die Wahrheit des Seins ihr zum „Geschick" wird, in sich findet, ist sie „Hirte des Seins", der seine „Wahrheit hütet".[34] Aber als Hirte der Wahrheit des Seins ist Eksistenz zugleich in die Hut des Seins genommen, zu seiner „Wahrheit behütet".[35] Als der „ek-sistierende Gegenwurf des Seins" ist der Mensch in die Freiheit des Wählens geworfen, um im Entwurf des Sinnes den werfenden Seinssinn zu erhellen. Der in der Ek-sistenz zu verwirklichende Seinssinn ist ein geworfener und entwerfender zugleich. Ein geworfener, indem es nicht in der Macht dieser Freiheit steht, „das Sein zu schaffen",[36] oder daß „die Transzendenz als Urgeschehen sich zeitigt".[37] Deshalb „ist das Werfende im Entwerfen nicht der Mensch, sondern das Sein selbst".[38] Andererseits ist dieser Seinssinn aber zugleich ein von Ek-sistenz selbst entworfener, indem diese als „der primäre Entwurf des Verstehens den Sinn ‚gibt'".[39] Denn im

[31] Vgl. GS Kap. 12. W. Weier, Panlogismus und Panontologismus. Eine kategoriale Analyse der Philosophie Hegels und Heideggers, Salzburger Jahrbuch für Philos., Bd. XXIII/XXIV, 1978/79, 61–76.

[32] Was ist Metaphysik?, a. a. O., IX, 374.

[33] Vgl. GS Kap. 10. J. van der Meulen, Heidegger und Hegel als Widerstreit und Widerspruch, Meisenheim/Gl. 1953.

[34] Brief über den „Humanismus", a. a. O., IX, 331.

[35] Ebd., 361. Vgl. B. Merker, Selbsttäuschung und Selbsterkenntnis, Frankfurt a. M. 1988, 38–60.

[36] Brief über den „Humanismus", a. a. O., IX, 337.

[37] Vom Wesen des Grundes, a. a. O., IX, 175.

[38] Ebd.

[39] Sein und Zeit, a. a. O., II, 429f. Vgl. F.-W. von Herrmann, Herme-

Angerufensein von der Wahrheit des Seins wählt ek-sistierendes Dasein diese als „sich selbst“.[40] So soll das Geworfene nicht nur Geworfenes, sondern zugleich Entwurf und der Entwurf nicht nur Entwurf, sondern zugleich Geworfenes sein. Diese Zirkelstruktur, die Heideggerschem Denken wesentlich ist, zeigt sich auch sehr deutlich in seiner Deutung des Gewissens, das für ihn der „Rufer“ und der „Angerufene“ zugleich ist.[41]

Hinter dem Gedanken Heideggers, das Entwerfende der Ek-sistenz zugleich als das Geworfene des Seinssinnes zu verstehen, steckt der gegen die Versubjektivierung des Seinssinnes bei N. Hartmann und Jaspers gerichtete Versuch, im subjektiven Entwurf die Lichtung eines vorgegebenen Seinssinnes zu entdecken. In dem Gedanken aber, das Geworfene zugleich als den Entwurf der Ek-sistenz zu verstehen, leistet Heidegger seinen Tribut an die Versubjektivierung des Seinssinnes, an die autonomistische Auslieferung der Sinntranszendenz an die Sinnimmanenz, des Transzendenten an das Transzendentale.[42]

2. Vom Nichts zum „Sinn“ der Freiheit[43]

a) Wie vorausgehende Betrachtungen zeigten, stellt das Nichts das eigentliche Korrelat der absoluten Freiheit und Kreativität dar.[44] Dadurch steht es unter einem zweifachen Aspekt. Einerseits bezeichnet es als die totale Negation aller objektiven Sinn-, Wert- und Wesensgehalte die Bedingung der Möglichkeit von Freiheit überhaupt. Andererseits ist es von da her in ständiger Neigung, in den „Sinn“ der Freiheit umzuschlagen, sich als dieser darzustellen, wiewohl es unter dem anderen Aspekt gerade als das völlig Sinnlose intendiert und gemeint ist.[45] Diese zweifache Bewegungsrichtung ist für die Position Camus' signifikant.

neutische Phänomenologie des Daseins, Frankfurt a. M. 1967, 21–50, 152–198.

[40] Sein und Zeit, a. a. O., II, 380.

[41] Ebd., 365, 368.

[42] Zu Heideggers Metaphysikverständnis vgl.: G. Haeffner, Heideggers Begriff der Metaphysik, München 1981, 99–119. D. Melčić, Heideggers Kritik der Metaphysik und das Problem der Ontologie, Würzburg 1986, 141–221. W. Schulz, Die Aufhebung der Metaphysik in Heideggers Denken, in: Heideggers These vom Ende der Philosophie, hrsg. v. M. F. Fresco, Bonn 1989, 33–48.

[43] Vgl. ME §§ 18–23. N §§ 93–96. PB Kap. 9.

[44] Vgl. ME §§ 18–20.

[45] Zum „Widersinn im nihilistischen Verständnis des Nichts“ vgl.: N § 66.

Einerseits geht es ihm um die konsequente und vorbehaltlose Annahme des Nichts, wie es sich in der Absurdität ausdrückt. Denn da die Welt keinen Sinn, sondern nur das Nichts darstellen kann, der Mensch aber gleichwohl nach einem Sinn in der Welt fragt, ist diese Frage widersinnig, d.h. absurd. Mithin entsteht das Absurde aus der Gegenüberstellung des Menschen, der fragt, und der Welt die schweigt.[46] Das Absurde setzt also zwei Faktoren voraus: das Verlangen des Menschen, die Welt zu erklären, und die Tatsache, daß sich die Welt nicht erklären läßt. Es drückt sich aus im „Gefühl des Absurden", von dem Camus als von der eigentlichen und entscheidenden Grundsituation des Menschen ausgehen will. Er fordert eine Aufrichtigkeit, Redlichkeit oder Wahrhaftigkeit, die diesem Gefühl nicht ausweicht, sondern zu ihm als der Grunddisposition des Menschseins steht, die das Gefühl des Absurden leben läßt und mit ihm zu leben sucht. Camus will wissen, in welcher Grundhaltung Existenz ihre absurde Daseinslage auf sich nimmt, ohne ihr auszuweichen.[47] In jedem Versuch, durch ein „Hoffen", durch einen „Sprung in die Transzendenz", durch den Glauben an ein anderes Dasein mit dem Absurden fertig zu werden, erkennt er eine unredliche Ausflucht.[48] Nicht anders beurteilt er den Selbstmord angesichts des Absurden: „Der Selbstmord hebt das Absurde auf seine Art auf. Er zieht es mit in den gleichen Tod."[49] Für Camus gilt angesichts des Absurden nicht die Alternative: „Sterben oder Hoffen".[50] Es gibt vielmehr nur den Weg, ihm ins Auge zu schauen: „Nun wird man das Schicksal, von dem man weiß, daß es absurd ist, nicht leben, wenn man nicht alles tut, um sich das Absurde ... immer vor Augen zu halten. Auch nur eine Seite des Gegensatzes, von dem es lebt, aufgeben heißt: dem Problem ausweichen. Leben heißt: das Absurde am Leben erhalten. Das Absurde am Leben erhalten heißt: ihm ins Auge zu sehen".[51] Wenn ich also dem Absurden ins Auge sehe und ihm nicht ausweiche, so kann ich darin die „tiefe Begründung meiner Freiheit" finden.[52] Denn da durch das Absurde aller Sinn aufgehoben ist, kann es keine Prinzipien, Forderungen oder Verbindlichkeiten geben, die meine Freiheit beeinträchtigen

46 Der Mythos von Sisyphos, 29.
47 Ebd., 32f.
48 Ebd., 29–46.
49 Ebd., 49.
50 Ebd., 19.
51 Ebd., 49.
52 Ebd., 52.

könnten. Camus geht dabei von der für das neuzeitliche Philosophieren typischen Auffassung[53] aus, daß zwischen Sinn und Freiheit wie auch zwischen Gott und Freiheit ein absoluter und unüberbrückbarer Gegensatz bestehe. Diese Voraussetzung, die in der Antinomienlehre N. Hartmanns[54] deutlichen Ausdruck gefunden hatte, begründet Camus dadurch, daß er meint, in dem Maße sein „Leben“ „in Schranken einzwängen“ zu müssen, in dem er ihm einen „Sinn unterstellt“, auf eine vorgegebene „Wahrheit“ hofft oder eine objektive „Ordnung“ darin erkennt.[55] Durch die Annahme des Absurden ist also gerade die Freiheit verbürgt, indem dieses gleicherweise den Sinn wie einen Gott aus der Welt vertreibt: „Der absurde Mensch ahnt so ein Universum, jenseits dessen der Zusammenbruch und das Nichts liegen. Nun kann er sich entschließen, das Leben in einem solchen Universum anzuerkennen und aus ihm seine Kraft zu gewinnen.“[56] Diese so erlangte Freiheit kann sich nun dazu entschließen, alles Gegebene „auszuschöpfen“,[57] „möglichst intensiv zu leben“,[58] „mit dem auszukommen, was unmittelbar evident ist“,[59] „durch die Quantität der Erfahrungen Rekorde zu schlagen“.[60] Das „Prinzip der Befreiung“ erkennt Camus darin, daß der Mensch weder sich in Hoffen oder Sterben flüchtet noch an der Absurdität verzweifelt, sondern „sich von nun an dem eigenen Leben gegenüber fremd fühlt“.[61] In dieser Haltung kann für Camus jenes existentielle Dasein erlangt werden, das totale „Unabhängigkeit“, Unbedingtheit besagt gegenüber allen Lebenserfahrungen, ja gegenüber dem eigenen Schicksal.[62] In dieser Haltung kann der Mensch „glücklich“ werden, selbst wenn er zu einem so absurden Schicksal verurteilt ist wie Sisyphos, den die Götter dazu verdammt haben, einen Felsblock zum Gipfel eines Berges zu wälzen, von dem er immer wieder hinabrollt.[63]

Bedenkt man diese Position Camus’, so muß man sich fragen, ob er tatsächlich, wie er verlangt, nur zum Absurden gestanden hat oder ob

[53] Vgl. GN Kap. 4–6.
[54] Ethik, Berlin 1962, 766–771.
[55] Der Mythos von Sisyphos, 52.
[56] Ebd., 50.
[57] Ebd.
[58] Ebd., 56.
[59] Ebd., 55.
[60] Ebd.
[61] Ebd., 53.
[62] Ebd.
[63] Ebd., 98–101.

er nicht in seiner Forderung zur Redlichkeit die existentielle Wahrhaftigkeit als einen unbedingt zu realisierenden Wert[64] voraussetzt, und weiter, ob nicht am Ende die Absurdität selbst in den Sinn und Wert der Freiheit umschlägt. Daß es sich dabei nicht um eine Fehlinterpretation oder Unterstellung handelt, zeigt Camus' Spätwerk ›Der Mensch in der Revolte‹. Denn hier stößt er ausdrücklich zu Wertpostulaten vor. Wie er geltend macht, beansprucht der Revoltierende einen unbedingt gültigen und allgemein verbindlichen Wert, der sein Recht auf Revolte allererst begründet: „Das Individuum handelt also im Namen eines Wertes, von dem es zum mindesten fühlt, daß er ihm und allen anderen Menschen gemeinsam ist."[65] Camus betont, daß dieser Wert über jede, ihn anrufende Handlung hinausliegt: „Es ist wichtig zu bemerken, daß dieser Wert, der vor jeder Handlung vorausbesteht, den rein historischen Philosophien widerspricht, nach welchen ein Wert erst am Ende einer Handlung gewonnen wird."[66] Durch die Wertforderung der Revolte wird also die Dimension des rein Geschichtlichen durchbrochen: „Der Mensch setzt in der Revolte der Geschichte eine Grenze. An dieser Grenze steigt das Versprechen eines Wertes auf."[67] „Die Geschichte ist eine Gelegenheit, wo der Mensch das Bestehen eines Wertes ahnen kann, der ihm zum Urteil über die Geschichte dient. Die Revolte selbst verspricht es uns."[68] Es ist wichtig und interessant, daß Camus, der ganz und gar zur Absurdität und dem darin gemeinten neuzeitlichen Freiheitsverständnis stehen wollte, sich am Ende zu einem übergeschichtlichen, der Freiheit übergeordneten Wert bekennen mußte. Dies spricht in der Tat für die Aufrichtigkeit seines philosophischen Suchens.

b) Mit Camus ist Sartre verbunden durch die Grundannahme, daß Sein, Transzendenz und Gott einerseits und Freiheit andererseits sich grundsätzlich ausschließen. Danach müssen Gott und Sinn ausgeschaltet werden, wenn der Mensch frei sein soll. Nur wenn Gott und Sinntranszendenz gleichermaßen entfallen, kann der Mensch in Freiheit seine Werte wählen: „Da ich Gottvater ausgeschaltet habe, muß es wohl jemanden geben, der die Werte erfindet. Und zu sagen, daß wir die Werte erfinden, bedeutet nichts anderes als dies: das Leben hat a priori keinen Sinn. Ehe Sie leben, ist das Leben nichts. Es liegt bei

[64] Vgl. ME § 21.

[65] Der Mensch in der Revolte, übers. v. J. Streller, Hamburg 1969, 16.

[66] Ebd..

[67] Ebd., 203.

[68] Ebd., 202f.

Ihnen, ihm einen Sinn zu verleihen, und der Wert ist nichts anderes als der Sinn, den Sie wählen.“[69] Sinn und Wert sind also als objektiv gültige Inhalte ausgeschaltet und der Willkür des absolut freien Menschen vollkommen ausgeliefert. Wie schon N. Hartmann,[70] so sieht auch Sartre zwischen jeder Form einer Vorsehung oder Vorausbestimmung und menschlicher Freiheit einen unauflösbaren Widerspruch: „Man kann nie durch Bezugnahme auf eine gegebene und feststehende menschliche Natur Erklärungen abgeben. Anders gesagt, es gibt keine Vorausbestimmung mehr, der Mensch ist frei, der Mensch ist Freiheit.“[71] In seinem Drama ›Die Fliegen‹ betont Orest gegenüber dem Anspruch Jupiters auf freiheitliche Unterwerfung unter seine Ordnung: „Meine Freiheit hat sich gegen dich gewendet, und wir können nichts dafür, weder der eine noch der andere. Kaum hast du mich erschaffen, so habe ich auch schon aufgehört, dein eigen zu sein.“[72] Und in seinem Drama ›Der Teufel und der liebe Gott‹ läßt Sartre Götz sagen: „Wenn Gott nicht existiert, ist der Mensch ein Nichts. Also darf Gott nicht sein. Der Mensch muß sich von Gott befreien. Dann wird das Dasein erst kostbar.“[73]

Menschliche Freiheit kann also nur im Nichts bestehen und sich entfalten. Dieses Nichts will nun Sartre nicht nur als Voraussetzung der Freiheit, sondern auch auf anderen Wegen aufzeigen und begründen. So greift er auf den Gedanken Descartes’ zurück, daß uns eigentlich nie Wirklichkeit selbst, sondern nur unsere eigene Vorstellung von Wirklichem gegeben sei und wir nie letzte Sicherheit darüber haben, ob unseren Vorstellungen auch eine Wirklichkeit entspreche oder nicht hinter ihnen das Nichts stehe.[74] In seiner Schrift über ›Das Imaginäre‹ bemüht sich Sartre um den Nachweis, daß alles Objektbewußtsein ein rein imaginäres sei, hinter dem sich das Nichts verberge.[75] Besonders in seinem Hauptwerk ›Das Sein und das Nichts‹

[69] Ist der Existentialismus ein Humanismus?, 34.

[70] Ethik, 766–771.

[71] Ist der Existentialismus ein Humanismus?, 16.

[72] Die Fliegen, übers. v. G. Baerlocher, in: Ges. Dramen, Hamburg 1969, 60.

[73] Ges. Dramen, 360.

[74] Ist der Existentialismus ein Humanismus?, 25: „Außerhalb des cartesianischen Cogito sind alle Objekte nur wahrscheinlich, und eine Lehre der Wahrscheinlichkeiten, die nicht an einer Wahrheit hängt, fällt ins Nichts zusammen.“ Das Sein und das Nichts. Versuch einer phänomenologischen Ontologie, übers. v. J. Streller, Hamburg 1980, 63.

[75] Das Imaginäre. Phänomenologische Psychologie der Einbildungskraft,

will er das Nichts als eine ontologische Grundgegebenheit aufweisen. Hier fragt er nach den „Gründen“ des Nichts und nennt besonders zwei. Einmal die Fähigkeit des Menschen zur Negation. Die Grundvoraussetzung dafür, daß wir überhaupt negieren können, sei das Nichts. Es sei die Quelle aller Negationen, die der Struktur unseres Daseins unabdingbar sind.[76] Und zum zweiten sei menschliches Dasein wesentlich in sich zerbrechlich, von Enttäuschungen, Verlusten und Schmerzen heimgesucht.[77] Neben diesen beiden Hauptgründen für das Nichts führt Sartre an, daß „Für-sich“ und „An-sich“, also Mensch und Sein, Subjekt und Objekt, Ich und Nicht-Ich, sich immer ausschließen und dauernd das Nichts entgegenhalten, indem sie nie zueinander finden, nie übereinkommen, nie miteinander Gemeinschaft haben, sondern sich permanent negieren.[78]

Aber gerade weil der Mensch im Nichts steht, ist er befähigt und aufgerufen, in existentieller Freiheit nichts als er selbst zu sein, d.h. Existenz zu werden.[79] Weil der Mensch ins Nichts gestellt ist, kann er sich gar nicht auf etwas zurückziehen, das nicht er selbst ist. Aufgrund dieser Daseinssituation ist er geradezu gezwungen, die Wahl seiner selbst zu vollziehen.[80] Dieser Wahl seiner selbst ist also nichts vorgegeben, nichts geht ihr voraus, sie bewegt sich im reinen Nichts: „Der Mensch ist zuerst ein Entwurf, nichts existiert diesem Entwurf vorweg, nichts ist im Himmel, und der Mensch wird zuerst das sein, was er zu sein geplant hat.“[81] Es gibt also keinerlei ontische Bestimmung, keinen Sinn, kein Wesen, keine Transzendenz, keinen Gott, wodurch die absolute Freiheit dieser existentiellen Wahl beeinträchtigt werden könnte. Jeder wesentlichen Bestimmung des Menschen geht die existentielle Wahl voraus, nicht umgekehrt. In diesem Sinne betont Sartre, daß immer die „Existenz“ der „Essenz“ vorausgehe.[82] Die Abschaffung Gottes und der Transzendenz eröffnet dem Menschen erst die Möglichkeit, Existenz zu werden. Aber, so muß man

übers. v. H. Schöneberg, Hamburg 1971, 54: „Das vorstellende Bewußtsein setzt sein Objekt wie ein Nichts.“

[76] Das Sein und das Nichts, 42–49.

[77] Ebd., 45.

[78] Ebd., 137, 139. Vgl. K. Hartmann, Die Philosophie J.-P. Sartres, Berlin, New York 1983, 33–41, 57–97.

[79] Vgl. ME §§ 18–20.

[80] Ist der Existentialismus ein Humanismus?, 28.

[81] Ebd., 11.

[82] Ebd., 9, 11.

fragen, was soll denn nun Existenz im Nichts wählen? Nicht einen Sinn oder Wert, keineswegs einen Inhalt der Transzendenz, sondern sich selbst so, wie sie sich vorfindet. Indem also Existenz ihr bedingtes, uneigentliches Dasein frei wählt, wird dieses zu einem freien oder existentiellen. Dazu wenige Beispiele aus Sartres Dramen: In ›Die Fliegen‹ entscheidet sich Orest nicht in Ausrichtung auf den Sinn, sondern auf sein Rachebedürfnis zum Muttermord und wird so er selbst.[83] In ›Tote ohne Begräbnis‹ suchen die Restistance-Mitglieder sich über ihre Gefangenschaft hinwegzusetzen, indem sie diese gerade annehmen.[84] In ›Die schmutzigen Hände‹ sucht die Hauptfigur eine begangene Mordtat, die ursprünglich Folge einer Situation, nicht einer Entscheidung war, mehr und mehr in eine solche zu verwandeln, indem sie sich nachträglich als den Täter wählt.[85] Nicht also „das Absolute“, wie Kierkegaard es wollte,[86] wird in der existentiellen Entscheidung gewählt, sondern gerade die Bedingtheit der jeweiligen Situation, die Gestimmtheit der jeweiligen Daseinsverfassung. Es kann aber kein Zweifel sein, daß es diesem Dasein im Nichts und im Bedingten letztlich um den Sinn der Freiheit als einen unbedingten geht.

Aber nicht nur implizit, sondern auch ausdrücklich verleiht Sartre dem Nichts die Züge des Sinn- und Werthaften. So erklärt er, daß der Mensch zwar keinerlei Sinnobjektivität erkenne, aber dennoch für seinen Entwurf in höchstem Maße verantwortlich sei: „Aber wenn wirklich die Existenz der Essenz vorausgeht, so ist der Mensch verantwortlich für das, was er ist ... Und wenn wir sagen, daß der Mensch für sich selber verantwortlich ist, so wollen wir nicht sagen, daß der Mensch gerade eben nur für seine Individualität verantwortlich ist, sondern daß er verantwortlich ist für alle Menschen.“[87] Verantwortlich kann ich aber nur sein gegenüber einem Sein, einer Sache, einer Person oder mir selbst. Nun betont aber Sartre, daß meinem Sinnentwurf eben nichts vorgegeben sei, nicht einmal ich selbst, der ich doch erst im Entwurf mich konstituiere. Mithin muß man fragen, welcher Realität gegenüber denn dieser Sinnentwurf verantwortlich sein solle. Ähnlich steht es mit seinem Begriff der „Allgemeinheit des Menschen“, indem er meint, diese komme erst im Sinnentwurf der Exi-

[83] Ges. Dramen, 7–67.

[84] Ebd., 99–143.

[85] Ebd., 169–266.

[86] Entweder/Oder, Ges. Werke, hrsg. v. E. Hirsch, Abt. 2/3, Düsseldorf 1957, 227.

[87] Ist der Existentialismus ein Humanismus?, 12.

stenz zustande.[88] Er betrachtet den Einsatz der Freiheit als letztes moralisches Kriterium für Wert oder Unwert sittlichen Verhaltens: „So kann ich im Namen dieses Freiheitswillens, der in der Freiheit selber enthalten ist, Urteile fällen über diejenigen, die danach trachten, sich die totale Unmotiviertheit ihres Daseins und seine totale Freiheit zu verbergen."[89] Einen Menschen, der der freiheitlichen Selbstwahl ausweicht, bezeichnet er als „Feigling", einen solchen, der sich der Zufälligkeit des Daseins überläßt, als „Schmutzfink".[90] Liegt aber in der Freiheit, sich selbst zu entwerfen, der einzige und letzte Grund der Existenz, so habe ich doch auch die Freiheit, der Wahl auszuweichen oder mich dem Zufall zu überlassen, ohne deshalb schon Feigling oder Schmutzfink zu sein.

Sartre unternimmt also den letztlich aussichtslosen Versuch, das vorausgesetzte Nichts in einen „Sinn" der Freiheit, der „Verantwortung", einer „Allgemeinheit des Menschen" zu verwandeln,[91] ja das Ethos der Selbstursprünglichkeit zu entdecken, uneingedenk der Tatsache, daß diese Faszination der Freiheit letztlich gerade das Nichts ausschließt, indem sie den Werthorizont der Kreativität[92] zur Voraussetzung hat.

3. Von der Transzendenz zum Transzendieren

Der dargelegten Prävalenz der freiheitlichen Spontaneität gegenüber allen dieser überlegenen Prinzipien entspricht eine Auflösung der gesamten Transzendenz und ihre gleichzeitige Reduktion auf den reinen Akt des Transzendierens, der sich in der Immanenz des Menschseins vollzieht, zwar nicht in seinem Ziel, sehr wohl aber in seinem Sein auf diese eingeschlossen ist und nie eine sie überschreitende wirkliche Transzendenz erreicht. Dieses für die Gegenwartsphilosophie so grundlegende und signifikante Ergebnis ist unter verschie-

[88] Ebd., 27: „In diesem Sinne können wir sagen, daß es eine Allgemeinheit des Menschen gibt; aber sie ist nicht gegeben, sie wird fortwährend aufgebaut. Ich erbaue das Allgemeine, indem ich mich wähle."

[89] Ebd., 32.

[90] Ebd.

[91] Vgl. W. Weier, Die existentielle Verwandlung des Nichts in den Sinn, Wiener Jahrbuch für Philos., Bd. VI, 1973, 59–91.

[92] Vgl. ders., Die Frage nach der Möglichkeit existentieller Kreativität, 75–94.

denen Aspekten zu sehen und zu interpretieren: hier dem der Freiheit, aber auch, wie noch zu zeigen sein wird, unter demjenigen der Sicherheit, Wahrhaftigkeit sowie eines mit Ideenflucht gleichbedeutenden Realitätsdranges. Von dieser Preisgabe der Transzendenz ist freilich in ganz besonderer Weise die Gottesfrage betroffen. Der hierdurch begründete Atheismus tritt insofern z.B. bei Kant und N. Hartmann als ein postulatorischer auf, als besonders die sittliche Tat es ist, welche mit dem Ausschluß einer jeden Fremdgesetzlichkeit auch die Negation eines göttlichen Prinzips fordert.

§ 1. Unüberschreitbarkeit und Selbstkonstitution des transzendentalen Subjekts

Für die antike und mittelalterliche Analyse des Bewußtseins war es signifikant, daß sie darin Inhalte fand, die in der Geltung ihres Gehalts weder rückführbar waren auf ein reales Objekt noch auf ein denkendes Subjekt und daher die Transzendenz zur Erklärung ihrer Gegebenheit wie ihres Ursprungs forderten.[93] Edmund Husserl (1859–1938) ist wohl bereit, dieser Perspektive so weit zu folgen, als sie die apodiktische Geltung eines „umfassenden“[94] und „einheitlichen“ Sinnes[95] im Auge hat. Die Frage nach dem ontologischen Ursprung dieser Geltung will er jedoch offen lassen. Das heißt, er ist nicht bereit, eine das Bewußtsein überschreitende Dimension zur Erklärung desselben anzunehmen. Denn er ist davon überzeugt, daß es keine Inhalte gebe, die allein schon kraft ihres Gehalts das „reine Bewußtseinsleben“ überschreiten: „Alles, was für Menschen, was für mich ist und gilt, tut das im eigenen Bewußtseinsleben, das in allem Bewußthaben einer Welt und in allem wissenschaftlichen Leisten bei sich selbst verbleibt.“[96] Und Husserl glaubt, daß das „transzendentale Subjekt“ durchaus zur Konstitution aller Sinn- und Seinsgehalte befähigt sei: „Transzendenz ist ein immanenter, innerhalb des ego sich konstituierender Seinscharakter. Jeder erdenkliche Sinn, jedes er-

[93] Vgl. ST 59–195. GN Kap. 1–3.

[94] Ideen zu einer reinen Phänomenologie und phänomenologischen Philosophie, Husserliana, Bd. V, hrsg. v. W. Biemel, Den Haag 1952, 99,104.

[95] Die Krisis der europäischen Wissenschaften und die transzendentale Philosophie, Husserliana, Bd. VI, hrsg. v. W. Biemel, Den Haag 1954, 115.

[96] Cartesianische Meditationen und Pariser Vorträge, Husserliana, Bd. I, hrsg. v. S. Strasser, Den Haag 1950, 31.

denkliche Sein, ob es immanent oder transzendent heißt, fällt in den Bereich der transzendentalen Subjektivität. Ein Außerhalb derselben ist ein Widersinn, sie ist die universale, absolute Konkretion. Sie ist das Universum möglichen Sinnes, ein Außerhalb ist dann eben Unsinn."[97] Entsprechend gilt für Husserl die Regel, „daß die Immanenz überhaupt der notwendige Charakter aller erkenntnistheoretischen Erkenntnis ist und daß jede Anleihe aus der Sphäre der Transzendenz ein nonsens ist".[98]

§ 2. Transzendenz als bloße Offenheit für den transzendierenden Akt

Im Gegensatz zur antiken und mittelalterlichen Metaphysik erkennt Jaspers in der „Transzendenz" keine uns begegnende, auf Denken und Sein irreduzible Wirklichkeit, sondern eigentlich nur den leeren Raum des Transzendierens, in den hinein das Denken wie die existentielle Selbstverwirklichung sich bewegen können, sofern und soweit sie nie über die reine Immanenz hinausgreifen.[99] Sie begegnen darin also keinem Inhalt, der ihrer Kreativität und Freiheit vorgegeben wäre. Vielmehr bestimmen sie aus eigener Ursprünglichkeit allen Sinn selbst, den Transzendenz für sie gewinnen kann.

Wenn „der Gedanke" nach dem „Scheitern jeder Gestalt die Transzendenz ergreift",[100] so ist dieser ein „Abgrund",[101] ein „leerer Gedanke, nur existentiell und geschichtlich für mich erfüllbar".[102] Mithin kann für Jaspers „die Gottheit" sich nur „offenbaren durch die Geschichtlichkeit, in welcher Existenz *ihre* Transzendenz im Lesen der Chiffren des Daseins jeweils enthüllt".[103] Im „Lesen der Chiffreschrift" aber wird „kein unabhängig von mir bestehendes Sein erfaßt, so daß vielmehr dieses Lesen nur mit meinem Selbstsein möglich ist".[104] Deshalb gilt: „Die Chiffre, in der Transzendenz mir ist, wird

[97] Ebd., 32f.

[98] Die Idee der Phänomenologie, Husserliana, Bd. II, hrsg. v. W. Biemel, Den Haag 1950, 33.

[99] Vgl. F.-P. Burkard, Ethische Existenz bei Karl Jaspers, Würzburg 1982, 53ff. Ders., Karl Jaspers, Würzburg 1985, 41ff.

[100] Von der Wahrheit, 980.

[101] Ebd., 981.

[102] Vernunft und Existenz, 83.

[103] Philosophie III, 67.

[104] Ebd., 150.

nicht wirklich ohne mein Tun."[105] „Gottesbeweise" beinhalten somit ausschließlich einen „existentiell erfüllten Gehalt", worin „als Chiffre die Transzendenz vernommen wird".[106]

Die Frage, ob also für Jaspers dem existentiellen Vollzug überhaupt noch ein Sinn vorgegeben bleibt, ist zu verneinen. Weder in der Weltimmanenz noch in der Welttranszendenz findet die jeweilige Sinngebung des existentiellen Vollzugs noch einen objektiven Widerhall. Diese kann somit nie eigentliche Sinnfindung sein. Der Sinnbegriff ist zersetzt in eine Mannigfaltigkeit jeweiliger sinngebender Akte, die deshalb gar nicht sinngebende sein können, weil es keinen sie überdauernden Sinn gibt und ihr jeweiliger „Sinn" sich in einem fiktionalen Entwurf erschöpft. Der im Sprung in die Leere der Transzendenz entworfene Sinn richtet sich also keineswegs auf eine transzendente Wirklichkeit aus, steht zu einer solchen in keinem Verhältnis des Ausdrucks oder der Teilhabe, sondern verbleibt selbst in der Dimension diskontinuierlicher, jeweiliger, geschichtlicher, zufälliger existentieller Akte und ist daher in seinem Anspruch, überhaupt Sinn und nicht nur Für-Sinn-Gesetztes, Als-Sinn-Vollzogenes zu sein, in Frage gestellt.

§ 3. Vom Prinzip Hoffnung zur Hoffnung ohne Prinzip

Das Denken Ernst Blochs (1885–1977) hebt sich dadurch von den Positionen Horkheimers, Adornos und Marcuses ab, daß es keinen Regreß auf ein wie auch immer Bestehendes, ganz gleich ob repressiver oder repressionsfreier Herkunft, anerkennen will, sondern gerade jenes Überschreiten desselben zum Grundprinzip erhebt, das Adorno zur Pseudoaktivität verurteilt. Dadurch nähert sich Bloch dem existentiellen Phänomen um einen sehr wesentlichen Schritt.

Was er immer und grundsätzlich überschreiten zu können und zu müssen meint, ist das „Nichts". Weil dieses stets in Richtung auf ein Noch-nicht-Sein überschreitbar ist, bedeutet es für Bloch nur das „Nicht eines Da", das „aufs Da eines Etwas treibt"[107] mit der Intention, sein in ihm angelegtes „Was" zu verwirklichen.[108] So wird ihm

[105] Ebd., 203.

[106] Ebd.

[107] Das Prinzip Hoffnung, Gesamtausgabe, Bd. V, Frankfurt a. M. 1959, 356.

[108] Tübinger Einleitung in die Philosophie, Gesamtausgabe, Bd. XIII, Frankfurt a. M. 1970, 245 f. Vgl. H. Gekle, Wunsch und Wirklichkeit, Frankfurt a. M. 1986, 185–252. D. Horster, Bloch zur Einführung, Hamburg 1987, 51–62.

der transitorische Charakter des Nichts sichtbar, und er findet eine „zehrende Sucht in der Sehnsucht“, „welche dem Nichts im Sein den ontologischen Ursprung gibt“.[109] In der Überschreitbarkeit des Nichts ist jener „Weltprozeß“ eröffnet, in dem das „Was“ wie der „Sinn“[110] als „Realisationsfaktor“ wirken.[111] Darin fällt Existenz die Aufgabe zu, alles „faktizistische Kriechen“ zu überwinden,[112] sich durch „Tatsachen“ zwar berichtigen, aber nie durch die „Macht des jeweils Seienden“ widerlegen zu lassen,[113] um dieses in einer nie zur Ruhe kommenden Bewegung immerfort zu „überholen“.[114] Diese Bewegung ist die „Hoffnung“.[115]

Im Ansatz hat Bloch auch ein Gespür dafür, daß die das jeweils Faktische transzendierende Hoffnung eines diesem enthobenen Prinzips bedarf, um es überschreiten zu können. Dieses findet er in der „Richtung“[116] des Nichts auf das Noch-nicht und allein in dieser. Denn sie ist für ihn „das einzig Unveränderliche in der Geschichte“.[117]

In dieser Situation seines Denkens hätte es nun nahe gelegen, dieses „Unveränderliche“ der „Richtung“ in Existenz zu reflektieren und auf den darin gegenwärtigen Bestimmungs- und Zielsinn zu befragen.[118] Tatsächlich sieht Bloch auch die Möglichkeit eines „Sich-Erfassens“ des sich „überholenden Menschen“, und er hofft, daß ihm daraus „Heimat“ werde.[119] Er ergreift auch schon einzelne Inhalte des dieser Richtung unabdingbaren Zielsinnes wie „Freiheit“ oder „Nicht-Entfremdung“.[120] Solche schließen für ihn aber gerade jeden wirklichen Transzendenzbezug aus und fallen zurück auf vage Impressionen wie „goldenes Zeitalter“, „Land, wo Milch und Honig fließt“, das „Ewig-Weibliche“, „Trompetensignal im Fidelio“, das „Christusförmige des Auferstehungstages“.[121] Die „Kategorie des Sinnes“ soll

[109] Das Prinzip Hoffnung, a. a. O., V, 50.

[110] Tübinger Einleitung, a. a. O., XIII, 222.

[111] Ebd., 366.

[112] Ebd., 95.

[113] Ebd., 96f.

[114] Ebd., 91.

[115] Das Prinzip Hoffnung, a. a. O., V, 1628.

[116] Ebd.

[117] Vgl. H. Bergson, Denken und schöpferisches Werden, übers. v. L. Kottje, Meisenheim/Gl. 1948, 140.

[118] Vgl. ME §§ 34–49.

[119] Das Prinzip Hoffnung, a. a. O., V, 1628.

[120] Ebd., 1627.

[121] Ebd.

zwar nicht „ausgekreist oder dogmatisch aus der Welt geschafft sein".[122] Aber in der „Richtung" des „Weltprozesses" sieht er nur „Zeugen und Bilder", um das her aufgestellt, „was für sich selber spricht, indem es noch schweigt".[123] Die transzendierende Hoffnung soll daher ohne einen sie begründenden und bloßer Zeitlichkeit enthebenden Sinn ans Werk gehen, das Unmögliche vollbringen und ohne Transzendenz transzendieren: „Zuverlässig ist zwar alles und vor allem das menschliche Leben eine Art Transcendere, eine Überschreitung des Gegebenen, aber dieses Transcendere involviert als konkret-utopisches ebenso zuverlässig keine Transzendenz."[124] In diesem Zitat ist schon das entscheidende Wort aufgeklungen, das nun wie bei Horkheimer, Adorno und Marcuse die Lösung bringen soll: die Utopie, die an die Stelle des noch unerfaßten Sinnes der Hoffnung tritt.[125] Aber Bloch meint, die Leere des Utopischen als den Glauben an den Fortschritt im Weltprozeß mit Inhalt erfüllen und zur Gewissenspflicht erheben zu können. Ein „utopisches Gewissen-Wissen",[126] ein „Gewissen konkreter Utopie"[127] soll nun die Utopie zum vollgültigen Ersatz für den nicht ergriffenen Sinn machen.[128] Das heißt, die Hoffnung soll nicht auf einen Sinn hin hoffen, sondern auf einen in keinem Sinn bestimmbaren Fortschritt, dem sie sich vor ihrem Gewissen verpflichtet weiß. Im „Mut"[129] zur Utopie soll sie die „Faktizität" eher überschlagen als „überholen"[130] und ihr keine „Dreinrede" gestatten.[131]

Dieser Versuch Blochs, im Regreß auf die Utopie die Sinnfrage wie den noch unergriffenen Sinn zu überspielen, wirft ihn tatsächlich auf jenes „Nichts" zurück, das er gerade überschreiten wollte. Substra-

[122] Ebd., 1626.

[123] Ebd., 1627.

[124] Ebd., 1625. Vgl. M. Eckert, Zukunft als Transzendenz, in: Gesellschaft und Theologie, hrsg. v. H. Deuse u. P. Steinacker, Mainz 1983, 128–143.

[125] Vgl. P. Zudeick, Die Welt als Wirklichkeit und Möglichkeit, Bonn 1980, 160–221. H.-E. Schiller, Metaphysik und Gesellschaftskritik, Königstein/Ts. 1982, 151–306. B. Schmidt, E. Bloch, Stuttgart 1985, 35–112. E. Bloch, hrsg. v. H. L. Arnold, München 1985, 5–20, 61–75, 222–238.

[126] Tübinger Einleitung, a. a. O., XIII, 96f.

[127] Das Prinzip Hoffnung, a. a. O., V, 1625.

[128] Vgl. H.-G. Schmitz, Wie kann man sagen, was nicht ist?, Würzburg 1989, 97–128.

[129] Das Prinzip Hoffnung, a. a. O., V, 1625.

[130] Vgl. R. Damus, E. Bloch, Meisenheim/Gl. 1971, 163.

[131] Tübinger Einleitung, a. a. O., XIII, 115.

hiert man von der Gesamtwirklichkeit alle Sinn- und Wesensgehalte, so bleibt das nackte Stoffliche oder die reine Materie zurück, und auch die Hoffnung wird zu einem Epiphänomen bloßer Materie. Bloch ist zu dieser Konsequenz bereit: „Philosophie der begriffenen Hoffnung steht darum per definitionem an der Front des Weltprozesses, das ist, an dem so wenig durchdachten vordersten Seinsabschnitt der bewegten, utopisch offenen Materie."[132] Und auch das „Eigentliche oder Wesentliche", das, „was noch nicht ist, was im Kern der Dinge nach sich selbst treibt", fällt zurück auf reine „Materie".[133]

Der Wendepunkt aber in dieser Bewegung vom Sinn der Hoffnung zur Hoffnung im Nichts ist ganz eindeutig in Blochs idealistischer Abkehr von jeder der absoluten Freiheit überlegenen Sinngeltung zu sehen, also in jener Faszination der Kreativität, die wir schon bei Husserl, Hartmann, Jaspers, Heidegger, Camus und Sartre beobachten konnten.

§ 4. Grund- und zielloses Transzendieren

In diesem Resultat sind Blochs Einsichten in den transitorischen Charakter des Nichts, in das dem Menschsein unabdingbare Transzendieren, in Hoffnung und Eigentlichsein keineswegs gerettet, sondern eher wieder preisgegeben.

Gibt es nur ein letzthin Utopisches, aber keinen ontologischen Sinn, so bleibt unverständlich, warum das Sein gegenüber dem Nichts das ursprünglichere sein soll. Dann gilt eher die umgekehrte Relation, danach das sinnfremde Sein schließlich nichtig ist.

Auch das so sehr hervorgehobene „Transcendere" wird irreal, da eine letztlich sinnlose Materie sich nicht selbst transzendieren, ihre nackte Faktizität überholen, über sich hinaus sein kann. Dann mag es wohl einen evolutiven Prozeß reiner Materie geben, in dem aber nichts überholt, nichts überschritten, sondern nur ein immer schon Vorhandenes lediglich ausgefaltet wird. Ein Transzendieren ohne die Transzendenz zeitüberlegener, aber im Zeitdasein wirkender Inhalte erscheint als schlechthin unmöglich. Und es kann nicht angehen, das Überschrittenwerden eines Zustands durch einen anderen innerhalb ein- und derselben materiellen Wirklichkeit als „Transzendieren" anzusprechen. Wie soll ein „Überfliegen" des Faktischen möglich sein,

[132] Das Prinzip Hoffnung, a. a. O., V, 230.

[133] Ebd., 1625 f. Vgl. F. Christen, Metaphysik der Materie, Bonn 1979, 143–250.

wenn solches Überschreiten selbst nichts anderes als die sinnindifferente Faktizität eines Weltprozesses sich entfaltender Materie darstellt.

Gelangt Freiheit nicht zur Verwirklichung solcher Inhalte, die das rein Faktische per se transzendieren,[134] so bleibt sie letztlich immer an es rückgebunden und kann es tatsächlich nicht „überholen". Sind solche Inhalte nicht als unbedingt gültige und objektiv wirkliche im existentiellen Sein selbst verbürgt,[135] so ist Hoffnung unmotiviert, inhaltsleer, fragil und ein nihilistischer Fatalismus weit konsequenter. Auf ein rein Utopisches zu hoffen, ist ebenso hoffnungslos, wie eine solche Hoffnung sich schon nicht mehr vor der Radikalität des existentiellen Grundaktes der Wahrhaftigkeit[136] halten kann, dem dann jenes Nichts zum einzigen, wahrhaftigen Gegenüber wird, das nun in der Tat als Schlußpunkt auftritt und keinen Ausblick auf ein Noch-Nicht mehr zuläßt.[137] Notwendigerweise wird so für Existenz jede Haltung der Hoffnung unerreichbar.[138]

Geht der Weltprozeß ins Utopische, so kann dies nur heißen, daß er entweder ins Unberechenbare, Zufällige oder in einen zwar unabsehbaren, in sich aber sinnvollen Fortschritt ausläuft. Im ersten Fall ist Hoffnung absurd, im zweiten setzt sie gerade eine das Materielle übersteigende Sinndimension[139] voraus.

4. Vom sittlichen Sollen zum humanitären Wollen

Der an Freiheit und Kreativität sichtbare Doppelcharakter tritt auch am Phänomen des sittlichen Sollens in Erscheinung. Einerseits kann kein Zweifel sein, daß die Rede von Sollen oder sittlicher Pflicht letztlich gegenstandslos wird, wenn es keine Instanz gibt, die Verfügungsrecht und -anspruch auf die menschliche Freiheit hat, und wenn sie diesen nicht auch vor der Vernunft als sinn- und werthaft ausweisen kann. Dies war die Grundanschauung einer jeden theonomen Moral, von der entscheidende Impulse ausgingen zu der dargestellten Per-

[134] Vgl. ME §§34–49. N §§93–96.

[135] Vgl. ME §§34–49.

[136] Vgl. ME §14.

[137] Zur grundlegenden Unterscheidung von Nicht und Nichts vgl.: N §§101–104.

[138] Zur Neubegründung der Hoffnung vgl.: ME §§50–53.

[139] Zum Aufweis einer solchen vgl.: ME §§34–49. N §§93–96.

spektive der wesentlichen Transzendenzbezogenheit des Menschseins wie seiner Angewiesenheit auf verbindliche, verpflichtende Sinn- und Wertgehalte.[140]

Auf der anderen Seite kann kein Zweifel sein, daß es ohne wirkliche Freiheit und Selbstursprünglichkeit des Menschseins keine sittliche Handlung geben kann, weil es für diese wesentlich ist, selbstverantwortlich und daher auch selbsttätig zu sein. Es ist nun wichtig zu erkennen, daß diese beiden Grundzüge sich nicht letztlich ausschließen, sondern miteinander eine wesentliche Einheit bilden, die besonders darin sich zeigt, daß die Sollenserfahrung sich als die freie Anerkennung des als verbindlich erkannten und das sittliche Subjekt selbst angehenden Sollensgehalts darstellt.[141]

Aus dargelegten Gründen ist es aber für die Gegenwartsphilosophie signifikant, den Charakter der Selbstursprünglichkeit und Kreativität so sehr zu betonen und herauszuheben, daß sie dabei die erstgenannten Wesenszüge des sittlichen Sollens nicht nur aus dem Blick verliert, sondern auch als mit diesen Charakteristika unvereinbar betrachtet. Die Folge ist, daß eigentlich überhaupt kein sittliches Sollen mehr übrig bleibt, sondern nur ein reines Wollen, das sich auf solche Inhalte richtet, die es als wünschens- und erstrebenswert betrachtet, die es also letztendlich *will,* nicht aber realisieren *soll.*[142] In absoluter und daher jedes Sollen ausschließender Autonomie bindet sich das sittliche Subjekt frei und eigentätig selbst an solche Inhalte, die es dann allein aufgrund dieser vorgängigen Selbstbindung als für sich verpflichtend anerkennt. Streng genommen *ist* es also zu nichts verpflichtet, sondern es verpflichtet sich selbst.

So war es schon für die Kantische Ethik grundlegend, daß die „Autonomie" des „Willens" als das „oberste Prinzip der Sittlichkeit" angesehen wurde[143] und der „Wille" selbst sich das „Gesetz" „gibt", dem er sich sodann „unterwirft".[144] Zwar betont Kant, die sittliche „Pflicht" müsse „für alle menschlichen Wesen ein Gesetz sein",[145]

[140] L. Wittgenstein erklärt: „Wenn etwas gut ist, so ist es auch göttlich. Damit ist seltsamerweise meine Ethik zusammengefaßt" (Vermischte Bemerkungen, Frankfurt a. M. 1977, 15).

[141] Vgl. PB Kap. 11.

[142] Vgl. W. Weier, Der existentielle Charakter des sittlichen Sollens, Perspektiven der Philosophie, Neues Jahrbuch, Bd. XI, 1985, 315–336.

[143] Grundlegung zur Metaphysik der Sitten, a. a. O., IV, 440.

[144] Ebd., 432 ff., 440.

[145] Ebd., 425.

indem sie sich als „praktisch notwendig, d.i. gut“[146] oder „objektiv notwendig“[147] erweise und daher „für jedes vernünftige Wesen überhaupt gelten soll“.[148] Aber – und dies ist hier entscheidend – dieser Wille „muß wollen können“, daß seine Maxime „ein allgemeines Gesetz“ werde;[149] er „macht sich also selbst zum allgemeinen Gesetz“,[150] ja ist „selbst das allgemeine Gesetz“[151] kraft seiner „Autonomie“.[152] Eben deshalb weist dieser Wille jede auf ihn nicht rückführbare Begründung als den sittlichen Akt bestimmende und daher aufhebende Fremdgesetzlichkeit ab, als welche er in erster Linie den „göttlichen, allervollkommensten Willen“[153] versteht. Im Neukantianismus wirken diese Anschauungen weiter. So ist für Hermann Cohen „der reine Wille das Gesetz des Willens, also das Sollen“[154] und daher „kein Unterschied zwischen dem reinen Wollen und dem Sollen“.[155] Und in damit vergleichbarer Weise erklärt Hans Reiner: „Weil und sofern ich einen Tatbestand *will, soll* er auch sein, wobei dieses Sein-Sollen zunächst nur ein von *mir* erteiltes ist.“[156]

Die Weiterführung dieses Kantischen Autonomismus innerhalb der phänomenologischen Ethik Max Schelers (1874–1928) und Nicolai Hartmanns dokumentiert in besonderer Weise die Typik des neuzeitlichen Geistes. Denn einerseits sehen sie sittliche Werte, die unabhängig vom Dafürhalten eines Subjekts wie auch von einem realen Objekt gelten, also in sich und kraft ihres Gehalts objektiv und verbindlich sind.[157] Andererseits überlassen sie es aber so sehr allein dem sittlichen Subjekt, seiner Autonomie und Kreativität, diese Werte in sittliches Sollen umzusetzen, daß am Ende nicht diese, sondern ausschließlich das Subjekt den einzigen und eigentlichen Verbindlichkeitsgrund darstellt.

[146] Ebd., 412.
[147] Ebd., 415.
[148] Ebd., 412.
[149] Ebd., 424.
[150] Ebd., 444.
[151] Ebd.
[152] Ebd., 440.
[153] Ebd., 443.
[154] Ethik des reinen Willens, Hildesheim, New York 1981, 283.
[155] Ebd.
[156] Die Grundlagen der Sittlichkeit, Meisenheim/Gl. 1974, 130.
[157] Vgl. M. Scheler, Der Formalismus in der Ethik und die materiale Wertethik, hrsg. v. M. Scheler, Ges. Werke, Bd. II, Bern, München 1966, 67 ff. N. Hartmann, Ethik, Berlin 1962, 153, 157, 171.

So kennt Scheler zwar ein „ideales Sollen", das für ihn auf den postulatorischen Charakter der „allgemeingültigen Werte" zurückgeht.[158] Dieses ideale Sollen macht aber nocht nicht die tatsächliche Sollenserfahrung des sittlichen Subjekts, der Person aus. Denn allein im Zusammentreffen der Werte mit der sittlichen Person empfangen diese allererst ihren Sollenscharakter, und zwar in dem Maße, in dem die Person selbst sie als „Ruf", „Hinweis", „Fingerzeig" auffaßt.[159] Deshalb lehrt Scheler, „alles objektiv sittliche Wertvolle" sei „auch wesenhaft an ‚autonome' Personakte geknüpft",[160] wie er betont, daß der Wert „gut" nur „an dem Akte seiner Realisierung",[161] dem „Willensakte"[162] erscheine. Allein darin gelangen deshalb die Werte zum Sein (vgl. Kap. XII/2), da sie aus sich selbst keinen Seinsbezug, also auch nicht den zu einem göttlichen Ursprung und Grund aufweisen. Der entscheidende Aspekt liegt also auch hier in der völligen Loslösung der sittlichen Prinzipien von einem transzendenten, subjektüberlegenen und realen Urgrund.

Auch für N. Hartmann begründen die „Werte" nur ein „ideales Seinsollen",[163] das allein durch das autonome Subjekt in ein sittliches Sollen umgesetzt wird.[164] Voraussetzung hierzu ist einmal, daß das ideale Seinsollen sich „im Gegensatz zur Wirklichkeit",[165] in „Spannung" zum „Sein"[166] befindet, und sodann, daß das sittliche Subjekt zu seiner Realisation im Sein befähigt ist.[167] Sind diese Bedingungen erfüllt, so gelangt das ideale Seinsollen allein kraft der sittlichen Tat ins Sein, da es „von sich aus keine Seinsenergie",[168] „keine reale Kraft, sich durchzusetzen",[169] besitzt. Indem „allein" das Subjekt „das Sollen ins Sein ‚setzen' kann",[170] wird ihm und ihm allein der gesamte Realitätscharakter des Sollens zugeschrieben. Hartmann spürt

[158] Der Formalismus, a. a. O., II, 214, 483.
[159] Ebd., 482.
[160] Ebd., 488.
[161] Ebd., 48.
[162] Ebd.
[163] Ethik, 172.
[164] Vgl. H. M. Baumgartner, Unbedingtheit und Selbstbestimmung, in: Symposium zum Gedenken an N. Hartmann, Göttingen 1982, 40–53.
[165] Ethik, 172.
[166] Ebd., 173.
[167] Ebd., 171.
[168] Ebd., 180.
[169] Ebd., 623.
[170] Ebd., 182.

jedoch die Problematik dieser Derealisation des Sollens, indem er im Gegensatz hierzu erklärt, daß „es sich das Subjekt greift“,[171] es „ruft“ und es „dahin determiniert, wohin seine Sollensrichtung weist“.[172] Ja, Hartmann läßt es sogar „Macht gewinnen“ über das sittliche Subjekt[173] und spricht von einem „Eingreifen der Werte als determinierender Mächte in seine Subjektsphäre“.[174] Rasch aber ruft sich Hartmann zur „Ordnung“ zurück gemäß dem Prinzip, daß „jede anderweitig zur Finalität der Freiheit hinzutretende Determinante“ entweder die Freiheit zerstört oder von ihr zerstört wird.[175] Das Ergebnis besteht in der Anschauung, daß es eine „Frage der persönlichen Willensentscheidung ist, ob Determination des Willens durch Werte zustande kommt oder nicht“,[176] und somit gilt, daß die „Werte“ den „Willen“ „ebensosehr auch nicht determinieren“.[177] Das letzte Wort hat also jene Faszination der Kreativität, die auch den sittlichen Akt als das Werk der Freiheit interpretiert.

5. Vom Problem zum Konstrukt

Die Faszination der Kreativität hatte sich bereits in dem Gedanken Marsilio Ficinos (1433–1499) ausgedrückt, der Mensch besitze „fast denselben Geist“ wie der Weltenschöpfer und hätte ebenso wie dieser Welten erschaffen können, wenn er nur gleich ihm die Instrumente und die „himmlische Materie“ erlangt hätte.[178] So ist es auch für die Gegenwartsphilosophie signifikant, daß Welt und Mensch in ihrem Sinn und daher auch in ihrem Sein als Setzungen, Konstitutionen, Konstrukte, kurz als Schöpfungen der absolut selbstursprünglichen menschlichen Kreativität verstanden werden. Was sich nicht auf die selbsttätige Konstitution oder Leistung derselben zurückführen und aus ihr allein erklären, konstruieren, aufbauen läßt, soll als unverstehbar und somit bereits als unwirklich, illusorisch angesehen

[171] Ebd., 178.
[172] Ebd.
[173] Ebd., 182.
[174] Ebd., 188.
[175] Ebd., 769.
[176] Ebd., 770.
[177] Ebd., 769.
[178] Marsilii Ficini Florentini Platonica Theologica, Marsile Ficin, Théologie platonicienne, hrsg. v. R. Marcel, Paris 1964, XIII, 3, T. II, 224. Ebd., XIII, 3, a. a. O., II, 226. Vgl. GN 70.

werden. Demgemäß gilt der Grundsatz, wie ihn Paul Lorenzen (geb. 1915) formuliert, „daß wir nur das verstehen, was wir selber herstellen können".[179] Somit ist nach der Regel zu verfahren, den gesamten Bereich des Wirklichen auf solche Prinzipien oder „Grundlagen" zurückzuführen, die sich aus selbsttätiger Konstruktion herleiten lassen. Bei der Durchführung dieses Konzepts werden folglich die „immer schon"[180] vorhandenen sprachlichen Prädispositionen in dem Maße als störend empfunden, als sie sich nicht auf die selbsttätige Leistung des Subjekts zurückführen lassen. So erklärt P. Lorenzen: „Das Prinzip ist immer dieses, daß beim methodischen Aufbau niemals auf eine schon vorhandene Sprache zurückgegriffen werden darf."[181]

Das Besondere dieser konstruktivistischen Methode zeigt sich darin, daß alle philosophischen Fragen und Probleme aufgelöst und in reine Konstruktionen verwandelt werden sollen. Hieraus ergibt sich zwingend, daß diese Methode nicht intuitiv-geistig, sondern allein konstruktiv-rational (vgl. Kap. V), also formal sein kann. Denn im Unterschied zu der ihre logischen Formen selbsttätig setzenden Ratio ist es für die geistige Intuition signifikant, Sinn-, Wert- und Wesensgehalte in ihrer Bedeutung zu erschauen und in ihrer Geltung zu erfassen, die sie „von sich aus", aus der Selbstbegründung und Selbstrechtfertigung ihres Inhalts und daher unabhängig von jeder Setzung besitzen. Es ist daher ein wichtiges Kennzeichen der konstruktivistischen Methode, daß sie sich vom geistigen Erschauen vorgegebenen, in sich gültigen Sinnes abwendet und der sinnentfremdeten, rein rational-formalen Konstruktion der Ratio zukehrt. So aber wird aus dem „Problem" als dem Vor-Liegenden (Pro-blema) das Konstrukt einer Kreativität, der es nicht darum geht, sich hineinzuversetzen in ontologische Tiefen und Horizonte, in denen ein Sachverhalt steht und aus denen er zu verstehen ist, sondern vielmehr jeden Sachverhalt in der Weise zu analysieren, daß er als das Produkt der menschlichen Ratio erscheint. Hieraus ergibt sich eine Auffassung von Philosophie, danach diese nicht die Aufgabe hat, das Verständnis für die ontologische Problematik vorliegender Zusammenhänge zu vertiefen, sondern ganz im Gegenteil diese durch eine an ihre Stelle tretende, kurz gefaßte, rein rationale Konstruktion zu ersetzen, solchermaßen aufzulösen, als illusorisch zu demaskieren und auf diese Weise zum Ver-

[179] Methodisches Denken, Frankfurt a. M. 1968, 43.

[180] Vgl. W. Kamlah, P. Lorenzen, Logische Propädeutik, Mannheim 1973, 24.

[181] Methodisches Denken, 43.

schwinden zu bringen. Die genau entgegengesetzte Forderung liegt in dem Anliegen der Verfügbarkeit für den Sinn und die Ordnung des Seins, wie es z.B. Gabriel Marcel (1889–1973) besonders bewegt hat.[182]

a) Eben dies war die Grundforderung Ludwig Wittgensteins (1889–1951), wie er sie besonders in seinen ›Philosophischen Untersuchungen‹ vorgetragen hat. Um das bezeichnete Ziel erreichen zu können, geht er von der verallgemeinernden Behauptung aus, danach „Probleme" allein dadurch zustande kommen, daß die Sprache die „Bedeutung" der Worte mißversteht und falsch deutet.[183] Dies geschehe insbesondere dadurch, daß sie die Stellung der Worte innerhalb eines bestimmten Sprachzusammenhangs, „Sprachspiels" außer acht läßt und sie so behandelt, wie wenn sie eine eigene hinterfragbare Bedeutung hätten.[184] „Probleme" seien daher nichts anderes als „Beulen, die sich der Verstand beim Anrennen an die Grenzen der Sprache geholt hat".[185] Es sei daher nicht Aufgabe der Philosophie, „Probleme" zu lösen, sondern sie durch logische Analyse der Sprache, also durch Nachkonstruktion ihrer Entstehung, zum „Verschwinden" zu bringen.[186] Der Philosoph habe eine „Frage" „wie eine Krankheit" zu behandeln.[187] Aus dargelegten Gründen liegt es im Wesen dieser analytischen und konstruktivistischen Methode, jede Frage nach objektivem Sinn oder Wert, nach seinshafter Wesensbestimmtheit im vorhinein als gegenstandslos zu erklären und somit auszuschalten.[188]

[182] Vgl. ST 499–513.

[183] Philosophische Untersuchungen, Werkausgabe, Bd. I, hrsg. v. J. Schulte, Frankfurt a.M. 1989, §§ 119, 255. Vgl. Erkenntnis- und Wissenschaftstheorie, hrsg. v. P. Weingartner u. J. Czermak, Wien 1983, 479–520. K. Niedermair, Wittgensteins Tractatus und die Selbstbezüglichkeit der Sprache, Frankfurt a.M. 1987, 27–170.

[184] Philos. Untersuchungen §§ 27, 43, a.a.O., I, 252, 262 f. Deshalb setzt Wittgenstein die „Bedeutung" mit dem „Gebrauch" eines „Wortes" gleich (Philos. Untersuchungen §§ 30, 43, 138, a.a.O., I, 254, 262, 308). Vgl. E. Stenius, Wittgensteins Traktat, Frankfurt a.M. 1969, 179–183. E. von Savigny, Die Philosophie der normalen Sprache, Frankfurt a.M. 1969, 15–90. Wittgenstein und sein Einfluß auf die gegenwärtige Philosophie, hrsg. v. E. Leinfellner u.a., Wien 1980, 325–352. E. von Savigny, Wittgensteins ›Philos. Untersuchungen‹, Bd. I, Frankfurt a.M. 1988, 31–172.

[185] Philos. Untersuchungen § 119, a.a.O., I, 301.

[186] Ebd., § 133, a.a.O., I, 305.

[187] Ebd., § 255, a.a.O., I, 360.

[188] Vgl. W. Stegmüller, Hauptströmungen der Gegenwartsphilosophie, I, 611.

Eine außerordentliche Verkürzung des philosophischen Fragehorizonts, ja die Auflösung seiner eigentlichen Frageintention ist die notwendige Folge.[189] Die Bedeutung eines sprachlichen Ausdrucks weist also nicht auf einen zu ergründenden und in seinem Sinngehalt zu begreifenden Sachverhalt, sondern auf ein durch Sprachanalyse zu beseitigendes Problem. Darin stimmt Wittgenstein im Grunde mit jenem spätmittelalterlichen Nominalismus Wilhelms von Ockham (1290–1349) überein, der alle Wesensfragen als „flatus vocis" abtun zu können meinte.[190] Treffend charakterisieren W. Kamlah und P. Lorenzen das Anliegen als ein solches, dem es darum geht, „einfache sprachliche Handlungen" in einer Weise zu „rekonstruieren", die uns zu der Auffassung „berechtigt, daß wir gleichsam nachträglich ihrer Geburtsstunde beigewohnt haben".[191]

Rudolf Carnap (1891–1970) hält allein solche Aussagen für möglich, die nur „formale Eigenschaften einer Beziehung", die sich ausschließlich „mit Hilfe logistischer Zeichen" definieren läßt, betreffen, ohne auf ihren „inhaltlichen Sinn" einzugehen.[192] Für ihn gibt es wie für Bertrand Russell (1872–1970) und Wittgenstein nur ein rational-logisches Beziehungssystem, darin allein eine rein relationale Kennzeichnung der Gegenstände möglich und zulässig sein soll.[193] Was so zur Bestimmung der Dinge noch bleibt, ist allenfalls eine Ortsbestimmung innerhalb eines rein logischen Systems, darin alle Wesensunterschiede untergehen, nicht aber eine Bestimmung der Seienden aus einem inneren Wesensgrund. Demgemäß erklärt Russell: "The supreme maxim in scientific philosophising is this: Wherever possible, logical constructions are to be substituted for inferred entities."[194] Carnap stellt diese Grundregel seiner Schrift ›Der logische Aufbau der Welt‹ voran und übersetzt: „Wo immer es möglich ist, müssen an die Stelle erschlossener Wesenheiten logische Konstruktionen treten."[195] Wie Carnap am Beispiel einer in Kursbüchern üblichen Eisenbahnkarte zeigen will, ist eine rein relationale Kennzeichnung

[189] Vgl. W. Schulz, Wittgenstein. Die Negation der Philosophie, Pfullingen 1967, 70–89.

[190] Vgl. ST 174–182, 185–187. GN Kap. 2.

[191] Logische Propädeutik, 25.

[192] Der logische Aufbau der Welt, Hamburg 1961, 13. Vgl. Philosophie, Wissenschaft, Aufklärung, hrsg. v. H. J. Dahms, Berlin, New York 1985, 115–200.

[193] Der logische Aufbau der Welt, 17.

[194] The Relation of Sense-Data, Scientia No. 4, 1914, 155.

[195] Der logische Aufbau der Welt, 4.

der Gegenstände möglich, worunter er eben eine „Kennzeichnung innerhalb eines Gegenstandsgebiets ohne Aufweisungen",[196] d.h. ohne Bezugnahme auf Wesensfragen, versteht. Carnap unterscheidet entsprechend zwischen der Frage nach dem „metaphysischen Wesen", die wissen will, „was ein Gegenstand an sich sei", und der Frage nach dem „konstitutionalen Wesen", die lediglich wissen will, „wie er im konstitutionalen Zusammenhang des Systems steht" und „sich aus den Grundgegenständen (sc. desselben) herleitet".[197] „Wissenschaftliche Aussagen" sollen allein von „bloßen Formen sprechen, ohne zu sagen, was die Glieder und Beziehungen dieser Formen sind".[198] Die „Begriffe" sollen aus „gewissen Grundbegriffen" stufenweise abgeleitet, „konstituiert" werden, „so daß sich ein Stammbaum der Begriffe ergibt, in dem jeder Begriff seinen bestimmten Platz findet".[199] So soll das „konstitutionale Wesen" schrittweise in „Sätze über Gegenstände niederer Konstitutionsstufe" übersetzt werden und schließlich in einen „Satz über die Grundrelationen allein".[200]

b) Es hat nun den Anschein, als ob der strukturalistische Denkansatz, wie er besonders durch Claude Lévi-Strauss (geb. 1908), Roland Barthes (geb. 1915) oder Michel Foucault (1926–1984) vertreten wird, insofern gerade nicht konstruktivistisch sei, als er hinter allem menschlichen Sprechen und Denken anonyme Strukturen am Werk sieht, die im wesentlichen in unbewußten Verhaltensschemata bestehen und das Subjekt gerade um jede Selbstursprünglichkeit bringen. Eben dadurch hat sich ja der Strukturalismus in Gegnerschaft zum Existentialismus begeben.[201] Dennoch wäre diese Sicht zu unscharf. Denn auch der Strukturalismus will den gesamten Horizont menschlichen Verstehens als einen solchen bloßstellen, der nicht aus einer Einsicht in vorgegebene ontologische Sinn- oder Wesensgehalte, sondern allein aus den alles Verstehen konstituierenden Verhaltensmustern der Psyche hervorgeht. So gilt sein ganzes Interesse der Frage, wie denn aus solchen das Gesamt des menschlichen Denkens, Erlebens und Sprechens aufgebaut wird. Wie R. Barthes erklärt, „nimmt der strukturale Mensch das Gegebene, zerlegt es, setzt es

[196] Ebd., 13.
[197] Ebd., 221.
[198] Ebd., 15.
[199] Ebd., 1.
[200] Ebd., 222.
[201] Absage an Sartre, übers. v. M. Wendt, Alternative, 10. Jg., H. 54, 1967, 92.

wieder zusammen",[202] um dabei das zwar unterbewußt und außergeschichtlich wirkende, aber der reinen Subjektivität entstammende Muster (pattern) freizulegen. Freilich ist die in solcher Synthese wirkende Kreativität keine selbstursprünglich-unbedingte, sondern psychisch-bedingte.

Allen Spielarten des konstruktivistischen und letztlich idealistischen Philosophierens ist jedoch gemeinsam ein „Sieg der Formen über die Inhalte",[203] so daß „alle inhaltlichen Momente irrelevant werden".[204] Diese Konsequenz ist zwingend. Denn indem solchermaßen die Gesamtrealität auf menschliche Eigenproduktion zurückgeführt wird, ist sie aller Sinngehalte entkleidet, weil es für solche signifikant ist, nicht gesetzt, sondern unabhängig von jeder Setzung gültig zu sein. Wie Th. W. Adorno zu Recht hervorhebt, „involviert der Begriff des Sinnes Objektivität jenseits allen Machens, weil der Sinn als gemachter bereits Fiktion ist".[205] Durch ihre Verwandlung in reine Konstruktionen werden daher alle Sinngehalte zu sinnentfremdeten reinen Formen ganz gleich, ob diese logisch-logistisch oder psychologistisch-struktural interpretiert werden.

[202] Die strukturalistische Tätigkeit, übers. v. E. Moldenhauer, Kursbuch 5, 1966, 191.

[203] S. Strasser, Jenseits von Sein und Zeit. Eine Einführung in E. Levinas' Philosophie, Den Haag 1978, 238.

[204] Ebd., 239.

[205] Negative Dialektik, a. a. O., VI, 369.

III. Die Krise des Geistes

Wie die vorausgehende Darstellung verdeutlicht, lief das für die Gegenwartsphilosophie so bezeichnende Grundanliegen der Selbstursprünglichkeit des Menschseins auf die Preisgabe aller in sich gültigen, verbindlichen, daher die Freiheit subordinierenden, objektiven und ontologischen Sinn-, Wert- und Wesensgehalte hinaus, wie es die vollkommene Derealisation der Transzendenz sowie eines göttlichen Wesens zur Folge hatte. Es ist wichtig zu erkennen, daß diese Entwicklung zugleich aber auch die Entwirklichung und Entfunktionalisierung des Geistes nach sich zog. Hat doch dieser seinen eigentlichen Gegenstandsbereich im objektiven Sinn, dem verpflichtenden Wert und dem ontologischen Wesen. Und in dem Maße, in dem diese Inhalte weder eine letzte innerweltliche Erfüllung finden können noch als Erzeugnisse, sondern allein als Urprinzipien geistiger Erkenntnis anzusehen sind, ist der Geist gerade auf Transzendenz ausgerichtet.[1] Indem aber auf solche Weise der Akt der geistigen Intuition letztlich gegenstandslos und ins Utopische, Illusionäre gewiesen wurde, geriet er in völlige Funktionslosigkeit und daher in Selbstauflösung und inneren Verfall. Es konnte auch nicht ausbleiben, daß der solchermaßen nicht mehr geübte Geist in seiner eigenen Kraft mehr und mehr erschlaffte, in seiner Leistungsstärke immer ohnmächtiger wurde,[2] zumal er diese gerade in und aus der Unbedingtheit souveräner, von Zeit und Geschichtlichkeit letztlich nicht einholbarer Gehalte schöpft. Der also depotenzierte und entmachtete Geist verfiel dem Gespött einer „aufgeklärten" Ratio, welche sich anheischig machte, nicht nur an seine Stelle zu treten, sondern auch seinen Funktionsbereich übernehmen und alle Prinzipien des Denkens und Handelns selbst entwerfen zu können (vgl. Kap. IV, V), obgleich sie doch aus eigener Kraft nie über leere Formalismen hinauskommen und zu wahrer Sinnbegründung gelangen konnte.[3] In dem Maße, in dem aber

[1] Vgl. ME §§ 34–49. N §§ 93–96.

[2] Vgl. PB Kap. 8.

[3] Vgl. W. Weier, Die definitorischen Ursprünge des Nihilismus, 162–198.

die Ratio hierzu nicht fähig war, gerieten ihre Prinzipien unter die Dominanz des Irrationalen und letztlich Willkürlichen, worauf noch näher einzugehen ist (vgl. Kap. V/5).

1. Vom Sein zum Nichts

Zwar zeigt schon die aufgewiesene Entwicklung, wie mehr und mehr „das Nichts“ den Raum des Sinnes und der Transzendenz einnahm. Denn wo kein Sinn ist, kann kein Sein bestehen, da es nur als ein so oder so bestimmtes und daher auch nur in einem Sosein, einer Bedeutung, einem Sinn sich konstituieren kann. Die Folgerung, daß also nichts „sei“, wird dann überhaupt zu der Aussage verallgemeinert, daß „das Nichts“ „sei“. Wie an anderer Stelle verdeutlicht,[4] verbleibt daher dieses Nichts in ständiger dialektischer Kontraposition zu Sinn und Sein.

Nachdem für Heidegger der „Sinn“ und die „Wahrheit“ des „Seins“ inhaltlich auf die Entwürfe des ek-sistierenden Daseins zurückfallen (vgl. Kap. II/1), kann Ek-sistenz in ihrem ekstatischen Hinausstehen in die Wahrheit des Seins eigentlich nur noch dem Nichts als dem objektiv Sinnlosen begegnen. „Da-sein“ heißt daher für Heidegger „Hineingehaltenheit in das Nichts“.[5] Eine notwendige Folge dieser Grundkonzeption ist darin zu sehen, daß die Begriffe des „Seins“ wie der „Transzendenz“ weitgehend mit dem des „Nichts“ zusammenfallen. So nennt Heidegger dieses „Hinaussein über das Seiende“, „dieses Übersteigen des Seienden“ die „Transzendenz“[6] und begreift den „Menschen“ als den „Platzhalter des Nichts“,[7] das sich ihm besonders in der „Angst“ „offenbart“,[8] „enthüllt“[9] als Inbegriff des Seins und der Transzendenz und in der „Sorge“ als das „Sein zum Tode“ zeigt.[10] Deshalb erklärt Heidegger: „‚Das reine Sein und das reine Nichts ist also dasselbe.‘ Dieser Satz Hegels besteht zu Recht. Sein und Nichts gehören zusammen ..., weil das Sein sich nur in der Transzendenz des in das Nichts hinausgehaltenen Daseins offen-

[4] Was ist Metaphysik?, a. a. O., IX, 115, 118.
[5] Ebd.
[6] Ebd., 118.
[7] Ebd., 112.
[8] Ebd.
[9] Ebd., 113.
[10] Sein und Zeit, a. a. O., II, 333.

bart."[11] Das Nichts stellt für ihn jene „Weiträumigkeit" des Seins dar, die dieses als ein in die reine Endlichkeit der Ek-sistenz versetztes von sich aus nicht mehr haben konnte,[12] und betrachtet es als den „Schleier des Seins".[13] Das „Nichtende im Sein" ist für ihn das „Wesen" dessen, was er das „Nichts" nennt.[14]

Will man wie Heidegger den Seinssinn aus der Zeitlichkeit und Geschichtlichkeit des existentiellen Vollzugs verstehen (vgl. Kap. VIII/4), so wird es höchst problematisch, wie sich der Seinssinn als eigener Ursprung gegenüber dem Dasein der Seienden noch behaupten und halten könne. Er wird eigentlich zum Platzhalter des Nichts wie das Nichts zum Platzhalter des Sinnes. Dann muß man sich aber fragen, ob und wie sich dieser Seinssinn überhaupt noch vom „Nichts" unterscheide und ob er nicht selbst und als solcher eben „Nichts" sei.

Diese für die Gegenwartsphilosophie außerordentlich grundlegenden Prinzipien berauben bei aller Spiritualität doch gerade den Geist seines eigentlichen Gegenstandsbereichs. Denn im Nichts ist nichts zu erschauen, auch es selbst nicht: es ist ja nichts. An seine Stelle tritt eine den „Sinn" und die „Wahrheit des Seins" als „das Nichts" entwerfende Ek-sistenz, die sich nicht mehr gegen den besonders von neopositivistischer Seite erhobenen Vorwurf sichern kann, sich im rein Fiktionalen, nicht mehr Kontrollierbaren zu ergehen.

2. Von der Substanz zum Akt

Ein besonderer Hinweis auf diese Krise und Selbstauflösung des Geistes liegt in der aktualistischen Theorie, daß der Geist keinerlei überaktuale Substanz, keinen die Akte überdauernden Wesensgrund besitze, sondern sich in reiner Aktualität ergehe und erschöpfe. Diese aktualistische Zersetzung und phänomenalistische Verflachung der geistigen Substanz zeigt sich in verschiedenen Gestalten, intendiert aber im Grunde immer die Auflösung einer geistigen Wesenheit, die Umwandlung des geistigen Selbstands in reine Funktionalität ganz gleich, ob sie von „Ich", „Person", „Bewußtsein", „Seele", „Existenz" oder von „Geist" spricht.

[11] Was ist Metaphysik?, a. a. O., IX, 120.
[12] Ebd., 306.
[13] Ebd., 312.
[14] Brief über den „Humanismus", a. a. O., IX, 360.

§ 1. Phänomenologie und Kantianismus

Zwar hatte Descartes gelehrt, daß in den Akten des Sich-Täuschens, Getäuschtwerdens, Zweifelns, Träumens, Denkens das Ich und somit seine Existenz phänomenal mitgegeben sei. Dieses Phänomen deutet er aber so, daß das Ich allein in den Akten existiere und so sehr auf sie angewiesen sei, um sein und existieren zu können, daß es ohne sie sogleich aufhören müßte zu sein.[15]

Husserls Interesse ist, wie er ausdrücklich erklärt, auf das „reine Ichleben" als „das Nächste und Erste",[16] auf das „reine ego als absolutes und einziges"[17] gerichtet. In Descartes' Deutung des Ich als einer „res cogitans", „substantia cogitans" sieht er eine „verhängnisvolle Wendung, die das ego zur ‚substantia cogitans', zum abgetrennten mens sive animus macht",[18] eine „Umbiegung", durch die Descartes „das transzendentale Problem verfehlt"[19] und den „Sinn der transzendentalen Subjektivität" nicht erfaßt habe.[20] Dagegen setzt Husserl die Anschauung, daß „Ich als natürlich eingestelltes Ich" „immer transzendentales Ich",[21] also „kein psychologisches Ich",[22] bin. So will er das Ich funktionalistisch als Leistung des transzendentalen Subjekts und somit aktualistisch als in diesen Leistungen konstituiert erklären. Danach „konstituiert" sich das „ego" „in sich selbst als seiend",[23] und zwar durch seine „cogitationes".[24] „Indem aus eigener aktiver Genesis das Ich sich als identisches Substrat bleibender Ich-Eigenheiten konstituiert, konstituiert es sich in weiterer Folge auch als stehendes und bleibendes personales Ich."[25]

Die Linie setzt sich fort in Schelers aktualistischer Auflösung von

[15] Meditationes II, Œuvres, ed. Ch. Adam et P. Tannery, Paris 1897–1908, VII, 27: Ego sum, ego existo; certum est. Quamdiu autem? Nempe quamdiu cogito; nam forte etiam fieri posset, si cessarem ab omni cogitatione, ut illico totus esse desinerem.

[16] Phänomenologische Psychologie, Husserliana, Bd. IX, hrsg. v. W. Biemel, Den Haag 1962, 315.

[17] Cartesianische Meditationen, a. a. O., I, 330.

[18] Ebd., 63.

[19] Phänomenologische Psychologie, a. a. O., IX, 330.

[20] Cartesianische Meditationen, a. a. O., I, 64.

[21] Ebd., 190.

[22] Ebd., 64.

[23] Ebd., 100.

[24] Ebd., 70.

[25] Ebd., 101.

„Seele", „Person" und „Geist". So erklärt er, „die Substanzlehre der Seele" beruhe auf einer „unberechtigten Anwendung der Dingkategorie" auf das „zentrale Sein des Menschen".[26] Denn die „Person des Menschen" sei „keine Substanz", sondern ein „geistiges Aktzentrum", eine „monarchische Anordnung von Akten, unter denen je einer die Führung und Leitung besitze".[27] Demgemäß lehrt Scheler, der „Geist" sei „reine pure Aktualität", habe sein „Sein" „nur im freien Vollzug seiner Akte" und das „Zentrum des Geistes, die Person" sei nichts anderes als ein „stetig selbst sich vollziehendes Ordnungsgefüge von Akten",[28] sie „existiere nur im Vollzug intentionaler Akte".[29] Der Terminus „Geist" ist daher für ihn gleichbedeutend mit dem Inbegriff, der „gesamten Sphäre der Akte".[30] Diese aktualistische Zersetzung des Geistes ist wesentlich daran beteiligt, daß Scheler den „Geist" als „von Hause aus ohnmächtig"[31] betrachtet und lehrt, er habe „keine Energie"[32] und sei „ursprünglich ohne alle ‚Macht', ‚Kraft', ‚Tätigkeit'".[33]

N. Hartmann übt zunächst Kritik daran, daß nach Scheler die „Person" deshalb nie „Gegenstand" „innerer Wahrnehmung" werde, weil er voraussetze, daß eine solche allein als „psychologische" ein „Wissen" begründen könne.[34] Deshalb erklärt Hartmann in ›Das Problem des geistigen Seins‹: „Es geht nicht an, den Vollzieher der Akte selbst unter das Schema des Aktes zu subsumieren. Man wird umgekehrt das Wesen der Person als etwas Primäres, nicht durch Vollzug Charakterisierbares zu verstehen haben."[35] Hier soll also für Hartmann noch der Vollzieher als personales Wesen über die Aktsphäre hinausliegen und als etwas Primäres, d. h. Urphänomenales, der Mannigfaltigkeit der Akte gegenüberstehen. Bezeichnenderweise fällt Hartmann aber nun doch in den Aktualismus zurück, indem er dieses urphänomenale Wesen durch den Vollzug selbst hergestellt werden

[26] Die Stellung des Menschen im Kosmos, Ges. Werke, Bd. IX, hrsg. v. M. S. Frings, Bern, München 1976, 51.

[27] Ebd.

[28] Ebd., 39.

[29] Ebd.

[30] Der Formalismus, a. a. O., II, 388.

[31] Die Stellung des Menschen im Kosmos, a. a. O., IX, 45.

[32] Ebd., 46.

[33] Ebd., 52.

[34] Ethik, 229.

[35] Das Problem des geistigen Seins. Untersuchungen zur Grundlegung der Geschichtsphilosophie und der Geisteswissenschaften, Berlin 1949, 57.

läßt, so daß es des Charakters des Primären, Urphänomenalen verlustig geht. Erst dadurch, daß die Person immer wieder über Zeit und eigenen Wandel hinweg sich mit sich selbst identifizierte, für sich eintrete, sich treu bleibe, bringe sie ihre Identität im Wandel der Akte zustande. Danach gibt es nun doch keine den Akten vorausgehende „Identität" der „Person", „diese Identität ist nicht vorgegeben", sondern „muß immer erst" dadurch „vollzogen werden", daß die Person sich durch ein „Sich-mit-sich-selbst-Identifizieren" allererst „zur Einheit und Ganzheit zusammenschließt".[36] „In diesem Sich-mit-sich-Zusammenschließen *erst* ist die Person Einheit."[37] Die personale Identität soll also letztlich doch nichts Primäres, Vorgegebenes sein, sondern erst im Vollzug sich konstitutieren.

In Nachfolge Kants hat der Neukantinismus[38] eine substantielle oder wesenhafte Bestimmung des Menschseins stets abgelehnt. Ernst Cassirer (1874–1945) will den Substanzbegriff auf einen Funktionsbegriff zurückführen wie Hermann Cohen (1842–1918) und Paul Natorp (1854–1924) das menschliche Subjekt eher als eine allgemeingültige logische Konstruktion denn als ein substantielles Sein erklären wollen. Besonders ausgeprägt ist der Aktualismus bei Wilhelm Wundt (1832–1920). Wie Kant sieht er im Substanzbegriff nur einen Hilfsbegriff zur Deutung der Außenwelt, in seiner Anwendung auf den Menschen aber einen schädlichen Irrtum.

§ 2. Existenzphilosophie

Durch die Existenzphilosophie scheint der Aktualismus endgültig gesiegt zu haben. Das Phänomen der Existenz, wie es durch Camus, Sartre, Jaspers und Heidegger ins philosophische Bewußtsein eingegangen ist, bezeichnet das Selbst-Sein, Aus-sich-Sein, die Eigentlichkeit des urphänomenalen Menschseins als einen unableitbaren Akt, der aus freier Selbstwahl gezeugt jeden Rekurs auf ein ihm vorgegebenes Prinzip von sich weist. So gibt es für die Existenzphilosophie keinen dem freien Eigenentwurf vorausgehenden und zugrundeliegenden Wesensgrund. Existenz konstituiert sich in ihren eigenen Akten und Entwürfen jeweils zu dem hin, was zu sein sie entschlossen ist.

[36] Ebd., 140.

[37] Ebd.

[38] H. D. Häußer, Transzendentale Reflexion und Erkenntnisgegenstand, Bonn 1989, 19–58.

Für Sartre ist der „Mensch" „zuerst ein Entwurf, der sich subjektiv lebt".[39] Diesem Entwurf „existiert nichts vorweg".[40] Denn das Menschsein besteht ausschließlich in dem, wozu es sich selbst macht: „Der Mensch wird zuerst das sein, was er zu sein geplant hat."[41] Somit fällt alles Sein auf den Entwurf im Nichts zurück, dieser aber besteht im reinen Akt. Deshalb gilt für Sartre: «Tout est en acte.»[42] Daher geht die „Existenz" der „Essenz" voraus,[43] und jede „Bezugnahme" zu einer „gegebenen und feststehenden Natur" ist ebenso verfehlt wie auf eine „Vorausbestimmung" ganz gleich welcher Art.[44] Denn „der Mensch ist Freiheit".[45]

Camus erklärt, damit höre sein ganzes Wissen auf, daß er „das Herz in sich fühle" und daraus schließe, daß er „existiere", alles andere aber sei „Konstruktion".[46] Deshalb habe er angesichts der Wahl zwischen der „Zeit" und dem „Ewigen" die Zeit gewählt, da er seine „Gewißheiten" liebe.[47] Damit gibt auch er zu erkennen, daß er gleichfalls kein über den unmittelbar reflektierten Akt hinausgreifendes substantielles Sein zulassen will.

In vergleichbarer Perspektive gilt für Jaspers: „Freiheit ist, wo eine Reihe aus dem Nichts begonnen wird."[48] Damit „Freiheit" „fühlbar" werde, sei „jeder feste Boden" zu durchbrechen und alles in sich bestehende „gegenständliche, d. h. erlebbare Sein" restlos in die Schwebe zu bringen.[49] So schließt Jaspers grundsätzlich die Möglichkeit aus, daß in der „Realität", in der „Welt", in der „Zeit" Sinn-„Gestalten" gegenwärtig sein, sich ausdrücken und darin Parusie haben könnten: „Jede Gestalt muß in der Welt scheitern, keine kann sich als die Wahrheit schlechthin durchsetzen."[50] Mithin kann es keine inhaltliche Wahrheit übergeschichtlicher Art geben, sondern nur das jeweilige Für-wahr-Halten, den Bewußtseinsakt: „Die Wahrheit der Existenz liegt niemals im Inhalt als solchem, sondern in dem, was durch das

39 Ist der Existentialismus ein Humanismus?, 11.
40 Ebd.
41 Ebd.
42 L'être et le néant, Paris 1943, 12.
43 Ist der Existentialismus ein Humanismus?, 11.
44 Ebd., 16.
45 Ebd.
46 Der Mythos von Sisyphos, 21.
47 Ebd., 73.
48 Philosophie II, 188.
49 Von der Wahrheit, 104.
50 Ebd., 980.

Denken in mir geschieht."[51] „Wahrheit ist für mich *nur,* sofern ich sie begreife."[52] Die „Idee" ist nicht durch ihren Inhalt oder Bezug zu unbedingtem Sinn bestimmt, sondern allein durch ihre akthafte, zeitliche Bewegung: „Idee ist für mich nur, was in mir bewegende Kraft wird."[53]

Für Heidegger gibt es kein dem ek-sistierenden Dasein vorausgehendes Sein. Die Begriffe Substanz, Person, Wesen werden abgelehnt. Denn alles Sein ist ebenso ein im existentiellen Akt sich ereignendes wie von diesem allererst vollzogenes, zu sich selbst und seiner Wahrheit gebrachtes. *Im* existentiellen Akt ist das Sein, wie dieser in ihm ist. Im Akt also liegt das Herzstück des Seins, im Akt des ekstatischen Aus-sich-hinaus-Stehen der Existenz ins Sein: „Mit Bedacht schreibe ich daher das Wort ‚Wesen' in Anführungszeichen. Das deutet an, daß sich jetzt das ‚Wesen' weder aus dem esse essentiae, noch aus dem esse existentiae, sondern aus dem Ek-statischen des Daseins bestimmt."[54] Aber während Jaspers in den zeitlichen Phänomenen den überzuständlichen und werdelosen Sinn nicht unterzubringen vermag und daher erklärt: „Jede Gestalt muß in der Welt scheitern",[55] glaubt Heidegger, die Phänomene der Zeit als den „Sinn des Seins" selbst sehen zu können, eben als „Zeitlichkeit", wie er sich ihm besonders im Phänomen der zeitbedingten „Sorge" zeigt: „Das Phänomen der Sorge befragen wir auf seinen ontologischen Sinn. Die Bestimmung dieses Sinnes wird zur Freilegung der Zeitlichkeit."[56]

3. Von der Bestimmung „von oben" zur Determination „von unten"

Wie gezeigt, war es gegen das idealistische Verständnis der Freiheit zuzulassen, daß diese auch nur irgendwelche Direktion „von oben", d.h. ihr überlegenen, übergeordneten und nicht verfügbaren Prinzipien empfange. Dieses Freiheitsverständnis war aber gleichbedeutend mit der idealistischen Deutung des Geistes, da, wie Hegel formu-

[51] Vernunft und Existenz, 96.
[52] Philosophie II, 342.
[53] Ebd.
[54] Brief über den „Humanismus", a.a.O., IX, 327.
[55] Von der Wahrheit, 980.
[56] Sein und Zeit, a.a.O., II, 402.

lierte,[57] „der Geist nur als absolute Freiheit vorhanden ist“. Denn die „Freiheit aller Geister“ versteht Hegel insofern als eine „absolute“, als sie alle Inhalte einer „intellektuellen Welt“ in sich selbst trägt, begründet und erzeugt und deshalb nicht mehr „außer sich“ suchen kann.[58] Diese Auflösung aller subjektüberlegenen Bestimmungsgründe in dem „Sichselbstsetzen“ des „Subjekts“[59] umfaßt alles „Anundfürsichsein“, das in einem „Sein für dieses“ aufgeht,[60] und zwar ebenso das „Sein“,[61] das „Wahre“[62] und „Gott“[63] wie „das Ding“.[64] Denn alle Bestimmungsgründe einer objektiven Welt sind in die absolute Freiheit des Geistes versetzt und insofern in sich selbst vollkommen bestimmungslos, als sie allein durch diesen ihren Bestimmungssinn erhalten.

Dieser Ausschluß jeder Bestimmung „von oben“ hatte jedoch zur Folge, daß der Geist zunächst völlig bestimmungslos, orientierungslos dastand im Leerlauf seiner Selbstreflexion und daher unfähig war, als eigentliches Handlungsprinzip zu fungieren. Denn welches Prinzip auch immer er aus reiner Selbstbestimmung setzte, erfand, erdachte, er war außerstande, sich gegen den Anschein reiner Fiktion zu behaupten, weil sich dieses Prinzip in seiner Begründung durch nichts von der seiner Antithese, seines Gegenprinzips unterschied. Demgemäß sieht Schopenhauer konsequenterweise in diesem Geist einen von keinem bleibenden Sinn gesteuerten „Willen“ als letztes Prinzip. Indem dieser Wille keinen Bestimmungsgrund mehr vor, über oder neben sich hat, steht er selbst im Nichts: „Vor uns bleibt allerdings nur das Nichts.“[65] Aber weil er sich aus eigenem Ursprung nicht selbst Ziel und Zweck vermitteln kann, ist er selbst „zielloser“[66] und „zweckloser Wille“.[67] Und weil er sich nicht allein aus sich selbst begründen kann, ist er als „grundloser Wille“[68] zu verstehen. Vom Sinn

[57] Dokumente zu Hegels Entwicklung, hrsg. v. J. Hoffmeister, Stuttgart 1936, 219.
[58] Ebd.
[59] Phänomenologie des Geistes, a. a. O., II, 23.
[60] Ebd., 27f.
[61] Ebd., 27f., 51.
[62] Ebd., 22.
[63] System der Philosophie II, a. a. O., IX, 50.
[64] Phänomenologie des Geistes, a. a. O., II, 604f.
[65] Die Welt als Wille und Vorstellung, a. a. O., I, 193.
[66] Ebd., 29.
[67] Ebd.
[68] Ebd.

aus transzendentem Ursprung hat er sich abgewandt, ohne in sich selbst Sinn finden zu können, so daß er als „blinder Wille“[69] zurückbleibt.

Der solchermaßen bestimmungslos gewordene Geist aber war – und wie hätte es anders sein können – bereit und empfänglich für jede Bestimmung aus heterogenem Ursprung, d.h. nach der Auflösung jeder Bestimmung „von oben“ – für jede Bestimmung „von unten“. Und eben dafür bot sich zunächst die reine sinnentfremdete Vitalität an. Indem so die irrationalen Kräfte des Lebens, seine Interessen, Wünsche und Affekte, die geheimen Sehnsüchte des Unter- und Unbewußten zu einzigen und letzten Bestimmungsgründen des Geistes wurden, mußte der Geist zu einem bloßen Funktionsorgan der Biosphäre derealisiert und konsequentermaßen als Eigenwirklichkeit im Aufbau der menschlichen Person geleugnet werden. Für dieses Versinken des Geistes in der reinen Vitalität ist die Entwicklung von Hegel zu Nietzsche bezeichnend.

Der Hegelsche Geist, der sich bei Schopenhauer in seiner reinen Bestimmungslosigkeit, Inhaltlosigkeit, Ziellosigkeit gezeigt hat, findet bei Nietzsche neue Ziele in jener sinnentfremdeten und daher ungeistigen Vitalität, die er als „Willen zum Leben“ oder „Willen zur Macht“ anspricht. Dieser absolute Wille ist für Nietzsche nichts anderes als der radikale Wille zur Selbstbehauptung und Durchsetzung, nichts anderes als die äußerste Bereitschaft, uneingeschränkt und vorbehaltlos zum „Leben“, seinen Wünschen, Strebungen, Sehnsüchten, Affekten und Neigungen zu stehen. In jeder Haltung, die nicht den absoluten Willen zum Leben, zum Dasein, zur Daseinsfreude und Daseinsgier grundsätzlich, uneingeschränkt und radikal bejaht, sieht er eine Krankheit, eine Verleumdung und Verneinung des Lebens, das für ihn den einzigen, letzten und höchsten Wert darstellt. In jedem Versuch, den Willen zum Leben nicht als einziges und letztes Prinzip anzuerkennen, ihn zu transzendieren hin auf irgend etwas, das nicht dem Leben dient, es fördert, vorantreibt, sondern es hemmt, erkennt er eine Pervertierung der natürlichen und gesunden Lebenshaltung, einen Verrat am Leben, am Lebenswillen. Dieser Wille zum Leben ist für Nietzsche nichts anderes als der Wille zur Macht: „Das Leben strebt nach einem Maximalgefühl von Macht; ist essentiell ein Streben nach Mehr von Macht; Streben ist nichts anderes als Streben nach Macht. Das Unterste und Innerste bleibt dieser Wille.“[70] Wie Scho-

[69] Ebd., §54.
[70] WKG VIII/3, 52ff.

penhauer ganz generell den Willen absolut setzte, so Nietzsche den Willen zum Leben als Willen zur Macht. Denn vor, über oder neben diesem Willen zur Macht gibt es auch für ihn wie für Schopenhauer nichts: „Der Wille zur Macht ist das letzte Faktum, zu dem wir hinunterkönnen.“[71] Zugleich ist dieser Wille zur Macht einziges und letztes Wert- und Wertungsprinzip. Deshalb ist unbedingt alles zu bejahen und per se gut, was dem Willen zur Macht, dem uneingeschränkten Lebenswillen dient. Dagegen ist alles radikal abzulehnen und per se schlecht, was sich dem Lebenswillen entgegenstellt, ihn behindert oder gar lähmt. Denn dieser und der ihn verwirklichende Mensch ist per se absolut autonom: „Was ist gut? – Alles, was das Gefühl der Macht, den Willen zur Macht, die Macht selbst im Menschen erhöht. Was ist schlecht? Alles, was aus der Schwäche stammt.“[72] Nun drückt sich aber dieser Lebenswille besonders in den Affekten aus. Mithin ergibt sich, daß alle Affekte, soweit sie Konkretion des Lebenswillens sind, ausnahmslos per se sanktioniert, absolut, unhinterfragbar sind und durch nichts in ihrer Berechtigung, ihrem absoluten Eigenrecht in Frage gestellt werden können. Nietzsche ist daher entschlossen, radikal zu den Affekten mit all ihren Konsequenzen zu stehen: „Eine mit Kraft überladene und spielende Art Wesen würde gerade die Affekte, die Unvernunft gutheißen, samt ihren Konsequenzen Gefahr, Kontrast, Zu-Grunde-Gehen.“[73] Nietzsche glaubt, daß durch die Unterdrückung der Affekte das einzig Absolute, der Lebenswille gebrochen, in Bann getan oder gar vernichtet wurde: „Man frage: in welchen Handlungen bejaht sich der Mensch am stärksten? Um diese (Geschlechtlichkeit, Habsucht, Herrschsucht, Grausamkeit usw.) wurde der Bann, der Haß, die Verachtung gehäuft. Folge davon: was hatte man getan? Man hatte die stärksten, natürlichsten, mehr noch die einzig realen Triebe in Bann getan – ungeheure Fälscherei in psychologicis.“[74]

Aufgrund dieses entgeistigten und sinnentfremdeten Vitalismus erklärt Nietzsche jener „Moral“ den Krieg, die nicht bereit ist, alle Lebensimpulse, Triebe und Affekte ausnahmslos gut zu heißen und zu sanktionieren. Weil für Nietzsche der Mensch vollkommen mit seiner Vitalnatur identisch ist, bedeutet ihm jede Unterordnung derselben unter Prinzipien oder Normen, die nicht aus dieser selbst stammen,

[71] WGN XI, 301.
[72] WGN VIII, 192. Vgl. WKG VIII/2, 153, 434; VIII/3, 274.
[73] WGN IX, 392.
[74] WGN IX, 526.

eine Erniedrigung des Menschen überhaupt. Er macht daher der Moral den Vorwurf, sie lehre, die untersten Instinkte des Lebens zu verachten, in der tiefsten Notwendigkeit zum Gedeihen des Lebens, der Selbstsucht, das böse Prinzip zu sehen, im Selbstlosen, der Nächstenliebe, also in der „Instinkt-Widersprüchlichkeit“ dagegen ein gültiges Handlungsprinzip zu erkennen.[75] Sie entwerte die „einzigen Handlungen, die egoistischen, den Leib, die wirklich wertvollen Antriebe“.[76] Indem die Moral, insbesondere die christliche, den für Nietzsche allein absoluten Wert, den Lebenswillen, um lebenshemmender oder lebensverneinender Werte willen erniedrige, sei sie eine einzige Lüge, Inbegriff alles Widernatürlichen, die kategorische Verleumderin des Lebens: „Der Mensch war bisher das moralische Wesen, eine Kuriosität ohnegleichen – und als moralisches Wesen absurder, verlogener, eitler, leichtfertiger, sich selber nachteiliger, als auch der größte Verächter der Menschen es sich träumen lassen möchte. Moral die bösartigste Form des Willens zur Lüge, ... der Mangel an Natur. Es ist die schauderhafte Tatsächlichkeit, daß die Widernatur selbst als Moral mit den höchsten Ehren geehrt worden ist und als Gesetz über der Menschheit hängenblieb.“[77] Weil also der Wille zur Macht als Wille zum Leben für Nietzsche den Inbegriff des Menschseins darstellt, bedeutet dieser vitalistische Wille für ihn auch den einzigen Maßstab, das einzige Kriterium zur Bewertung der Moral und des Menschen überhaupt. So sagt er über den „moralischen Menschen“: „Der moralische Mensch ist eine niedrigere Spezies als der unmoralische, eine schwächere; ja er ist der Moral nach ein Typus, nur nicht sein eigener Typus; eine Kopie, eine gute Kopie bestenfalls, – das Maß seines Wertes liegt außer ihm.“[78]

Diese Determination und Auflösung des Geistes „von unten“ greift noch eine Stufe tiefer im materialistischen Denken, danach es vor allem materielle Verhältnisse sind, die wiederum die Vitalpsyche prädeterminieren. Karl Marx (1818–1883) ist es, der auch bei dem Universalprinzip Nietzsches, dem Willen zur Macht als dem Willen zum Leben, nicht stehenbleibt, sondern dieses erneut auf jene Bestimmungsgründe hinterfragt, die es noch tiefer „von unten“ her bestimmen und determinieren. Und Marx gelangt zu dem Ergebnis, daß alle Formen des Lebens zwischen Vitalität und Geist prädeterminiert

[75] WKG VIII/3, 414.
[76] WKG VIII/3, 419.
[77] WKG VIII/3, 413.
[78] WKG VIII/2, 189.

seien durch gesellschaftliche Strukturen, wie sie sich über das Unterbewußte auf alle Weisen des Empfindens und Denkens auswirken. Diese gesellschaftlichen Bestimmungsgründe sind aber nun ihrerseits nichts anderes als „der ideelle Ausdruck der herrschenden materiellen Verhältnisse“.[79] Der „geistige Lebensprozeß“, wie Marx ihn sieht, ist daher nichts anderes als das Produkt des sozialen Lebens, der „Produktionsverhältnisse“, wie sie durch das materielle Leben, die „Produktivkräfte“, bestimmt sind: „In der gesellschaftlichen Produktion ihres Lebens gehen die Menschen bestimmte ... Verhältnisse ein, Produktionsverhältnisse, die einer bestimmten Entwicklungsstufe ihrer materiellen Produktivkräfte entsprechen. Die Gesamtheit dieser Produktionsverhältnisse bildet die ökonomische Struktur der Gesellschaft, die reale Basis, worauf sich ein juristischer und politischer Überbau erhebt, und welcher bestimmte gesellschaftliche Bewußtseinsformen entsprechen. Die Produktionsweise des materiellen Lebens bedingt den sozialen, politischen und geistigen Lebensprozeß überhaupt. Es ist nicht das Bewußtsein der Menschen, das ihr Sein, sondern umgekehrt ihr gesellschaftliches Sein, das ihr Bewußtsein bestimmt.“[80] Dieser durch Marx vertretene „historische Materialismus“ setzt voraus, daß „Ideen“, also alle Sinn-, Wert- und Wesensgehalte von sich aus und unabhängig von der sozialen und ökonomischen Bedingtheit ihrer Darstellungsweise keinerlei objektive Geltung oder Verbindlichkeit beanspruchen könnten.

Die entscheidende Vorarbeit für diese Grundanschauung hatte aber die idealistische, radikale Versubjektivierung aller geistigen Inhalte geleistet, welche diese in ihrem reinen Gesetztsein durch das wie auch immer gedachte absolute Subjekt hatte aufgehen lassen. Eben dadurch aber war der Geist selbst als eine unabhängig von diesem materiellen Unterbau bestehende Wirklichkeit aufgegeben und zu einem reinen Epiphänomen desselben derealisiert. In diesem Sinne erklärt Marx im Hinblick auf diese materialistische Selbstauflösung des Geistes: „Die entgegengesetzte Annahme ist nur dann möglich, wenn man außer dem Geist der wirklichen, materiell bedingten Individuen noch einen aparten Geist voraussetzt.“[81] Dann aber, so fährt Marx fort, würden die Individuen „in ihren Vorstellungen ihre Wirklichkeit

[79] K. Marx, F. Engels, Die deutsche Ideologie, Historisch-kritische Gesamtausgabe, hrsg. v. V. Adoratskij, Berlin 1927–35, Abt. I, Bd. V, 44.

[80] Vorwort zur Kritik der politischen Ökonomie, Ost-Berlin 1947, 13.

[81] K. Marx, F. Engels, Die deutsche Ideologie, a. a. O., Abt. I, Bd. V, 15.

auf den Kopf stellen",[82] wie es wiederum nur Folge ihrer „bornierten materiellen Verhältnisse" sein könnte.[83]

Am Ende dieser Entwicklung von Hegel über Nietzsche zu Marx ist der Geist infolge seiner idealistischen Bestimmungslosigkeit so sehr der völlig heterogenen Bestimmung durch die Materie ausgeliefert, daß er selbst gar nichts anderes als diese zu sein scheint. Für diese gesamte Entwicklung ist das Prinzip Fichtes grundlegend: „Bestimmung und Sein sind eins",[84] wobei in logisch nicht legitimer Weise Bedingtsein mit Verursachtsein gleichgesetzt wird.

4. Vom Geist zur Psyche

§ 1. Die Depotenzierung des Geistes im Aufbau der Person

Die dargestellte Entwicklung von Hegel zu Nietzsche kehrt in verschiedenen Variationen wieder in den anthropologischen Ansätzen des 20. Jahrhunderts. Einerseits sehen diese nicht mehr die eigentliche Macht und Kraft, die der Geist aus jener Einsicht in unverrückbare, unbedingte und tragende Sinn-, Wert- und Wesensgehalte schöpft, in der er selbst eigene Unbedingtheit erlangt: auch und gerade in seinem Verhältnis zum Bereich der psychischen Emotionen, Triebe und Affekte. Die Folge ist, daß der Geist diesen gegenüber als ohnmächtig und hilflos, letztlich ihnen ausgeliefert erscheint, da er ja nicht mehr in und aus der Sinnschau einen kraftvollen und eigenen Selbstand begründen kann (a). Andererseits aber kann nicht mehr die wesentliche Heterogenität der Interessen des Geistes gegenüber den Strebungen des Lebens gesehen werden, die so zum einzigen Anliegen der Person und zum ausschließlichen Bewertungsmaßstab aller menschlichen Intentionen werden (b). Dann erscheinen die eigentlich geistigen Interessen als fremdartig, widernatürlich, ja der Geist selbst wird als „Widersacher des Lebens" angesprochen. Diese Depotenzierung des Geistes bewirkt, daß er selbst nur noch unter den allein verbleibenden Aspekten, Bewertungsmaßstäben und Perspektiven der rein psychischen Vitalität beurteilt, eingeschätzt und auch philosophisch bestimmt wird (c).

a) Es wäre falsch, Scheler als einen Vitalisten im Sinne Nietzsches,

[82] Ebd.
[83] Ebd.
[84] Grundriß des Eigenthümlichen der Wissenschaftslehre, a. a. O., I, 374.

Ludwig Klages' oder Oswald Spenglers auffassen zu wollen, da der Geist für ihn durchaus eine eigene, aus dem Leben unableitbare Wirklichkeit darstellt, Geist und Leben nicht Gegensätze bedeuten, sofern das Leben der Lenkung durch den Geist, dieser aber der Lebenskraft bedarf. Dennoch offenbart Schelers Menschenbild insofern einen vitalistischen Zug, als danach der Geist für sich vollkommen blutleer und ohnmächtig ist, um alle Kraft, die er besitzt, der Triebenergie zu entnehmen. So erscheint Scheler, indem er die Mächtigkeit der Triebe mit der des Geistes vergleicht, dieser als ohnmächtig gegenüber der Urgewalt der Triebe. Deshalb erklärt er: „Als solcher ist der Geist schlechtin ohne alle ‚Macht', ‚Kraft', ‚Tätigkeit'."[85] Der Geist vermag lediglich die Triebe zu lenken, nicht aber sich ihnen zu widersetzen. Solchen Trieben, die seinen Werten und Ideen entsprechen, kann er angemessene Vorstellungen „gleichsam wie Köder"[86] vor Augen stellen und sie so auf seine Ziele hinlenken. Dagegen vermag er Trieben, die seinen Ideen nicht dienlich sind, die einer Triebhandlung unerläßlichen Vorstellungen zu versagen und sie auf diese Weise zu „hemmen".[87] Aber er kann sich niemals gegen die Triebenergie durchsetzen, sie „aufheben", „vergrößern" oder „verkleinern".[88] Vielmehr müsse der „von Hause aus ohnmächtige" Geist[89] versuchen, die Triebe hinter sich zu bringen, um so durch ihre Energie allererst ermächtigt zu werden. So erklärt Scheler: „Wohl kann der Geist durch den Prozeß der Sublimierung Macht gewinnen, können die Lebenstriebe in seine Gesetzlichkeit und in die Ideen- und Sinnstruktur, die er leitend ihnen vorhält, eingehen und im Verlaufe dieses Eingehens und Durchdringens ... dem Geiste Kraft ver-leihen – aber von Hause aus und ursprünglich hat der Geist keine eigene Energie."[90] Die Energisierung des von Hause aus ohnmächtigen Geistes erfolgt nach Scheler durch Triebverdrängung und gleichzeitige Triebsublimierung.[91] Diese Position Schelers rührt daher, daß er im Grunde nur eine einzige Kraft- und Energieform kennt, die triebhafte. Wäre sie die einzige Energieform, so müßte in der Tat der Geist als ohnmächtig angesehen werden. Denn er besitzt ohne Zweifel keine, mit der Trieb-

[85] Die Stellung des Menschen im Kosmos, a. a. O., IX, 45.
[86] Ebd., 49.
[87] Ebd.
[88] Ebd.
[89] Ebd., 46.
[90] Ebd., 52.
[91] Ebd., 45.

energie vergleichbare Eigenenergie. Das schließt jedoch, was Scheler nicht bedenkt,[92] keineswegs aus, daß der Geist eine Eigenenergie besitzt, die völlig anderer Art und Herkunft ist als die der Triebe und daher mit dieser überhaupt nicht verglichen werden kann.

Eine Radikalisierung dieser These Schelers stellt die Tiefenpsychologie Sigmund Freuds (1856–1939) dar. Auch für ihn gibt es nur eine einzige Energieform, die Triebenergie, insbesondere die des Geschlechtstriebs, der „libido".[93] Alle scheinbar andersartigen Energieformen, jene, die für den Idealismus die einzigen waren, der Vernunft, des Geistes, der Freiheit, des autonomen Ich, sind in Wahrheit nichts als destillierte Libido.[94] Der Mensch ist ein reines Triebwesen, ist reine Vitalpsyche, die sich von der tierischen Psyche nicht wesentlich unterscheidet. Der Erkenntnistrieb bildet nur einen Seitenzweig des allbeherrschenden Geschlechtstriebs, genauso wie alle anderen Strebungen des Menschen, etwa die nach Liebe und Freundschaft. Wohl hat das Bewußtsein[95] – wie bei Scheler der Geist – die Möglichkeit, Triebe zu verdrängen, nicht aber die Möglichkeit, sie auszulöschen. Ins Unbewußte abgedrängt, existieren sie fort und wirken weiter oder schlagen sich in Neurosen nieder.[96] Alle scheinbar nicht triebhafte Energie ist in Wahrheit sublimierte, in eine andere Richtung gedrängte Triebenergie, Libido. Die von Natur aus auf sexuelle Befriedigung gerichteten Energien, denen die volle Befriedigung durch das „Realitätsprinzip",[97] d. h. die gesellschaftliche und wirtschaftliche Begrenztheit menschlicher Lebensentfaltung, nicht oder nur partiell gewährt wird, sind genötigt, sich andere Ziele zu suchen, und setzen sich daher um in religiöse, künstlerische, politische, philosophische Energie. All diese Energien, also alles Geistige ist mithin nichts anderes als eine veränderte Erscheinungsform der sich in ihre Gestalt verkleidenden Libido.

Freuds Trieblehre umfaßt zwei Perioden. In der ersten – etwa bis

[92] Vgl. PB Kap. 8.

[93] Drei Abhandlungen zur Sexualtheorie, Ges. Werke, hrsg. v. A. Freud u. a., London 1952 ff., V, 118.

[94] Zur Einführung des Narzißmus, a. a. O., X, 160 ff.

[95] Vgl. P. Ricœur, Hermeneutik und Psychoanalyse, München 1974, 9–35.

[96] Die Verdrängung, a. a. O., X, 257 ff. Vgl. R. Kleffmann, Der aufgeklärte Mensch, Bern 1980, 121–133. G. Huber, S. Freud und C. Lévi-Strauss, Wien 1986, 17–219.

[97] Das Ich und das Es, a. a. O., XIII, 252 f. Vgl. P. Ricœur, Die Interpretation, Frankfurt a. M. 1969, 270–317. H. Marcuse, Triebstruktur und Gesellschaft, a. a. O., V, 19–26.

1920 – kennt Freud außer den sexuellen Trieben nur den Selbsterhaltungstrieb,[98] den er auch „Ich-Trieb“ nennt. Die ersteren sind in chemisch-physiologischen Prozessen verwurzelt,[99] die in zwei Phasen sich entfalten, einer spannungsvermehrenden und einer spannungsreduzierenden. Während die Erzeugung der Spannung zur Lustempfindung führt, zieht die Spannungsreduktion das Empfinden der Unlust nach sich.[100] Diese Trieblehre ist durchaus materialistisch gemeint. In seiner ursprünglichen Seinsbestimmtheit ist der Mensch nicht auf Gemeinschaft angelegt, sondern ein isoliertes Wesen. Allein sein Triebbedürfnis bindet ihn an den anderen, der dabei aber nur als Sexualpartner fungiert, so daß auch Freundschaft und Liebe keineswegs in geistig erschaubaren Werten, sondern allein im Sexualtrieb ihren Ursprung haben.

In ihrer zweiten Periode – etwa seit 1920 – faßt die Freudsche Trieblehre die Ich- und Sexualtriebe als Lebenstriebe bzw. Eros zusammen und stellt diesen den Todes- bzw. Zerstörungstrieb gegenüber, der nicht nur als ihr Rivale auftritt, sondern sie am Ende besiegt, so daß Freud den Menschen als ein von Natur aus der Destruktivität verfallenes Wesen versteht.[101] Wiewohl Ich, Geist und Vernunft nichts als destillierte Libido darstellen, sind sie doch befähigt die Triebe zu verdrängen, zu kontrollieren, ja zu negieren und schließlich aufzuheben,[102] und es sei Aufgabe der Psychoanalyse, sie in dieser Kontrollfunktion zu unterstützen. Das heißt, so sehr der Mensch nicht frei, sondern durch das Unbewußte wie das „Über-Ich“[103] determiniert sei, habe er doch die Freiheit, über diese Determination eine Kontrolle auszuüben und sich zu entscheiden, ob er die aus Triebunterdrückung resultierende Kultur und geistige Entwicklung einer der Triebbefriedigung folgenden Barbarei vorziehen wolle oder umgekehrt. War die erste Trieblehre materialistisch gemeint, so ist diese zweite vitalistisch und biologistisch konzipiert.

[98] „Selbstdarstellung“, a. a. O., XIV, 83.

[99] Drei Abhandlungen zur Sexualtheorie, a. a. O., V, 67.

[100] Jenseits des Lustprinzips, a. a. O., XIII, 68f. Vgl. D. Wyss, Die tiefenpsychologischen Schulen von den Anfängen bis zur Gegenwart, Göttingen 1972, 83, 128, 225, 249, 268, 333, 371.

[101] Das ökonomische Problem des Masochismus, a. a. O., XIII, 377. Das Ich und das Es, a. a. O., XIII, 269ff.

[102] Zur Psychologie der Traumvorgänge, a. a. O., II/III, 603. Die Verdrängung, a. a. O., X, 248ff. Vorlesungen zur Einführung in die Psychoanalyse, a. a. O., XI, 296–312. Kurzer Abriß der Psychoanalyse, a. a. O., XIII, 411ff.

[103] Das Ich und das Es, a. a. O., XIII, 286f.

Alfred Adler (1870–1937) und Carl Gustav Jung (1875–1961), beide zuerst Anhänger Freuds, arbeiteten andere Formen psychogenetischer Theorien heraus. Sie unterscheiden sich vor allem dadurch von Freud, daß sie den Sexualtrieb keineswegs für den wichtigsten hielten. Als Grundmotiv, entscheidendes Movens des Menschseins sieht Adler die Spannung, den Gegensatz an, der für ihn unter den Grundtrieben besteht. Diesen sieht er in erster Linie zwischen den Wünschen und dem Willen des einzelnen auf der einen und den Interessen der Gemeinschaft auf der anderen Seite.[104] Dieser Individualwille, der immer wieder am Gemeinschaftswillen anstößt und sich aufreibt, tritt bei ihm an die Stelle der Freudschen Libido.

Diesen Gemeinschaftswillen interpretiert Jung sodann als ein „kollektives Unbewußtes", das dem „persönlichen Unbewußten", welches auf ihm gleichsam aufruht, vorausgeht, es immer schon trägt und leitet.[105] Dieses enthält die verdrängten und ins Unbewußte abgesunkenen Inhalte des Individualbewußtseins, des individuellen Erlebens, während das „kollektive Unbewußte" den Niederschlag des gesamten Menschheitserlebens der Jahrtausende in sich als „Archetypen", d. h. Urerfahrungen und Ursehnsüchte der Menschheit, umfaßt.[106] Alles,

[104] Praxis und Theorie der Individualpsychologie, Frankfurt a. M. 1984, 112–119, 234–241. Ders., Psychotherapie und Erziehung, Frankfurt a. M. 1982, Bd. I, 163–169, 182–185, 241–244; Bd. II, 191–194; Bd. III, 28–32. Vgl. A. Bruder-Bezzel, A. Adler, Göttingen 1983, 118–126.

[105] Zwei Schriften über Analytische Psychologie, Ges. Werke, Bd. VII, hrsg. v. M. Niehus-Jung u. a., Zürich 1964, 148. Die Dynamik des Unbewußten, Ges. Werke, Bd. VIII, hrsg. v. ders. u. a., Zürich 1967, 176, 183. Die Archetypen und das kollektive Unbewußte, Ges. Werke, Bd. IX/1, hrsg. L. Jung-Merker u. a., Olten 1976, 11–66. Analytische Psychologie und dichterisches Kunstwerk, Ges. Werke, Bd. XV, hrsg. v. D. Baumann u. a., Olten, Freiburg 1971, 92f. Vgl. D. Spies, Das Weltbild der Psychologie C. G. Jungs, Fellbach-Oeffingen 1984, 12–75. E. F. Edinger, Schöpferisches Bewußtwerden, München 1986, 35–62.

[106] Die Dynamik des Unbewußten, a. a. O., VIII, 182. Psychologische Typen, Ges. Werke, hrsg. v. L. Hurwitz-Eisner u. a., Zürich 1960, 444ff. Die Archetypen und das kollektive Unbewußte, a. a. O., IX, 67–95. Das symbolische Leben, Ges. Werke, Bd. XVIII/2, hrsg. v. L. Jung-Merker u. a., Olten 1981, 549–588. Vgl. Die Behandlung in der Analytischen Psychologie, hrsg. v. U. Eschenbach, Fellbach-Oeffingen 1981, 29–75. H. K. Iselin, Zur Entstehung von C. G. Jungs „Psychologischen Typen", Aarau, Frankfurt a. M., Salzburg 1982, 131–143. R. Langner, Komplex und Archetypus in sozialpsycholog. Sicht, Bonn 1983, 96–141.

was wir in geistiger oder existentieller Freiheit zu denken oder zu entscheiden wähnen, ist in Wahrheit bis zu einem gewissen Grad durch das „kollektive Unbewußte" schon längst vorentschieden. Wir können uns davon letztlich nie absetzen oder befreien, so sehr wir um Eigensein ringen mögen, weshalb Menschsein dem Spannungsfeld zwischen Selbst-sein-Wollen und Nicht-selbst-sein-Können am Ende doch nie entrinnen kann.[107] Es bleibt also im Banne jener Vitalpsyche, die durch die Menschheitsgeschichte präformiert alle einzelmenschliche Spontaneität immer schon im vorhinein besetzt, ohne daß wir diesen Vorgang überhaupt noch bemerken.

Diese Vertreter der „Tiefenpsychologie" oder „Psychoanalyse"[108] und die große Schar der ihnen heute Folgenden sind vereinigt in dem Grundkonzept, den Menschen als Produkt einer nach sinnblinden Mechanismen, naturhaft-determinierten Zwängen funktionierenden Psyche zu begreifen und alles geistige oder existentielle Sein entweder darauf zurückzuführen oder darüber ganz aus dem Blick zu verlieren. Hier tritt an die Stelle auf sinnhafte Notwendigkeit und Unbedingtheit ausgerichteter geistiger Einsicht in objektive Geltungen ein oft willkürliches und kaum verifizierbares Hineinprojizieren bestimmter Schemata ins Dunkel des Irrationalen und Unbewußten. Und diese Art der „Spekulation" verfällt sonderbarerweise nicht dem Projektionsverdacht – oder richtiger: aus genanntem Grunde nicht.[109]

b) Arnold Gehlen (1904–1976) folgt sehr weitgehend der Anschauung Nietzsches, der sagt: „Geist gilt uns als Symptom einer relativen Unvollkommenheit des Organismus."[110] Auch Gehlen betrachtet den Menschen unter rein biologischen Kategorien. War er für Nietzsche „das noch nicht festgestellte Tier",[111] so erscheint er Gehlen als „biologisches Mängelwesen",[112] und zwar wegen der Unspezialisiertheit

[107] Zwei Schriften über Analytische Psychologie, a. a. O., VII, 236f.

[108] Vgl. D. Wyss, Die tiefenpsychologischen Schulen von den Anfängen bis zur Gegenwart, Göttingen 1977. B. Panahi, Die wissenschaftl. und philos. Grundlagen der Tiefenpsychologie und der modernen Psychotherapie, Berlin 1980. L. J. Pongratz, Hauptströmungen der Tiefenpsychologie, Stuttgart 1983. A. Grünbaum, Die Grundlagen der Psychoanalyse, Stuttgart 1988. L. Wurmser, Die zerbrochene Wirklichkeit, Berlin 1989.

[109] Vgl. R. P. Pokorny, Grundzüge der Tiefenpsychologie, München 1977, 84ff.

[110] WGN VIII, 203f.

[111] WKG VI/2, 79. WGN VII, 74; XI, 110.

[112] Der Mensch. Seine Natur und seine Stellung in der Welt, Wiesbaden 1986, 20, 33, 83, 354.

und Unangepaßtheit seiner Organe gegenüber der Umwelt, dadurch er sich vom Tier unterscheidet. So betrachtet er auch den „Geist“ unter rein biologischen Kategorien, wenn er fragt, „warum diese besondere biologische, ja anatomische Leiblichkeit des Menschen seine Intelligenz notwendig macht“.[113] „Diese Besonderheit“ sieht Gehlen „in einem Mangel an hochspezialisierten, d. h. umweltspezifisch angepaßten Organen“.[114] Zwischen dieser „physischen Unspezialisiertheit des Menschen“, seiner „organischen Mittellosigkeit“ und seinem „erstaunlichen Mangel an Instinkten“ sieht Gehlen einen „Zusammenhang“, aus dem allein er die Wirklichkeit des Geistes zu erklären und zu bestimmen sucht.[115] Denn dieser stellt für ihn keine Eigenwirklichkeit, geschweige Eigenwertigkeit dar, sondern nur ein Ersatz- oder Kompensationsorgan für die physiologische Unangepaßtheit des menschlichen Organismus an seine Umwelt und den hieraus resultierenden Ausfall an Instinktsicherheit, d. h. naturhafter Führung. Demgemäß deutet und interpretiert Gehlen die „Weltoffenheit“,[116] durch die sich der Mensch vom Tier unterscheidet, ebenso wie die „Sprache“[117] oder die spezifisch geistige „Symbolik“[118] der Weltschau nicht auf ein eigenes, biologisch nicht erklärbares Wirkprinzip hin, sondern betrachtet und bewertet sie ausschließlich unter dem Gesichtspunkt ihrer biologischen Tauglichkeit und Verwendbarkeit, d. h. insbesondere ihrer Bedeutsamkeit für die „Handlung“. Denn der Mensch ist für Gehlen „ein handelndes Wesen, weil er unspezialisiert ist“.[119] Indem er keine transbiologischen Kategorien kennt, deuten die biologischen Mangelerscheinungen für ihn keineswegs auf ein die reine Biosphäre überschreitendes Prinzip, für das sie nicht Mängel, sondern Bedingung seiner Möglichkeit sind.

Die heutige Verhaltensforschung, wie sie besonders durch Konrad Lorenz (1903–1989) und Irenäus Eibl-Eibesfeldt (geb. 1929) vertreten wird, wehrt sich wohl gegen einen platten Biologismus, der menschliches und tierisches Verhalten einfach gleichsetzt. Sie ist aber doch insofern vitalistisch eingestellt, als sie die Gesamtwirklichkeit des Men-

[113] Ebd., 17. Vgl. P. Jansen, A. Gehlen, Bonn 1975, 132–159.
[114] Der Mensch, 86.
[115] Ebd., 35.
[116] Ebd., 35, 339.
[117] Ebd., 47 ff., 173 ff.
[118] Ebd., 40 f., 172.
[119] Ebd., 38. Vgl. P. Fonk, Transformation der Dialektik, Würzburg 1983, 57–105.

schen so gut wie ausschließlich unter der Perspektive des tierischen Verhaltens sieht und bei gleichen oder analogen Formen bereits annimmt, daß auch die Motivation hier und dort dieselbe sei. In diesem Vergleich geht sie auf Analogien aus, die ihr wohl Unterschiede in der Verhaltens*form* oder Verhaltens*weise* signalisieren, nicht aber in den Verhaltensprinzipien. Im Endergebnis stimmt sie dann weitgehend mit dem Biologismus darin überein, daß zwischen Tier und Mensch allenfalls noch ein gradueller oder modaler, aber keineswegs ein wesentlicher Unterschied besteht.[120] So kann der „Tiervergleich" nach Eibl-Eibesfeldt als „Schlüssel zum Verständnis menschlichen Verhaltens dienen".[121] Weiter glaubt er, daß die gleichen biologischen Mechanismen, die beim Tier einen bestimmten Reiz auslösen, dies auch beim Menschen tun.[122] Beispielsweise stellt er die menschliche „Begeisterung" auf eine Stufe mit der tierischen „Aggression" und führt sogar „ethische Normen" darauf zurück.[123] Auch im sozialen Verhalten der Menschen sieht Eibl-Eibesfeldt solche der reinen Biosphäre entstammende und daher auch beim Tier beobachtbare „Vorprogrammierungen".[124] Entsprechend werden auf der Seite des tierischen Relats Wesensdifferenzen beseitigt und z.B. den „Primaten" „Wertbegriffe" oder „averbale Begriffsbildung" zugeschrieben, obgleich die hierfür beanspruchten Tierversuche nur den Nachweis einer Assoziation von Sinnesvorstellungen, nicht aber der Einsicht in *nicht sinnenfällig vorstellbare Prinzipien* erbringen.[125] So glaubt auch K. Lorenz, daß jene „Eigenschaft der Weltoffenheit", in der Anthropologen wie A. Gehlen oder H. Plessner einen wesentlichen Unterschied zwischen Tier und Mensch sahen, „in prinzipiell *gleicher* Weise allen Neugierwesen", mithin auch den Tieren, „zu eigen sei".[126] Mit der Psychoanalyse Freuds teilt die Verhaltensforschung die Auffassung, daß die gleichen Triebmechanismen, welche das Verhalten der Tiere bestimmen, auch das menschliche Verhalten festlegen. Allein die nihilistische Auf-

[120] Ein solcher wurde phänomenologisch aufgewiesen in: PB Kap. 5, 8.

[121] Neue Anthropologie, hrsg. v. H.-G. Gadamer u. P. Vogler, Biologische Anthropologie, Stuttgart 1972, II, 71.

[122] Ebd., 33.

[123] Ebd., 52f.

[124] Ebd., 50.

[125] I. Eibl-Eibesfeldt, Grundriß der vergleichenden Verhaltensforschung. Ethologie, München, Zürich 1987, 439.

[126] K. Lorenz, Vergleichende Verhaltensforschung. Grundlagen der Ethologie, Wien, New York 1978, 260.

lösung der Wesensfrage und damit aller Wesensunterschiede[127] konnte zu ihrer vitalistischen Nivellierung führen.

c) In seiner Schrift ›Der Geist als Widersacher der Seele‹[128] führt Ludwig Klages (1872–1956) den Geist zwar nicht wie Nietzsche direkt auf die Vitalsphäre zurück, aber er betrachtet und bewertet ihn ausschließlich von dieser her (vgl. Kap. VIII/2). Und in dieser Sicht erscheint ihm der Geist als Zerstörer, Zersprenger jener Lebenseinheit, die das „chthonisch-naturhafte Leben" ursprünglich besaß, als es, wie dies heute noch bei Pflanze und Tier der Fall ist, ausschließlich aus Leib und Seele bestand.[129] Der Geist ist für Klages ein rein statisches Prinzip, das dem dynamischen Leben diametral entgegengesetzt ist und seine ursprüngliche Harmonie zerstört. Er ist „Widersacher der Seele", des Lebens und muß daher von dem gesunden Lebensimpuls aus abgewiesen werden. „Leib und Seele" sind untrennbar zusammengehörende Pole der Lebensweisheit, in die von außen her der „Geist", einem „Keile" vergleichbar, sich einschiebt mit dem Bestreben, sie voneinander zu entzweien, „den Leib zu entseelen, die Seele zu entleiben und solchermaßen das Leben selber zu töten".[130] Dabei ist es wichtig zu beobachten, wie Klages Rang und Bedeutung des Geistes ausschließlich vom Leben, jener Einheit von Leib und Seele, her bestimmt, von da aus vollkommen negativ bewertet, ohne dem Geist ein transbiologisches Bewertungsprinzip[131] zuzubilligen. Auch für ihn gibt es also wie für Nietzsche nur rein vitalistische Wertkriterien. Und wie Nietzsche die Vernichtung aller transbiologischen Werte verlangt, so fordert Klages den Kampf gegen den Geist als den Feind des Lebens.

§ 2. Die gnoseologische Auflösung des Geistes

Dieser anthropologischen Depotenzierung und Entwirklichung des Geistes entspricht eine gnoseologische Auflösung, die darauf hinausläuft, daß der wesentliche Unterschied zwischen der Sinnesvorstel-

[127] Vgl. N §§ 20–22, 50.

[128] Sämtl. Werke, hrsg. v. E. Frauchiger u. a., Bde. I u. II, Bonn 1969, 1966. Denselben Titel verwendet K. Lorenz in: Der Abbau des Menschlichen, München, Zürich 1983, 143.

[129] Der Geist als Widersacher der Seele, a. a. O., II, 1321–1326.

[130] Ebd., I, 755.

[131] Vgl. PB Kap. 5, V, 4.

lung und der geistigen Intuition nicht mehr gesehen wird. Und diese Konsequenz konnte nicht ausbleiben, da jene grundlegende Differenz sich vor allem aus der Verschiedenheit der Intentionalobjekte beider herleitet, der sinnenfälligen, raum-zeitlichen, zufällig-bedingten, prozessualen Wirklichkeit einerseits und der keineswegs sinnenfällig anschaulichen, zeitüberlegenen, überräumlichen, unbedingten und werdelosen Dimension des Sinn-, Wert- und Wesenhaften andererseits. Mit dem Untergang derselben war auch die grundlegende Differenz zwischen Vorstellen und Einsehen geschwunden, so daß die geistige Intuition auf die rein psychische Vorstellung zurückfiel.

In seinem Grundansatz stimmt der Psychologismus mit dem Positivismus, Pragmatismus und Evolutionismus darin überein, daß es keine unabhängig vom Menschen oder von seinen jeweiligen Erfahrungen gültige Wahrheiten gebe. Was wir für wahr halten, ist für ihn ein reines Produkt der menschlichen Psyche, insbesondere ihrer Art und Weise, Vorstellungen in sich aufzubauen und miteinander zu verknüpfen. Jeder Gedankeninhalt geht restlos auf in rein psychischen Funktionen, durch die er erzeugt ist, hat aber keinerlei Wahrheit oder Geltung unabhängig von der ihn vorstellenden Psyche. Das heißt, eine Psyche, die grundsätzlich anders strukturiert wäre als die spezifisch menschliche Psyche, würde eben auch zu völlig anderen Gedankeninhalten, also zu anderen „Wahrheiten" oder „Geltungen" kommen. Unabhängig von der Bedingtheit unserer Psyche gibt es keine „Wahrheit". Alle Wahrheit muß allein aus den psychischen Voraussetzungen des Erkennens verstanden und interpretiert werden. Es besteht also für den Psychologismus grundsätzlich kein Unterschied zwischen dem rein psychologisch verstandenen Denk*akt* und dem in ihm erfaßten *Inhalt.* Dieser fällt vielmehr restlos auf den ihn vorstellenden Denkakt zurück, geht darin auf und unter.

Auch dabei ist zu beobachten, wie alle dem Menschen überlegenen Geltungen auf ihn selbst, hier auf seine Psyche, zurückgeführt werden. Nicht also nach objektiver Geltung oder Wahrheit ist zu fragen, sondern ausschließlich nach ihrer rein psychischen Herkunft. Würde sich also die Psyche ändern, so auch all das, was wir für wahr halten. Dabei stimmt der Psychologismus insofern mit dem Evolutionismus überein, als auch für diesen wie für den Pragmatismus jede Wahrheit nichts als das zufällige Produkt der sich ihrer Umwelt anpassenden Psyche war. Aber es ist auch ein Bezug des Psychologismus zum Materialismus sichtbar. Denn indem es keine ideellen Geltungen oder objektiven Wahrheiten mehr gibt, die den rein psychisch determinierten Denkakt mitbestimmen, ist seine Funktion eine rein mechanische, maschinelle, die der Psychologismus mit rein physikalischen, quantitativen, also materialistischen Kategorien erklären zu können meint. Es geht ihm dabei um so etwas wie eine Denkchemie. Auf die gleiche Weise, wie der Chemiker zeigt, daß bestimmte Stoffe eine Verbindung miteinander eingehen, andere sich abstoßen, will der Psychologist zeigen, wie alles Denken und alles Gedachte aus Assoziation oder Dissoziation von Vorstellungen hervorgeht.

Diese Aufhebung des Unterschieds zwischen Denkakt und Denkinhalt hatten schon im 18. Jahrhundert die Engländer John Locke, George Berkeley und David Hume angezielt. In Übereinstimmung mit Hume wollte sodann der Positivist Ernst Mach (1838–1916) das gesamte Denken und damit zugleich alles Gedachte aus einer summarischen Verknüpfung der Vorstellungen erklären. Diese sollte als eine rein mechanische, d. h. sinnblinde Assoziation derselben verstanden werden.[132] Dabei berief sich Mach auf die schon von Aristoteles und Hume herausgestellten Assoziationsgesetze. Danach verbinden sich ganz von selbst ähnliche Vorstellungen wie solche, deren Inhalte sich in Raum und Zeit berühren. Daß nach diesen und anderen Gesetzen rein psychischer Herkunft tatsächlich Vorstellungskomplexe entstehen, ist kaum zu bezweifeln. Allerdings will Mach nun das gesamte Denken und darüber hinaus auch alle Denkinhalte auf solche Vorstellungsassoziationen zurückführen.[133] Darin liegt eben das Besondere des Psychologismus, und hierin konspiriert er mit der neuzeitlichen Zielsetzung, alles von sich aus Gültige oder Verbindliche auszuschalten. Diesen psychologistischen Standpunkt vertraten auch Friedrich Jodl (1849–1914) und Theodor Ziehen (1862–1950). Man spricht hierbei von Assoziationspsychologie.

Anfangs bewegte sich die „experimentelle Psychologie" in unmittelbarer Nachbarschaft zu dieser psychologistischen Assoziationspsychologie. Ihr Begründer war Gustav Theodor Fechner (1801–1887) mit seinem 1860 erschienenen Werk ›Elemente der Psychophysik‹. Wie schon der Titel ›Psychophysik‹ sagt, wollte Fechner die psychischen Vorgänge wie physikalische behandeln und analysieren. Nicht nur das Denken, sondern auch alle Inhalte des Denkens sollten aus einer nach mechanischen Gesetzen ablaufenden Organisation der Psyche, also aus einem Funktionsmechanismus erklärt werden.

[132] Analyse der Empfindungen und das Verhältnis des Physischen zum Psychischen, Jena 1918, 195–197.

[133] Ebd., 1–30, 262–267, 298–301.

Fechner definiert seine Psychophysik so: „Unter Psychophysik soll hier eine exakte Lehre von den funktionellen oder Abhängigkeitsbeziehungen zwischen Körper und Seele, allgemeiner zwischen körperlicher und geistiger, physischer und psychischer Welt verstanden werden. Zum Gebiet des Geistigen, Psychischen, der Seele rechnen wir überhaupt das, was durch innere Wahrnehmung erfaßlich ist."[134] Nach diesen Ausführungen könnte man meinen, Fechner wolle den Bezug zwischen dem Geistigen und Materiellen, zwischen dem Psychischen und Physischen unter Wahrung der Verschiedenheit beider Bereiche klären. Tatsächlich geht es ihm aber um Rückführung des Geistigen auf das Psychische und des Psychischen auf das Physische: „Allgemein nennen wir das Psychische Funktion des Physischen."[135] „Insofern das Psychische als direkte Funktion des Physischen betrachtet wird, kann das Physische der Träger, die Unterlage des Psychischen heißen."[136] Fechner nennt uns auch den Grund für seine Bevorzugung des Physischen gegenüber dem Psychischen: „Ein Grund aber für die Psychophysik, den Verfolg der Abhängigkeit der Seele vom Körper gegenüber der gegenteiligen zu bevorzugen, liegt darin, daß nur das Physische dem Maße unmittelbar zugänglich ist, während das Maß des Psychischen erst in Abhängigkeit davon gewonnen werden kann."[137] Fechner will also das Unmeßbare des Geistigen im Meßbaren des Psychischen, das am Physischen gemessen werden soll, errechnen. Hier schlägt der Positivismus wie der materialistische Physikalismus in seinem Denken durch. Wilhelm Wundt ist in seiner Schrift ›Grundriß der Psychologie‹ (1896) Fechner darin gefolgt, daß das gesamte Denken und somit alle Denkinhalte aus letzten Elementen zusammengesetzt und in solche auflösbar seien. Denn er unterscheidet ebensowenig wie Fechner, Jodl, Ziehen oder Mach zwischen der psychologischen Bedingtheit des Denkaktes und der transpsychischen Geltung seines Inhalts. Um diesen wesentlichen Unterschied wird es besonders Edmund Husserl in seinen ›Logischen Untersuchungen‹ gehen.

Dieser psychologistische Sensualismus spielt eine große Rolle in der Erkenntnislehre Ludwig Wittgensteins (1889–1951). Auch hier ist die geistige Intuition mitsamt ihrem spezifischen Gegenstandsbereich grundsätzlich und a priori ausgeschaltet. Sie fällt zurück auf die Sin-

[134] Elemente der Psychophysik, Teil I, Leipzig 1889, 8.
[135] Ebd., 10.
[136] Ebd.
[137] Ebd., 9.

nesvorstellung, die ihrerseits aus einer „logischen Form" verstanden wird, die keinerlei Bezug zu Sinn-, Wert- und Wesensgehalten hat, sondern sich in letztlich mathematischer, inhaltloser Rationalität erschöpft. So kennt Wittgenstein grundsätzlich keine Inhalte, die nicht sinnenfällig, d. h. raum-zeitlich vorstellbar wären. Deshalb sagt er von den „Formen der Gegenstände", sie seien „Raum, Zeit und Farbe (Färbigkeit)",[138] wie er in der logischen „Form" die „Möglichkeit der Struktur" des Sachverhalts[139] und in der „Struktur des Sachverhalts" die (sc. tatsächliche) Verwirklichung der logischen Form[140] erkennt. Was Wittgenstein als „Bild" der Gegenstände anspricht, ist nichts anderes als eine räumliche, sinnenhafte Gegebenheit: „Das Bild kann jede Wirklichkeit abbilden, deren Form es hat. Das räumliche Bild alles Räumliche, das farbige alles Farbige."[141] „Was das Bild mit der Wirklichkeit gemein haben muß, um sie auf seine Art und Weise – richtig oder falsch – abbilden zu können, ist seine Form der Abbildung",[142] keineswegs aber eine in den verschiedenen Formen des realen und idealen Seins analog sich ausdrückende Wesensidentität. Hieraus ergibt sich, daß Wittgenstein die „logische Form" mit der sinnenhaften Wirklichkeit gleichsetzt. In diesem Sinne erklärt er: „Das Bild hat mit dem Abgebildeten die logische Form der Abbildung gemein."[143] Demgemäß kann er auch keinen Unterschied mehr sehen zwischen der Allgemeinvorstellung und dem Allgemeinbegriff. Vielmehr führt er diesen auf jene zurück. Auch diese Folgerung ist unumgänglich. Denn der Unterschied besteht ja gerade darin, daß der Allgemeinbegriff im Gegensatz zur Allgemeinvorstellung eine Wesensbestimmtheit beinhaltet, die ein geistig erschaubares, aber nicht sinnenfällig vorstellbares, zeitüberlegenes und urphänomenales Prinzip intendiert. Mit der Auflösung desselben ist also auch diese Differenz gegenstandslos. So kennt Wittgenstein nur eine „Familienähn-

[138] Tractatus logico-philosophicus 2.0251, a. a. O., I, 14. Vgl. L. Steinvorth, L. Wittgenstein, in: Grundprobleme der großen Philosophen. Philosophie der Gegenwart I, hrsg. v. J. Speck, Göttingen 1985, 116: „Das heißt, daß bestimmte Klassen von Gegenständen von bestimmten anderen dadurch unterschieden sind, daß sie sich zu räumlichen bzw. farbigen Sachverhalten verbinden können." E. Stenius, Wittgensteins Traktat, 118–154. W. Schulz, Wittgenstein, 25–29.

[139] Tractatus logico-philosophicus 2.033, a. a. O., I, 14.

[140] Ebd., 2.032, 2.034, a. a. O., I, 14.

[141] Ebd., 2.171, a. a. O., I, 16.

[142] Ebd., 2.17, a. a. O., I, 15.

[143] Ebd., 2.2, a. a. O., I, 16.

lichkeit" von „Begriffen",[144] welche sinnenfällige Ähnlichkeiten unter den Objekten festhält, keineswegs aber eine solche, die ihren Grund hätte in einer zeitüberlegenen und die Objekte miteinander verbindenden Wesensidentität. Fragt er also nach dem, was Kartenspiele, Brettspiele, Ballspiele, Sportwettkämpfe miteinander gemein haben, so fragt er nicht wie z. B. Friedrich Schiller[145] nach dem Spiel als einer Wesensbestimmtheit des Menschseins, sondern allein nach einer Reihe peripherer, sinnenfälliger Ähnlichkeiten und Verwandtschaften. Was der Begriff des Spiels sodann beinhaltet, ist das mehreren Einzelvorstellungen Gemeinsame, also eine lediglich in rationale Form gefaßte rein psychische Allgemeinvorstellung, aber keine geistig erschaubare Wesensbestimmtheit.

Bertrand Russell (1872–1970) hält in seiner Erkenntnis- und Geisttheorie strikt daran fest, daß alle Wirklichkeit, die der Welt ebenso wie die des Bewußtseins, aus Ereignissen besteht, welche die Sphäre von Raum und Zeit nie überschreiten und letztlich auf physikalische Gegebenheiten zurückgeführt werden können.[146] Damit ist freilich jede spezifisch geistige Erkenntnis im vorhinein ausgeschaltet. Der Schrift Gilbert Ryles (geb. 1900) ›Der Begriff des Geistes‹ liegt eine durchgängige Verwechslung des überzeitlichen Geistes mit der zuständlichen Psyche zugrunde. So erklärt Ryle z. B.: „Ein Lächeln oder eine Grimasse verraten die Stimmung, in der sich der Geist befindet."[147] Demgemäß setzt Ryle den geistigen Akt mit rein psychischen Verhaltensweisen und den Geist mit rein psychischer „Disposition" gleich,[148] die sinnenfällig wahrnehmbar und beobachtbar ist, der also das spezifische Merkmal geistiger Wirklichkeit,[149] die Werdelosigkeit und Überzuständlichkeit, gerade abgeht.

[144] Das Blaue Buch, Werkausg., V, hrsg. v. R. Rhees, übers. v. P. von Morstein, Frankfurt a. M. 1989, 37. Ebd.: „Die Vorstellung von einem Allgemeinbegriff als einer gemeinsamen Eigenschaft seiner einzelnen Beispiele ist mit anderen primitiven, allzu einfachen Vorstellungen von der Struktur der Sprache verbunden." Vgl. W. Stegmüller, Hauptströmungen der Gegenwartsphilosophie, I, 611.

[145] Über die ästhetische Erziehung des Menschen, Schillers Werke, hrsg. v. A. Kutscher, Berlin, Leipzig, Wien, Stuttgart o. J., Bd. VIII, 53 f., 91.

[146] Die Analysis des Geistes, Leipzig 1927, Kap. 26. Human Knowledge, London 1948, 240–247.

[147] Der Begriff des Geistes, übers. v. K. Baier, Stuttgart 1969, 9.

[148] Ebd., 155–166. Vgl. E. von Savigny, Die Philosophie der normalen Sprache, 91–126.

[149] Vgl. PB Kap. 7.

B. Das Sicherheitsmotiv

a) Wie deutlich wurde, war es das Streben nach absoluter Selbstursprünglichkeit, welches das Dasein im Nichts und gleichermaßen die völlige Sinnentleerung einer jeden Erkenntnis zur Folge hatte. Diese Grundsituation zog sowohl eine existentielle wie eine gnoseologische Verunsicherung nach sich. Eine existentielle, sofern dem absolut freien Sinnentwurf kein Inhalt mehr gegeben war, auf den er sich in seiner Entscheidung berufen, vor dem er sich rechtfertigen oder verantworten und in dem er ein letztlich und wahrhaft erstrebenswertes Ziel finden konnte. Der desorientierte Akt im Nichts mußte tiefgreifender Unsicherheit und dem Schwindel verfallen, eine Erfahrung, die Nietzsche so ausdrückt: „Ich stehe still, ich bin auf einmal müde. Voran, scheint es, geht es abwärts, blitzschnell, ringsum Abgrund – ich mag nicht hinsehen. Hinter mir ragt das Gebirge. Ich greife zitternd nach einem Halt. Wie? ist alles plötzlich um mich Gestein und Absturz geworden? Hier das Gesträuch – es zerbricht in meiner Hand, und vergilbte Blätter und ärmliche Würzelchen rieseln abwärts. Mich schaudert, und ich schließe das Auge. – Wo bin ich? Ich sehe in eine purpurne Nacht, sie sieht mich an und winkt mir.“[1] Aber nicht nur das Dasein, sondern auch die Erkenntnis geriet in zerrüttende Haltlosigkeit. Denn ihr Bezug zu allen Objekten war dadurch bezeichnet, daß es ihr verwehrt war, diese in und aus einem Wesens-, Sinn- oder Wertprinzip zu verstehen, in dem sie mit ihnen Gemeinschaft halten, in ihnen Anhalt und Widerhall finden könnte. Vielmehr war ihr Verhältnis zu allen Objekten dadurch geprägt, daß sie zwar versuchen konnte, sie in ein inhaltloses rational-logisches Beziehungssystem einzupressen oder ein solches wie ein Netz über sie darüber zu werfen, das doch keinerlei Verhältnis zu ihnen gewinnen und eigentlich Sinn beinhalten konnte. Jede Weise des Erkennens mußte sich daher unter dem Verdacht sehen, rein projektiv oder fiktiv zu verfahren und infolgedessen doch nie bei den Objekten selbst anlangen bzw. über reine Subjektivität hinauskommen zu können. Erkenntnis mußte sich somit in der ihr unveräußerlichen Ausrichtung auf das An-sich-Sein des Objekts verunsichert und irritiert sehen.

[1] WKG VI/1 510. Großoktav-Ausg., Leipzig 1894 ff., XII, 223.

So tief die hieraus resultierende existentielle und gnoseologische Verunsicherung war, so unnachgiebig, hartnäckig und rigoros war die daraus folgende Gegenreaktion, die Antithese des Bestehens auf letzten unbestreitbaren und unverrückbaren Sicherheiten. Nur aus dem angedeuteten Vorgang der außerordentlich tiefgreifenden Verunsicherung ist die Radikalität und Exzessivität dieses Sicherheitsmotivs zu begreifen, die so weit reicht, daß es entschlossen war, wie schon Descartes es fordert,[2] all das, was auch nur den geringsten Zweifel zuläßt, mit dem „offenbar Falschen" gleichzustellen und genauso zu behandeln wie dieses. Nun ist es aber für alle Formen des geistigen Schauens signifikant, daß sie sich auf Inhalte richten, die zwar einem hochengagierten Akt im überzeitlichen „Moment" unableitbarer Einsicht sich erschließen und aus der Selbstrechtfertigung ihres Gehalts als objektiv ausweisen, daß sie aber jenem universellen und radikalen Zweifel nicht standhalten, wie ihn die extreme Sicherheitsforderung verlangt. Denn dieser Zweifel unterscheidet sich dadurch von der geistigen Intuition, daß er nicht sich engagieren, sondern widerlegt sein will und nicht auf überzeitliches Schauen ausgeht, sondern den jederzeit nachprüfbaren und vollziehbaren Beweis fordert. Die Folge ist, daß somit aus der Sicherheitsforderung ein hochwirksames Motiv hervorgeht, das mit dem dargestellten Freiheitsanliegen koinzidiert in dem Ziel der Ausschaltung geistiger Intuition und ihres spezifischen Gegenstandsbereichs. In einem „circulus vitiosus" führt also die insecuritas-Erfahrung zu jener radikalen Sicherheitsforderung, die nicht neue Sicherheit, neuen Boden vermittelt, sondern vielmehr die Erfahrung der Ungesichertheit, der Schwebe, der Haltlosigkeit und Ungeborgenheit nur vertieft. In der Tat handelt es sich dabei um jene „negative Dialektik", von der Adorno sagt, daß darin auch die Negation der Negation nichts Positives mehr erbringt,[3] sofern die Negation der Unsicherheit nicht zu neuer Sicherheit, sondern nur zu immer tiefer gehender Verunsicherung zurückführt. Es sind besonders drei Problemfelder, auf denen sich dieser Vorgang ereignet, nämlich den Sicherheiten der Empirie, der Ratio und der Selbstreflexion.

In diesem Entwicklungsprozeß bilden sich zugleich ein Daseinsverständnis und eine Erkenntnisdeutung heraus, für die es entscheidend ist, daß sie sich allein aus diesem Sicherheitsstreben begreifen und ihre einzige und letzte Bestimmung in der Erfüllung desselben sehen. Indem dieses zum einzigen und letzten Orientierungsprinzip aller

[2] Meditationes, a. a. O., VII, 18.

[3] Negative Dialektik, a. a. O., VI, 161.

Fragen des Daseins und Selbstseins wird, ergibt sich daraus ein nihilistischer Aktivismus, der durch eine grund- und ziellose und daher letztlich absurde Entschlossenheit gekennzeichnet ist. Erkenntnis aber – und dies ist sehr entscheidend – hat nicht mehr in und aus sich Wert und Bedeutung, sondern allein in dem Maße, in dem sie dem Sicherheitsmotiv dienlich ist. Damit ist alles Erkennen im Grund verzwecklicht. Der Sinn für den Eigenwert zweckentbundenen geistigen Schauens wird verkehrt in den Zweck sicherer und zweifelsfreier Objektbeherrschung. Daß der Wert insbesondere der geistigen Intuition keineswegs allein von ihrer Objekterfassung zu bestimmen ist, sondern, wie besonders die Kunst zeigt, auch in ihrer Eigentätigkeit einen Selbstwert darstellt, wird nicht mehr erkannt. Demgemäß wird auch der Wert der Philosophie ausschließlich nach ihrem sicheren Ertrag objektiver Gegenstandserkenntnis und daher relativ niedrig angesetzt, nicht aber mehr der Rang des Geistes[4] in seiner selbsttätigen Schöpfung erkannt. Erkenntnis ist eben nur noch Instrument zur Befriedigung der Sicherheitsforderung und, soweit sie dies nicht zu sein vermag, in sich wertlos.

b) Um die Gegenwartsphilosophie zu verstehen, ist es von großer Wichtigkeit zu erkennen, worin die für sie so grundlegende Radikalität ihrer Sicherheitsforderung den eigentlichen Ursprung hat. Dafür ist es instruktiv, daß dieses Motiv mit dem dargestellten der Selbstursprünglichkeit in verschiedener Hinsicht zielidentisch ist. Denn es leuchtet ein, daß aus dem Anliegen der Selbstursprünglichkeit unmittelbar hervorgeht das Verlangen nach vollkommener Selbstbegründung sowohl des Denkens wie des Daseins. Diese darf deshalb keinerlei Einschränkungen zulassen, weil sie das sichere Wissen zur Basis und Grundlage braucht, um darauf aus freier Entscheidung ihr An-sich-Sein zu erbauen. Hätte doch die geringste Ungenauigkeit oder Unstimmigkeit in der Wissensbegründung sogleich eine Desorientierung in der diese antizipierenden Selbstbegründung zur Folge.

Es ergibt sich hieraus, daß für den Wert des Wissens nicht so sehr die Frage nach seinem Gehalt als vielmehr die nach seiner Gewißheit ausschlaggebend ist. Dafür beispielhaft ist die Einsicht Descartes', daß ich sein muß, um mich täuschen oder getäuscht werden zu können.[5] Dabei hängt das ganze Interesse Descartes' nahezu ausschließlich an der Sicherheit, nicht an dem Gehalt dieser Erkenntnis. Daran läßt

[4] Vgl. F.-J. von Rintelen, Der Aufstieg im Geiste, Meisenheim/Gl. 1970, 83–151.

[5] Meditationes, a. a. O., VII, 25. Vgl. GN Kap. 7. ST 195–208.

sich auch sehr leicht der Unterschied zur antik-mittelalterlichen Denkweise demonstrieren. Nicht als ob diese keinen Wert auf letzte und unbestreitbare Sicherheiten gelegt hätte. Aber sie war um des Gehalts der Einsicht willen bereit, den Sinnintentionen des Gesicherten auch dann noch zu folgen, wenn diese über den Kreis der unmittelbaren Gewißheit hinausgingen und in die Sphäre des nicht mehr *gleicherweise* Sicherbaren hineinragten. Eben dafür war signifikant jene Bereitschaft zum erleuchteten Wagnis, zum Setzen auf das dem Sinnverstehen Unerläßliche, zu einem Vertrauensvorschuß diesem gegenüber, wie sie der Gegenwartsphilosophie schon als Verrat an der Selbstwerdung des Menschseins, an seinem Anspruch auf untrügliche, illusionsfreie und unbestreitbare Wahrheit erscheint. Nicht Vertrauensvorschuß, sondern ganz im Gegenteil das Urmißtrauen, die nie aussetzende Skepsis gegenüber jedem Wahrheitsanspruch erscheint dem neuzeitlichen Wissensverständnis[6] als die einzig legitime Methode zum Ausschluß der bezeichneten Selbstpreisgabe.

Es leuchtet ein, daß in ganz besonderer Weise wiederum die geistigen Intuitionen von dieser Skepsis betroffen sind. Denn der Sinn, das Wesen, der Wert, den sie nicht nur in einem Erfahrungszusammenhang, sondern auch in sich selbst aus der Selbstrechtfertigung oder Selbstgegebenheit ihres Gehalts erschauen können, sind über solche Begründung hinaus weiterer Begründung nicht fähig, weder empirischer noch rationaler. Kann doch dieser Gehalt weder in der Raum-Zeit-Sphäre der Empirie konstatierbar sein, als hic et nunc feststellbarer Tatbestand, „Tatsache" (Wittgenstein), "matter of fact" (Russell) auftreten noch Eingang finden in die reine Formalität des rationalen Beweisens. Die Folge ist ein Rekurs auf die von geistiger Intuition freie und daher inhaltsleere Empirie einerseits wie auf die rein formallogische Analyse andererseits. Freilich sind auch noch die Sicherheiten der Selbstreflexion zugelassen, jedoch nur insoweit von Interesse, als sie nicht geistig-intuitive Einsichten, sondern lediglich sinnindifferente Beobachtungen der Selbstreflexion beinhalten.

Dieser methodische Ausschluß der gesamten Sinndimension und Sinnmetaphysik wirkte sich auf die Philosophie besonders in zweifacher Hinsicht aus. Er hatte die Subjekt-Objekt-Spaltung einerseits und das Identitätsdenken andererseits zur unmittelbaren Folge. Die Spaltung und Trennung des Subjekts vom Objekt, sofern an eine Einheit und Gemeinschaft unter beiden nur dann gedacht werden kann, wenn sich in der Verschiedenheit ihres Seins eine mit dieser nicht koin-

[6] Vgl. GN Kap. 4–6.

zidierende Sinntranszendenz ausdrückt, darin gegenwärtig ist und beide zu ihr in einem Verhältnis der Teilhabe stehen.[7] So endet das radikale Sicherheitsmotiv in einem Subjektivismus, der über das Imaginäre letztlich nicht mehr hinauskommt und daher in einer negativen Dialektik[8] im Gegenteil seiner Zielsetzung anlangt. Um diese Spaltung zu überwinden, bleibt nur ein alles subjektüberlegene An-sich-Sein ausschließender, transzendentalphilosophischer Idealismus oder ein Identitätsdenken übrig, das die ontologische Heterogenität von Subjekt und Objekt entweder im Sinne Schelers völlig oder im Sinne N. Hartmanns partiell leugnet (vgl. Kap. XII/2). Der Transzendentalphilosophie wie dem Identitätsdenken gemeinsam ist der kategorische Ausschluß jeder Form des Analogiedenkens, welches versucht, die Heterogenität von Subjekt und Objekt so zu interpretieren, daß in der ontologischen Verschiedenheit beider doch einander entsprechende Sinn-, Wert- oder Wesensgehalte sich ausdrücken, welche die Teilhabe an einer Sinnidentität[9] voraussetzen.

Mit dem Ausschluß der geistig-intuitiven Methode und ihres spezifischen Gegenstandsbereichs verschwindet der Unterschied zwischen Natur- und Geisteswissenschaft, so daß diese mit bestenfalls variierter Fragestellung zu jener wird. Die physikalische und mathematische Methode werden zu der allein legitimen Wissenschaftsmethode überhaupt, mit der ein materialistisches und nihilistisches Realitätsverständnis korrespondiert. Auf jeden Fall aber ist eine an ihrer spezifischen Methode und ihrem eigenen Gegenstandsbereich festhaltende Geisteswissenschaft[10] und mit ihr die gesamte Metaphysik aus dem Kreis der Wissenschaft ausgeschlossen.[11]

c) Unmittelbar betroffen von dieser Wissensdeutung sind freilich das Verständnis und die Interpretation der Wahrheit. Indem der Gegenstand einer jeden Erkenntnis auf die Gewißheit von Empirie und Ratio verkürzt ist, kann Wahrheit nur noch bestehen in den Resul-

[7] Vgl. W. Weier, Erfahrung und Metaphysik: Implikationen oder Gegensätze?, in: IN ERSCHEINUNG TRETEN. Heinrich Barths Philosophie des Ästhetischen, Gedenkschr. f. H. Barth, hrsg. v. G. Hauff, H. R. Schweizer, A. Wildermuth, Basel 1990, 115–138.

[8] Vgl. N §§ 82–92.

[9] Vgl. ST 549–582.

[10] Vgl ME 309–314.

[11] L. Wittgenstein, Tractatus logico-philosophicus, 6.53, a. a. O., I, 85: „Die richtige Methode der Philosophie wäre eigentlich die: ... dann immer, wenn ein anderer etwas Metaphysisches sagen wollte, ihm nachzuweisen, daß er gewissen Zeichen in seinen Sätzen keine Bedeutung gegeben hat.“

taten raum-zeitlicher Erfahrung oder rationaler Berechnung. Als „Inhalt“ des Wahren bleibt dann übrig der empirisch konstatierbare Effekt, Nutzen, Ertrag, Gewinn auf der einen und der berechenbare, rational analysierbare, fixierbare Zweck auf der anderen Seite. Die totale Irrelevanz für alle auf die Frage nach Sinn, Wesen oder Wert bezüglichen Aspekte ist für den gesamten „Horizont“ der so allein verbleibenden „Wahrheit“ kennzeichnend. An die Stelle des mit solchen Fragen korrespondierenden Interesses an qualitativen Beschaffenheiten tritt das an der reinen meß- und berechenbaren Quantität. Entsprechend sind auch alle Ursprungsbeziehungen, insbesondere die der Begründung, Teilhabe, Mitteilung, des Ausdrucks und der Gegenwärtigkeit restringiert auf eine Kausalität, die sich in der reinen Relation von Ursache und Wirkung erschöpft.

Hieraus aber geht hervor, daß das Verständnis von Wahrheit überhaupt sich einerseits auf empirisch feststellbare Wirkung und andererseits auf den berechenbaren Gewinn beschränkt. Damit wird Wahrheit abhängig von der sich ständig ändernden Situation des menschlichen Daseins und geht somit in reiner Geschichtlichkeit auf und unter. Nicht zeitüberlegene Geltungen entscheiden über sie, sondern die aus der Praxis ableitbare Utilität und Wirkung. Für eigentliche Geistesgeschichte und ihre „übergeschichtliche Dimension“[12] ist somit kein Raum mehr. Alles geistige Streben nach zeitüberlegenen, werdelosen, bleibenden, immer gültigen Prinzipien ist aus dem Kreis wissenschaftlicher Forschung ausgeschlossen und einem von der Wissenschaft getrennten „Mythos“ ausgeliefert, darin es mit blinder Irrationalität, leerem Glauben, willkürlichen Annahmen und illusionären Impressionen gleichgesetzt wird. Darin aber geht alles geistige Schauen seiner Eigenevidenz, Selbstbegründung und vor allem der hieraus resultierenden Unbedingtheit seines Gehalts verlustig. Daß dieses Wissenschafts- und Wahrheitsverständnis sich nur noch von dem kurz gefaßten Sekuritätspostulat, aber nicht mehr von der geistigen und existentiellen Angewiesenheit des Menschseins auf den Sinn, nur noch von seiner Radikalität, aber nicht mehr vom „Engagement“ für die „Wahrheit des Seins“ (G. Marcel[13]) leiten läßt, liegt auf der Hand. Für die antike und mittelalterliche Geistesart war die Akzentuierung umgekehrt. Das Schwergewicht des Interesses und der Motivation lag auf der Selbstfindung des Geistes, auf der Erfüllung seines Verlangens nach objektivem und immer gültigem Sinn. Und dieses Interesse

[12] GS Kap. 1.

[13] Être et avoir, Paris 1935, 63, 169 ff. Vgl. ST 499–510.

folgte auch dann noch der geistigen Intuition, wenn sie nur mit der Empirie konspirierte und zu ihrer Komplementierung unerläßlich schien, mochte ihre Gewißheit auch nicht mehr durch diese erzwingbar, sondern anderer Art sein.

IV. Die Sicherheit der Empirie

1. Vom Phänomen zur Tatsache

Die beschriebene Hinwendung zur Empirie war also schon im vorhinein dadurch festgelegt, daß sie diese als ein bloßes Konstatieren sinnindifferenter Fakten verstand und darin keinen Raum mehr ließ für ein geistiges Erschauen von darin gegenwärtigen Gehalten, Strukturen, Gesetzen des Wesenhaften. Dadurch wurde das Verständnis von Erfahrung vordergründig und eindimensional. Es umfaßte nicht die beiden Dimensionen des Kontingenten und des Unbedingten, des Zufälligen, Faktischen und des Notwendigen, der raum-zeitlichen Quantität, des Materiellen und der überräumlichen, zeitüberlegenen Qualität des Wesenhaften, des Zwecks und des Sinnes, der Ursache und des Grundes. Vielmehr erschöpfte sich alle Erfahrung und demgemäß alle Wirklichkeit in der erstgenannten Dimension. Die für den Gedanken des Phänomens, des „Phainomenon", der Erscheinung so grundlegende Perspektive, daß darin ein Etwas, ein Prinzip, ein Gesetz, eine Form, eine Struktur, eine Wesenheit eben zur Erscheinung gelange, ohne doch mit dieser auch ontologisch zu koinzidieren,[1] war also in dem vom radikalen Sicherheitspostulat dirigierten Verständnis der Empirie mit Stumpf und Stiel ausgerottet. Also war selbstverständlich auch die Grundanschauung aufgegeben, daß es überhaupt Sinn- und Seinsprinzipien gebe, die anderen Ursprungs seien als die raum-zeitliche und materielle Welt und doch darin zur Epiphanie gelangten. Die für die gesamte Transzendenzphilosophie grundlegende und entscheidende Betrachtung von Welt und Mensch als eines Ereignisses der Transzendenz, ganz gleich ob diese mehr im Sinne platonischer Ideen oder des scholastischen Gottes als des letzten Sinnes, des absoluten Wertes und der unveränderlichen Wahrheit gesehen wurde,[2] war aufgegeben und ausgeschlossen. Was übrig blieb, waren nicht Phänomene, sondern leere Tatsachen, die sich zwar in einem rational-logi-

[1] Vgl. ST 93–104, 144–163.

[2] Vgl. GN Kap. 1.

schen Beziehungssystem in mathematischer Formalität rubrizieren und klassifizieren lassen, aber keinerlei Ausdruck ontologischer Urprinzipien mehr beinhalten.

§ 1. Positivismus

Diese Ausschaltung der zweiten Dimension glaubte der Positivismus erreichen zu können, indem er Realität, Wirklichkeit, Gegebenheit so definierte, daß nur die erste Dimension darunter fiel, die zweite dagegen von vornherein überhaupt nicht Gegenstand menschlicher Erkenntnis sein konnte. So sollte als wirklich nur das gelten, was selbst und als solches mit der Sinneswahrnehmung bzw. mit den Mitteln rein physikalischer Beobachtung unmittelbar festgestellt und konstatiert werden kann. Der Positivismus schloß also von vorhinein all jene Wirklichkeit aus, die zwar nicht selbst und als solche Gegenstand der Erfahrung, zum Verstehen und Erkennen der Erfahrungsobjekte aber unerläßlich ist. Erkenntnis sollte allein in einer Analyse der mit physikalischer Methode konstatierten Tatbestände bestehen, darüber hinaus aber keinerlei Funktion haben. Philosophie und Geisteswissenschaft sollten zur Naturwissenschaft werden. Aufgabe der Philosophie sollte es im besonderen sein, das eigene Haus zu räumen, Philosophie als Philosophie, d. h. als eine eigene Wissenschaft zu widerlegen, alle eigentlich philosophischen Fragen als Scheinprobleme zu demaskieren durch den Nachweis, daß ihnen kein Objekt sinnenfälliger Wahrnehmung entspreche. Dabei schloß der Positivismus grundsätzlich und ohne Angabe eines Grundes die Möglichkeit aus, daß ich *in* der sinnenfälligen Wahrnehmung einen Sinn, ein Wesensgesetz, eine Struktur, ein Form- und Gestaltprinzip erschauen kann, das selbst zwar nicht sinnenfällig wahrnehmbar, deshalb aber noch lange nicht unwirklich ist, sondern vielmehr den Kern, das innere Prinzip, das eigentliche Gesetz dessen darstellt, was ich mit den Sinnen wahrnehmen kann. War für Platon die Form, die Idee, das Eidos das einzige, eigentlich und wahrhaft Wirkliche, die sinnenfällige Welt aber nur Schattenreich,[3] so fällt der Positivismus ins Gegenextrem und erklärt alle Sinn- oder Formgesetzlichkeiten für unwirklich, das rein Tatsächliche, zufällig Faktische, sinnenfällig Konstatierbare dagegen für das einzig Wirkliche.

Diesen Standpunkt vertritt als erster Auguste Comte (1798–1857).

[3] Vgl. ST 70–92.

Er ist vor allem an der Soziologie interessiert und glaubt, daß eine soziale Ordnung nur dadurch garantiert werden könne, daß die Verschiedenheit der Weltanschauungen beseitigt werde.[4] Dies könne aber nur geschehen, wenn sich das menschliche Denken auf die reinen Erfahrungstatsachen beschränke. Comte sucht nun zu zeigen, daß die Geschichte der Menschheit und jeder einzelne Mensch drei Stadien durchlaufe: ein theologisches, in dem die Welt mit geheimnisvollen Kräften, übernatürlichen Wesen und Gottheiten bevölkert wird, ein metaphysisches, in dem an deren Stelle Abstraktionen treten, und schließlich das positive Stadium, in dem alle Gedanken über Wesen, Gott, Sinn- und Wertgestalten als Träumereien beiseite geschoben werden.[5] Durch dieses Endstadium würden die vorausgehenden überwunden und ad absurdum geführt, und deshalb sei es nicht erforderlich, sie alle erst zu durchlaufen, bevor man, was ja ohnehin zwangsläufig geschehe, das Stadium des Positivismus erreiche.[6] Das positive oder reale Stadium, das Comte als das „endgültige Stadium rationaler Positivität"[7] anspricht, „verzichtet fortan auf absolute Forschungen ... und beschränkt seine Bemühungen auf das Gebiet der echten Beobachtung, der einzig möglichen Grundlage, der unseren tatsächlichen Bedürfnissen angemessenen Erkenntnisse".[8] Diese Methode „anerkennt von nun an als Grundregel, daß keine Behauptung, die nicht genau auf die Aussage einer Tatsache zurückführbar ist, einen wirklichen und verständlichen Sinn enthalten kann"[9] und daß die „wissenschaftliche Wirksamkeit" einer solchen „ausschließlich aus ihrer Übereinstimmung mit den beobachtbaren Phänomenen hervorgeht".[10] Schon hier wird „Sinn" mit „Tatsache" gleichgesetzt und somit aufgegeben, da ihm die von jedem denkenden Subjekt wie von jedem realen Objekt unabhängige Geltung wesentlich und unerläßlich ist.[11] Dabei soll die geistige Intuition in Wesenhaftes, in Sinn- oder Wertgehalte ausgeschlossen, vollkommen entfunktionalisiert werden. Comte entwertet sie als „reine Einbildungskraft", die „dann unwider-

[4] Rede über den Geist des Positivismus, hrsg. v. I. Fetscher, Philos. Bibl. Bd. 244, Hamburg 1956, 31–55.

[5] Ebd., 24–29.

[6] Ebd., 5–40.

[7] Ebd., 25.

[8] Ebd., 27.

[9] Ebd.

[10] Ebd.

[11] Vgl. ST 549–570.

ruflich ihre alte geistige Vorherrschaft verliert und sich notwendig der Beobachtung unterordnet, so daß ein völlig normaler Geisteszustand herbeigeführt wird".[12] Schon hier wird die Frage nach metaphysischer Wesenheit wie später bei Wittgenstein, Carnap, Russell oder in der strukturalistischen Philosophie durch „die Erforschung der konstanten Beziehungen" ersetzt, „die zwischen den beobachteten Phänomenen bestehen"[13] (vgl. Kap. XI/3). Dabei werden die Fragen nach „Denken" und „Sittlichkeit" mit solchen nach „Stoß und Schwerkraft" völlig gleichgesetzt.[14] Denn „erkennen können wir hier nur die verschiedenen wechselseitigen Verbindungen, die ihrem Ablauf eigentümlich sind, ohne jemals das Geheimnis ihrer Erzeugung zu ergründen".[15]

John Stuart Mill (1806–1873) geht es in seiner Schrift ›System der deduktiven und induktiven Logik‹ (1843) darum, den Bereich der intuitiven Einsichten in Sinn-, Wert- oder Wesensinhalte aus dem Erkenntnisprozeß auszuschalten, um alle Antennen abzureißen, mit denen die Inhalte der Sinndimension vernommen werden können. Er kennt daher nur ein Konstatieren von bloßen Tatsachen der Erfahrung auf der einen[16] und eine rationale Analyse dieser Tatsachen auf der anderen Seite.[17] Alle Einsichten aber in nicht mit der Sinneswahrnehmung konstatierbare Geltungen bezeichnet er als gegenstandslos und mithin auch diese Geltungen als unwirklich.

Grundsätzlich den gleichen Weg geht Ernst Mach in seiner schon zitierten Schrift ›Die Analyse der Empfindungen‹. Auch für ihn kann nur die Dimension des rein Faktischen und Konstatierbaren Gegenstand menschlicher Erkenntnis sein, die keine andere Aufgabe hat, als die Gegebenheiten der Sinneswahrnehmung zu konstatieren.[18] Ein intuitives Erschauen von Strukturen, Wesenheiten oder Gestaltprinzipien innerhalb der Sinneswahrnehmung lehnt er als gegenstandslos ab. Erklären heißt für Mach, alles Unbekannte auf Tatbestände des sinnlich Wahrnehmbaren zu reduzieren,[19] d. h., er schließt von vorn-

[12] Rede über den Geist des Positivismus, 27.

[13] Ebd.

[14] Ebd., 29.

[15] Ebd.

[16] A System of Logic Ratiocinative and Inductive, Collected Works, hrsg. v. J. M. Robson, Toronto, Buffalo 1978, 157–282.

[17] Ebd., III, 283–640.

[18] Die Analyse der Empfindungen, 165–170. Vgl. M. Sommer, Husserl und der frühe Positivismus, Frankfurt a. M. 1985, 18–90.

[19] Die Analyse der Empfindungen, 198f., 295.

herein die Eigenwirklichkeit aller Inhalte, die sich nicht mit den Sinnen wahrnehmen lassen, aus. Im übrigen ist Mach Evolutionist, d.h., er glaubt, daß alle höheren Lebensformen aus den niederen sich entwickelt haben und der Geist mitsamt seinen Inhalten nichts anderes als ein Produkt der sich entfaltenden Materie sei.

In diesen Grundgedanken stimmt Richard Avenarius (1854–1888) mit Mach und Mill überein. In seiner Schrift ›Philosophie als Denken der Welt gemäß dem Prinzip des kleinsten Kraftaufwandes‹[20] geht er davon aus, daß die bequemste, kürzeste und leichteste Orientierung innerhalb der Welt die beste sei und den Maßstab für die Auswahl unserer Begriffe abgeben solle. Er will sich ausdrücklich darauf beschränken, Ich und Umgebung zu erklären, und schließt alles, was darüber hinausgeht, nicht nur aus dem Gegenstandsbereich des Erkennens aus, sondern hält es auch für unwirklich.

Auf die Frage: „Was ist im Grunde genommen in der Wissenschaft unmittelbar zuverlässig?“ antwortet Jean Marie Guyau (1854–88): „Die sichtbare, greifbare Tatsache.“[21] Darunter versteht er die „Empfindung“, die Sinneswahrnehmung. Denn für ihn „gibt es nichts Sicheres und absolut Gewisses als die gegenwärtige Empfindung“.[22] Demgemäß geht es ihm darum, eine „Sittlichkeit ohne ‚Pflicht‘“ zu begründen als „eine nur aus Tatsachen abgeleitete Sittenlehre, die also weder von einer apriorischen These noch von einem apriori gültigen Gesetz, das selbst wieder eine metaphysische Hypothese wäre, ausgeht“.[23]

§ 2. Neopositivismus

Das Sinnverständnis des sogenannten „Wiener Kreises“[24] ist dadurch gekennzeichnet, daß es im Anschluß an Wittgenstein Sinn mit der Verifizierbarkeit eines Satzes gleichsetzt. Wie daher Rudolf Carnap betont, „daß der Sinn eines Satzes in der Methode seiner Veri-

[20] Leipzig 1876, 3, 20f.

[21] Die Kunst als soziologisches Phänomen, übers. v. P. Prina u. G. Bagier, Philos. Werke, hrsg. v. E. Bergmann, Bd. IV, Leipzig 1912, 199.

[22] Sittlichkeit ohne „Pflicht“, übers. v. E. Schwarz, Philos. Werke, a.a.O., Bd. II, Leipzig 1912, 50.

[23] Ebd., 99. Vgl. H. Pfeil, J.-M. Guyau und die Philosophie des Lebens, Augsburg, Köln, Wien 1928, 42–55.

[24] Vgl. W. Weier, Erfahrung und Metaphysik: Implikationen oder Gegensätze?, 115–138.

fikation liegt",[25] Hans Reichenbach den Sinn als eine „Eigenschaft von Zeichen", die „verifizierbar" sind, bestimmt,[26] so erklärt Moritz Schlick: „Der Sinn eines Satzes liegt ja offenbar darin, daß er einen bestimmten Tatbestand ausdrückt."[27] Sinn besteht also ausschließlich in der Übereinstimmung eines Satzes oder Zeichens mit einem verifizierbaren Tatbestand.

Ausschlaggebend für diesen Sinnbegriff ist nun das, was als Tatbestand bzw. als verifizierbar angesehen wird. Für Carnap ist ausschließlich ein Satz verifizierbar, der „die Beschaffenheit einer bestimmten Raum-Zeit-Stelle zu einer bestimmten Zeit quantitativ angibt".[28] Jeder „Sachverhalt der Wissenschaft" kann daher für ihn gedeutet werden als „quantitativ bestimmbare Beschaffenheit einer Raum-Zeit-Stelle (oder als Komplex solcher Beschaffenheiten)".[29] Dagegen gilt ihm jeder Satz als „sinnlos", der „über oder hinter die Erfahrung" räumlich und zeitlich bestimmbarer Quantitäten greifen will.[30] In analogem Verständnis ist für Schlick grundsätzlich nur das verifizierbar, was „durch Beobachtung, durch unmittelbares Erlebnis konstatiert wird".[31] Dies ist auch für ihn das rein quantitativ Bestimmbare, während der „Inhalt reiner Qualitäten" schlechthin „unsagbar" ist.[32] Das „einzig Gegebene" ist nach Hans Hahn „das individuell Wahrgenommene, das unmittelbar von mir Erlebte",[33] wie Alfred Jules Ayer alles ablehnt, „was die Erscheinungen unterbaut und überschreitet".[34]

Aus der Gleichsetzung des Sinnes mit Verifizierbarkeit und dieser mit den Quantitäten der Raum-Zeit-Sphäre ergibt sich die Sinnlosigkeit aller Metaphysik. Wie für Carnap alle Sätze der Metaphysik

[25] Überwindung der Metaphysik durch logische Analyse der Sprache, in: Erkenntnis, hrsg. v. R. Carnap u. H. Reichenbach, II, Leipzig 1931, 236.

[26] Der Aufstieg der wissenschaftlichen Philosophie, Berlin 1953, 288 f.

[27] Positivismus und Realismus, in: Erkenntnis III, Leipzig 1932, 6.

[28] Die physikalische Sprache als Universalsprache der Wissenschaft, in: Erkenntnis II, 441.

[29] Ebd., 463.

[30] Überwindung der Metaphysik usw., 236.

[31] Die Wende der Philosophie, in: Erkenntnis I, Leipzig 1930, 7.

[32] Ebd., 9.

[33] Die Bedeutung der wissenschaftl. Weltauffassung, insbesondere für Mathematik und Physik, in: Erkenntnis I, 97.

[34] Demonstration of the Impossibility of Metaphysics, Mind, XLIII, 1934, 335: "I define a metaphysical enquiry as an enquiry into the nature of the reality underlying or transcending the phenomena."

„Scheinsätze",[35] ihre Begriffe „Scheinbegriffe",[36] ihre Probleme „Scheinprobleme",[37] allesamt „gänzlich sinnlos"[38] sind, mit „Magie" und „Mythos" in einer Reihe stehen,[39] so will Otto Neurath bereits jeden „falschen und sinnleeren Satz" als einen „metaphysischen" ansehen.[40] Das Verdikt der Sinnlosigkeit wird aber nicht nur ganz generell über die Metaphysik gesprochen, sondern über „jede vorgebliche Erkenntnis", die über oder hinter das unmittelbar Konstatierbare greifen will.[41]

Wie „Sinn" und „Wesen" durch die für das Metaphänomen[42] blinde und nur gegen „Metaphysik" gerichtete Festsetzung von Verifikation als ontologische Wirklichkeit ausgeschlossen werden, so auch die „Werte". Deshalb erklärt Carnap: „Die objektive Gültigkeit eines Wertes ... kann ja nicht empirisch verifiziert werden oder aus empirischen Sätzen deduziert werden; sie kann daher überhaupt nicht ausgesprochen werden."[43] Gibt man „empirische Kennzeichen" an, so handelt es sich um ein „Tatsachenurteil, aber kein Werturteil".[44] Gibt man kein „empirisches Kennzeichen" an, so handelt es sich um „Scheinsätze".[45]

Dabei schloß die positivistische Sicherheitsfrage also die Möglichkeit aus, das sinnenhaft Feststellbare könne Konkretion, Manifestation, Ausdruck, Vergegenwärtigung eines Gehalts sein, der zwar selbst und als solcher nicht mit den Sinnen wahrgenommen werden kann, eben deshalb aber noch lange nicht unwirklich ist, sondern vielmehr gerade als das Sinn- und Wesensgesetz des Konstatierbaren in geistiger Intuition erschaut werden kann. Daß die solchem Schauen eigene Gewißheit für die so gestellte Sicherheitsfrage uninteressant war, liegt nicht nur an ihrer eigenen Radikalität, sondern tiefer an der

[35] Überwindung der Metaphysik, 236.

[36] Die physikalische Sprache als Universalsprache, 452.

[37] Vgl. R. Carnap, Der logische Aufbau der Welt. Scheinprobleme in der Philosophie, Hamburg 1961, 317–331.

[38] Überwindung der Metaphysik, 220.

[39] Der logische Aufbau der Welt, 331.

[40] Soziologie und Physikalismus, in: Erkenntnis II, 394.

[41] Überwindung der Metaphysik, 236.

[42] Zu diesem Terminus vgl. PB Kap. 5, 11. W. Weier, Wege einer metaphysischen Phänomenologie, Freiburger Zeitschr. f. Philos. u. Theologie, Bd. XVI, H. 3, 1969, 388–427.

[43] Überwindung der Metaphysik, 236.

[44] Ebd.

[45] Ebd.

diese begründenden Freiheitsforderung. Für die in der Gegenwartsphilosophie gestellte Sicherheitsfrage ist es also typisch, daß sie auf solche Sicherheiten ausgeht, die sinnindifferent und irrelevant für jede Wesens- oder Werteinsicht sind.

§ 3. Analytische Philosophie

Eng verbunden mit diesen neopositivistischen Denkern sind jene Philosophen, die wie B. Russell und L. Wittgenstein mit Hilfe mathematisch-logischer Formgesetze die Gesamtwirklichkeit aus den Tatsachen als den nicht weiter hinterfragbaren und daher völlig sinnindifferenten "atomic facts" zu konstituieren suchen.

Russell nennt seine Philosophie „Logischen Atomismus“[46] und versteht darunter die mathematisch-logische Konstruktion der Gesamtwirklichkeit aus atomaren Aussagen (atomic propositions),[47] welche die durch Sinneswahrnehmung verbürgten reinen Erfahrungstatsachen (atomic facts) betreffen. Nach seinen ›Principia mathematica‹ setzt sich die Welt aus unendlich vielen, durch mathematische Relationen miteinander verbundenen „Atomen“ zusammen. Dabei geht er davon aus, daß nicht Wesenheiten das Eigentliche der Dinge ausmachen, sondern mathematisch-logische Relationen. Er versteht die logisch-mathematische Konstruktion als eine Methode, die dazu dienen soll, dem Philosophen „aus Schwierigkeiten, die er mit Sachen der Art A hat, herauszuhelfen, indem sie diese Sachen mit Hilfe der Logik aus Sachen einer Art B aufbaut, mit welchen der Philosoph keine oder weniger Schwierigkeiten hat“.[48] Die Philosophie habe nur die Aufgabe, die technischen Spielregeln herauszustellen, mit denen man die Sinnesdata in einem streng logischen Kalkül in Analysis und Syntax weiter verarbeiten kann. Diese rein logische Zerlegung der Sinnesdata soll grundsätzlich ohne geistige Intuition von Wesens- oder Sinnstrukturen vor sich gehen und rein rational oder formal sein.

Russell hatte größten Einfluß auf Wittgenstein. In seinem ›Tractatus logico-philosophicus‹ macht Wittgenstein den Versuch, die Welt auf „logische Formen“ zu reduzieren und aus solchen herzuleiten. Ein Gegenstand ist für ihn nichts anderes als das tatsächliche Auftreten einer bestimmten logischen Form, d. h. einer mathematischen Größe.

[46] Logic and Knowledge, London 1956, 321.
[47] Ebd., 181–215.
[48] E. von Savigny, Analytische Philosophie, Freiburg, München 1970, 27.

Dies will Wittgenstein daraus ersehen, daß alle Tatsachen sich auf eine mathematisch-logische Verbindung, „Konfiguration“ oder Verkettung von Gegenständen zurückführen lassen. Deshalb sind die „Gegenstände“ oder „Dinge“ nur das tatsächlich-faktische Auftreten mathematischer Größen. So erklärt er: „Die Welt ist die Gesamtheit der Tatsachen, nicht der Dinge.“[49] Das heißt, die Welt ist die „Gesamtheit“ tatsächlicher Konfigurationen der logischen Formen und deckt sich daher nicht mit der Gesamtheit oder Summe der faktischen Dinge, die lediglich das Material oder die Bausteine dieser Konfiguration darstellen. Deshalb gilt für Wittgenstein: „Die Substanz der Welt kann nur eine Form und keine materiellen Eigenschaften bestimmen.“[50] Alle Tatsachen sind daher aus der logischen Struktur, in der in ihnen die Gegenstände miteinander verknüpft sind, zu verstehen, also aus einem, wie Wittgenstein es nennt, „logischen Raum“.[51] Deshalb sagt er: „Die Tatsachen im logischen Raum sind die Welt.“[52] Nun ist ohne weiteres einsichtig, daß die in unserer Welt tatsächlich vorhandene logische Konfiguration der Gegenstände nicht den „logischen Raum“ erschöpft. Dieser ist insofern größer und weiter, als auch andere logische Verknüpfungen der Gegenstände denkbar sind, als sie tatsächlich in unserer Welt auftreten. Deshalb ordnet Wittgenstein seinem Begriff der „Tatsachen“ den der „Sachverhalte“ über. Letztere beinhalten alle logisch möglichen Konfigurationen der Gegenstände. Die „Tatsachen“ oder die Welt sind dann nur eine, und zwar eine faktisch nachweisbare Realisation von Sachverhalten, d. h. logischer Möglichkeiten. Deshalb ist für Wittgenstein die Welt als Tatsache in einen Raum möglicher Welten eingekettet.[53] Die „Welt“ ist die „Gesamtheit der bestehenden Sachverhalte“[54] oder der Tatsachen, d. h., die Welt ist nichts anderes als eine Realisationsform logisch-mathematischer Strukturen und Strukturgesetze.

In seinen ›Philosophischen Untersuchungen‹ will Wittgenstein zeigen, daß die Sprache zwar so tue, als ob sie mit ihren Substantiven ein mehreren Dingen gemeinsames Wesen bezeichne. In Wahrheit erfasse sie aber nur Ähnlichkeiten oder Verwandtschaften unter den

[49] Tractatus logico-philosophicus, 1.1, a. a. O., I, 11.

[50] Ebd., 2.0231, a. a. O., I, 13.

[51] Ebd., 2.013, a. a. O., I, 12: „Jedes Ding ist, gleichsam, in einem Raum möglicher Sachverhalte.“

[52] Ebd., 1.13, a. a. O., I, 11.

[53] Ebd.

[54] Ebd., 2.04, a. a. O., I, 17.

Dingen, nicht ein Wesen, das es nicht gebe. Deshalb fordert Wittgenstein dazu auf, die Sprache von ihrer essentialistischen Neigung zu befreien, d.h., alle Ausdrücke und Worte auf einen rein empirischen Tatbestand zu reduzieren und von allen Anschauungen eines Wesens oder Sinnes, einer ontischen Struktur oder eines metaphysischen Formprinzips rigoros zu reinigen. Diese Forderung bedeutet im Grunde, daß es nicht mehr gestattet sein soll, von einer inhaltlichen Ursprünglichkeit der Seienden auch nur zu reden. Das heißt, Aufgabe der Philosophie soll es sein, sich selbst zu negieren[55] und preiszugeben.

§ 4. Existentialistischer Positivismus

In seinem ›Mythos von Sisyphos‹ setzt Camus immer wieder und mit der größten Selbstverständlichkeit voraus, daß all das, was nicht in vollkommener Sicherheit verfügbar, in absoluter Gewißheit, Klarheit und Evidenz gegeben ist, nicht nur aus dem Kreis einer jeden philosophischen Orientierung auf das grundsätzlichste herauszutreten habe, sondern überhaupt als nicht existent, nicht wirklich anzusehen sei. Er will „entweder alles erklärt haben oder nichts“.[56] Für ihn soll nur „zählen“, „was ich weiß, was sicher ist, was ich nicht leugnen kann, was ich nicht verwerfen kann“.[57] Von diesem „neuen Standpunkt“ aus „will“ er „alles leugnen“, was diesen Forderungen nicht entspricht.[58] „So fordert er von sich selber, *nur* mit dem zu leben, was er weiß, sich *nur* mit dem einzurichten, was ist, und nichts einzuschalten, was nicht gewiß ist.“[59]

Aus diesen „Geboten“[60] ergeben sich seine entscheidenden Voraussetzungen. Allem vorweg die, daß die Welt sinnlos ist. Denn weder über den Sinn noch den Wert noch das Wesenhafte gibt es Sicherheiten, Gewißheiten, Klarheiten, die diesen Forderungen gerecht werden können. Ja, so betrachtet, ist die Welt dann immer und grundsätzlich sinnlos: „Die Verfremdung ergreift uns: die Wahrnehmung,

[55] Vgl. W. Schulz, Wittgenstein. Die Negation der Philosophie, Pfullingen 1967, 90–106.

[56] Der Mythos von Sisyphos, 28.

[57] Ebd., 47. Vgl. ebd., 38: „Ich will wissen, ob ich mit dem, was ich weiß, und *nur* damit leben kann.“

[58] Ebd., 47.

[59] Ebd., 48.

[60] Ebd., 36.

daß die Welt ‚dicht' ist, die Ahnung, wie sehr ein Stein fremd ist, undruchdringbar für uns, mit welcher Intensität die Natur oder eine Landschaft uns verneint ... Die primitive Feindseligkeit der Welt ... erhebt sich wieder gegen uns ... Die Welt entgleitet uns: sie wird wieder sie selbst."[61] Dann muß Camus aber davon ausgehen, daß die Gegenüberstellung des Menschen, der fragt, und der Welt, die immer schweigt, die Grundsituation des menschlichen Daseins bezeichnet und mithin das dieser entspringende Gefühl des Absurden gleicherweise als eine solche anzusehen ist.[62] Wie aber sich ihr gegenüber verhalten? Kann nur mit dem gerechnet werden, was unbestreitbar, sicher, gewiß und evident ist, so ist jeder Weg in das in der geforderten Weise nicht mehr Sicherbare abgeschnitten: ebenso die Hinkehr zur Transzendenz, die Hoffnung, der Glaube[63] wie auch die Flucht in den eigenen Tod.[64] Diese so weit auseinander liegenden Alternativen treffen dann miteinander zusammen. Gilt es vielmehr, mit dem auszukommen, was „gewiß" ist, so verbleibt allein die bezeichnete Absurdität als das „einzig Gegebene".[65] An diesem festzuhalten, mit ihm zu leben, ihm nicht auszuweichen ist daher die zwingende Konsequenz, und dieser wiederum entspricht die Haltung der „Interesselosigkeit" gegenüber allem außer der „reinen Flamme des Lebens selbst".[66]

Auch für Sartre gilt das Grundgebot: „Ich muß mich einschränken auf das, was ich sehe."[67] Allein das, was ich sehe, mit den Sinnen wahrnehme, ist mir ja nicht in sich gegeben, sondern in mir selbst, in der Vorstellung, die ich mir von dem Gesehenen bilde. Dabei habe ich aber keine letzte Sicherheit darüber, ob und wieweit meine Vorstellung von einem Erfahrungsobjekt dieses vollgültig wiedergibt. Also bietet selbst meine Sinneswahrnehmung mir nicht absolut Sicherheit und Gewähr, ob das Wahrgenommene tatsächlich auch so ist, wie ich es mir vorstelle, so daß „man einen nichtenden Schritt nach rückwärts macht in Ansehung des Gegebenen, das so zu einer bloßen Vorstellung wird, die zwischen dem Sein und dem Nichts hin und her schwingt".[68] Wie gezeigt, gelangt Sartre so zu dem Schluß, daß „alle Objekte", welche die reine Selbstgegebenheit des „cogito" überschreiten, nur

61 Ebd., 18.
62 Ebd., 29.
63 Ebd., 32–44.
64 Ebd., 49.
65 Ebd., 31.
66 Ebd., 53.
67 Ist der Existentialismus ein Humanismus?, 22.
68 Das Sein und das Nichts, 63.

noch als „wahrscheinlich" angesehen werden können[69] und sich deshalb in ihrem Realitätscharakter auflösen, mit dem „Nichts" koinzidieren.[70] Wenn also zwischen dem „verstehenden Bewußtsein" und dem „Objekt" das „Nichts" steht,[71] dann kann dieses auch nicht mehr auf eine Wesensbestimmtheit hin überschritten werden, so daß eine solche mit dem jeweiligen „Existenz"-Akt,[72] dessen ureigenstem „Entwurf"[73] und seiner reinen Tatsächlichkeit zusammenfällt. Diesem Entwurf kann dann nichts mehr vorausgehen, weder „Gott" noch „die Werte" noch der „Sinn".[74]

§ 5. Phänomenalismus

Wie an anderer Stelle weiter ausgeführt,[75] sind die existentialistischen und existenzphilosophischen Denker trotz ihrer ausdrücklichen Gegnerschaft zu allen Formen des Positivismus mit diesem doch verbunden im Bestehen auf dem unmittelbar Konstatierbaren und Stehenbleiben bei diesem, welches hier allerdings nicht Objekt der äußeren Sinneserfahrung, sondern der inneren Selbsterfahrung ist. In der radikalen Sicherheitsforderung ist also die gemeinsame Wurzel dieser im übrigen divergierenden Positionen zu sehen. So offenbaren nicht nur Camus und Sartre, sondern auch Jaspers und selbst Heidegger Grundzüge jenes Phänomenalismus, der im Prinzip bei den Gegebenheiten der unmittelbarsten Selbsterfahrung verharren will und sich grundsätzlich weigert, darin den Ausdruck einer ihre reine Aktualität überschreitenden Wirklichkeit zu erkennen (vgl. Kap. XI/1, 2; Kap. XII/3). Denn jeden Schritt über die reine Selbsterfahrung und ihre Zeitlichkeit hinaus verdächtigen sie, jenen leichtfertigen und willkürlichen Sprung ins Metaphysische zu vollziehen, den sie einer oft mißverstandenen antiken und mittelalterlichen Philosophie zum Vorwurf machen. Um den Verdacht verantwortungslosen Transzendierens von sich fernzuhalten, verfallen sie ins Gegenextrem, indem

[69] Ist der Existentialismus ein Humanismus?, 25.
[70] Ebd.
[71] Das Imaginäre, 54.
[72] Ist der Existentialismus ein Humanismus?, 11.
[73] Ebd.
[74] Ebd., 34.
[75] ME §§ 67–78. Vgl. W. Weier, Die Überhöhung der Endlichkeit im existentiellen Sprung, Salzburger Jahrbuch für Philosophie, Bd. XX, 1975, 21–46.

sie es vorziehen, alles Phänomenale um jeden Preis in den Bereich von Zeit und Endlichkeit zurückzudrängen. Treffend bezeichnet Sören Kierkegaard (1813–1855) diese Tendenz, wenn er sagt. „Das Unglück unserer Zeit ist gerade, daß sie rein zu nichts als ‚der Zeit' geworden ist, zur Zeitlichkeit, die ungeduldig nichts von der Ewigkeit hören, dazu ... das Ewige ganz und gar überflüssig machen möchte, was doch nicht gelingen wird in alle Ewigkeit."[76]

Auch die strukturalistische Methode ist bei aller Gegnerschaft zur Existenzphilosophie mit ihr dadurch verbunden, daß sie nicht so sehr nach „Metaphänomenen"[77] als vielmehr nach Gegebenheiten der reinen Selbsterfahrung fragt, wenn sie diese auch nicht in Existenz, sondern in der Psyche ersucht. Denn die Strukturen, die C. Lévi-Strauss in Eigenarten völkischen Brauchtums und völkischer Gesittung als darin wirkendes „Unbewußtes"[78] erkennt, erschöpfen sich für ihn in der reinen und daher völlig sinnlosen Tatsächlichkeit psychischer Prädispositionen, d.h. psychischen Zwängen entstammender, daher sinnblinder[79] und „maschinell"[80] ablaufender Funktionszusammenhänge.[81] Diese spricht R. Barthes als „Regel"[82] oder „Regelzwang",[83] als ein „maschinell"[84] ablaufendes „Funktionelles"[85] an. Deshalb unterläßt der Strukturalismus grundsätzlich die Frage, ob sich in diesen Strukturen nicht über alle linguistisch und ethnologisch

[76] Die Schriften über sich selbst, Ges. Werke, hrsg. v. E. Hirsch, Abt. 33, Düsseldorf 1964, 97.

[77] Zu diesem Terminus vgl.: W. Weier, Wege einer metaphysischen Phänomenologie, 388–427.

[78] Introduction à l'œuvre de Marcel Mauss, Paris 1950, 30ff.

[79] Reponse a quelques questions, Esprit, 31. Jg., No. 322, 163, 637, 641.

[80] Traurige Tropen, übers. v. S. Heintz, Köln 1955, 366: „Die Institutionen, die Sitten und Gebräuche, die ich mein Leben lang zu sammeln und zu verstehen gesucht habe, sind die vergänglichen Blüten einer Schöpfung, im Verhältnis zu der sie keinen Sinn besitzen; sie erlauben bestenfalls der Menschheit, ihre Rolle im Rahmen dieser Schöpfung zu spielen. Abgesehen davon, daß diese Rolle dem Menschen keinen unabhängigen Platz verschafft und daß sein überdies zum Scheitern verurteiltes Bemühen darin besteht, sich vergeblich gegen den universellen Verfall zu wehren, erscheint der Mensch selbst als Maschine."

[81] Strukturale Anthropologie, übers. v. H. Naumann, Frankfurt a. M. 1967, 45, 202.

[82] Die strukturalistische Tätigkeit, 191.

[83] Ebd., 194.

[84] Ebd., 195.

[85] Ebd.

bedingten Determinationen hinaus ein Wesensinhalt oder eine Sinnstruktur ausdrücke. Die Möglichkeit einer solchen Frage schließt er aufgrund seiner phänomenalistischen Grundhaltung a priori aus. Da diese Strukturen also nicht weiter hinterfragt werden dürfen, sind sie in sich urphänomenal und absolut.

2. Von der Wahrheit zum Effekt

Mit allen Spielarten des Positivismus und Phänomenalismus konspiriert jenes pragmatistische Verständnis der Wahrheit, danach diese nicht auf Geltungsgründen beruht, die unabhängig von jedem denkenden Subjekt und realen Objekt, somit in zeitüberlegener und übergeschichtlicher Weise bestehen und daher in die Transzendenz führen.[86] Vielmehr bemißt sich die Geltung der „Wahrheit" an ihrer Wirkung, ihrem Effekt zur Förderung solcher Ziele, die nicht Gegenstand geistiger Intuition, sondern rein rationaler Berechnung sind.

In sehr bezeichnender Weise hat William James (1842–1910) dieses Prinzip der pragmatistischen Wahrheitsdeutung formuliert: „So wie gewisse Nahrungsmittel nicht nur für unseren Geschmack angenehm, sondern auch für unsere Zähne, für unseren Magen, für den Aufbau unserer Gewebe gut sind, so sind gewisse Ideen nicht nur angenehm zu denken, nicht nur angenehm, weil sie andere uns lieb gewordene Ideen stützen, sondern sie helfen uns auch in den praktischen Kämpfen des Lebens. Wenn es eine Lebensführung gibt, die besser ist als eine andere, und wenn eine Idee, vorausgesetzt, daß wir an sie glauben, uns helfen könnte, das bessere Leben zu führen, dann wäre es ja tatsächlich besser für uns, an diese Idee zu glauben, es sei denn, daß dieser Glaube mit anderen wichtigen Lebensförderungen in Konflikt käme."[87] Der Vorteil, der Nutzeffekt einer „Wahrheit" im Umgang mit den alltäglichen Lebensproblemen, den „praktischen Kämpfen des Lebens", die reine, sinn- und wertentfremdete Praxis, der Erfolg zur Durchsetzung der ganz elementaren Lebenswünsche entscheidet über die Wahrheit. Es gilt nicht mehr das Umgekehrte, daß das Leben aufgrund ihres Gehalts verbindlichen, in sich stehenden Normen oder Prinzipien sich unterzuordnen hätte, sondern diese

[86] Vgl. ST 549–570.

[87] Der Pragmatismus, übers. v. W. Jerusalem, Leipzig 1908, 47ff. Vgl. I. Riemer, Konzeption und Begründung der Induktion, Würzburg 1988, 107–184.

sind als das Produkt des Lebens, seiner sich ständig ändernden Situationen und Umstände zu interpretieren und daher wie dieses veränderlich und geschichtlich, aber keineswegs unbedingt gültig.

Es ist aber noch ein anderer Effekt, der als das neue Wahrheitskriterium gegenwärtigen Philosophierens gelten soll: die Verwendbarkeit zur Vereinfachung, Abkürzung und Beseitigung von Problemen sowie die Handlichkeit, eben Praktikabilität im Umgang mit diesen. So besteht für James die „Bedeutung der Wahrheit" einzig und allein darin, „daß Gedanken ... genau in dem Umfange wahr sind, als sie uns behilflich sind, uns in zweckentsprechende Beziehungen zu anderen Teilen unserer Erfahrung zu setzen, diese Erfahrungen zusammenzufassen und, anstatt der unendlichen Reihe der einzelnen Phänomene nachzugehen, es uns möglich machen, uns mit Hilfe begrifflicher Abkürzungen innerhalb unserer Erfahrungen zu bewegen".[88] Folglich ist „jeder Gedanke" genau in dem Umfange und dem Grade wahr, als er „sicher arbeitet, vereinfacht, Arbeit erspart".[89] Nach dieser „instrumentalen Theorie der Wahrheit" bedeutet „Wahrheit unserer Ideen" soviel wie „Arbeitswert".[90]

Die auf den Effekt reduzierte „Wahrheit" ist ebenso wandelbar wie dieser, sie kommt und geht mit ihm. Hieraus ergibt sich ein Zweifaches. Sie „ist" nicht wahr, sondern sie „wird" erst wahr: „Wahrheit ist für eine Vorstellung ein Vorkommnis. Die Vorstellung *wird* wahr, wird durch Ereignisse wahr *gemacht*".[91] Und demgemäß kann auch nicht von *der* Wahrheit die Rede sein, sondern nur noch von „Wahrheiten in der Mehrzahl",[92] die sich „im Gebiete der Tatsachen" abspielen und nur eine Eigenschaft gemein haben, „daß sie sich lohnen".[93] Infolgedessen „wird Wahrheit im Laufe der Erfahrungen erzeugt, so wie die Gesundheit, der Reichtum, die Körperkraft erzeugt wird",[94] und demgemäß ist „Wahrheit" nur „ein allgemeiner Name für Verifikationsprozesse".[95]

Im sinnindifferenten Vorteil koinzidieren selbst „Gott" und erfolgverheißende „Materie", d.h., sie besitzen keinen eigenen, davon unabhängigen Gehalt mehr. So erklärt James: „Gebt uns eine Materie,

[88] Der Pragmatismus, 36.
[89] Ebd., 37.
[90] Ebd.
[91] Ebd., 126.
[92] Ebd., 137.
[93] Ebd.
[94] Ebd.
[95] Ebd.

die Erfolg verheißt ..., und jeder vernünftige Mensch wird diese Materie göttlich verehren."[96] Denn „wenn die Materie praktisch alles leistet, was ein Gott leistet, dann ist sie mit Gott gleichwertig, ihre Funktion ist die Funktion eines Gottes".[97]

Für Ferdinand Canning Scott Schiller (1864–1937) sind alle „Wahrheiten" nichts anderes als Behauptungen, die der Mensch im „Kampf ums Dasein" allein deshalb anderen vorzieht, weil sie seinen „Interessen" und „Zwecken" am meisten entgegenkommen und seine psychischen Bedürfnisse am meisten „befriedigen".[98] Hier wie bei James zeigt sich die psychologistische Theorie des Geistes, d. h. seine Rückführung auf die Psyche und die daraus resultierende Preisgabe seiner Eigenwirklichkeit. Deshalb fordert Schiller den Verzicht auf „endgültige, absolute Wahrheit"[99] und eine Methode, die den „Menschen als das Maß aller Dinge"[100] akzeptiert. Ausdrücklich lehrt Charles Sanders Peirce (1839–1914) ein Gegenstandsverständnis, danach jedes Objekt gleichgesetzt werden solle mit den „Wirkungen", die „praktische Bezüge" haben können, und allein darin solle „das Ganze unseres Begriffs eines Gegenstandes" bestehen.[101]

Mit dieser pragmatistischen Reduktion der Wahrheit auf den Effekt konspiriert die dargestellte neopositivistische und logistische Identifikation allen „Sinnes" mit der Verifizierbarkeit raum-zeitlicher „Tatsachen" und „Sinnesdaten". Aber auch die für die Sprachphilosophie Wittgensteins und Carnaps so grundlegende Tendenz, philosophische Probleme zu beseitigen und als „Scheinprobleme der Metaphysik" anzusehen, soweit sie sich nicht in der Alltagssprache, also auch in der ganz elementaren Lebenspraxis bestätigen und als dafür relevant aufweisen lassen, paktiert hintergründig mit dem pragmatistischen Wahrheitsverständnis. Dieses tritt insofern auch im strukturalistischen Denken hervor, als dieses ausschließlich nach solchen Strukturen fragt, die sich als Verhaltensmuster, Funktionsmechanismen in einem völkischen Brauchtum zeigen, das pragmatistisch verkürzt und ohne

[96] Ebd., 63.
[97] Ebd.
[98] Texte zur Philosophie des Pragmatismus, hrsg. v. E. Martens, Stuttgart 1975, 195 ff.
[99] Ebd., 197.
[100] Ebd., 191.
[101] Über die Klarheit unserer Gedanken, Quellen der Philosophie 6, hrsg. v. R. Berlinger, Frankfurt a. M. 1968, 63. E. Arroyabe, Peirce, Königstein/Ts. 1982, 91–117. J. Klawitter, Ch. S. Peirce: Realität, Wahrheit, Gott, Würzburg 1984, 138–173.

Bezugnahme zu Wesensfragen oder zeitüberlegenen Wahrheiten interpretiert wird.

Aber nicht nur das Sicherheitsmotiv, sondern auch das Freiheitspostulat dirigiert die pragmatistische Methode, sofern sie, wie auch Scheler hervorgehoben hat,[102] alles Handeln und Wollen von unverrückbaren Prinzipien entbindet, um die stets wechselnden Lebenssituationen zum einzigen Handlungsprinzip zu erheben. Dieser Pragmatismus geht durch das heutige Denken und Philosophieren mitten hindurch. Denn wie oft begegnet man doch der Tatsache, daß das zweckentbundene Fragen nach Wahrheit als unnütz abgelehnt, daß Berechtigung und Wert von Philosophie, Theologie, Religion und Geisteswissenschaft überhaupt nach ihrem praktischen Nutzeffekt bemessen, gewogen und von da her als zu leicht befunden werden. Dieser Pragmatismus steckt Philosophen und Theologen oft wie Blei in den Gliedern.

3. Vom Grund zur Ursache

Wenn ich in einer Kette von Ursachen und Wirkungen jede Ursache als Wirkung einer vorausgehenden Ursache verstehe, so bleibt meine Blickrichtung solange in horizontaler Perspektive, bis ich mich frage, ob es eine erste Ursache gibt,welche alle nachfolgenden erklärt und begründet. Denn dann geht mein Frageinteresse insofern in die vertikale Richtung, in die ontologische Tiefe, als dieser letzte Erklärungsgrund der ganzen Reihe wie der Tatsache, daß überhaupt etwas ist und nicht nichts, selbst in dem Schema von Ursache und Wirkung nicht mehr gedacht werden kann. Vielmehr ist dieser Erklärungsgrund allein zu begreifen im Sinne einer ontologischen Begründungs-, Mitteilungs- und Ausdrucksrelation, die das Absolute, sich selbst Begründende zum Relativen, Noch-nicht-Begründeten in jene Beziehung setzt, aus der heraus dieses in seinem Sein begründet und in seinem Sinn verstanden, erklärt werden kann. Die Urfrage aller Metaphysik ersuchte daher den Ursprung der sich in ihrem Sein noch nicht ergründenden, erklärenden Seienden als ihren absoluten Sinn- und Seins*grund,* jedoch keineswegs als ihre Ursache.

Nun erfahre ich, daß alle innerweltlichen Seienden einmal nicht waren und einmal nicht mehr sein werden, daß sie also auch nicht sein können, d.h. in sich keinen Seinsgrund, keine Notwendigkeit des Seins beinhalten. Da sie aber dennoch sind, schließe ich, daß sie ihren

[102] Die Wissensformen und die Gesellschaft, a.a.O., VIII, 456.

Daseinsgrund nicht in sich tragen, sondern dieser über ihr Sein hinausliegen, also transzendent sein muß. Darüber hinaus aber erkenne ich, daß dieser Seinsgrund nicht wiederum aus einem anderen Ursprung sein Dasein empfangen kann, wenn er das Dasein der kontingenten Seienden erklären soll, daß er also dieser Grund selbst sein und daher als absolutes und notwendiges Sein verstanden werden muß. In dieser ganzen Betrachtung spielen aber außer der Tatsache des Beginnens und Aufhörens aller innerweltlichen Seienden weitere Tatsachen oder praktische Bezüge keinerlei Rolle zur Begründung dieser Einsichten, die daher dem radikalen Sicherheitspostulat bereits als zu realitätsfern, daher unbegründet und fragwürdig erscheinen. An diesem Beispiel wird deutlich, daß die auf dem rein Tatsächlichen insistierende Betrachtungsweise nicht bereit ist, die Frage nach dem Grund überhaupt zu stellen. Mit dieser ist aber auch ausgeschlossen jene Pluralität und Fülle der Ursprungsbeziehungen, in deren Mittelpunkt der urplatonische Gedanke der Teilhabe, der „Methexis" stand.[103] Übrig bleibt die im Prinzip immer gleichförmige, stereotype Relation von Ursache und Wirkung, die so zur einzigen und allein denkbaren Ursprungsbeziehung wird. Mit dem Ausschluß aller Begründungsrelationen ist auch die Dimension aller Wesens-, Sinn- und Wertprinzipien aufgehoben, wie auch das Umgekehrte gilt.

A. Comte betrachtet es als eine „grundlegende Revolution", die das „Mannesalter unseres Geistes" charakterisiert, daß überall anstelle jener „unerreichbaren" Gründe die „einfache Erforschung von Gesetzen" zu treten hat, welche nichts als die „konstante Beziehung", die zwischen den „beobachteten Phänomenen" besteht, zum Inhalt habe.[104] Hieraus geht hervor, daß für diese kausalistische Methode kein Unterschied bestehen soll, ob sie nun „Stoß" und „Schwerkraft" oder „Denken und Sittlichkeit" zum Gegenstand hat.[105] Denn von Interesse sollen ausschließlich sein ihre „Wirkungen" als „die verschiedenen wechselseitigen Verbindungen, die ihrem Ablauf eigentümlich sind, ohne jemals das Geheimnis ihrer Erzeugung zu ergründen",[106] d.h., ohne nach den eigentlichen Gründen ihres Sinnes und Seins zu fragen.

So huldigt auch Carnap einem solchen physikalischen Kausalismus, wenn er meint, „*jede* wissenschaftliche Erklärung eines Sachverhalts"

[103] Vgl. ST 549–570. GS Kap. 4.
[104] Rede über den Geist des Positivismus, 27f.
[105] Ebd., 29.
[106] Ebd.

geschehe durch „ein Gesetz, d.h. eine Formel, die ausdrückt, daß, wenn in einem Raum-Zeit-Gebiet ein Zustand oder Vorgang von der und der Art bestehe, dann an einer zu diesem Gebiet so und so gelegenen Raum-Zeit-Stelle das und das geschieht".[107] Demgemäß will er die „physikalische Sprache" zur „Universalsprache" deklarieren,[108] um alle Gegebenheiten auf die Tatbestände der Physik zu reduzieren.[109] „Die verschiedenen Wissenschaftsgebiete" sollen „Teile der Einheitswissenschaft, der Physik" sein.[110] „Alle Sätze, sowohl die Protokolle wie die des wissenschaftlichen Systems ... sind in die physikalische Sprache übersetzbar."[111] „Dadurch, daß die physikalische Sprache zur Grundsprache der Wissenschaft wird, wird die gesamte Wissenschaft zur Physik."[112] Wie die Wahrnehmung des Fremdpsychischen auf die des Physischen reduziert werden soll,[113] so sollen alle psychologischen Sätze in physikalische umgewandelt,[114] die Psychologie zu einem „Zweig der Physik" werden.[115] Dabei bezeichnet sich Carnap konsequent als „methodischen Materialisten".[116] So fordert auch Otto Neurath (1882–1945), daß die „Begriffe der Einheitswissenschaft ... das jeweilige Schicksal der physikalischen Grundbegriffe haben" und daß die „Einheitssprache der Einheitswissenschaft die Sprache der Physik" sei.[117]

4. Vom Engagement zum Projektionsverdacht

Aus dem Gesagten geht hervor, daß das Verhältnis des vom Sicherheitspostulat dirigierten Denkens zur metaphysischen Fragestellung von dem tiefgreifenden Zweifel bestimmt ist, ob diese sich nicht in reinen Projektionen ergehe und erschöpfe. Eben dadurch ist zugleich die Fähigkeit zu einem geistigen Erfassen solcher in die Transzendenz

[107] Die physikalische Sprache als Universalsprache der Wissenschaft, in: Erkenntnis II, 465.

[108] Ebd., 453, 463.

[109] Psychologie in physikalischer Sprache, in: Erkenntnis III, 108.

[110] Die physikalische Sprache, 465.

[111] Ebd., 461.

[112] Ebd., 463.

[113] Der logische Aufbau der Welt, 313.

[114] Psychologie in physikalischer Sprache, 109.

[115] Ebd., 142.

[116] Die physikalische Sprache, 461.

[117] Soziologie und Physikalismus, in: Erkenntnis II, 398.

weisender Prinzipien zerstört und aufgehoben. Denn diese ist, wie Gabriel Marcel eindrucksvoll hervorgehoben hat,[118] so sehr gerade auf höchstes „Engagement" für das Sein und die „Ordnung des Seins" angewiesen, daß sie unter jenem hochgradigen Mißtrauen einer solchen gegenüber nicht mehr bestehen und sich entfalten kann. So tritt an die Stelle dieses Engagements der nimmermüde Projektionsverdacht als die ständige und nie verstummende Aufforderung, alle in geistigem Fragen ersuchten Prinzipien, ja solches Fragen selbst grundsätzlich für illusionär zu halten. Solche Grundsätzlichkeit resultiert aber keineswegs aus einer Unbegründetheit metaphysischer Erkenntnis überhaupt, sondern allein daraus, daß ihre Begründung keine rein empirische Tatsächlichkeit beinhaltet[119] und eben deshalb dem darauf bestehenden Sicherheitspostulat nie und nimmer genügt.

Mit Wittgenstein und Carnap ist Ernst Topitsch (geb. 1919) davon überzeugt, daß eine Verifikation von Sinn-, Wert- und Wesensgehalten grundsätzlich nicht in Betracht gezogen werden könne. Solche bestehen für ihn nur als „Projektionen" der „einfachen Lebensnotwendigkeiten und Lebensansprüche",[120] als „Erweiterung" „der primitiven und elementaren Lebenssituationen".[121] Diese „Projektionen" einer „intentionalen Weltauffassung" wirken sodann als „Normen" auf das wertende Subjekt zurück,[122] das sich nicht mehr bewußt ist, daß diese nichts als die eigenen „Intentionen" beinhalten. Durch solche „Rückbezüglichkeit der intentionalen Weltauffassung" entstehen einerseits „Anweisungen für menschliches Verhalten",[123] andererseits Scheinprobleme: „So kommt es schließlich zu einer Anhäufung von Scheinproblemen, die mangels eines Sachgehalts gar nicht erkenntnismäßig entschieden werden können ... Zusammen mit einer Fülle von Tautologien und anderen Leerformeln, die infolge ihrer Inhaltlosigkeit mit jedem empirischen oder normativen Gehalt vereinbar sind und daher als ‚ewige Wahrheiten' auftreten können, bilden diese ‚ewigen Probleme' den Hauptteil des Bestandes der sogenannten traditionellen Philosophie."[124] In diesem „zirkelartigen

[118] Être et avoir, 63.

[119] Vgl. W. Weier, Erfahrung und Metaphysik: Implikationen oder Gegensätze?, 115–138.

[120] Vom Ursprung und Ende der Metaphysik. Eine Studie zur Weltanschauungskritik, Wien 1958, 312.

[121] Ebd., 5f.

[122] Ebd., 284.

[123] Ebd., 288.

[124] Ebd., 309.

Prozeß von Projektion und Reflexion"[125] handelt es sich um ein „Ausweichen in den Bereich des empirisch nicht Falsifizierbaren".[126] Aufgrund seines eindimensionalen Verständnisses der Wirklichkeit sucht Topitsch den ontologischen Ursprungsort der Sinnsphäre dort, wo er tatsächlich nicht ist: in den „Dingen", denen vermittels des soziomorphen und technomorphen Modells „gewisse Wertbedeutungen" unterstellt werden[127] in einem „intentional oder biomorph gedeuteten Kosmos",[128] in „leeren Formeln", die aus normativer Rückanwendung der intentionalen Modelle entstehen und gerade wegen ihrer Inhaltlosigkeit eine „universelle Verwendbarkeit" besitzen.[129] Deshalb ist der Nachweis, „daß die Welt kein wertrationaler Kosmos ist", für ihn damit gleichbedeutend, „daß der Mensch seiner Heimat im Universum beraubt" und „ins Nichts hinausgestoßen" werde.[130]

Indem Topitsch alle Sinn- und Wertgeltungen auf bloße Projektionen der Lebensbedürfnisse reduziert, unterscheidet er nicht zwischen solchen „Sinn"- und „Wert"-Gestalten, die tatsächlich nur projektive oder fiktionale Gebilde sind, und jenen Geltungen, die sich von diesen dadurch grundsätzlich unterscheiden, daß sie Inhalt geistiger Einsicht und existentieller Selbsterfahrung werden können[131] und in dieser sich als wirksam und wirklich erweisen.[132] Deshalb glaubt er, daß prinzipiell *alle* Wert- und Sinngehalte „verschwinden" können und schon „jede psychologische Motivationswirkung verloren haben", wenngleich dieser „Auflösungsprozeß" auch nur langsam vonstatten gehe und nicht vollständig gelinge.[133]

Mit Topitsch und Herbert Marcuse[134] ist Jürgen Habermas (geb. 1929) verbunden in dem grundsätzlichen Verdacht gegenüber allen metaphysischen Perspektiven, sie seien nichts als das Produkt von

[125] Mythos-Philosophie-Politik. Zur Naturgeschichte der Illusion, Freiburg 1969, 137.

[126] Vom Ursprung und Ende der Metaphysik, 282.

[127] Ebd., 290.

[128] Ebd., 281.

[129] Ebd., 293.

[130] Ebd., 309.

[131] Vgl. ME §§ 34–49.

[132] Vgl. ME § 92.

[133] Vom Ursprung und Ende der Metaphysik, 311 f. Mythos-Philosophie-Politik, 140.

[134] Marcuse sieht darin „falsches Bewußtsein" (Der eindimensionale Mensch, a. a. O., VII, 202) oder „falsche Bedürfnisse" (ebd., 25).

Projektionen, die Habermas besonders in der soziologischen Struktur einer Klassengesellschaft marxistischer Prägung grundgelegt sieht. Er will den „objektivistischen“[135] oder „objektiven Schein“[136] zerstören, der die Tatsache verdeckt, daß alle Erkenntnis schon im vorhinein von einem Interesse eingeholt ist, das als Resultat des „Klassenantagonismus“,[137] der „Geschichte des erscheinenden Klassenbewußtseins“[138] wie der „Gattungsgeschichte im Medium des Klassenkampfes“[139] angesehen werden muß. Er glaubt, durch die „Selbstreflexion“[140] jenes „falsche Bewußtsein“, das „Irrtum und unfreie Existenz“ zugleich ist,[141] den „Interessenzusammenhang, der vorgängig Subjekt und Objekt verknüpft hat“,[142] die „Abhängigkeit des Subjekts von hypostasierten Gewalten“[143] und „ideologischen“ Herrschaftsformen[144] freilegen zu können. In „Stufen der Reflexion“ soll die „Dogmatik der Ideologien“,[145] der „Dogmatismus“ gleicherweise „analytisch wie praktisch“ aufgelöst werden.[146] Er ist davon überzeugt, daß die diese Zusammenhänge durchschauende Selbstreflexion gleichbedeutend ist mit einem „Fortschritt in der Autonomie“ des einzelnen,[147] mit „Emanzipation und Befreiung aus dogmatischer Abhängigkeit“.[148] Erst das Subjekt, das auf diese Weise seine Autonomie und Freiheit wiederzuerlangen sucht, erfüllt die Voraussetzung für „kommunikatives Handeln“,[149] „herrschaftsfreie Diskussion“,[150] für „Interak-

[135] Technik und Wissenschaft als „Ideologie“, Frankfurt a.M. 1986, 167.

[136] Erkenntnis und Interesse, Frankfurt a.M. 1988, 84.

[137] Ebd.

[138] Ebd.

[139] Ebd., 85.

[140] Technik und Wissenschaft, 159, 164. Theorie und Praxis. Sozialphilosophische Studien, Frankfurt a.M. 1980, 307. Erkenntnis und Interesse, 85.

[141] Ebd., 256.

[142] Technik und Wissenschaft, 163.

[143] Ebd., 159.

[144] Erkenntnis und Interesse, 84.

[145] Ebd., 76.

[146] Ebd., 256.

[147] Theorie und Praxis, 307.

[148] Erkenntnis und Interesse, 256. Vgl. Th. McCarthy, Kritik der Verständigungsverhältnisse, übers. v. M. Looser, Frankfurt a.M. 1980, 69–147.

[149] Erkenntnis und Interesse, 76. Vgl. Parabel, hrsg. v. R. Danielzyk u. F. R. Volz, Münster 1986, 51–58, 67–86, 124–142. K. Bauer, Der Denkweg von J. Habermas, Regensburg 1987, 207–234. G. Gamm, Eindimensionale Kommunikation, Würzburg 1987, 11–40, 52–80.

[150] Erkenntnis und Interesse, 76.

tion"[151] und „Intersubjektivität der Verständigung".[152] Habermas betrachtet die „Wertsphäre" als den „explizit gemachten Horizont von Bedürfnissen und geschichtlich bestimmten Interpretationen dieser Bedürfnisse",[153] als der „Emotionalität" und „Irrationalität" entspringende rein „subjektive Wertqualitäten",[154] als „gesellschaftliche Normen", deren „Sinn" sich in „umgangssprachlicher Kommunikation" objektiviere, deren „Geltung" allein in der „Intersubjektivität der Verständigung über Intentionen" und durch die „allgemeine Anerkennung von Obligationen" begründet sei.[155] „Ideale Gegenstände", wie sie besonders von M. Scheler und N. Hartmann als objektive Werte gesehen wurden (vgl. Kap. XII/1), sollen in die „Subjektivität von Bedürfnissen und Neigungen" zurückgestoßen werden.[156]

Von diesem an die Stelle des Engagements tretenden grundsätzlichen Projektionsverdacht ist auch die Methode des „kritischen Rationalismus" bestimmt, wie ihn Karl Raimund Popper (geb. 1902) in seiner ›Logik der Forschung‹ vertritt.[157] Diese Methode bezeichnet Popper mit der Erklärung: „Wann immer wir glauben, die Lösung eines Problems gefunden zu haben, sollten wir unsere Lösung nicht verteidigen, sondern mit allen Mitteln versuchen, sie umzustoßen."[158] Diesem Prinzip haben sich Philosophen wie H. Albert,[159] W. W. Bartley,[160] H. Keuth[161] und H. F. Spinner[162] angeschlossen.

[151] Technik und Wissenschaft, 62.

[152] Ebd.

[153] Ebd., 127.

[154] Theorie und Praxis, 318.

[155] Technik und Wissenschaft, 62f.

[156] Theorie und Praxis, 318.

[157] Vgl. O. P. Obermeier, Poppers „Kritischer Rationalismus", München 1980. Kritischer Rationalismus heute, hrsg. v. U. O. Sievering, Frankfurt a. M. 1988.

[158] Logik der Forschung, Tübingen 1956, XVII.

[159] Traktat über kritische Vernunft, Tübingen 1968, 13. Ders., Plädoyer für kritischen Rationalismus, München 1971, 11–29, 106–149. Ders., Traktat über rationale Praxis, Tübingen 1978, 11.

[160] Non-Justificationism: Popper versus Wittgenstein, in: Erkenntnis- und Wissenschaftstheorie, Bd. IX, hrsg. v. E. Leinfellner u. a., Wien 1983, 255f.

[161] Realität und Wahrheit. Zur Kritik des kritischen Realismus, Tübingen 1978.

[162] Popper und die Politik I, Geschlossenheitsprobleme, Berlin, Bonn 1978.

V. Die Sicherheit der Ratio

Aufgrund vorausgehender Übersicht zeigt sich die folgende Situation. Einerseits führt der Ausschluß aller die absolute Freiheit subordinierenden Prinzipien zu einer Entfunktionalisierung der geistigen Intuition wie zu einer Entwirklichung des Geistes selbst. Andererseits richtet sich das Hauptinteresse der Erkenntnis auf die Sicherheiten und Gewißheiten der Empirie. Aus dieser Grundsituation ergibt sich eine zweifache Konsequenz. Zum einen kann unter diesen Voraussetzungen unter Erkenntnis nicht mehr eine geistig-inhaltliche, sondern nur noch eine rational-formale, nicht mehr eine geistig-schauende, sondern nur noch eine logisch-setzende verstanden werden. Das heißt, die mathematische Erkenntnisweise wird zur einzig möglichen, allein legitimen. Andererseits aber wird unter dieser Voraussetzung die Aufgabe unabweisbar und vordringlich, eine Verbindung zu suchen zwischen dieser mathematisch-rationalen Erkenntnisform und den Sicherheiten der Empirie. Eine solche Verbindung aber kann allein dadurch hergestellt werden, daß es gelingt, die Gegebenheiten der Empirie unter rein rationalen Formen und Beziehungen zu sehen, unter ein mathematisch-logisches System zu subsumieren und sodann als reines Gebilde der Logik zu fassen, zu determinieren, zu definieren und genau zu fixieren. Philosophen wie B. Russell, R. Carnap oder M. Schlick sehen in dieser Aufgabe das entscheidende und einzig mögliche Ziel einer jeden Philosophie. Im Grunde handelt es sich dabei um eine Wiederkehr der pythagoreischen Philosophie, danach die Zahl als letztes und ursprünglichstes Prinzip der Gesamtwirklichkeit verstanden werden soll. Das Besondere also dieser rationalistischen Erkenntnisweise besteht darin, daß sie keinerlei Offenheit mehr hat hin zur geistigen Schau und ihren Inhalten des Sinn-, Wesen- und Werthaften. Sie erschöpft sich daher in vollkommen inhaltloser Formalität und ebensolcher Rationalität und ist daher nicht mehr auf eigentliches Verstehen der Wirklichkeit, sondern auf ein bloßes Fixieren derselben, ihre Verrechnung in einem mathematisch-logischen Beziehungssystem ausgerichtet. Ist doch jedes wirkliche Verstehen wesenhaft angewiesen auf die Einsicht in die innere Sinnhaftigkeit des

Gegebenen, aus der heraus dieses allein sich erschließt, durchsichtig, verstehbar wird. Allein in dieser Einsicht kann alles Erkennen gleichsam „hinter" die Seienden greifen, sie aus ihrem eigenen Prinzip und Ursprung interpretieren und eigentlich be-greifen. Aber nicht solches Be-Greifen, sondern ein bloßes Er-Greifen der Wirklichkeit ist das erklärte Ziel der rationalistischen Methode.

Diese ist jedoch nicht nur das unvermeidliche Resultat der aufgezeigten Entwicklung. Sie trägt vielmehr diese zugleich mit und bestimmt sie in ganz entscheidender Hinsicht. Entsprechen doch die Erkenntnisweisen der Ratio ihrerseits in höchstem Maße dem Ziel, letzte und unbestreitbare Sicherheiten zu vermitteln, um in und aus ihnen eine absolute Selbstbegründung zu realisieren. Denn indem sich die rein rationale Erkenntnis im Unterschied zur geistigen in den von ihr selbst geschaffenen Formen und Beziehungssystemen bewegt, ist sie im Prinzip dazu befähigt, diese mit absoluter Gewißheit in den unter ihnen tatsächlich bestehenden Verhältnissen zu sehen. Diese Gewißheit ist zwar die denkbar größte, gleichzeitig aber inhaltsleerste. Denn sie gelangt im Prinzip nie über die reine Immanenz ihrer eigenen Formen hinaus und hin zum Sein und Sinn der Seienden. Indem ihr die gänzlich heterogene Sicherheit und Gewißheit der geistigen Ein-Sicht nicht genügt, schließt sie jede aus und versperrt sich damit den einzig möglichen Weg zu einer die Immanenz überschreitenden Begegnung mit dem Sein der Seienden. Anders ausgedrückt, um jede Eventualität projektiven Denkens auszuschließen, verzichtet sie auf jedes Erkennen. „Ich will alles erklärt haben oder nichts", [1] sagt Camus. Demgemäß bietet diese rationalistische Methode zwar höchste Sicherheit an, solange sie im Bereich rein mathematischer Erkenntnisformen verbleibt, sie gerät aber in geradezu abgründige Unsicherheit, wenn es um die Frage geht, ob und wieweit das darin Erkannte identisch sei mit dem eigentlichen und wahren Prinzip der Seienden oder gar mit ihrem letzten. Indem sie sich zurückzieht auf die reine Gewißheit ihrer rational-immanenten Methode, meint sie, diese Grundfrage als gegenstandslos und unecht ansehen zu können. Darin aber unterliegt sie einem logischen Zirkel, der das allererst noch zu Beweisende, die uneingeschränkte Logifizierbarkeit des Wirklichen, voraussetzt und zum eigenen Prinzip erhebt.

Diese Tendenz entspricht zugleich jener dargestellten Faszination der Kreativität (vgl. Kap. II), der es im letzten darum geht, nicht vorgegebene Wirklichkeit zu verstehen, sondern eigene Wirklichkeit zu

[1] Der Mythos von Sisyphos, 28.

konstituieren. Dabei aber treten die kreativen Setzungen der Mathematik an die Stelle jenes geistigen Entwerfens von Sinn-, Wesens- und Wertgehalten, das zugleich ein *Nach*-Entwerfen ist, sofern es in aller Selbstursprünglichkeit auf Kriterien objektiver Geltung achtet. Solche hat die rationalistische Methode nicht mehr im Blick, da sie sich in der völligen Ungebundenheit des Setzens rationaler Formen und Prinzipien ergeht.

Danach sollte sich alle Erkenntnis auf die Analyse und Synthese begrifflich fixierbarer, in ein logisches Kalkül transponierbarer Merkmale von Tatbeständen beschränken. Die Beziehungen unter diesen sollten als die Beziehungen der ihnen entsprechenden logischen Formen verstanden werden, ja mit diesen identisch sein, wie es dem Prinzip entsprach, das schon B. de Spinoza (1632–1677) so formuliert: ordo et connexio rerum *idem* est ac ordo et connexio idearum.[2] Nun aber kann kein Zweifel sein, daß zwei gleiche Begriffe einen identischen Begriff darstellen und zwei verschiedene Begriffe zwei getrennte sind, solange sie nicht als verschiedene Ausdrucksformen einer Sinnidentität verstanden werden, also durch geistige Intuition über ihre reine Rationalität hinausgeführt sind. Daraus ergibt sich die rationalistische Tendenz zur Identifikation des Gleichen und zur Trennung des Verschiedenen.[3] Eben dadurch aber ist die für alles Verstehen von Sinn, Wesen und Wert so unerläßliche Grundkategorie der Sinnidentität in der Verschiedenheit des Ausdrucks[4] preisgegeben und daher die so orientierte Methode zu wirklichem Ein-Blicken und Durch-Sichten ungeeignet. Was bleibt, ist der Versuch, ein Netz bestehend aus rationalen Beziehungen und Formen, die als Knotenpunkt ebensolcher aufzufassen sind, über die Wirklichkeit darüber zu werfen und diese daran „aufzuhängen", danach zu „kennzeichnen" und festzulegen, ohne über dieses Beziehungssystem selbst noch hinausgehen zu können. So aber ist die Urfrage der Philosophie und des Geistes, die Frage nach den ontologischen Urgründen und Prinzipien der Seienden, in der Weise ausgeschlossen, daß der vorgängige Ausschluß selbst die Legitimation desselben leisten soll.

[2] Ethica more geometrico demonstrata II, propos. VII, coroll., Spinoza Opera. Im Auftr. d. Heidelb. Akad. d. Wiss. hrsg. v. C. Gebhardt, Heidelberg o. J., II, 89.

[3] Vgl. W. Weier, Die definitorischen Ursprünge des Nihilismus, Studia Philosophica, Vol. XXXIV, 1974, 162–198.

[4] Vgl. ST 571 ff.

1. Vom Wesen zur Form

Der entscheidende Grund dafür, daß das radikale Sicherheitsmotiv alle Gegebenheiten a priori ausschließt und für unwirklich erklärt, die nicht in der Form des empirischen Konstatierens von Tatsachen oder des rationalen Festlegens solcher auftreten und auftreten können, ist in einem grundsätzlichen Mißverstehen der spezifisch geistigen Gewißheit und Evidenz zu sehen. Denn da es im Wesen der geistigen Einsicht liegt, unbedingt zu sein, d. h. unabhängig von empirischen und rationalen Konditionen zu gelten und deshalb auch nicht durch solche erzwungen werden zu können, kann ihr Nachvollzug, ihre Verifikation nicht jederzeit und unter allen Umständen herbeigeführt, sondern lediglich vorbereitet oder angebahnt werden.[5] Hieraus zieht der Rationalist den falschen Schluß, daß alle nur geistig erschaubaren Inhalte überhaupt nicht verifizierbar oder falsifizierbar seien. Denn die Radikalität seiner Sicherheitsforderung läßt keine Sicherheiten zu, die nicht jederzeit verfügbar und greifbar wären. Die notwendige Folge ist der kategorische Ausschluß jeder Wesenseinsicht und damit zugleich die totale Preisgabe aller ontologischen Substanzen, Wesenheiten und Selbstände. Nicht mehr solche, sondern allein vollkommen inhaltlose rationale Formen, die sich in rein logischen Relationen erschöpfen, können noch Gegenstand der Erkenntnis sein. Da es unter diesen Voraussetzungen über diese hinaus kein substantielles oder essentielles Sein geben soll, wird in pythagoreischer Weise vorausgesetzt, daß alle Realität, die der Bilder und die des Abgebildeten, im Grunde „logisch" ist, den Gesetzen der Logik gehorcht.

So besteht für Wittgenstein die „Form eines Gegenstandes" in der „Möglichkeit des Vorkommens in Sachverhalten".[6] Diese Möglichkeit ist gleichbedeutend mit der Möglichkeit der Struktur: „Die Form ist die Möglichkeit der Struktur."[7] Diese „Möglichkeit der Struktur" kann in verschiedenen Sachverhalten konkretisiert sein. Die „Art und Weise", wie die Gegenstände tatsächlich in einem Sachverhalt konfiguriert sind, d. h. die in ihrer „logischen Form" veranlagte „Möglich-

[5] Goethes Gespräche, Gesamtausg., begr. v. W. Frhr. v. Biedermann, neu hrsg. v. F. Frhr. v. Biedermann, Bd. III, Leipzig 1910, 497: „Jeder große Gedanke steht in niemandes Gewalt und ist über alle irdische Macht erhaben. Dergleichen hat der Mensch als unverhofftes Geschenk von oben zu betrachten, das er mit freudigem Dank zu empfangen und zu verehren hat."

[6] Tractatus logico-philosophicus 2.0141, a. a. O., I, 12.

[7] Ebd., 2.033, a. a. O., I, 14.

keit des Vorkommens in Sachverhalten" verwirklichen, ist die „Struktur des Sachverhalts".[8] Diese stellt also die zufällig faktische Realisation der logischen Form bzw. der „Möglichkeit der Struktur" dar, die genauso auch in anderen Sachverhalten verwirklicht sein kann. Die Grundstruktur aller Realität ist also rein logischer Art: „Nur insoweit ist der Satz das Bild der Sachlage, als er logisch gegliedert ist."[9] Die Dinge haben also keine Eigenschaften, die ihnen nicht durch die Art und Weise ihrer Konfiguration mit anderen zukämen.[10] „Das logische Bild der Tatsachen ist der Gedanke."[11] In ihrer logischen Form sind die Gegenstände mit dem Denken identisch. Sie haben also keinen eigenen, davon unabhängigen ontologischen Selbstand, sondern nur eine Stelle in einem rational-logischen Beziehungssystem. Sie sind mithin in dem Maße entwirklicht, derealisiert, in dem sie logifiziert sind. Ihr „Selbstand" erschöpft sich darin, daß ein und dasselbe „Ding" in „allen *möglichen* Sachlagen vorkommen kann".[12] Entscheidend für diese „logische Form" Wittgensteins ist es, daß sie sich in völlig inhaltloser Rationalität ergeht, also aus keiner essentiellen Bestimmtheit, keinem Sinn- oder Wesensgehalt heraus ein-gesehen, verstanden, er-kannt, be-griffen werden kann, sondern in sich grundsätzlich so unverständlich ist, daß man eigentlich nichts über sie aussagen oder denken kann. Sie ist so betrachtet letztlich undenkbar und unaussprechlich, daher in sich „unsinnig".[13] Sie kann lediglich in Bildern „aufgewiesen", aber nicht eigentlich verstanden werden. Der übersteigerte Sicherheitsanspruch erbringt also am Ende keineswegs ein vertieftes Verstehen, sondern löscht im Gegenteil alles Verstehen aus.

Wie berührt, haben in vergleichbarer Weise für R. Carnap „wissenschaftliche Aussagen" von „bloßen Formen" zu sprechen, ohne zu sagen, „was die Glieder und Beziehungen dieser Formen sind".[14] Unter den „formalen Eigenschaften einer Beziehung" versteht er solche, die sich „ohne Bezugnahme auf den inhaltlichen Sinn der Beziehung und auf die Art der Gegenstände, zwischen denen sie besteht", d.h. ausschließlich „mit Hilfe logistischer Zeichen" definieren

[8] Ebd., 2.032, a.a.O., I, 14.
[9] Ebd., 4.032, a.a.O., I, 29.
[10] Ebd., 2.0231, a.a.O., I, 13. Ebd., 2.0272, a.a.O., I, 14.
[11] Ebd., 3, a.a.O., I, 17.
[12] Ebd., 2.0122, a.a.O., I, 12.
[13] Ebd., 6.54, a.a.O., I, 85.
[14] Der logische Aufbau der Welt, 15.

lassen.[15] Diese inhaltlose, reine Form bezeichnet Carnap als Struktur: „In einer Strukturbeschreibung wird nur die ‚Struktur' der Beziehungen angegeben, d.h. ein Inbegriff aller ihrer formalen Eigenschaften."[16] Auch B. Russell kennt „Struktur" nur als ein in sich inhaltloses, rational-logisches Beziehungssystem.[17] Für Carnap ist eine rein relationale Kennzeichnung der Gegenstände möglich, die er als „strukturelle Kennzeichnung"[18] anspricht und als eine solche versteht, die eben „ohne Bezugnahme auf den inhaltlichen Sinn der Beziehung" sich in den „rein formalen Eigenschaften" derselben erschöpft.[19] Auf solche Strukturbeschreibungen glaubt er die gesamte Wissenschaft zurückführen zu können.[20] Sehr ausdrücklich setzt Carnap in seiner Schrift vom ›Logischen Aufbau der Welt‹ an die Stelle der „Frage nach dem metaphysischen Wesen" die „Frage nach dem konstitutionalen Wesen eines Gegenstandes".[21] Die Angabe des „Wesens eines Gegenstandes" soll daher nichts anderes mehr beinhalten als „die Angabe der Bedeutung des Zeichens eines Gegenstandes".[22] Und danach soll das „Wesen eines Gegenstandes" allein in einer „Umformungsregel" bestehen, „mit deren Hilfe jeder Satz, in dem das Zeichen des Gegenstandes auftreten kann, schrittweise in Sätze über Gegenstände niederer Konstitutionsstufe übersetzt werden kann und schließlich in einen Satz über die Grundrelation allein".[23]

Für Moritz Schlick (1882–1936) geht das Erkennen seiner Natur nach „auf die reine Form",[24] ist nur vermöge seiner Form Erkenntnis.[25] Da also „nichts Inhaltliches aus der ungeheuren Mannigfaltigkeit unserer Erkenntnisse" zum Gegenstand einer Aussage gemacht werden kann, ist ihr Inhalt auf rein „formale Beziehungen" beschränkt.[26] „So ist alle Erkenntnis nur vermöge ihrer Form Erkenntnis; durch sie stellt sie den erkannten Sachverhalt dar."[27] Wenn

[15] Ebd., 13.
[16] Ebd.
[17] Das menschliche Wissen, übers. v. W. Bloch, Darmstadt o. J., 249–255.
[18] Der logische Aufbau der Welt, 19.
[19] Ebd., 13.
[20] Ebd., 20f., 263.
[21] Ebd., 221.
[22] Ebd., 222.
[23] Ebd.
[24] Erleben, Erkennen, Metaphysik, Kant-Studien, Bd. XXXI, 1926, 150.
[25] Die Wende der Philosophie, in: Erkenntnis I, 7.
[26] Erleben, Erkennen, Metaphysik, 149.
[27] Die Wende der Philosophie, 7.

Schlick erklärt: „Die Form selbst aber kann ihrerseits nicht wieder dargestellt werden",[28] so gibt auch er zu erkennen, daß diese Form aus keinem Inhalt heraus verstanden oder weitergedacht werden kann. Obgleich also auch seine Form letztlich unsagbar ist, wirft er den „Metaphysikern" vor, ein „widersinniges Ziel" zu verfolgen, indem sie „den Inhalt reiner Qualitäten (das ‚Wesen' der Dinge) durch Erkenntnisse ausdrücken, also das Unsagbare sagen" wollen.[29]

Treffend hat Gottfried Benn (1886–1956) die geistesgeschichtliche Situation in seiner Ausdrucksweise geschildert. So sieht er an die Stelle des „Sängers", der einst Kunde wesenhafter Sinnbezüge brachte, den „Zersprenger mittels Gehirnprinzip"[30] treten. Er weiß sich als Zugehörigen „einer Epoche ungeheuer intensiver Formulierzwänge, einer extravaganten Begriffsepoche, die mit Hilfe von Formeln sich verteidigt und ... zur gedanklich abgekürzten Beziehung ... schicksalhaft greift".[31] Da es begrifflicher Festlegung in ihrem Anliegen, alles Wirkliche genau zu determinieren, unvergleichlich mehr um scharfe Fassung der Unterschiede und Gegensätze als um ein Erschauen begrifflich nicht fixierbarer Sinnbezüge geht, führt die „Begriffsmanie"[32] zu einer „gedanklichen Abkürzung der Beziehung", d.h. der Sinnzusammenhänge.[33] „Die Welt ist zerdacht",[34] wie Benn betont, und kann als in Definitionen aufgelöste keinen „Kosmos", keine Einheit mehr darstellen: „All meine Zusammenhänge hat es (sc. das Gehirn) mir zerdacht. Der Kosmos rauscht vorüber."[35]

Auch Jaspers hat gesehen, daß die auf voneinander abgerissene Begriffe ausgehende rationalistische Grundhaltung keinen Raum mehr läßt für übergreifende Sinnbezüge. So bemerkt er: „Der Rationalist ist der Geistestyp, der im Begrenzten und Begrenzbaren, im Fixierbaren und Endlichen verharrt, der mit dem Verstande alles faßt und darüber nichts mehr sieht."[36]

[28] Ebd.

[29] Ebd., 9.

[30] Ges. Werke, hrsg. v. D. Wellershoff, Wiesbaden 1960, I, 59.

[31] Ebd., VIII, 1924. Vgl. H. Albert, Plädoyer für kritischen Rationalismus, 11ff., 45ff., 76ff.

[32] Ges. Werke, a.a.O., I, 79.

[33] Ebd., VIII, 1924.

[34] Ebd., I, 215.

[35] Ebd., VI, 1475.

[36] Psychologie der Weltanschauungen, Berlin, Heidelberg, New York 1971, 307.

2. Vom Sinn zum Zweck

Mit der Aufhebung des Wesens verschwinden auch alle Wesensunterschiede. Das Wesentliche und das Unwesentliche, das Sinnvolle und das Bedeutungslose, das Werthafte und das Belanglose, das Außerordentliche und das Alltägliche, das Numinose und das Hinfällige, das Erhebende und das Triviale kommen in einer Reihe und auf einer Stufe nebeneinander zu liegen als gleicherweise „bedeutsam", weil gleicherweise bedeutungslos. Infolgedessen fallen auch alle Rang- und Qualitätsunterschiede im sittlichen Verhalten, im Handeln und Denken aus. An die Stelle zeitüberlegener Normen und unbedingter Prinzipien tritt der rational berechenbare, der Zeit- und Lebenssituation verpflichtete, daher mit dieser sich ständig ändernde und somit immer bedingte Zweck. Insofern alle unbedingt gültigen Inhalte über jede ihrer Manifestationen und Konkretionen hinausliegen, um, wie es ihnen unabdingbar ist, Prinzip aller möglichen Verwirklichung zu sein, sind sie der Dimension des definierbar Faktischen oder Präsenten enthoben. Deshalb hat der Rationalist in seinem Anspruch auf definitorische Festlegbarkeit alles Wirklichen alle unbedingt gültigen Prinzipien ausgeschlossen. Jaspers sagt: „Dem Rationalismus ist das Zweckdenken wesentlich. Er fragt überall nach den Zwecken, ohne darüber hinaus zu sehen."[37] Zurück bleibt also ein Zweckdenken, welches mit der nihilistischen Auflösung aller zweckentbundenen Inhalte und ihrer völlig transrationalen Verbindlichkeit gleichbedeutend ist. In dem Maße, in dem das rationalistische, vom radikalen Sicherheitsmotiv dirigierte Denken sein Repertoir an definierbaren Zwecken vergrößert, muß es eine Verarmung an sinn- und werthaften Bedeutungen erfahren.

So wollen die rationalistischen Ethiker das Sollen mit festen, rationalen und gesicherten Prinzipien begründen, deren Ziel kein anderes ist, als das bestmögliche Glück der größtmöglichen Zahl zu garantieren. Unter Glück wird dabei im allgemeinen die Befriedigung der menschlichen Strebungen und Neigungen verstanden. Der rationalistischen Ethik geht es also keineswegs um die rationale Bestimmung von in sich gültigen und verbindlichen Sinn- und Wertgehalten, sondern um die Bestimmung jener Mittel, die geeignet sind, einen möglichst hohen Glückszustand als ihren Zweck zu erreichen. Das beste Mittel zum geeignetsten, rational begründbaren Zweck ist es, das der ethische Rationalist als „gesollt" bezeichnet. Es leuchtet ohne wei-

[37] Ebd., 308.

teres ein, daß ihm daher die Unberechenbarkeit der jeweiligen Triebe und Neigungen als Gefährdung eines rationalen Verfolgens dieses Zwecks erscheint. Deshalb sind diese, soweit sie nicht der Erreichung des Zieles, des größten Glücks der größtmöglichen Zahl, dienlich sind, zu überwinden.

So erniedrigte Descartes die wertbezogene Ethik zu einer zweckhaften. Den Zweck des Sittlichen sah er wie Spinoza in der Reinhaltung der Erkenntnis von allen trübenden Affekten. Von diesem wertentfremdeten Zweckdenken gingen J. Locke (1632–1704), G. Berkeley (1685–1753) und D. Hume (1711–1776) aus, das auch bei Kant noch nachwirkt, insofern er bei aller betonten Unabhängigkeit des sittlichen Sollens von äußeren und inneren Umständen[38] dieses doch auf die „Zwecke" der Vernunft reduzierte.[39] Zu Recht sagt Jaspers vom Rationalismus: „Es besteht die Forderung, daß ... nur aus Zwecken gehandelt und gelebt werde."[40]

Jeremy Bentham (1748–1832) erhebt in seiner Schrift ›Introduction to the principles of morals and legislation‹ (1780) „das größtmögliche Glück der größten Zahl" zum obersten Prinzip alles sittlichen Sollens.[41] Um dieses Glück zu erreichen, müsse die Ratio aufgeklärt und die Psyche frei von verführerischer Leidenschaft sein. Die meisten Menschen hätten allerdings weder Einsicht noch Seelenstärke genug, daß ihr Sollenserlebnis der Hilfe der Gesetze entbehren könne. Deshalb müsse das Gesetz der Ratio und ihrem Kampf gegen die Leidenschaften der Psyche nachhelfen. In seiner Schrift ›Utilitarism‹ (1861) übernimmt John Stuart Mill von Bentham den Gedanken, daß das sittliche Sollen nichts anderes sei als das Gebot der Ratio, die die Mittel bestimmt, welche zum Zweck des größten Glücks der größten Zahl die geeignetsten sind.[42]

Viktor Kraft (1880–1975) geht davon aus, daß es rational bestimmbare „primäre Ziele" gibt, die unbedingt erreicht werden müssen, damit das Begehren aller befriedigt werde. Unter solchen versteht er das Streben nach Selbsterhaltung, unbehinderter Lebensführung, Un-

[38] Grundlegung zur Metaphysik der Sitten, Akad.-Ausg., Bd. IV, Berlin 1903, 389. Kritik der reinen Vernunft, B 575 f.

[39] Ebd., B 575. Grundlegung zur Metaphysik der Sitten, a. a. O., IV, 389.

[40] Psychologie der Weltanschauungen, 307.

[41] An Introduction of the Principles of Morals and Legislation, hrsg. v. J. H. Burns u. H. L. A. Hart, London 1970, 11 ff., 282 ff. Deontologie und die Wissenschaft der Moral, hrsg. v. J. Bowring, Bd. I, Leipzig 1838, 1–45, 226–238. The Works of J. Bentham, hrsg. v. dems., New York 1962, I, 17–27; IX, 4.

[42] Utilitarism, Collected Works, a. a. O., Bd. X, Toronto 1969, 209–226.

terstützung durch andere und Freiheit von Schaden. Diese allgemeinen und naturgegebenen Strebungen können nur verwirklicht werden, wenn jeder von solchem „Begehren“ absieht, das einem anderen die Erreichung der „primären Ziele“ verwehren würde. Deshalb entsprechen den genannten Zwecken die Grundsätze der Moral, danach man zu unterlassen hat, was das Leben anderer gefährdet, den Mitmenschen schädigen, in seiner Handlungsfreiheit beeinträchtigen könnte, und man zu grundsätzlicher Hilfeleistung bereit zu sein hat. Die Normen dieser Moral sind somit bloße Mittel zur Realisation der natürlichen Zwecke. Diese Normen gelten nicht in sich und aus sich aufgrund ihres Sinngehalts, sondern nur als Mittel zur Befriedigung des natürlichen Begehrens. Diese Verwirklichung muß durchgesetzt werden, damit die Moral ihrem letzten Zweck entspricht, nämlich die Erreichung der primären Ziele zu gewährleisten.

In seiner Schrift ›Rationale Moralbegründung‹ will Kraft die „Grundlinien“ einer solchen in nichts anderem sehen als in der „Erkenntnis“ jener „sachlichen Bedingungen“, welche der Verwirklichung der „natürlichen Ziele“ unerläßlich sind.[43] Wenn ein jeder diese Ziele nur „für sich“ erreichen will, dann will jeder „vor allen anderen bevorzugt werden“, wie es „widerspruchsvoll“, also der rationalen Erkenntnis unzumutbar ist.[44] Somit ergibt sich für Kraft, „daß keiner die Erreichung der naturgegebenen Ziele für sich allein wollen darf“.[45] Demgemäß geht alles sittliche Sollen in einem rein rationalen Wollen von definierbaren Zwecken auf: „Wenn das Ziel gewollt wird, müssen die Bedingungen seiner Verwirklichung zu realisieren gewollt werden; dadurch ergibt die Erkenntnis der Bedingungen ein Sollen.“[46] Ganz eindeutig formuliert Kraft: „Die Moral betrifft das Wollen, und rationale Begründung des Wollens heißt Bestimmung des Wollens durch Erkenntnis.“[47] Indem also alles sittliche Sollen zu einer Sache des rationalen Kalküls und seiner Zwecke wird, verliert es jeden Verbindlichkeitrang von sich aus, wie ihn z. B. Werte wie Freundschaft, Liebe, Wahrhaftigkeit, Treue, Gerechtigkeit von sich aus, unbedingt und ohne Rücksicht auf rational verrechenbare Zwecke besitzen. Da aber der Zweck den sich ständig wandelnden Lebenssituationen angepaßt

[43] Rationale Moralbegründung, Sitzungsberichte der österreich. Akad. d. Wiss., Philos.-histor. Klasse, Bd. 242, Wien 1963, 59.

[44] Ebd.

[45] Ebd.

[46] Ebd.

[47] Ebd.

ist, ist er wie diese veränderlich und daher im Prinzip immer unverbindlich. Indem die auf das rationale Wollen restringierte Sittlichkeit jeden Sollenscharakter einbüßt, löst sie sich am Ende auf und wird zur bloßen Regel zweckrationalen Handelns, wie sie grundsätzlich jederzeit geändert oder aufgehoben werden kann. Hierzu genügt immer schon der durch eine Mehrheit vertretene rationale Zweck.

Bertrand Russell glaubt, daß die Menschen nur glücklich werden, wenn sie rational handeln, d. h. sich unabhängig von irrational hindernden Konventionen wie auch von geistig erschaubaren oder existentiell erfahrbaren Sinn-, Wesens- und Wertprinzipien solchen Zwecken zuwenden, welche die bestmögliche Befriedigung der psychischen Bedürfnisse erbringen. Der rational definierbare Zweck allein entscheidet darüber, was als sittlich gesollt zu gelten hat. Werden z. B. Kinder, die ohne Zwang erzogen wurden, später zu friedlicheren Menschen als solche, die Forderungen unterworfen wurden, so ist eo ipso die liberalistische Erziehung bereits als gesollt anzusehen: nicht etwa weil der Friede ein unbedingt zu realisierender Wert wäre, sondern allein deshalb, weil es zweckmäßig, d. h. den elementaren Lebensbedürfnissen genuin ist, friedlich statt im Streit zusammenzuleben.[48] Dieser Zweck ist auch in juristischer Hinsicht verrechenbarer als der Wert; er bietet die größere Sicherheit. Daß unter dieser Voraussetzung Werte wie Beherrschung, Bescheidenheit, Zuverlässigkeit, Treue, Nächstenliebe dem Prinzip ungehinderten Sich-Auslebens weichen müßten, kann dann für eine solche Ethik nicht mehr von Interesse sein. Russell wendet sich gegen eine Überhöhung von Opfer und Verzicht, die den rein rationalen Zweck, nämlich das Glück aller, aus dem Auge verlieren würde. Oder wenn sich zeigt, daß Eheleute, die in ihren Beziehungen zu Dritten sich völlige Freiheit lassen, glücklicher sind als solche, die dies nicht tun, so können sie sich nicht nur so verhalten, vielmehr sollen sie es auch.[49] Denn der rational definierbare Zweck soll an die Stelle der sittlichen Norm treten.

Für diese rein rationale Ethik ist es also signifikant, daß sie keine Begründung sittlicher Prinzipien und Normen bzw. des sittlichen Sollens aus der geistigen Intuition von Werten mehr kennt, die wie z. B. der Wert der Gerechtigkeit allein schon aufgrund ihres Gehalts unbedingte Erfüllung und Verwirklichung fordern. Im Zuge der nihilistischen Aufhebung der Werte wie der ihnen zugewandten geistigen In-

[48] Vgl. ders., Education and modern world, New York 1932, 31 ff., 112–125.

[49] Vgl. ders., Marriage and morals, London 1972, 68–75, 81–86.

tuition lag es, daß neuester Ethik nur noch eine „rationale Moral"[50] verblieb, die ihre „Grundlagen" in „rationalen Prinzipien" sah[51] und demgemäß das sittliche Subjekt im „rationalen Menschen" und seinen „rationalen Bedürfnissen" erkannte.[52] Diese Art ethischer Rationalität lief weitgehend auf eine utilitaristische Ethik hinaus, danach die Sittlichkeit im wesentlichen den Lebensinteressen und ihrer ungehinderten Entfaltung zu dienen habe gemäß der „goldenen Regel", daß ich von anderen Menschen nur solche Vorteile erwarten kann, die ich auch umgekehrt ihnen biete. Für die Verständnislosigkeit dieser rationalistischen Ethik gegenüber der geistigen Wertintuition ist es bezeichnend, daß sie ihren Eigencharakter und entsprechend ihre Eigenevidenz nicht sieht[53] und folglich eine nicht rationale Moralbegründung bereits als „willkürlich" ansieht.[54] Philosophen wie J.L. Mackie[55] oder R. M. Hare[56] stimmen mit diesen rationalistisch-utilitaristischen Antizipationen überein. Das nicht mehr auf die Unbedingtheit der Werte rekurrierende sittliche Sollen aber geht so seiner eigenen Unbedingtheit[57] verlustig, die es gegenüber allem bloßen Wollen auszeichnet ganz gleich, ob dieses ein allgemein-humanitäres oder utilitäres ist.

[50] M. G. Singer, Verallgemeinerung in der Ethik. Zur Logik moralischen Argumentierens, Frankfurt a. M. 1975, 434 ff.

[51] Vgl. R. Wimmer, Universalisierung in der Ethik. Analyse, Kritik und Rekonstruktion ethischer Rationalitätsansprüche, Frankfurt a. M. 1980, 296–332.

[52] B. Gert, Die moralischen Regeln. Eine neue rationale Begründung der Moral, übers. v. W. Rosenthal, Frankfurt a. M. 1983, 176 ff.

[53] So setzt z. B. G. E. Moore die „Undefinierbarkeit" der sittlichen Qualität des „Guten" mit der „Undefinierbarkeit" der Farbe „Gelb" gleich (Principia Ethica, übers. v. B. Wisser, Stuttgart 1970, 35–48), weil er den wesentlichen Unterschied zwischen der geistigen Intuition einer sittlichen Qualität und einer Sinnesvorstellung nicht klar erkennt. Vgl. A. MacIntyre, Geschichte der Ethik im Überblick, Königstein/Ts. 1984, 229 ff.

[54] Vgl. N. Hoerster, Utilitaristische Ethik und Verallgemeinerung, Freiburg, München 1971, 9.

[55] Ethik, übers. v. W. Ginters, Stuttgart 1981. Vgl. W. Stegmüller, Hauptströmungen der Gegenwartsphilosophie, Bd. IV, Stuttgart 1989, 163–341.

[56] Die Sprache der Moral, Frankfurt a. M. 1982. Ders., Freiheit und Vernunft, Frankfurt a. M. 1981.

[57] Vgl. PB Kap. 10, 11.

3. Vom Schauen zum Setzen

Es ist von großer Wichtigkeit, klar zu erkennen, daß diese rationalistische Sicherheitsmethode aus einer anderen Grundhaltung des Erkennens hervorgeht und in einer solchen wiederum ihren Niederschlag findet, als sie dem geistigen Schauen eigentümlich ist. Denn nicht wie dieses sucht sie sich in vorgängige Ordnungen, Prinzipien, Normen einzuleben, mit solchen zu konspirieren und ihnen verfügbar zu sein. Vielmehr ist es ihr Grundanliegen, alles Begegnende unter die Herrschaft ihrer eigenen Ordnungsformen, Begriffe und Definitionen zu zwingen, diesen dienstbar und verfügbar zu machen. Nicht staunende, heteronome Weltbetrachtung, sondern bestimmende, autonome Weltbeherrschung ist für diese Grundhaltung signifikant. Auch in dieser ihrer Intention wird sie aus dem Sicherheitspostulat verständlich. Denn die Akte des ein-sehenden geistigen Vernehmens, Erspürens, Innewerdens sind insofern von einer Unsicherheit gegenüber dem zu Erschauenden geprägt, als dieses ihnen nie voll zu eigen wird, sondern immerzu neue, noch nicht erfaßte Hintergründe sichtbar werden läßt. Dagegen ist die Ratio freilich immer im vollen Besitz der von ihr selbst entworfenen Prinzipien und Ordnungsformen.

Während es der geistigen Wesenseinsicht eigentümlich ist, schauend zu vernehmen, ist es für die Ratio bezeichnend, sich zu verselbständigen, in eigener Spontanität ihre Begriffspyramide aufzubauen, aus eigenen Urteilen weitere herzuleiten. Während den originären Individualbegriffen rezeptive Intuitionen vorausgehen, sind die diesen übergeordneten abgeleiteten Universalbegriffe oft unter weitgehend willkürlichen Gesichtspunkten gesetzt. Denn nach welchem Ordnungsprinzip die Einzelmerkmale der originären Begriffe in den abgeleiteten zusammengebündelt werden, unterliegt weitgehend den Determinationen der Ratio. Ihr sind solche Setzungen eigentümlich und repräsentieren ihre Neigung, sich zu verselbständigen und dabei sich von vorgängigen Objektivitäten zu lösen.

Dieses Setzungsdenken verfährt einerseits trennend, andererseits identifizierend, kennt aber nicht die allem Sinnverstehen unerläßliche Kategorie der Gleichheit in der Verschiedenheit, insbesondere der Identität (sc. des Sinnes) in der Differenz ihres Ausdrucks.[58] Indem z.B. Descartes den Geist als „res cogitans", den Leib als „res extensa" definierte,[59] hielt er beide für ebenso voneinander getrennt, wie ihre

[58] ST 571 ff.

[59] Meditationes, a.a.O., VII, 30.

Begriffe es waren. Und indem die Begriffe „mens sive animus sive intellectus sive ratio" in dem des Bewußtseins überhaupt zusammenliefen, identifizierte Descartes nicht nur diese Begriffe, sondern auch die ihnen entsprechenden Wirklichkeiten,[60] so daß er insbesondere den wesentlichen Unterschied zwischen Geist und Ratio nicht mehr sah.

Ein vergleichbarer Vorgang läßt sich in jenem Strukturbegriff beobachten, wie er besonders durch C. Lévi-Strauss, R. Barthes, M. Foucault vertreten wird. Die in ethnologischen und linguistischen Phänomenen auftretenden rationalen Schemata werden aufgrund der sie miteinander verbindenden Anwendbarkeit auf vergleichbare Zusammenhänge untereinander identifiziert und als ein allen Verhaltensweisen zugrundeliegendes und daher „unbewußtes"[61] Verhaltensschema (pattern) interpretiert. So wollte Lévi-Strauss die sehr komplizierten Systeme zur Regelung und Bezeichnung von Verwandtschaftsbeziehungen, wie er sie bei den Ureinwohnern von Australien fand, auf wenige „Atome" von möglichen Beziehungen zurückführen und aus einer Verbindung solcher erklären.[62] Als solches unterscheidet sich dieses Verhaltensmuster in seiner Starrheit und Formalität von der Lebendigkeit und Pluralität der Geschichte. Diesen Unterschied aber interpretiert der Strukturalist so, daß er beide für voneinander getrennte Wirklichkeiten hält und demgemäß jenes Muster als ein „Zeitloses"[63] ansieht. So spricht G. Schiwy von einer „Vernachlässigung der Geschichtlichkeit" im strukturalistischen Verständnis der Beziehung des „Signifikant" zum „Signifikat".[64] Hinter dieser Methode steht aber nichts anderes als jenes rationalistische Setzungsdenken, dem es nicht so sehr um Wirklichkeitserkenntnis als vielmehr um Wirklichkeitsbeherrschung zu tun ist.

Treffend bemerkt F. Leist: „In diesem Denken herrscht der Wille, alles Wirkliche in den Griff zu bekommen, als wirklich nur zuzulassen und anzuerkennen, was verrechenbar ist. Der Anschein ist verführerisch; für viele sieht es aus, als sei diese Art des Denkens die einzige

[60] Ebd., VII, 27.

[61] C. Lévi-Strauss, Introduction à l'œuvre de M. Mauss, 30 ff. Strukturale Anthropologie, Bd. I, hrsg. v. H. Naumann, Frankfurt a. M. 1967, 45.

[62] Ebd., Bd. I, 325, 330, 332, 350. Ebd., Bd. II, übers. v. E. Moldenhauer, H. H. Ritter, T. König, Franfurt a. M. 1975, 258, 356, 374, 385.

[63] Ebd., I, 223.

[64] Neue Aspekte des Strukturalismus, München 1961, 163 ff. C. Lévi-Strauss, Strukturale Anthropologie, I, 223.

und alleingültige."[65] Leist fordert eine „Umkehr", eine „Umwendung", die erkennt, „daß ständig der Überschritt auf das wesenhafte Denken geleistet werden muß, auf jenes Denken, das nicht haben will, sondern sein lassen kann, ... das nicht greift, sondern zuläßt und hinhört, das nicht vorschreibt, wie die Dinge und Menschen sein müssen, sondern an ihr Wesen und an das denkt, was durch Menschen und Dinge hindurch west".[66]

4. Vom Sinnhorizont zur Definition

Die rationalistische Wissenschaftstheorie, wie sie für die logistische und strukturalistische Methode grundlegend ist, ist also besonders dadurch bezeichnet, daß sie von der begrifflichen Definierbarkeit alles Wirklichen überzeugt ist und daher für irreal hält, was sich nicht rein logisch festlegen läßt. Ziel aller Wissenschaft hat es danach zu sein, alles Begegnende, alle Realität auf die begriffliche Form zu bringen und von da aus der rationalen Analyse und Synthese zu unterwerfen. Das Besondere dieser Methode zeigt sich darin, daß solchermaßen die rationalen Definitionen am Ende für die Wirklichkeit selbst, als damit bedeutungsidentisch angesehen werden uneingedenk zweier hiergegen sprechender Tatsachen:

Die Definierbarkeit alles Wirklichen setzt, wie schon das Wort „finis" sagt, dessen Begrenzbarkeit, mithin seine grundsätzliche Endlichkeit voraus. Damit ist zugleich das Unbegrenzbare, Unendliche im vorhinein aus dem Bereich des Wirklichen ausgeschlossen, ja als unwirklich erklärt. Von dieser Vorwegnahme aber ist in besonderer Weise der Sinn betroffen. Liegt es doch, wie an anderer Stelle näher gezeigt,[67] im Wesen einer jeden Sinngeltung, daß sie nur durch einen anderen Sinngehalt begrenzt werden könnte, dieser wiederum und so fort, so daß der Sinnhorizont ins Unendliche verläuft. Damit aber hängt es zusammen, daß auch der Problemhorizont solange keine Grenzen findet, als er nicht auf eine begrenzte und daher vordergründige Fragestellung fixiert, festgehalten wird. Die Folge ist, daß die rationalistische Methode in allen sinnrelevanten Fragen notgedrungen zu einer Verkürzung der Realitäten und Probleme führt. Deshalb ist der Schein trügerisch, daß die Sicherheit der rationalistischen Denk-

[65] Existenz im Nichts, München 1961, 216.
[66] Ebd.
[67] Vgl. ST 122, 142, 185, 270ff., 317, 395, 455ff., 555.

weise eine höhere Garantie für die Erkenntnis der Wahrheit leiste. Denn ganz im Gegenteil sind ihre Teilaspekte, Teilwahrheiten vorläufig und zu kurz gefaßt, weil sie außerstande sind, sich auf die Unendlichkeit des Problemhorizonts auszurichten und durch die Bereitschaft zu ständigem Überschreiten des jeweils Erfaßten auf diesen einzustellen.

Die zweite Tatsache, welche den Anspruch der rationalistischen Methode als illegitim zeigt, liegt in dem Umstand, daß die rationalistische Definition zwar die Gegebenheiten der räumlichen und zeitlichen, eben deshalb begrenzten und somit auch definierbaren Wirklichkeitsdimension exakt fassen und zu weiteren diesbezüglichen Einsichten auswerten, dagegen die Dimension des Sinn-, Wert- und Wesenhaften nur insoweit erreichen und einholen kann, als sie begrenzt ist. Daraus ergibt sich, daß sie diese nur in ihrer endlichen Ausdrucksgestalt, nicht aber in sich selbst erfassen kann. Um also die Inhalte der geistigen Intuition auf die Form rational fixierbarer Merkmale und Begriffe, sodann der hieraus folgenden Urteile und Schlüsse zu bringen, muß die Definition diese Inhalte auf das daran Festlegbare hin analysieren, also auseinandernehmen, um sodann die solchermaßen fixierten Merkmale gemäß rein logischer Gesetzlichkeit zu Begriffen zu verbinden. Es liegt also im Wesen dieser Methode, gerade jene unaufteilbare Einheit und Ganzheit zu allererst aufteilen und somit aufgeben zu müssen, die das Wesentlichste alles geistigen Sinnverstehens ist. Entsprechend sind für ihre Blickrichtung auch nicht Zusammenhang, Ordnungen, Einheiten, Totalitäten, sondern in Definitionen festlegbare Unterschiede von erstem und einzigem Interesse, um die auf einzelne, berechenbare Fakten reduzierte Wirklichkeit als Inbegriff alles Wirklichen zurückzubehalten.[68] Dieses Zerbrechen der Sinnganzheit unter dem harten Zugriff der Definitionen hat Gottfried Benn mit den Worten veranschaulichen wollen: „Heutzutage realisiert er (sc. der Geist) sich üblicherweise als Gedanke. Ein Gedanke beißt an, ein Zittern durchläuft seinen Körper, die Zähne knirschen, er schüttelt den Stoff, zerreißt ihn - Fetzen und Staub.“[69] So meint z.B. Hans Albert (geb. 1921), aus der Tatsache, daß man freilich nicht Definition durch Definition, Ratio durch Ratio, Logik durch Logik begründen

[68] E. Husserl, Cartes. Med., a.a.O., I, 105: „Das Eidos selbst ist ein erschautes bzw. erschaubares Allgemeines, ein reines, unbedingtes, nämlich durch kein Faktum bedingt, seinem eigenen intuitiven Sinn gemäß. Es liegt vor allen Begriffen.“

[69] Ges. Werke, a.a.O., VI, 1444.

kann,[70] bereits schließen zu können, es sei „von der Idee der Begründung Abschied zu nehmen und an ihre Stelle die Idee der kritischen Prüfung zu setzen“.[71] Damit spricht Albert das Programm seines „kritischen Rationalismus“ aus, der also die der geistigen Intuition eigene Selbstgewißheit und Selbstevidenz[72] nicht kennt und keinen Blick für jene Selbstbegründung hat, die Sinn-, Wert- und Wesensinhalte allein schon aufgrund der einsehbaren Unbedingtheit und Unabänderlichkeit ihrer Geltung besitzen.

Folglich wird der Wert einer philosophischen Aussage nur noch nach ihrer definitorischen Festigkeit und Sicherheit bemessen und nicht mehr nach ihrem allein geistig erschaubaren Sinngehalt, nach ihrer Analysierbarkeit und nicht mehr nach ihrer Bedeutung oder gar Bedeutsamkeit für die Beantwortung jener Grundfragen, in die das menschliche Dasein hineingestellt ist. Insofern ist diese Methode inhuman. Für die im Zeichen der Sinnmetaphysik stehende Philosophie dagegen ist Wert und Unwert einer philosophischen Aussage nach ihrer Bedeutung für das eigene Lebens-, Daseins- und Selbstverständnis, nach ihrer sich aus sich selbst rechtfertigenden und begründeten Sinnhaftigkeit zu bestimmen.

5. Von der Welt zum Imaginären

Allein, jene radikale Forderung, die ausgezogen war, die Wirklichkeit mit letzter Sicherheit in den Griff zu bekommen, muß erfahren, daß ihr aufgrund dieses selben Postulats am Ende die Welt entgleitet. Denn sie kann nicht mehr mit einer solchen Gewißheit sagen, ob sie nicht in allem Haben von Welt nur ihre eigene Vorstellung davon hat, so daß dieses Haben nur ein vermeintliches oder illusionäres ist. Kann sie doch über das Verhältnis des Denkens und Verstehens zur realen Welt keine letzten und absoluten Sicherheiten gewinnen. Sie kann

[70] Albert spricht in diesem Sinne von dem sogenannten „Münchhausen-Trilemma“, welches besagt, daß die Suche nach letzten Gründen entweder zu einem unendlichen Regreß, da jede Begründung eine weitere in infinitum verlange, oder zu einem logischen Zirkel führt, indem man sich auf eine selbst noch zu beweisende Aussage beruft, oder an irgendeinem Punkt willkürlich abgebrochen werden muß (Traktat über kritische Vernunft, 13. Traktat über rationale Praxis, 11).

[71] Ebd.

[72] Vgl. F. Brentano, Wahrheit und Evidenz, Leipzig 1930, 73, 90.

also nicht ausschließen, daß sie über die reine Immanenz ihres Vorstellens nie hinauskommt, also zur wirklichen und realen Welt nie gelangt, so daß ihrer Vorstellung von Welt nichts entspricht, diese also nichts faßt oder „das Nichts" beinhaltet.

Diese Entwicklung läßt sich sehr genau bei Sartre verfolgen. In seiner Schrift über ›Das Imaginäre‹ geht er von der dem rationalistischen Setzungsdenken entsprechenden Grundanschauung aus, daß „jedes Bewußtsein" sein Objekt „setze".[73] Dann aber ist nicht mit letzter Sicherheit zu sagen, ob dieses Bewußtsein in solchem Setzen auch eine außerhalb seiner befindliche Welt erreicht oder ob es nicht vielmehr in sein eigenes „Cogito" eingeschlossen bleibt.[74] Es kann eine Entsprechung für „wahrscheinlich" halten, aber nicht mit letzter Sicherheit davon ausgehen.[75] In dem Maße, in dem also nur das absolut Sicherbare gelten soll, zerbricht der Bezug des Denkens zur Welt, und diese fällt ins totale „Nichts".[76] Denn ein „Bewußtsein", das nicht zweifelsfrei „Bewußtsein *von* etwas" sei, müsse als „absolutes Nichts" angesehen werden.[77] Deshalb gelangt Sartre zu dem Schluß, daß „die Welt setzen" und sich von ihr entfernen oder distanzieren vollkommen gleichbedeutend ist.[78]

Damit durchaus vergleichbar ist die Welterfahrung, wie Camus sie beschreibt. Da er einerseits nur auf das zählen will, was er mit absoluter Sicherheit weiß, andererseits aber nie eine solche darüber erlangt, ob er in seiner Begegnung mit der Welt je tatsächlich bei ihr ankommt, will er davon absehen und es als eine Grundsituation menschlichen Daseins interpretieren, daß die Welt dem nach ihr fragenden Menschen immer mit „Schweigen" begegnet und begegnen muß.[79] Die „Gegenüberstellung" aber des fragenden Menschen und der immer schweigenden Welt bewirkt für Camus die existentielle Grunderfahrung des „Absurden".[80]

Wie Camus daher die Welt als „undurchdringlich für uns", „dicht", „fern", „uns verneinend", „feindselig", „entgleitend" erlebt,[81] so Sartre als „namenlos", „träge", „unbegreiflich", „absurd", „bedeu-

[73] Das Imaginäre, 55.
[74] Ist der Existentialismus ein Humanismus?, 25.
[75] Ebd.
[76] Ebd.
[77] Das Sein und das Nichts, 778.
[78] Das Imaginäre, 286.
[79] Der Mythos von Sisyphos, 29.
[80] Ebd.
[81] Ebd., 17f.

tungslos".[82] Aus dieser Erfahrung leitet Sartre seine Theorie ab, daß das „An-sich" und das „Für-sich" sich immerzu ausschließen und sich gegenseitig das „Nichts" vorhalten.[83]

Grundlegend für diese Auflösung der Welt im Imaginären ist die rationalistische Trennung von Wirklichkeit und Sinn sowie der hiermit konspirierende Ausschluß der Kategorie von der Sinnidentität in der Verschiedenheit des Ausdrucks. Demgemäß erklärt Wittgenstein: „Der Sinn der Welt muß außerhalb ihrer liegen. In der Welt ist alles, wie es ist, und geschieht alles, wie es geschieht; es gibt *in* ihr keinen Wert – und wenn es ihn gäbe, so hätte es keinen Wert. Wenn es einen Wert gibt, der Wert hat, so muß er außerhalb alles Geschehens und So-Seins liegen."[84] Die Folge davon ist eine Betrachtung der Welt, danach diese sich in reiner Zufälligkeit, sinnleerer Faktizität erschöpft und daher immer unverstehbar und imaginär bleibt: „Denn alles Geschehen und So-Sein ist zufällig. Was es nicht-zufällig macht, kann nicht *in* der Welt liegen; denn sonst wäre dies wieder zufällig. Es muß außerhalb der Welt liegen."[85]

Diese nihilistische Welterfahrung hat sich im Expressionismus artikuliert. Gottfried Benn betrachtet das „All" als „unnahbar und verhängt".[86] Im Nichts unterscheiden sich „die Wirklichkeiten" durch nichts mehr von einem „Wahn", da sie in keinem Bedeutungsgehalt mehr gründen.[87] Eben deshalb ist auch kein Sinnbezug mehr zu ihnen zu gewinnen, so daß sie zu einer „Trugwelt" einzelner, unberechenbarer Fakten und zufälliger „Einzelheiten" werden.[88] Demgemäß fragt Benn: „Ist Wesen nicht überhaupt Mythologie? Hineinblicken, Schwaden, Dämmer?"[89] Im „namenlosen Raum" beobachtet er nur noch Definitionen einzelner Fakten, aber keine „Namen" mehr, die etwas Wesentliches ausdrücken.[90] Ganz zu Recht macht er dafür jenes rationalistische Zählen, Teilen, Fixieren verantwortlich, das um den Preis einer Zersetzung der Wirklichkeit, ihres Zerfalls in Worte, For-

[82] Der Ekel, übers. v. H. Wallfisch, Reinbek b. Hamburg. 1971, 138. Vgl. R. Berlinger, Sartres Existenzerfahrung, Würzburg 1982, 33 ff., 51–102, 111 ff., 117 ff., 137 ff.

[83] Das Sein und das Nichts, 137 ff.

[84] Tractatus logico-philosophicus 6.41, a. a. O., I, 82.

[85] Ebd.

[86] Ges. Werke, a. a. O., I, 143.

[87] Ebd., 233.

[88] Ebd.

[89] Ebd., VI, 1461.

[90] Ebd., I, 128.

meln, Zahlen, Zeichen erkauft ist. Er sieht im „Kern der Dinge" durch die „Formeln der Worte", das „Zählen" und Festlegen die „Verwandlung ins Nichts" vollzogen.[91] Wie für die Sprachphilosophie Wittgensteins die Sprache nur noch eine „ostensive" Funktion hat, nur noch bezeichnen, aber nicht benennen soll,[92] so findet sich auch Max Herrmann-Neiße (1886–1941) in der „Sprache" plötzlich vor „das Unzugängliche" gestellt, dessen „Tore dicht schließen", dessen „Geheimnis" sich nicht „beschwören" läßt.[93] Doch was im ersten Fall programmatisch gemeint ist, tritt im zweiten als Konsequenz nihilistischer Weltschau auf. Das Nichts der Welt ist für Herrmann-Neiße ebenso „teilnahmslos" wie das der Transzendenz,[94] so daß er „niemals dazugehören" wird.[95] Unergründbar in einem Wesen, einem Sinn- oder Bedeutungsprinzip stellt diese nichtssagende Welt nur noch das schlechthin Undurchdringliche („Stein an Stein"), für immer Unerhellbare („ewige Nacht") vor.[96] Er ist „in der Welt", im Nichts, aber doch nicht „darin".[97] Denn „alles" ist dicht verhangen, alles bleibt „unfaßbar und verfehlt".[98] So steht auch Alfred Döblin (1878–1957) vor einer „versteinerten Welt", die sich von ihm „abgewendet" hat, mit der er sich nicht mehr „vereinen" kann.[99] Max Brod (1884–1968) beschreibt die Konfrontation des Menschen mit dieser Welt als das „Stoßen" an eine undurchdringliche „Wand", an ein „nie zu uns dringendes" „Fremdes", als „Kreisen im eigenen Haus", als das Abgleiten an untreffbaren Impressionen.[100] Else Lasker-Schüler (1869–1945) erlebt die Welt als „eingehüllt", „entseelt", „kaum hingezeichnet wie auf einem Schattenbild".[101]

[91] Ebd., II, 498.

[92] Philosophische Untersuchungen §§ 15, 23, 26, 30, 43. Vgl. R. Carnap, Die physikalische Sprache als Universalsprache der Wissenschaft, 452, 463. Ders., Psychologie in physikalischer Sprache, 108. Ders., Der logische Aufbau der Welt, 313.

[93] Die Lyrik des Expressionismus, hrsg. v. C. Heselhaus, Tübingen 1956, 122.

[94] Ebd.

[95] Ebd., 121.

[96] Verschollene und Vergessene, M. Herrmann-Neiße, ausgew. v. F. Grieger, Wiesbaden 1951, 57.

[97] Ebd., 47.

[98] Ebd., 57.

[99] Unser Dasein. Ausgew. Werke in Einzelbänden, hrsg. v. W. Muschg, Freiburg 1964, 284.

[100] Die Lyrik des Expressionismus, 114.

[101] Ges. Werke, hrsg. v. F. Kemp, München 1959, I, 437.

Benn hat die dargestellten Zusammenhänge zwischen „Begriffsmanie",[102] Preisgabe des Wesens und Entwirklichung des Wirklichen zur Traumwelt durchaus gesehen, weshalb das Traummotiv bei ihm eine besondere Rolle spielt. Er läßt den „Zersprenger mittels Gehirnprinzip" zum Träumen drängen[103] und den „Bewußtseinsträger" seinen „Sternentraum" träumen.[104] Die Situation traumhafter Verfangenheit und schattenhafter Dunkelheit, in die der „Denker" führt, bezeichnet er als „Nacht", der das „Schweigen" entspricht.[105] Dem Denker, der nur noch Begriffe kennt, in die er den „Sinn" nicht einfangen kann, entwirklicht sich die Wirklichkeit zu leerer, nächtlicher Sinnlosigkeit. Die zur „Nacht" entwirklichte Welt ist Inbegriff der Wirklichkeit, die nur noch Traumwelt bedeutet. Benn sieht die „Nacht, in der alle schliefen, und den Traum, entfesselt und verwirrt, an dem die Wirklichkeit sich maß".[106] Wie Albert Ehrenstein (1886–1950) den „Weltenraum" in „Schlaf und Dämmertraum" versunken findet,[107] so wird Alfred Lichtenstein (1889–1914) die „Welt" zum „Morphiumtraum".[108]

[102] Ges. Werke, a. a. O., I, 79.
[103] Ebd., 59.
[104] Ebd., 119.
[105] Ebd., 161.
[106] Ebd., V, 1236.
[107] Gedichte und Prosa, hrsg. v. K. Otten, Neuwied, Berlin 1961, 237.
[108] Ges. Gedichte, hrsg. v. K. Kanzog, München 1962, 58.

VI. Die Sicherheit der Selbstreflexion

1. Von der Welt zum Bewußtsein

Gegenüber den Sicherheiten der Sinneserfahrung oder der rationalen Analyse bietet die Selbstreflexion insofern einen noch höheren Gewißheitsgrad an, als darin Erkennendes und Erkanntes eine solche Einheit bilden, daß die Subjekt-Objekt-Spannung weitgehend fällt. Im Unterschied zu allen äußeren, d.h. bewußtseinstranszendenten Objekten unterliegen die in der Selbstreflexion erfahrbaren Gegebenheiten in der Ganzheit der Person allen Weisen des Miterlebens und Nachempfindens und bieten eben dadurch ein Kriterium an zur Verifikation und Vergewisserung der sie reflektierenden Erkenntnis.[1] Aus diesen Gründen ist in der Gegenwartsphilosophie eine deutliche Tendenz sichtbar, die Selbsterfahrung gegenüber der Fremderfahrung zu bevorzugen. Diese Tendenz war grundlegend für die Entstehung der Phänomenologie[2] wie der von ihr geleiteten Existenzphilosophie.

Edmund Husserl (1859–1938) erklärt in diesem Sinne: „Wir verstehen nicht, wie Wahrnehmung Transzendentes treffen kann; aber wir verstehen, wie Wahrnehmung Immanentes treffen kann, in Form der Reflexion und immanenten Wahrnehmung, der reduzierten."[3] Diese immanente Wahrnehmung ist insofern eine „reduzierte", als sie die Frage nach einem Bezug derselben zu jeder über sie hinausliegenden Wirklichkeit ausschaltet und diese somit auf die reine Gegebenheit der Bewußtseinserfahrung reduziert. Husserl ist davon über-

[1] Vgl. ME § 92.

[2] Vgl. A. F. Aquirre, Die Phänomenologie Husserls im Lichte ihrer gegenwärtigen Interpretation und Kritik, Darmstadt 1982. K. Wiegerling, Husserls Begriff der Potentialität, Bonn 1984. W. H. Gleixner, Die transzendentale Phänomenologie als philos. Grundlagenforschung, Berlin 1986. W. Marx, Die Phänomenologie E. Husserls, München 1987. E. Ströker, Husserls transzendentale Phänomenologie, Frankfurt a. M. 1987. Dies., Phänomenolog. Studien, Frankfurt a. M. 1987. H. R. Sepp, E. Husserl und die phänomenolog. Bewegung, Freiburg 1988.

[3] Die Idee der Phänomenologie, a. a. O., II, 49.

zeugt, daß allein die in solcher Selbstwahrnehmung auftretende Gewißheit über die Gegebenheit des darin Vernommenen den Rang wissenschaftlicher Erkenntnis beanspruchen könne, daß also „die Immanenz überhaupt der notwendige Charakter aller erkenntnistheoretischen Erkenntnis“[4] sei, d.h. einer solchen, die wegen der „Immanenz dieser Erkenntnis“ geeignet ist, „als erster Ausgangspunkt der Erkenntnistheorie zu dienen“.[5] Denn durch eben diese Immanenz sei eine solche Selbstwahrnehmung von derjenigen „Rätselhaftigkeit“ frei, die „die Quelle aller skeptischen Verlegenheiten“, allen „Zweifels“ sei.[6] Diesen immanentistischen Charakter sieht Husserl insofern als zum Wesen einer jeden Erkenntnis gehörig an, als er meint, daß „jede Anleihe aus der Sphäre der Transzendenz ein nonsens ist“.[7] Diese Anschauung ist nur verständlich aufgrund seiner radikalen Sicherheitsforderung, die in Übereinstimmung mit Descartes[8] nur das am unmittelbarsten und direktesten Zugängliche, immanent Greifbare für gesichert hält.

Unverkennbar führen diese Prämissen zu grundsätzlicher Ausschaltung des Sachbezugs einer jeden Erkenntnis, die somit in die reine Immanenz des Bewußtseins zurückfällt. So zieht die radikale Sicherheitsforderung den methodischen Immanentismus nach sich. Für diesen kann nicht mehr die Frage von Interesse sein, ob und wie Erkenntnis bei einer sie überschreitenden Realität oder Sachlage ankomme und diese auf ihre Weise darzustellen vermöge. Denn alles hierzu Sagbare entspricht nicht mehr jener Sicherheitsforderung, die sich weigert, den Boden der unmittelbarsten Selbstgewißheit in irgendeiner Form zu überschreiten. In diesem Sinne erklärt Husserl: „Wir halten also den Blick festgerichtet auf die Bewußtseinssphäre mit dem von ihr unabtrennbaren ‚Ich‘ und studieren, was wir in ihr immanent finden.“[9] Diese „Bewußtseinssphäre“ wird zum einzigen Gegenstandsbereich und Forschungsfeld der Philosophie, die „in allem Bewußt-haben einer Welt und in allem wissenschaftlichen Leisten bei sich selbst verbleibt“[10] und in sich auf keinen diese Sphäre überschreitenden Inhalt oder Sachbezug stößt. Für die im Zeichen Platons stehende antike

[4] Ebd., 33.
[5] Ebd.
[6] Ebd.
[7] Ebd.
[8] Vgl. GS Kap. 7.
[9] Ideen zu einer reinen Phänomenologie, a.a.O., III, 71.
[10] Pariser Vorträge, a.a.O., I, 31. Cartesian. Meditationen, a.a.O., I, 115.

und mittelalterliche Transzendenzphilosophie war es signifikant, daß sie in der Bewußtseinserfahrung auf solche Inhalte stieß, die ursprünglicher waren als jede Weise ihrer Darstellung innerhalb des Bewußtseins. Denn sowohl aufgrund der Unbedingtheit ihres Inhalts wie ihrer Eigenart, jede Gestalt ihres Ausdrucks im vorhinein und auf überzeitliche Weise zu bestimmen, erwiesen sie sich als allem Bewußtsein überlegen und in diesem Sinne als transzendent.[11] Wie noch näher zu zeigen ist, erkennt auch Husserl in deutlicher Ablehnung ihrer psychologistischen Verfälschung die Unbedingtheit solcher Inhalte. Aber er versucht sie als eine höhere Dimension des Bewußtseins selbst zu interpretieren gemäß seiner Grundanschauung: „Alles, was für Menschen, was für mich ist und gilt, tut das im eigenen Bewußtseinsleben."[12]

2. Von der Transzendenz zur Transzendentalsphäre[13]

Husserl will das im Bewußtseinsleben aufscheinende Phänomen in seinem ganzen Gehalt bergen und beschreiben, aber auch auf keinen Fall ihm etwas hinzugeben, was nicht darin ist. Auf diese Weise findet er Sinngehalte im Bewußtsein (Noemata), deren Geltung nicht davon abhängt, ob sie gedacht werden oder nicht, ob sie in der realen Wirklichkeit auffindbar sind oder nicht. Husserl will sagen, diese Phänomene der „Noemata"[14] können nur dann unversehrt und in ihrem ganzen Gehalt geborgen werden, wenn man ihre Geltung in völliger Unabhängigkeit davon sieht, ob oder wie sie gedacht werden, ob oder wie sie in den Denkakten (Noesen) auftreten, ob oder wie sie in der realen Wirklichkeit Darstellung finden. So erklärt er: „Es ist evident, daß Wahrheit selbst und speziell Gesetze, Gründe, Prinzipien sind, was sie sind, ob wir sie einsehen oder nicht."[15] „Wie die Zahlen nicht mit dem Akte des Zählens entstehen und vergehen und wie daher die unendliche Zahlenreihe einen objektiv festen, von einer idealen Gesetzlichkeit scharf umgrenzten Inbegriff von generellen Gegenständen darstellt, den niemand vermehren oder vermindern kann, so

[11] Vgl. ST 70–92.

[12] Pariser Vorträge, a. a. O., I, 31. Cartesian. Meditationen, a. a. O., I, 115.

[13] Vgl. PB Kap. 13.

[14] Ideen zu einer reinen Phänomenologie, a. a. O., III, 232 ff., 245, 317. Zur näheren Darlegung vgl. ST 397–401.

[15] Logische Untersuchungen, Bd. I, Halle 1928, 149.

verhält es sich auch mit den idealen, rein-logischen Einheiten, den Begriffen, Sätzen, Wahrheiten, kurz den logischen Bedeutungen. Sie bilden einen ideal geschlossenen Inbegriff von generellen Gegenständen, denen das Gedacht- und Ausgedrücktwerden zufällig ist."[16] In dieser so betonten Unabhängigkeit des Denkinhalts (Noema) vom Denkakt (Noesis) sieht Husserl sich zu Bernhard Bolzano (1781–1848) in Beziehung und sagt, daß dessen Lehre von den „Sätzen an sich"[17] und den „Wahrheiten an sich"[18] für seine Phänomenologie „von unschätzbarem Wert" war.[19] Mit seiner Unterscheidung von Noema und Noesis[20] setzt er sich in ausdrücklichen Gegensatz zu allem Psychologismus, welcher den Denkinhalt auf den Denkakt zurückführt. Darin stimmt er mit Bolzano wie auch mit Franz Brentano (1838–1917)[21] überein.

Aber diese Noemata sind auch nicht abhängig von der realen Wirklichkeit. Sie gelten in sich ganz gleich, ob sie realisiert sind oder nicht: „Die Domäne der Erlebnisse als absoluter Wesenheiten ist ihrem Wesen nach von allem weltlichen, naturhaften Sein independent, und sie bedarf desselben auch nicht für ihre Existenz. Existenz einer Natur kann Existenz von Bewußtsein nicht bedingen, da sie sich ja selbst als Bewußtseinskorrelat herausstellt."[22] „Wesenswahrheiten sind absolut bindende, sind unüberschreitbare, durch keine Erfahrung zu bestätigen oder zu widerlegen."[23] „Jetzt handelt es sich um eine Wissenschaft, deren Gegenstand in seinem Sein von der Entscheidung über Nichtsein und Sein der Welt unabhängig ist."[24] Mit dieser seiner Lehre, daß der Inhalt der Noemata auch von allen Realitäten der Welt unabhängig sei, setzt sich Husserl in Gegensatz zu seinem Lehrer Brentano, für den die Inhalte des Gedachten zwar vom Denkakt, nicht aber von den realen Objekten unabhängig waren.[25]

Es ist nun zu fragen, was diese Noemata näherhin für Husserl bedeuten. Sie stellen ein „universales Apriori" dar, „eine universale We-

[16] Logische Untersuchungen, Bd. II/1, Halle 1928, 105.

[17] Wissenschaftslehre § 21, hrsg. v. W. Schulz, Leipzig 1929, I, 77.

[18] Ebd., § 20, a. a. O., I, 81.

[19] Ideen zu einer reinen Phänomenologie, a. a. O., V, 57.

[20] Ebd., III, 232 ff.

[21] Zur näheren Bestimmung beider Philosophien vgl. ST 350–358, 355–360.

[22] Ideen zu einer reinen Phänomenologie, a. a. O., III, 115.

[23] Ebd., 121.

[24] Cartesian. Meditationen, a. a. O., I, 69.

[25] Vgl. ST 355–360.

sensgesetzlichkeit, die jeder Tatsachenaussage ihren möglichen Sinn vorzeichnet".[26] Darin kommt „der Sinn der Geltung zu absoluter Gegebenheit".[27] Dieses „universale Apriori" enthält „apodiktische Prinzipien, „Wesensallgemeinheiten" und „Notwendigkeiten",[28] die einen „einzigen",[29] „allumspannenden",[30] „umfassenden",[31] „einheitlichen",[32] „totalen"[33] und „ganzen Sinn"[34] darstellen. Diese Inhalte will Husserl durch eine Wesensintuition erfassen, die er als eine „rein gefaßte platonische Methode" versteht.[35] Über diese Husserlsche Wesensschau ist ein Zweifaches zu sagen. Durch einen Akt der „Ideation" erschaut sie in der Sinneserfahrung das ideelle Wesen, das Eidos, ohne dabei selbst zu einem Produkt derselben zu werden, und sie geht allen, ihr erst nachfolgenden Begriffen, Urteilen und Schlüssen voraus.[36]

Auch lebensphilosophische Denker wie W. Dilthey, G. Simmel, E. Troeltsch oder R. Eucken (vgl. Kap. IX) erkannten eine solche Sinndimension. Mit diesen ist Husserl verbunden in dem Bestreben, diesen Sinnbereich keineswegs auf einen transzendenten Grund zu hinterfragen. So will er nicht mehr und nicht weniger sagen, als daß diese Noemata in Unabhängigkeit von Denken und Sein in unserem Bewußtsein auftreten. Nicht weniger, aber auch nicht mehr glaubt er, der Bergung dieser Phänomene schuldig zu sein. Aus diesem Grunde will Husserl die Frage, ob diese Inhalte auch über das menschliche Bewußtsein hinaus gelten, ob ihnen eine Wirklichkeit jenseits desselben zukomme oder nicht, grundsätzlich ausklammern. An die Stelle des „Cartesianischen Versuchs eines universellen Zweifels" will er nun seine „universelle Epoché", d. h. die methodische Zurückhaltung gegenüber dem Realitätsanspruch der Bewußtseinsphänomene, treten

[26] Cartesian. Meditationen, a. a. O., I, 106.

[27] Die Idee der Phänomenologie, a. a. O., II, 46.

[28] Cartesian. Meditationen, a. a. O., I, 106.

[29] Logische Untersuchungen, II/2, Halle 1922, 170. Die Krisis der europ. Wissenschaften, a. a. O., VI, 237.

[30] Ideen zu einer reinen Phänomenologie, a. a. O., V, 99.

[31] Ebd., V, 104.

[32] Die Krisis der europ. Wissenschaften, a. a. O., VI, 115.

[33] Ebd., 173.

[34] Ebd., 173, 237.

[35] Erste Philosophie, Teil I, Kritische Ideengeschichte, a. a. O., Bd. VII, hrsg. v. R. Böhm, Tübingen 1956, 139.

[36] Erfahrung und Urteil. Untersuchungen zur Genealogie der Logik, hrsg. v. L. Landgrebe, Hamburg 1985, 410–419.

lassen, um durch diese „Methode der Einklammerung" eine „neue wissenschaftliche Domäne" zu entdecken.[37] Hierzu nimmt er sich die „Freiheit", die zur „natürlichen Einstellung" gehörende „Generalthesis", d.h. die „ganze natürliche Welt" und „jedes, was sie in ontischer Hinsicht umspannt", „mit einem Schlag in Klammern zu setzen",[38] nicht um ihr Dasein zu bezweifeln, sondern um „im eigentlichen Sinne phänomenologische Epoché zu üben".[39] Husserl will sich also darauf beschränken, alle Phänomene so zu beschreiben, wie sie in unser aller Bewußtsein auftreten, dagegen die Frage, wie sie in sich oder an sich sind, ausklammern. Er will beispielsweise nicht fragen, was eine Rose selbst und in sich ist, sondern nur, als welches Form- oder Gestaltprinzip, als welches „Eidos" oder Wesen sie in unserem Bewußtsein Phänomen wird. Die tatsächliche Rose wird also ausgeklammert, nach ihr soll nicht gefragt werden, sie wird „reduziert" auf das, was wir von ihr im Bewußtsein haben. Husserl spricht hier von „phänomenologischer Reduktion".[40] Dadurch soll eine neue Domäne wissenschaftlicher Forschung freigelegt und abgesteckt werden, einer Forschung, die sich also durch die Methode der „Ausklammerung" frei macht von dem Problem, was wirklich ist, indem sie nur zeigen will, wie das Wirkliche für uns Phänomen ist: „Die Rede ist vom generellen Wesen ... und seiner Gegebenheit im generellen Schauen."[41] Es geht Husserl um „eidetisch generelle Wesensbetrachtung", um das in „eidetischer Reinheit" zu erfassende Wesen.[42] Sein Interesse gilt einer „neuen Eidetik, nach der zwar die Welt als Tatsache der Anschauung verfällt, nicht aber die Welt als Eidos".[43] „Wir verstehen nun, daß wir in der Tat durch die universal betätigte ἐποχή hinsichtlich des Seins oder Nichtseins der Welt diese für die Phänomenologie nicht einfach verloren haben; wir behalten sie ja qua cogitata."[44]

Die Noemata sind also für Husserl zwar von den Noesen verschieden, nicht jedoch – und dies ist ganz entscheidend – Gegenstand einer Betrachtung, die nach ihrer Geltung jenseits des allgemeinen

[37] Ideen zu einer reinen Phänomenologie, a.a.O., III, 67.
[38] Ebd.
[39] Ebd.
[40] Ideen zu einer reinen Phänomenologie, a.a.O., III, 234.
[41] Die Idee der Phänomenologie, a.a.O., II, 57.
[42] Ideen zu einer reinen Phänomenologie, a.a.O., III, 75.
[43] Ebd., 70.
[44] Cartesian. Meditationen, a.a.O., I, 75.

Menschheitsbewußtseins, d. h. jenseits der transzendentalen Subjektivität fragt. Und hier bricht wieder der idealistische Grundgedanke durch, daß wir von Welt und Sein nur im Sinne eines Für-uns-Seins sprechen können. So erklärt Husserl: „Alles Weltliche ... ist für mich – das heißt gilt für mich",[45] womit er sagen will, daß die „Welt" nichts anderes ist als „die in solchem cogito bewußt seiende und mir geltende".[46] Und er glaubt, daß die Welt „ihren ganzen, ihren universalen und spezialen Sinn und ihre Seinsgeltung *ausschließlich* aus solchen cogitationes" habe, weil er in keine andere Welt „hineinleben, hineinerfahren, hineindenken, hineinwerten und -handeln" könne als in jene, die „in mir und aus mir selbst Sinn und Geltung hat".[47] So gelangt er zu dem Ergebnis: „Die objektive Welt, die für mich ist, die für mich je war und sein wird, je sein kann mit all ihren Objekten, schöpft ihren ganzen Sinn, ihre Seinsgeltung, die sie jeweils für mich hat, aus mir selbst, aus mir als dem transzendentalen Ich, dem erst mit der transzendental-phänomenologischen ἐποχή hervortretenden."[48] Aller Sinn, alle Noemata sind also auf das transzendentale Subjekt reduziert. Dabei darf nicht außer acht gelassen werden, daß diese Reduktion für Husserl im Unterschied zu Kant eine rein methodische sein soll.[49] Er will also nicht ausschließen, daß die Noemata auch über das transzendentale Bewußtsein hinaus gelten, will dies aber auch nicht behaupten. Wenn also die Noemata auch auf die transzendentale Subjektivität reduziert sind, so doch keineswegs auf die Noesen, die Denkakte. Das transzendentale Subjekt ist eben für Husserl im Unterschied zum idealistischen in sich zweidimensional.[50]

So sehr die Husserlsche Phänomenologie das entscheidende Gegengewicht gegen die neuzeitliche Verideologisierung des Denkens wie gegen die totale Verpsychologisierung oder Versubjektivierung objektiv gültiger Wesens- und Sinngehalte ist und sein will, bricht doch auch sie nicht den Bann des Ausschlusses der Transzendenz. Dieser ist zwar bei Husserl ein rein methodischer, deshalb aber nur ein um so eleganterer. Denn wie er hervorhebt, hat er durchaus die Freiheit, dies zu tun. Was aber versteht Husserl unter Transzendenz? „Transzendenz ist ein immanenter, innerhalb des ego sich konstituierender

[45] Ebd., I, 60.
[46] Ebd.
[47] Ebd.
[48] Ebd., I, 65.
[49] Zur Problematik dieser Methode vgl.: ST 401 ff. PB Kap. 13, 14.
[50] Zur näheren Begründung vgl.: ST 396–401.

Seinscharakter. Jeder erdenkliche Sinn, jedes erdenkliche Sein, ob es immanent oder transzendent heißt, fällt in den Bereich der transzendentalen Subjektivität. Ein Außerhalb derselben ist ein Widersinn, sie ist die universale, absolute Konkretion. Sie ist das Universum möglichen Sinnes, ein Außerhalb ist dann eben Unsinn.“[51] Weiter erklärt Husserl an zitierter Stelle, daß die „Immanenz“ der „notwendige Charakter jeder Erkenntnis“ und daher jede „Anleihe aus der Sphäre der Transzendenz“ unsinnig sei,[52] zumal alle „Geltung“ allein auf das „Bewußtseinsleben“ Bezug habe, das „in allem wissenschaftlichen Leisten bei sich selbst verbleibt“.[53]

Also auch Husserl leistet seinen Tribut an die für die Gegenwartsphilosophie und die Entwicklung seit der Aufklärung signifikante Zielsetzung: alle in die Transzendenz führenden Relationen abzureißen, das Menschsein allein aus sich selbst zu erklären und die Welt ausschließlich vom Menschen her zu deuten.[54] So erklärt er: „Das immanente Sein ist also zweifellos in dem Sinne absolutes Sein, daß es prinzipiell nulla ‚re‘ indiget ad existendum.“[55]

3. Von der „Tatsache“ zum „Eidos“

Die Folge dieses Rekurses auf die reine Bewußtseinsimmanenz liegt darin, daß alle Erfahrung von Tatsachen, bei welchen der Positivismus stehenbleiben möchte, zu einer reinen Gegebenheit des transzendentalen Bewußtseins oder transzendentalen Subjekts wird, d. h. der allgemein-menschlichen Eigenart, Bewußtseinsphänomene zu konstituieren. Husserl will also die „Seinsgeltung der objektiven Welt“[56] ausschalten, „in Klammern setzen“,[57] um sie allein als „transzendentale Gegebenheit“[58] zu interpretieren. Dabei geht es ihm

[51] Pariser Vorträge, a. a. O., I, 32. Vgl. W. R. McKenna, Husserls ›Introductions to Phenomenology‹, The Hague, Boston, London 1982, 32–220. W. H. Gleixner, Die transzendentale Phänomenologie als philos. Grundlagenforschung, 14–153. E. Ströker, Husserls transzendentale Phänomenologie, 156–175.

[52] Die Idee der Phänomenologie, a. a. O., II, 33.

[53] Pariser Vorträge, a. a. O., I, 31.

[54] Vgl. GN Kap. 1–3.

[55] Ideen zu einer reinen Phänomenologie, a. a. O., III, 115.

[56] Pariser Vorträge, a. a. O., I, 10.

[57] Ideen zu einer reinen Phänomenologie, a. a. O., III, 67.

[58] Pariser Vorträge, a. a. O., I, 29.

nicht um „Ausschluß des reell Transzendenten“, also der realen Welt, sondern um „Ausschluß des Transzendenten als einer hinzunehmenden Existenz“, d.h. alles dessen, was nicht „evidente Gegebenheit ist im echten Sinn, absolute Gegebenheit des reinen Schauens“.[59]

Die solchermaßen zu einem Bewußtseinsphänomen derealisierte und von transzendentaler Subjektivität konstituierte „Tatsache“ will Husserl verstehen als den „möglichen Sinn einer Tatsachenaussage“,[60] der das „universale Apriori“ einer „Wesensgesetzlichkeit“ offenbart, die keineswegs ontologischer, sondern allein transzendentallogischer Herkunft ist.[61] Die „transzendentale Subjektivität“ als die spezifisch menschliche Art, Wirklichkeit anzuschauen, wird so zum „Universum möglichen Sinnes“,[62] ja zu einem „absoluten Sein“, das alle „weltliche Transzendenz“ als „intentionales Korrelat“ seines Setzungsaktes „in sich birgt“, „in sich konstituiert“.[63]

Dabei stimmt Husserl insofern mit dem idealistischen Denkansatz überein, als auch für ihn die Welt als „Tatsache der Anschauung“ verfällt,[64] um sich in reine Idealität umzuwandeln, zu einem „eidetischen Korrelat der reinen Idee“[65] zu werden, sich „als Eidos“[66] darzustellen. Aber, wie gezeigt, will er damit im Unterschied zum idealistischen Weltverständnis Hegelscher Prägung keineswegs die Welt als „reell transzendente“ ausschließen.[67] Wie schon bemerkt, nähert er sich aber gleichwohl der Anschauung, daß die Welt allein „für mich ist“, „für mich gilt“ und gar nichts anderes sei als „die in solchem cogito bewußt seiende und mir geltende“,[68] ja ihren „ganzen, ihren universalen Sinn und ihre Seinsgeltung“ aus „solchen cogitationes“, „aus mir selbst“ habe,[69] „aus mir als dem transzendentalen Ich schöpfe“.[70] Darin trifft sich Husserl ohne Zweifel mit dem vom Freiheitsmotiv dirigierten Anliegen der Rückführung allen Sinnes auf das reine Sub-

[59] Die Idee der Phänomenologie, a.a.O., II, 9.

[60] Cartesian. Meditationen, a.a.O., I, 106.

[61] Ebd.

[62] Pariser Vorträge, a.a.O., I, 32f.

[63] Ideen zu einer reinen Phänomenologie, a.a.O., III, 119.

[64] Ebd., 70.

[65] Ebd., 119.

[66] Ebd., 70. Vgl. G. Heffernan, Bedeutung und Evidenz bei E. Husserl, Bonn 1983, 55f., 61f., 98ff.

[67] Die Idee der Phänomenologie, a.a.O., II, 19.

[68] Cartesian. Meditationen, a.a.O., I, 60.

[69] Ebd.

[70] Ebd., 65.

jekt. Die „Welt“ ist „nach Sosein und Sein unsere Welt“ und schöpft ihren „Seinssinn“ ganz und gar aus unserem „intentionalen Leben“.[71] Dem sonst so tatsachenhungrigen Sicherheitsmotiv scheint diese Tendenz zu widersprechen. Und doch wäre dies eine zu kurzsichtige Beurteilung, da der Regreß auf die Tatsachen sich geradezu radikalisiert, indem sich das philosophische Interesse auf die reinen Tatsachen des Bewußtseins zurückzieht und demgemäß auf das Eidos als eine solche unter Ausschluß desselben als einer bewußtseinstranszendenten Tatsache.

Husserl glaubte, bei der Beschreibung und Betrachtung der Bewußtseinsphänomene die Frage nach ihrer Realgeltung und metaphysischen Bedeutung ausklammern zu können und zu müssen, um dem Streit zwischen metaphysikfeindlicher und metaphysikfreundlicher Philosophie ein Ende zu setzen. In Wahrheit lag aber auch in seinem Versuch konsequenter Zurückhaltung (ἐποχή) gegenüber der Frage nach einer eventuellen Bedeutung und Geltung der uns gegebenen und beschreibbaren Bewußtseinsphänomene für die Bewußtseinstranszendenz eine Inkonsequenz. Denn eine konsequente „Epoché“ gegenüber dieser Frage hätte doch die Möglichkeit einer metaphysischen Bedeutung der Bewußtseinsphänomene genauso und in gleicher Weise offenhalten müssen wie die Möglichkeit, daß ihnen eine solche Bedeutung nicht zukomme. Das aber tat Husserl gerade nicht, sondern in Konzession an den idealistischen Immanentismus wollte er jede metaphysische Geltung nicht nur ausklammern, sondern auch ausschalten.[72]

Auch deshalb wirft N. Hartmann ihm mit Recht vor, er mache den Immanentismus der Methode zu einem Immanenzstandpunkt der Sache.[73] Klar sieht Hartmann, daß das Bewußtseinsphänomen von einem realen Objekt nicht durch die Intentionalität auf ein intentionales Objekt erklärt werden kann, weil in allen Reduktionen doch ein nicht mehr reduzierbarer Rest von Bewußtseinsphänomenen eines Realen, An-sich-Seienden verbleibt. Wie Hartmann hervorhebt, ist die „Intentionalität selbst“ es, welche „den bloß intentionalen Gegenstand transzendiert“, und zwar „durch den intentionalen hindurch oder über ihn hinweg“.[74] Denn „gemeint“ sei im Erkenntnisakt der

[71] Die Krisis der europ. Wissenschaften, a. a. O., VI, 184.

[72] Vgl. L. Eley, Die Krise des Apriori in der transzendentalen Phänomenologie E. Husserls, Den Haag 1962, 89–98.

[73] Grundzüge einer Metaphysik der Erkenntnis, Berlin 1949, 171.

[74] Ebd., 110.

Gegenstand nicht als „intentionaler", sondern als „ansichseiender".[75] Eine idealistisch und immanentistisch voreingenommene Phänomenologie sieht daher für Hartmann „nur die Hälfte des Phänomens",[76] indem sie „willkürlich" davon ausschließe, daß „das Bewußtsein" eben ein „Ansichseiendes" meine.[77] In einer „so orientierten Phänomenologie" werde das „Phänomen" zu kurz gefaßt, da sie die „transzendente Seite" des „Erkenntnisphänomens" nicht „in ihrem ganzen Umfang" nehme.[78] Liege doch im „Wesen" des Phänomens „etwas, das über das Phänomen als solches hinausweist, das unphänomenal ist".[79]

Auch M. Scheler will Husserls Reduktionen nicht mehr nachvollziehen. Vielmehr glaubt er, in liebendem, einfühlendem und erkennendem „Mit-leben"[80] mit den Seienden zum Sosein der dinglichen Wesen in Direktteilhabe treten zu können. „Wissen" ist für Scheler „Teilhabe eines Seienden an dem Sosein eines anderen Seienden", und er betont, dieses Sosein vermöge, indem es „Gegenstand einer Intention" werde, „prinzipiell selber – und nicht nur als Bild – in unseren Geist einzutreten".[81] Denn es gibt für Scheler überhaupt kein „Wissen" ohne die „Tendenz" in dem Wissenden, „aus sich hervor- und herauszugehen zur Teilhabe an einem anderen Seienden".[82] Und Scheler bezeichnet diese „Tendenz" als „Liebe, Hingebung", weil er darin gleichsam „die Sprengung der Grenzen des eigenen Seins und Soseins"[83] erkennen will.

So sehr aber Hartmann und Scheler den Husserlschen Immanenzkreis zur Objektseite hin aufrissen, da sie richtig erkannten, daß zu den Bewußtseinsphänomenen die Intentionalität auf einen realen Gegenstand integrierend dazugehört und nicht willkürlich ohne Verletzung oder Verkürzung der Bewußtseinsphänomene selbst weggeklammert werden kann, verharrten sie doch noch weitgehend in der Husserlschen Epoché im Hinblick auf die Metaphysik.[84] So sehr sie

[75] Ebd., 110, 114.

[76] Ebd., 106.

[77] Ebd., 172.

[78] Ebd.

[79] Ebd.

[80] Vom Ewigen im Menschen, Ges. Werke, Bd. V, hrsg. v. M. Scheler, Bern 1954, 69.

[81] Die Wissensformen und die Gesellschaft, a. a. O., VIII, Bern, München 1960, 227.

[82] Ebd., 204.

[83] Ebd.

[84] Hartmann glaubte lediglich, zur Erklärung des Phänomens, daß das Be-

Idealismus und Realismus versöhnten, brachen doch Phänomenologie und Metaphysik in ihrem Denken noch auseinander (vgl. Kap. IX/1, 2).

4. Vom Sinn zur „Leistung“

Obgleich Husserl in seinem ursprünglichen Denkansatz die Frage nach dem Realitätsbezug der transzendentalen Konstitutionsleistungen ausklammern wollte, führte ihn seine Methode der „Epoché“ doch mehr und mehr zu der Anschauung, daß ein solcher gar nicht bestehe, diese Leistungen also in ihrem Gesetztsein durch das transzendentale Subjekt aufgingen. Daraus aber ergab sich der Gedanke, daß aller Sinn von Sein und Welt ausschließlich in solchen Setzungen bestehe, woraus folgte, daß er des allem Sinn unverzichtbaren Wesenszugs unbedingter Geltung verlustig ging. Ein von der allgemeinmenschlichen Denkungsart abhängiger „Sinn“ könnte letztlich ein Wahn oder Idol der Menschheit, allenfalls ein frommer Traum sein, müßte sich aber noch nicht als ein wirklicher, d. h. in und aus sich, allein aufgrund seines Gehalts verpflichtender, verbindlicher und objektiver Sinn darstellen. So führt die transzendentale Versubjektivierung des Sinnes letztlich zu seiner nihilistischen Auflösung.

Diese Entwicklung geht nicht aus einer phänomenologischen Ergründung des Sinnes hervor. Führt doch diese, wie gezeigt, ganz im Gegenteil Husserl zu der Anschauung, daß der Sinn ein „apodiktischer“,[85] „einziger“,[86] „allumspannender“,[87] „umfassender“,[88] „ein-

wußtsein im Bei-sich-Sein außer sich sei, als „Minimum an Metaphysik“ (Grundzüge einer Metaphysik der Erkenntnis, 132, 201, 316, 368, 469) eine partielle Identität der Gegenstandskategorien mit den Erkenntniskategorien annehmen zu müssen (ebd., 361, 367, 413, 523). Der Blick Schelers richtet sich auf jene Direktteilhabe des liebenden Erkennens am Sosein der Wesenheiten (auch der göttlichen Wesenheit) und bleibt an der „Berührungsstelle“ der Seienden haften, ohne nach der metaphysischen Möglichkeit solcher „Berührung“ weiterzufragen (Schriften aus dem Nachlaß, a. a. O., X, Bern 1957, 380. Vgl. W. Weier, Wege einer metaphysischen Phänomenologie, Freiburger Zeitschr. f. Philos. u. Theologie, Bd. XVI, H. 3, 1969, 388–427).

[85] Cartesian. Meditationen, a. a. O., I, 106.

[86] Logische Untersuchungen, II/2, 170. Die Krisis der europ. Wissenschaften, a. a. O., VI, 237.

[87] Ideen zu einer reinen Phänomenologie, a. a. O., V, 99.

[88] Ebd., 104.

heitlicher",[89] „totaler",[90] „ganzer"[91] „unendlicher"[92] sei, daß er also Eigenschaften aufweise, die gerade seine Unabhängigkeit von jedem setzenden Subjekt offenbaren. Die Auflösung des Sinnes in reine Leistung stellt vielmehr ein Zusammenwirken der dargestellten radikalen Forderungen der Freiheit und Sicherheit dar. Denn indem das transzendentale Subjekt aufgrund seines Sicherheitspostulats nichts anderes als sich selbst zu fassen kriegt, sind „alle wissenschaftlichen Gebilde", „alle Erkenntnisbildungen" ihm „frei verfügbar",[93] so daß es Freiheit als Absolutheit beansprucht. Die transzendentalphilosophische Versubjektivierung und Auflösung allen Sinnes hat aber auch insofern das radikale Sicherheitsmotiv zu ihrem Grund, als es jede Analogie zwischen Bewußtsein und Realität allein deshalb ausschließt, weil es über eine solche, so unverzichtbar sie jedem wirklichen Sinnverstehen ist, keine letzte und absolute Sicherheit gibt.

Deshalb betont Husserl den immanentistischen Charakter einer jeden Erkenntnis, die nun mitsamt all ihren Inhalten als bloße Leistung des transzendentalen Subjekts erscheint. So fordert er eine „transzendental-phänomenologische" Erkenntnistheorie, die es nicht zu tun hat mit „widersinnigen Schlüssen von einer vermeintlichen Immanenz auf eine vermeinte Transzendenz", nämlich die „irgendwelcher angeblich prinzipiell unerkennbarer ‚Dinge an sich'", sondern der es geht um „systematische Aufklärung der Erkenntnisleistung", in der „jede Art Seiendes, reales und ideales" als „eben in dieser Leistung konstituiertes Gebilde der transzendentalen Subjektivität" verständlich wird.[94] Und Husserl erklärt ausdrücklich, daß das „Bewußtseinsleben" in „allem Bewußt-haben einer Welt und in allem wissenschaftlichen Leisten bei sich selbst verbleibt".[95]

Diese „Leistung" ist es, die „alle Weltgeltung mit ihrem Inhalt" zustande bringt, die alle „objektive Wahrheit" als „das Was und Wie der Vernunftleistungen" verständlich macht und auf solche Weise „den letzten Seinssinn der Welt" erreicht und als Leistung des transzendentalen Subjekts aufweist.[96] Demgemäß gewinnt das Noema von Welt

[89] Die Krisis der europ. Wissenschaften, a. a. O., VI, 115.

[90] Ebd., 173.

[91] Ebd., 178, 237.

[92] Ebd., 173.

[93] Ebd., 100.

[94] Cartesian. Meditationen, a. a. O., I, 118.

[95] Pariser Vorträge, a. a. O., I, 31. Cartesian. Meditationen, a. a. O., I, 115.

[96] Die Krisis der europ. Wissenschaften, a. a. O., VI, 70. Vgl. M. Sommer, Husserl und der frühe Positivismus, 249–264.

„den gesamten es bestimmenden Seinssinn aus meinem Erfahren, Werten, Tun“ ebenso, wie es den „Sinn eines evident gültigen Seins“ allein „aus meinen eigenen Evidenzen, aus meinen begründenden Akten“ erlangt.[97]

5. Vom Sein zur Konstitution

Man muß sich vergegenwärtigen, daß der entscheidende Grund für die idealistische Vereinnahmung allen Seins durch das wie auch immer gedeutete subjektivistische Universalprinzip kein anderer war als die Tatsache, daß es für eine Entsprechung des außerbewußten Seins mit dem Bewußtsein keine absolute Gewißheit geben kann, da diese eine außerbewußte sein müßte, mithin bewußtseinsimmanent nicht auftreten kann. Die Folge war, daß in der idealistischen Perspektive das Bewußtsein zum Absoluten, zum Inbegriff allen Sinnes und Seins wurde. Allein, diese fehlende absolute Gewißheit ist ja keineswegs gleichbedeutend mit einer unbezweifelbaren Gewißheit darüber, daß es eine solche Entsprechung nicht geben könne. Und eben deshalb wollte ja Husserl im Unterschied zum idealistischen Denken diesen Schluß nicht ziehen, sondern die Frage ausklammern. Wenn er aber gleichwohl dabei nicht bleibt, sondern durchaus in Übereinstimmung mit den radikalen Idealisten Fichte, Schelling und Hegel alles „Sein“ in die transzendentale Subjektivität verlegt, so ist er dabei der vom radikalen Sicherheitspostulat dirigierten Neigung gefolgt, sich auf das Nichtvorhandensein einer solchen absoluten Entsprechungsgewißheit so sehr festzusetzen, daß sie mit dem Bestehen der Gewißheit einer Nichtentsprechung zusammenfällt und gleichbedeutend wird. Anders ist es nicht zu verstehen, daß Husserl tatsächlich das transzendentale Subjekt zum Universalprinzip allen Sinnes und Seins erhebt und auf solche Weise am Ende alles Sein in reiner Konstitution auflöst. Freilich entsprach dieser Vorgang auch der im zweiten Kapitel dargestellten Faszination der Kreativität.

Deshalb erklärt Husserl an zitierter Stelle, nicht nur „jeder erdenkliche Sinn“, sondern auch „jedes erdenkliche Sein, ob es immanent oder transzendent heißt“, falle so sehr in den „Bereich der transzendentalen Subjektivität“, daß es eben kein „Außerhalb derselben“ geben könne und diese mithin als „die universale, absolute Konkre-

[97] Cartesian. Meditationen, a. a. O., I, 65.

tion", „das Universum möglichen Sinnes" anzusprechen sei.[98] Husserl setzt durchaus in idealistischer Weise die transzendentale Subjektivität an die Stelle jenes „absoluten Seins", das in mittelalterlicher Sicht als Grund des Weltseins gedacht war. Denn diese Subjektivität soll gleichermaßen die gesamte Transzendenz wie alles Weltsein aufsaugen: „Wir haben eigentlich nichts verloren, aber das gesamte absolute Sein gewonnen, das, recht verstanden, alle weltlichen Transzendenzen als intentionales Korrelat der ideell zu verwirklichenden und einstimmig fortzuführenden Akte habitueller Geltung in sich birgt, in sich ‚konstituiert'."[99] „Transzendenz ist ein immanenter, innerhalb des ego sich konstituierender Seinscharakter."[100] Überdies gewinnt die „transzendentale Subjektivität" den Charakter des „notwendigen Seins", das in „ständiger Konstitution" „Welt", „Weltwahrheit", „Welterkenntnis" entwirft.[101] Deshalb gilt: „Ich selbst als transzendentales Ich ‚konstituiere' die Welt."[102] Auf dieses Ich sind reduziert: „jede Art Seiendes",[103] das „erste Sein",[104] der „Seinssinn der Welt",[105] der „letzte Seinssinn der Welt",[106] „Transzendenz in jeder Form".[107] Wenn Husserl erklärt, daß die „Welt als universale Konfiguration aller Körper" eine „alle Formen umfassende Totalform" besitze, die „in der analysierten Weise idealisierbar und durch Konstruktion beherrschbar" sei,[108] so bekundet er eine deutliche Gemeinschaft mit allen für die Gegenwartsphilosophie signifikanten Formen des logischen Konstruktivismus im Sinne Wittgensteins, Carnaps oder Russells, so sehr er sich freilich durch seine Beschreibung der geistigen Noemata von deren Rationalismus auf das deutlichste absetzt.

Wenn es also, wie Husserl sagt, apodiktische Prinzipien und Wesensgehalte gibt, deren Geltung ebenso von der Art ihres Gedachtwerdens

[98] Pariser Vorträge, a.a.O., I, 32f.

[99] Ideen zu einer reinen Phänomenologie, a.a.O., III, 119.

[100] Pariser Vorträge, a.a.O., I, 32f.

[101] Die Krisis der europ. Wissenschaften, a.a.O., VI, 275.

[102] Ebd., 205. Vgl. J. Hippolite, Die Fichtesche Idee der Wissenschaftslehre und der Entwurf Husserls, in: Husserl und das Denken der Neuzeit, Den Haag 1956, 182–189. J.M. Broekmann, Phänomenologie und Egologie, Den Haag 1963, 28ff.

[103] Cartesian. Meditationen, a.a.O., I, 118.

[104] Ebd., 182.

[105] Ebd., 124.

[106] Die Krisis der europ. Wissenschaften, a.a.O., VI, 70.

[107] Cartesian. Meditationen, a.a.O., I, 117.

[108] Die Krisis der europ. Wissenschaften, a.a.O., VI, 33.

wie von der Realität alles Bestehenden unabhängig ist, können sie dann überhaupt noch bloße Phänomene im transzendentalen Bewußtsein sein oder führt nicht gerade die Unbedingtheit ihrer Geltung bzw. die Evidenz von dieser ebenso über das bloß transzendentale Bewußtsein hinaus wie über alles Weltsein und mithin sehr wohl in die Transzendenz? Husserl antwortet: „Wer Ideen, Wesen für ‚psychische Gebilde' ansieht ..., schreibt dem Bewußtsein als reelles Bestandstück zu, was ihm prinzipiell transzendent ist."[109] Aber diese Transzendenz soll eben in eine zweite Dimension des transzendentalen Bewußtseins selbst umfunktioniert werden, da Husserl im Grunde der idealistischen Absolutsetzung des Subjekts verpflichtet war.

Doch hat seine phänomenologische Methode das Philosophieren der Gegenwart von allen vorgängigen Denkmodellen befreien, allen ideologischen Tendenzen entreißen und auf den Boden der Phänomene selbst ohne Einschränkung zurückstellen wollen. Trotz all seiner methodischen Reduktionen pocht seine Lehre von der denk- und seinsunabhängigen apodiktischen Geltung der Noemata wieder an die Tür der Transzendenz. Und in der Tat sind in der Folgezeit namhafte Philosophen gerade mit Hilfe seiner Methode durch diese Tür zur Transzendenz gelangt.[110]

[109] Ideen zu einer reinen Phänomenologie, a. a. O., III, 145.

[110] Z. B. Peter Wust (1884–1940), Gabriel Marcel (1889–1973), Dietrich von Hildebrand (1889–1977), Johannes Hessen (1889–1971), Johannes Baptist Lotz (geb. 1903), Hans Eduard Hengstenberg (geb. 1904), Emmanuel Levinas (geb. 1906), Emerich Coreth (geb. 1919).

C. Der Wille zu Echtheit und Wahrhaftigkeit

Sehr grundlegend für das Verständnis der Gegenwartsphilosophie ist die Tatsache, daß darin alles Wissen und alle Erkenntnis mit Hilfe der Selbstreflexion zu sich in ein Verhältnis tritt, darin das reflektierende Bewußtsein vom reflektierten Wissensgehalt eine ganz besondere Legitimation und Rechtfertigung verlangt. Das Besondere dieses Verhältnisses liegt nicht in dem freilich jedem Wissenschaftsverständnis eigenen Anspruch auf Begründung und Glaubwürdigkeit überhaupt, sondern in einer Fassung desselben, die den genannten Urmotiven der Freiheit und Sicherheit, insbesondere der Radikalität ihrer Forderungen entspricht.

So ist für das gegenwärtige Wissensverständnis eine philosophische Aussage nur dann und solange echt, als sie aus der Spontaneität und Selbstursprünglichkeit freiheitlicher Anerkennung und autonomer Zustimmung bejaht und für zustimmungswürdig befunden werden kann. Damit ist gesagt, daß es keine Erkenntnis und keine Wahrheit geben kann losgelöst und unabhängig von dem sie allererst in Geltung setzenden freien Subjekt. Allein aus dem Selbstvollzug seiner Freiheit gewinnt sie die Echtheit des Wahren, keineswegs jedoch, wie Antike und Mittelalter glaubten,[1] aus der diesem eigenen, daher von aller Anerkennung oder Nichtanerkennung unabhängigen und sich allein aus sich selbst begründenden Objektivität seines Sinn-, Wert- oder Wesensgehalts. In der Rangordnung steht nicht ein solcher Inhalt als unbedingtes „Eidos“ über dem Subjekt, sondern umgekehrt verleiht dieses jenem allererst die Auszeichnung und das Siegel der Echtheit. Dieser Vollzug der Freiheit umfaßt alle Bereiche spontaner Aktivität, ganz gleich, ob es sich um geistige, existentielle oder vitalpsychische handelt. Solche Aktivität wird zum letzten Kriterium der Wissensechtheit und damit der Wahrheit. Hieraus ergibt sich, daß eo ipso alles Verständnis von Erkenntnis, Wahrheit und Wissenschaft einen subjektivistischen Charakter annimmt, d. h. rückbezüglich und angewiesen ist auf die sie letztlich sanktionierende Eigenart des Menschseins. In diesem Sinne betrachtet z. B. Jaspers „das Objektive“ als „ein fremdes Anderes“, das als solches „nicht bestehen“

[1] Vgl. ST 70–194.

kann.[2] So sehr damit die Gefahr eines Abgleitens aller Erkenntnis in den Bereich der Willkür, Emotionalität und Irrationalität verbunden ist, sind doch andererseits eben hierdurch die geistige und existentielle Ursprünglichkeit wachgerufen zu intimster Konspiration mit allen Formen des Wissens und umgekehrt. So kann die Auswirkung dieses Echtheitswillens sowohl in subjektivistischer Auflösung wie in verinnerlichender Aneignung objektiver Erkenntnis liegen. Damit sind zwei Grundtendenzen dieses Willens zur Echtheit angesprochen: die nihilistische Preisgabe objektiver Wahrheit oder gerade ihre existentielle Vertiefung und Verinnerlichung.

Auf der anderen Seite verlangt die so orientierte Gegenwartsphilosophie von jedem Wissenschaftsanspruch, daß jegliche Weise des Erkennens sich selbst gegenüber unbedingt und uneingeschränkt aufrichtig ist, sich vor sich selbst begründen und rechtfertigen kann. Diese Legitimation besagt, daß alle Wissensgehalte insbesondere befähigt sein müssen, sich gegenüber jedem Verdacht, auf unkritischer Illusion, Projektion oder Selbsttäuschung zu beruhen, rechtfertigen und verteidigen können. Dieser Wille zur Wahrhaftigkeit verlangt von jeder Erkenntnis, daß sie sich, wie Camus sagt, mit dem begnüge, „was sie hat",[3] und keinen Schritt darüber hinaus tut zu dem, was ihr nicht mehr direkt und unmittelbar verfügbar ist. In diesem Sinne erklärt auch Sartre: „Unser Ausgangspunkt ist tatsächlich die Subjektivität des Individuums ..., weil wir eine auf Wahrheit gegründete Lehre wollen und nicht eine Sammlung von schönen Theorien, die voll Hoffnung, aber ohne wirkliche Begründung sind."[4] Zwar ist dieser Wille zu rigoroser Aufrichtigkeit mit dem Sicherheitsmotiv darin einig, daß er nur die unbestreitbaren Tatsachen der Erfahrung und die rein rationalen Gewißheitsformen als Grundlage des Wissens zuläßt. Er geht aber insofern über diese Motivation hinaus, als er im Grunde einen ethischen Appell meint und beinhaltet. Will er doch ausschließen, daß das Wissen nicht mehr in uneingeschränkter Ehrlichkeit zu sich selbst stehen kann. Und er will darauf hinwirken, daß das Wissen aufgrund solcher Selbstaufrichtigkeit mit dem existentiellen Grundakt der Wahrhaftigkeit[5] konspirieren und der existentiellen Selbst- und Daseinsbegründung ein unbedingt verläßliches Fundament bieten kann.

[2] Philosophie II, 337.
[3] Der Mythos von Sisyphos, 59.
[4] Ist der Existentialismus ein Humanismus?, 25.
[5] Vgl. ME § 14.

Aus der dargestellten Motivation ergeben sich wichtige Konsequenzen für die spezifisch geistige Erkenntnis und ihre Inhalte. Sofern nämlich diese nur im überzeitlichen Moment der geistigen Intuition und ihrer daran gebundenen Gewißheit und Evidenz dem spontanen Mitvollzug verfügbar sind, keineswegs aber jederzeit von ihm ergriffen und nachgeprüft werden können, findet die Forderung nach uneingeschränkter freiheitlicher Aneignung dieser Inhalte nicht ihre Erfüllung. Vor allem aber können sie sich nicht wirkungsvoll gegen den vom Wahrhaftigkeitswillen ihnen entgegengehaltenen Projektionsverdacht zur Wehr setzen. Denn tatsächlich stellt die geistige Intuition ein Ineinander von Eigenentwurf und Nachvollzug dar, das diesen leicht als jenen erscheinen läßt und damit dem Schein aussetzt, eine eigene bloße Setzung in unaufrichtiger Weise als oder wie eine in sich bestehende und verbindliche Geltung ansehen zu wollen. So führt auch der Wille zu Echtheit und Wahrhaftigkeit in jene Krise des Geistes, seiner Inhalte und Erkenntnisweisen, die schon aus den Impulsen der Freiheit und Sicherheit hervorging (vgl. Kap. III). Nunmehr aber erhält der Verzicht auf die geistige Welt näherhin den Charakter eines ethischen Postulats.

VII. Die Methode der Skepsis

1. Von der Wahrheit zur „Wirkung“

Wenn Nietzsche im „Mißtrauen“ „die Quelle der Wahrhaftigkeit“ sieht,[1] so hebt er treffend einen Grundzug dieser Motivation heraus, dem ein dreifaches Interesse entspricht. Zunächst der Zweifel an dem tatsächlichen Realitätsbezug allen Vorstellens und Denkens. Dieser grundsätzliche Zweifel richtet sein besonderes Augenmerk auf all jene Momente im Erkenntnisprozeß, die auf eine Einmischung des Subjekts in diesen, auf eine Vorwegnahme bzw. Vorherbestimmung von Erkenntnisinhalten durch dieses, durch seine subjektiv-jeweiligen, aber auch allgemein-menschlichen Antizipationen hinweisen könnten. Das heißt, es stellt sich der fundamentale Argwohn ein, daß die Erkenntnis insofern unwahrhaftig oder unecht sei, als sie in naiver und unkritischer Weise meint, beim Objekt selbst anzulangen, während sie doch nur ihren eigenen Präkonzeptionen erliegt. Immer wieder bricht für das so orientierte Philosophieren der Zweifel durch, ob es nicht nur und ausschließlich bei sich selbst, bei seinem eigenen Vorverständnis der Realität, nicht jedoch bei dieser selbst ankomme. Freilich steht diese universelle und im Grunde unüberwindbare Skepsis in besonderer Beziehung zum Sekuritätspostulat. Denn indem es letzte Gewißheit darüber verlangt, daß das Denken sich selbst zum Objekt hin zu transzendieren vermöge, ist es immerzu in die Bewußtseinsimmanenz zurückgeworfen, sofern es keine letzte und absolute Sicherheit darüber gibt, daß das Denken, wie N. Hartmann formuliert,[2] im „Bei-sich-Sein“ „außer sich“ sein könne.

In ganz besonderer Weise ist von dieser Skepsis das Geschichtsverständnis betroffen. Denn es ist ohne weiteres einsichtig, daß jedes Verständnis vergangener Ereignisse insofern diesem Mißtrauen verfällt, als es freilich immer eingefangen und eingebunden bleibt in die Präkonzeptionen und Anschauungsformen seiner eigenen Zeit und deshalb

[1] WGN IX, 197.

[2] Grundzüge einer Metaphysik der Erkenntnis, 61 ff.

sich in einem Vorverständnis bewegt, das – streng genommen – jede genuine Geschichtsdeutung ausschließt. In diesem Zusammenhang ist es aber wichtig, daß aus dargelegten Gründen die philosophische Grundkategorie entfällt, danach in der Verschiedenheit des Ausdrucks der zeitbedingten Medien von jetzt und einst doch eine Bedeutungsidentität sich vergegenwärtigen kann und insbesondere die Geistesgeschichte die zeitbedingte und daher verschiedene Teilhabe an letztlich identischen Sinn- und Problemgehalten darstellt.[3]

Indem also diese Grundperspektive einer jeden Sinnmetaphysik ausgeschlossen ist und selbst unter den Verdacht fällt, nichts als bloße Perspektive zu sein, steht der Wahrhaftigkeitswille freilich einer jeden Geschichtsdeutung mit den größten Vorbehalten gegenüber, was sich auch im Selbstverständnis der immer geschichtsbezogenen Theologie nachhaltig auswirkt.

Dem philosophischen Glauben an eine zeitüberlegene, übergeschichtliche, bleibende Wahrheit war zu allen Zeiten die Grundanschauung unveräußerlich, daß die welt- und geistesgeschichtlichen Epochen und die darin auftretenden Einzelpositionen nichts anderes seien als der situationsbedingte, daher zufällige, veränderliche und rein faktische Ausdruck einer unbedingten, unveränderlichen und notwendigen Wahrheit. Diese Grundanschauung aber war dem Wahrhaftigkeitswillen, wie er für die Gegenwartsphilosophie signifikant ist, aus zwei Gründen nicht annehmbar. Der erste betraf die Nachweisbarkeit und Kontrollierbarkeit einer solchen übergeschichtlichen Wahrheitsdimension. Denn der Zweifel regte sich, daß eine solche in letztlich subjektiven Anschauungen bestehe, die in oder hinter die Geistesgeschichte projiziert werden, ohne sich dabei als solche ausweisen zu können, die dieser selbst und wesenhaft zugehören. So tritt hier erneut jene dargestellte Problematik der geistigen Intuition und ihres Objektbezugs auf, die besonders darin sich zeigt, daß auch jedes tatsächliche und wirkliche Heraussehen von Sinn- und Wahrheitsgehalten aus vorgegebener Realität sich schwer tut, um sich gegen den Verdacht zu verteidigen, ihm gehe ein Hineinschauen solcher Gehalte in diese voraus. Die Radikalität des Echtheitswillens führt daher sehr leicht dazu, das Kind mit dem Bade auszuschütten und in jeder übergeschichtlichen Wahrheit nichts als Perspektive zu sehen. Der zweite Aspekt gegen die Annahme übergeschichtlicher Wahrheit in der Geschichte richtete sich auf die Schwierigkeit, die Dimension der rein historischen Bedingtheit in wesenhafter Einheit zu sehen mit der Di-

[3] Vgl.: Wissenschaftstheorie der Philosophiegeschichte, in: GS Kap. 1–3.

mension der übergeschichtlichen Wahrheit. Diese Schwierigkeit resultierte sehr weitgehend daraus, daß in gleichem Maße, in dem die Wirklichkeit des Übergeschichtlichen, Zeitüberlegenen, Unbedingten und Unableitbaren aus dem philosophischen Bewußtsein entschwand, auch die Grundkategorien der Teilhabe,[4] des Ausdrucks,[5] der Gegenwärtigkeit[6] und der Mitteilung[7] nicht mehr verfügbar waren und bereit standen, um dieses Verhältnis zu erklären. Die Folge dieser Problematik bestand zum einen darin, daß die Geschichtlichkeit nicht mehr in Ausdrucksrelation zu übergeschichtlicher Wirklichkeit gesehen wurde und in rein faktischer, situationsbedingter, letztlich unabsehbarer und unberechenbarer „Wirkung" aufging. Zum anderen ergab sich daraus die zwingende Konsequenz, Wahrheit als Wirkung zu betrachten und demgemäß nach dem Wirkungsradius, der Wirkungseffizienz zu bemessen und zu beurteilen.

Diese Entwicklung tritt voll in Erscheinung in der Hermeneutik, wie sie durch Hans Georg Gadamer (geb. 1900), insbesondere in seiner Schrift ›Wahrheit und Methode‹, gesehen und begründet wurde. In seiner Fragestellung geht Gadamer davon aus, daß jede Erkenntnis von Wahrheit zum einen angewiesen sei auf die reine und als solche nicht überschreitbare Historizität, zum anderen aber eingefangen und eingebunden sei in das jeweilige situations- und zeitbedingte, daher in ständiger Veränderung befindliche Vorverständnis eines jeden Betrachters der Geschichte. Dieses Vorverständnis enthält die „Erwartungen",[8] „Vorentwürfe",[9] „Voreingenommenheiten",[10] „Antizipationen"[11] und „Vorurteile",[12] ohne die unzweifelhaft keine Geschichtsdeutung bestehen kann und auf die alle Wahrheitsfindung angewiesen ist, da sie in Gadamers Sicht über reine Historizität nie hinausgelangen kann. Daraus ergibt sich die hermeneutische Grundfrage, ob denn und wie denn angesichts solcher Gegebenheit über-

[4] Vgl. ST 513–592.

[5] Vgl. ST 76ff., 114ff., 128f., 141f., 150ff., 164ff., 185ff., 264ff., 268ff., 363ff., 366ff., 433ff., 554, 569f., 586, 588.

[6] Vgl. ST 47f., 79, 116, 368, 433ff., 488, 558f.

[7] Vgl. ST 50, 465, 472, 496, 536ff., 573, 578.

[8] Wahrheit und Methode. Grundzüge einer philosophischen Hermeneutik, Ges. Werke, Bd. I, Tübingen 1986, 271.

[9] Ebd.

[10] Ebd., 274.

[11] Ebd.

[12] Ebd., 276.

haupt noch Erkenntnis objektiver Wahrheit möglich sei und, wenn ja, worin diese dann noch bestehen könne.

Durch ihre historistische Präkonzeption ist jedoch diese Problemstellung derartig in die Enge getrieben, daß, um überhaupt noch eine Möglichkeit von Wahrheitsfindung aufrecht erhalten zu können, nur der Weg bleibt, Wahrheit als Wirkung der Geschichte selbst aufzufassen und zu interpretieren. Gadamer erklärt: „Eine sachangemessene Hermeneutik hätte im Verstehen selbst die Wirklichkeit der Geschichte aufzuweisen. Ich nenne das damit Geforderte ‚Wirkungsgeschichte'. Verstehen ist seinem Wesen nach ein wirkungsgeschichtlicher Vorgang."[13] Mit dieser Aussage will Gadamer darauf hinaus, daß die geschichtlichen Ereignisse einen Wirkungsradius aufweisen, der auch die Situation des Interpreten mitumfaßt, ja mitzubestimmen vermag, sofern dieser sich auf die Geschichtlichkeit seines eigenen Vorverständnisses in der Weise besinnt, daß er dieses in seiner wesenhaften Einheit mit einem fernen Verstehenshorizont und so als dessen Wirkung ergründet. Besonders die zeitliche Distanz, der „Abstand der Zeit" biete die Möglichkeit zur „Ausschaltung des subjektiven Anteils des Betrachters".[14] Indem also auf solche Weise der Interpret den „Wirkungen der Wirkungsgeschichte"[15] unterliegt, ist in allem „Verstehen" von Geschichte und Wahrheit bzw. der Wahrheit als Geschichte „die Wirkung dieser Wirkungsgeschichte am Werk".[16] Deshalb soll gelten: „Das wirkungsgeschichtliche Bewußtsein ist ein Moment des Vollzugs des Verstehens selbst."[17] Den „Vollzug des Verstehens" beschreibt Gadamer des näheren als eine „wirkliche Horizontverschmelzung".[18] Damit will er sagen, daß das Verstehen selbst zu einem geschichtlichen Ereignis wird, indem es begreift, daß „der Horizont der Gegenwart sich gar nicht ohne die Vergangenheit" bildet und deshalb „alles Verstehen" „den Vorgang der Verschmelzung solcher vermeintlich für sich seiender Horizonte" besagt und beinhaltet.[19] Diese hermeneutische Konzeption Gadamers läuft darauf hinaus, daß die allein als Geschichte bestehende Wahrheit sich im Verstehen auswirkt und in ihrer Auswirkung selbst auslegt.

[13] Ebd., 305. Vgl. E. Coreth, Grundfragen der Hermeneutik. Ein philosophischer Beitrag, Freiburg, Basel, Wien 1969, 171–176.

[14] Wahrheit und Methode, a. a. O., I, 303.

[15] Ebd., 305.

[16] Ebd., 306.

[17] Ebd.

[18] Ebd., 312.

[19] Ebd.,311.

Zum Verständnis dieser Hermeneutik, die auch weit hinein in das Selbstverständnis der theologischen Exegese sich ausgewirkt hat, ist es wichtig, ihren Ursprung in der Wahrhaftigkeitsforderung und der daraus resultierenden Skepsis gegenüber übergeschichtlicher Wahrheit[20] und Wirklichkeit klar im Auge zu behalten. Denn allein aus der Unnachgiebigkeit und Hartnäckigkeit dieser Forderung wird der abgründige Zweifel gegenüber jeder „übergeschichtlichen Dimension der Geistesgeschichte“[21] und die bezeichnete Hermeneutik als die dann allein noch verbleibende Möglichkeit der Wahrheitsdeutung verständlich.

2. Von der Wahrheit zum Entwurf

Das zweite Interesse des „Mißtrauens“ als der „Quelle der Wahrhaftigkeit“ richtet sich auf den Selbstvollzug allen Erkennens und Fürwahr-Haltens, insbesondere auf seine Begründung, Rechtfertigung und Ursprünglichkeit. In jeder Erkenntnis, die sich nicht aus sich selbst und aus sich allein begründet, sieht es eine intellektuelle Unaufrichtigkeit, die sich von vorprogrammierten oder doch vorgeformten Anschauungen leiten läßt, statt sich selbst auf den Weg zu machen und „a fundamentis“, „a principiis“ ihre ureigene Einsicht zu erwirken und aufzubauen. Aus dieser Interessenshaltung resultiert einerseits eine unermüdliche Erkenntniskritik, die nicht nur von universeller Skepsis ausgeht, sondern deshalb auch in einer solchen endet, weil es eine absolute Selbstbegründung der Erkenntnis gar nicht gibt. Läuft doch jede Begründungsreihe ins Unendliche, solange sie nicht einen vollkommen unüberschreitbaren, nicht mehr weiter begründbaren Inhalt hat, wie er menschlicher Einsicht nicht gegeben ist.

Zum anderen aber führt die dargestellte Interessenshaltung zu einer grundlegenden Ausgerichtetheit und Angewiesenheit allen Erkennens auf den existentiellen Selbstvollzug. Denn da allein dieser im eigentlichen Sinne die Merkmale der Selbstursprünglichkeit, Unvertretbarkeit und Selbstrechtfertigung aufweist, kann die Erkenntnis aus ihm die geforderten Eigenschaften eruieren. Daraus folgt eine Verlagerung des Erkennens von dem Nachvollzug vorgegebener Objektivität auf den Selbstvollzug des ureigenen Überzeugtseins und

[20] Zur Begründung einer solchen vgl.: ST 549–570; ME §§93–96; GS Kap. 1.
[21] Ebd.

damit von der Objektivität auf die Subjektivität. In dem Maße, in dem die erkenntniskritische Selbstbegründung des Erkennens ihr Ziel verfehlt, tritt an ihre Stelle eine existentielle, die das Gewicht der Wahrheitsfindung von der „Wahrheit-an-sich" auf die „Wahrheit-für-mich" verlagert und so wieder in idealistischer Weise die Sinnsetzung an die Stelle der Sinnfindung treten läßt.

So ist Jaspers davon überzeugt, daß das letzte und einzige Kriterium der Wahrheit in der Ursprünglichkeit des existentiellen Entwerfens gründe und daher die „Philosophie" nur „imaginäre intellektuelle Gebilde" aufführe, solange sie nicht aus dem „Grund der Existenz" entworfen sei.[22] Denn das „eigentliche Sein" ist für Jaspers in einem „wißbaren Sinne" nicht zu finden, weil zu ihm kein „Bewußtsein überhaupt", sondern allein „Existenz" in Bezug treten könne.[23] Demgemäß kann „Wahrheit" nur in dem Maße bestehen, in dem sie selbsttätig vollzogen, „meine Wahrheit", existentielles „Bekennen" ist.[24] Hieraus ergibt sich für Jaspers ein gegensätzliches Verhältnis von Vernunft und Existenz: „Niemand kann existieren, ohne grenzenlos das Gedachte in Frage zu stellen und in seiner Relativität zu sehen".[25] Das „für den Verstand Sinnwidrige" kann eine „notwendige Form des Sinnes" darstellen,[26] ja ich kann nur „vernünftig" sein, „wenn meine gesamte Vernunft auf Unvernunft gegründet ist".[27] Existenzerhellung" kann daher nur „durch signa" aussprechen, was „für mögliche Existenz wahres Sein ist".[28] Sie besteht somit nicht in der „Feststellung eines Objektiven",[29] nicht in der „Fixierung absoluten Wahrseins",[30] sondern in der „vieldeutigen Offenbarung" „existentieller Möglichkeiten"[31] und dem gleichzeitigen Appell an ihre „Verwirklichung".[32] Existenzerhellung kann nur gelingen, indem sie zwar im Allgemeinen denkt, sich aber zugleich aus existentiellem Ursprung erfüllt. Sie ist somit „ein Denken, in dem gleichsam zwei Flügel schlagen und das nur gelingt, wenn wirklich beide schlagen, die mögliche Exi-

[22] Von der Wahrheit, 737.
[23] Philosophie I, 23.
[24] Von der Wahrheit, 651.
[25] Ebd., 737.
[26] Vernunft und Existenz, 88.
[27] Ebd., 94.
[28] Philosophie II, 15.
[29] Ebd.
[30] Von der Wahrheit, 595.
[31] Philosophie I, 275f.
[32] Ebd.

stenz und das Denken des Allgemeinen".[33] Dabei muß dieses zu einer „Sprache" werden, in der „mitschwingt", was „existentielle Möglichkeit" ist.[34] Existenzerhellung muß darauf verzichten, „allgemeingültig" zu werden,[35] da Existenz keine „Allgemeingültigkeit" beansprucht.[36] Es geht ihr daher nicht um den „Unterschied von richtig und falsch, sondern den von ursprünglich und ausgedacht, das heißt von existentiellem und unechtem Denken".[37]

„Existenz" wird daher nie „Objekt", sondern ist „Ursprung, aus dem ich denke und handle".[38] Das „Objektive" bleibt ihr „leer, ein fremdes Andere".[39] Indem das „Philosophieren" seine Grundlage in „möglicher Existenz" hat, kann es nicht auch diese zu seinem „Objekt" machen, das es „erforscht und erkennt".[40] Das „System im Philosophieren" kann nicht als „Wissenschaft" bestehen,[41] die schon vorwegnimmt, was erst aus der Situation des Zeitdaseins Wirklichkeit wird, in der allein „Philosophieren" einen „Sinn" hat, weil „Existenz immer nur auf dem Wege ist".[42] Deshalb kommt es darauf an, daß Philosophie sich zur „Auflockerung alles fixierten absoluten Wahrseins"[43] und zur „Schwebe in der Welt"[44] bringt.

3. Von der Wahrheit zur Methode

Das dritte Interesse des „Mißtrauens" als der „Quelle der Wahrhaftigkeit" unterwirft die beiden dargestellten Formen der Skepsis erneut dem Zweifel und der Selbstkritik und findet dabei im Grunde kein Ende. So stellt es jede Weise der Selbsterkenntnis ganz gleich, ob sie die Subjektivität des Vorverständnisses, die Erkenntniskritik oder den Selbstvollzug verfolgt und im Auge hat, erneut unter den Verdacht, nicht Sachverhalte zu erschauen, sondern in die jeweiligen Bezugsob-

[33] Philosophie II, 11.
[34] Ebd., 16.
[35] Ebd.
[36] Ebd., 19.
[37] Philosophie I, 236.
[38] Ebd., 15.
[39] Philosophie II, 337.
[40] Ebd., 26.
[41] Philosophie I, 273.
[42] Ebd., 275.
[43] Von der Wahrheit, 595.
[44] Ebd.

jekte hineinzuschauen und sich solchermaßen am Ende doch immer nur selbst etwas vorzumachen. In der Methode der Skepsis[45] fordert der Echtheitswille eine absolute Redlichkeit, die er nur durch völlige Intentions- und Projektionslosigkeit des Denkens realisieren zu können meint. So wird jede Aussage unter grundsätzlichen Projektionsverdacht gestellt, jede Objektivität wird zu einer bloß vermeintlichen, kein Inhalt bietet dem immer weiter drängenden Zweifel eine Grenze. Die Folge ist ein Selbstverständnis des Denkens, danach dieses sich in völliger Intentionslosigkeit zu bewegen, eigentlich nichts mehr zu meinen hat außer der reinen Tatsache dieses Meinens selber. Am Ende erscheint „die Bewegung der skeptischen Infragestellung", diese „nihilistische" Auflösung aller Wahrheit, wie sogar Jaspers erklärt,[46] als „der Weg der Wahrheit". Die Folgen dieser universellen Skepsis sind vor allem methodische, sofern die Urintention des Philosophierens eigentlich nicht mehr auf Wahrheit, sondern allein noch auf grundsätzliche Infragestellung jeder Wahrheitsfindung gerichtet ist, um diese als eine immer nur vermeintliche zu demaskieren.

So fordert Wilhelm Weischedel (1905–1975) eine Methode grundsätzlichen und unermüdlichen In-Frage-Stellens, indem er glaubt, daß der ihr folgende immer zu dem Ergebnis gelangen müsse: „Es gibt nichts, das meinem Fragen standhielte."[47] Zwar will Weischedel damit durchaus das Interesse des Philosophierenden an feststehender, bleibender und objektiver Wahrheit umlenken auf das bezeichnete rein methodische Interesse. Aber, wenn er sich damit auch von solcher Wahrheit abkehrt, glaubt er doch, daß die konsequente Durchführung dieser Methode nicht letztlich in den Nihilismus hineinführe, sondern, indem sie auch diesen in Frage stelle, der Wiedergewinnung eines neuen Bodens diene. Denn die konsequent durchgeführte Skepsis lasse am Ende offenbar werden: „Was, herausgefordert von der Erfahrung der radikalen Fraglichkeit, alles andere bis zum Ende in Frage stellt, ist selbst zutiefst fraglich."[48] Daß Skepsis solchermaßen den Nihilismus gerade überwinden könne, erklären auch H.L. Goldschmidt[49] und H.D. Balser.[50] Dagegen hebt W. Pannenberg mit Recht

[45] Vgl. N §34.

[46] Von der Wahrheit, 744.

[47] Philosophische Theologie im Schatten des Nihilismus, hrsg. v. J. Salaquarda, Berlin 1971, 31.

[48] Ebd., 45.

[49] Der Nihilismus im Lichte einer kritischen Philosophie, Thayngen-Schaffhausen 1941, 82.

[50] Das Problem des Nihilismus im Werke G. Benns, Bonn 1965, 221.

hervor, daß ein „Fraglichmachen“ im „Sinne des leeren Zweifels“ nur noch tiefer in den Nihilismus hineinführe, während allein ein „auf Antwort gerichtetes Fragen“ ihn überwinden könne.[51]

Schon Nietzsche hatte eine Wahrhaftigkeit verlangt, die sich „jede Art Schleichweg zu Hinterwelten und falschen Göttlichkeiten“ untersagt, sich den „Glauben an eine wahre Welt“ verbietet und den „Unglauben an eine metaphysische Welt“ postuliert, da der Mensch dahinter gekommen sei, daß diese Welt „nur aus psychologischen Bedürfnissen gezimmert ist und wie er dazu ganz und gar kein Recht hat“.[52] Entsprechend fordert Carnap eine Methode, welche die „angeblichen Sätze der Metaphysik“ durch „logische Analyse“ als „Scheinsätze“ enthüllt,[53] da sie „überhaupt keine Sachverhalte beschreiben, weder bestehende noch nicht-bestehende“.[54] Solche „Scheinsätze“ als Inbegriff aller Metaphysik ergeben sich nach Carnap daraus, daß diese genötigt ist, „entweder Wörter anzuwenden, für die keine Kriterien angegeben werden und die daher bedeutungslos sind, oder aber bedeutungsvolle Wörter zusammenzustellen“,[55] indem sie „weder analytische Sätze sagen noch ins Gebiet der empirischen Wissenschaft geraten will“.[56] Für diese Deutung der Metaphysik ist es signifikant, daß sie von tiefem Mißtrauen gegenüber der Evidenz und Gewißheit der geistigen Intuition erfüllt ist und daher diese entweder zu rationaler Analyse oder einem Konstatieren empirischer Fakten umfunktionieren will. Dabei ist Carnap außerstande, der Eigenart geistiger Einsicht und ihrer ganz andersartigen Begründungsweise gerecht zu werden.

Camus stimmt mit dem Grundgedanken Nietzsches überein, die „wahre Welt“ sei nur „aus psychologischen Bedürfnissen gezimmert“ und wir müßten zugestehen, daß wir „dazu ganz und gar kein Recht haben“. Nur durch einen unehrlichen Trick könnten wir dazu kommen, die Welt mit „Bildern und Gestalten“ zu maskieren und solche „Kulissen“ für Wirklichkeit zu halten.[57] Camus zieht es daher vor, „hartnäckig“[58] an jenem „Gefühl des Absurden“ festzuhalten,

[51] Die Frage nach Gott, in: Philos. Theologie im Schatten des Nihilismus, 131.

[52] WKG VIII/2, 290.

[53] Überwindung der Metaphysik, 220.

[54] Die physikal. Sprache als Universalsprache, 452.

[55] Überwindung der Metaphysik, 236.

[56] Ebd.

[57] Der Mythos von Sisyphos, 18.

[58] Ebd., 48.

das aus der Gegenüberstellung des fragenden Menschen und der schweigenden Welt hervorgeht.[59]

Zuletzt ist diese Umwendung von der Wahrheit zur Methode besonders eindringlich durch Ernst Topitsch verlangt worden. Wie er geltend macht, entspringen alle Wahrheitsansprüche der Metaphysik „Affekten",[60] „emotionalen Motiven und gefühlsbesetzten Modellvorstellungen",[61] weiter bestimmten „Modellen des menschlichen Handelns",[62] „Sozialordnungen"[63] oder „primitiven Lebenssituationen".[64] In einem „zirkelartigen Prozeß von Projektion und Reflexion"[65] werden die „in das Universum projizierten Inhalte"[66] durch „normative Rückanwendung"[67] zu Prinzipien einer „intentionalen Weltauffassung".[68] Für diese ist es bezeichnend, daß sie keine „erfahrungsmäßige Prüfung",[69] keine „Falsifizierbarkeit durch die Erfahrung"[70] zulassen und sich durch einen „Kunstgriff"[71] jedem „Konflikt mit den Tatsachen",[72] zugleich aber auch jeder „Kontrollierbarkeit"[73] entziehen. Sie stellen daher „Scheinprobleme" oder mit beliebigem Inhalt füllbare „Leerformeln" dar.[74] Mit ihnen setzt Topitsch gleich die „ewigen Wahrheiten" und „ewigen Probleme" der Philosophie.[75] Die Aufgabe der Philosophie sieht er darin, daß sie als „ideologiekritische Forschung" die Voraussetzungen solcher „Wahrheiten" aufdeckt, ihren „Wahrheitsanspruch" als unhaltbar und ihre „Probleme" als gegenstandslos erweist.[76]

In vergleichbarer Weise erkennt Habermas in einer Erkenntnis, die

[59] Ebd., 29.
[60] Vom Ursprung und Ende der Metaphysik, 5.
[61] Mythos-Philosophie-Politik, 13.
[62] Vom Ursprung und Ende der Metaphysik, 286.
[63] Mythos-Philosophie-Politik, 126.
[64] Vom Ursprung und Ende der Metaphysik, 6.
[65] Ebd., 137.
[66] Ebd., 281.
[67] Ebd., 290.
[68] Ebd., 283.
[69] Ebd., 282.
[70] Ebd., 284.
[71] Mythos-Philosophie-Politik, 125.
[72] Vom Ursprung und Ende der Metaphysik, 285.
[73] Mythos-Philosophie-Politik, 125.
[74] Vom Ursprung und Ende der Metaphysik, 309.
[75] Ebd.
[76] Ebd.

den Anspruch auf objektive Wahrheit erhebt, einen „objektiven“[77] oder „objektivistischen Schein“,[78] den er als „falsches Bewußtsein“[79] anspricht. Denn darin werde übersehen, daß jede Erkenntnis vorgängig schon von „Interessen“[80] eingeholt ist, die letztlich dem „Klassenbewußtsein“[81] entspringen und daher als „Ideologien“[82] anzusehen sind. Es komme daher darauf an, durch kritische „Selbstreflexion“ diesen Zusammenhang zu durchschauen und zu neutralisieren.[83]

In Gefolgschaft zu dem vom Sicherheitspostulat dirigierten Kritizismus wird dabei die Möglichkeit nicht mehr geprüft, ob nicht in einer noch so sehr von Subjektivität durchsetzten Erkenntnis sich auf analoge Weise derselbe Sinn ausdrücken könne, der freilich in anderer Weise sich in der davon unabhängigen Welt darstellt. Denn jede Teilhabemetaphysik wird auf das grundsätzlichste ausgeschlossen, wie es für die Gegenwartsphilosophie bezeichnend ist.

[77] Erkenntnis und Interesse, 84.
[78] Technik und Wissenschaft als „Ideologie“, 167.
[79] Erkenntnis und Interesse, 256.
[80] Ebd., 163.
[81] Ebd., 84.
[82] Ebd., 76, 84.
[83] Ebd., 84ff., 261.

VIII. Die Dominanz des Prozessualen

In anderer Weise stellt sich der Echtheitswille innerhalb der Gegenwartsphilosophie dar, indem er auf Erlebnisevidenz ausgeht, d. h. auf größtmögliche Unmittelbarkeit zwischen Erleben und Denken. Dies geschieht in der Annahme, daß allein ein aus dem noch ganz unreflektierten Erleben herausquellendes, von diesem getragenes Denken einen Realitätsbezug beanspruchen und begründen könne, sofern in einem solchen die Subjekt-Objekt-Spannung auf ein erträgliches Minimum zurückfalle. Denn allein ein in unmittelbarstem, noch nicht durch Reflexion verstellten Erlebnisverkehr mit dem Gedachten stehendes Philosophieren könne in Aufrichtigkeit zu sich stehen und Realitätsechtheit für sich beanspruchen. Dabei ist das Interesse dieses Echtheitswillens wegen seiner Ausrichtung auf die Unmittelbarkeit des Erlebens oder auch existentiellen Erfahrens konzentriert auf solche Phänomene, die Bewegung, Prozessualität, Dynamik aufweisen und eben deshalb jenes Mit-Erleben ermöglichen, das die einzig tragfähige und legitime Basis eines jeden genuinen und ehrlichen Denkens darstellen soll. Was nicht dieses Urkriterium der Bewegtheit, des Ablaufs, des Werdens und Entstehens aufweist und deshalb keine Grundlage für die bezeichnete Erlebnisgewißheit bietet, soll aus dem Gesichtskreis philosophischen Fragens ausgeschieden werden. Denn es unterliegt unter diesen Voraussetzungen dem unüberwindbaren Verdacht, nichts als ein Produkt, eine Perspektive desjenigen Denkens darzustellen, das sich nur noch in sich selber reflektiert, jeden Realitätsbezug verloren hat und außerstande ist, einen Geltungsanspruch für eine über es hinausliegende Wirklichkeit zu begründen.

Da nun alle Weisen des spezifisch geistigen Erfahrens ihre Evidenz und Gewißheit nicht so sehr aus der Unmittelbarkeit eines Erlebens als vielmehr aus der Einsicht in einen Sach- oder Sinnzusammenhang und seine innere Notwendigkeit herleiten, ergibt sich, daß dieser Echtheitswille nach seiner Urintention jede Weise spezifisch geistigen Erfahrens ablehnt und darin eine seinem Interesse geradezu entgegengesetzte Erkenntnishaltung sieht. Aber auch alle Inhalte der geistigen

Intuition kommen nicht mehr in den Kreis seiner Aufmerksamkeit zu liegen, da sie aufgrund ihrer Universalität und Allgemeinheit gerade jeden Erlebnisverkehr, der ja immer am Einzelnen, Präsenten, Jeweiligen, Konkreten hängt, ausschließen und dem besonderen Kriterium der Prozessualität nicht zu entsprechen vermögen. Infolgedessen wird der geistige Akt mitsamt seinem Inhalt nicht nur aus dem Kreis eines jeden wahrhaftigen Philosophierens ausgeschlossen, sondern auch als lebensfern, realitätsflüchtig, nebulös, blaß und illusionär verdächtigt und entwertet. Die Kehrseite dieser Hinwendung zur Prozessualität des Lebens ist also die Abkehr von jeder zeit- und situationsenthobenen Wahrheit, von bleibender Geltung oder universellen Perspektiven des Sinn-, Wert- oder Wesenhaften. Das der Bewegung als dem Lebensechten verpflichtete Philosophieren wehrt sich gegen jede Starrheit fixer, feststehender Verbindlichkeiten und unveränderlicher Prinzipien. Es erkennt eben darin den Inbegriff alles Unechten, Unaufrichtigen, Gekünstelten, nur Projektiven. Werdelosigkeit wird zum untrüglichen Kriterium alles Unwahren, Irrealen. Freilich findet die dargestellte Krise des Geistes (Kap. III) aus dieser Disposition neue Nahrung und Vertiefung bis hin zur ausdrücklichen Ablehnung der geistigen Wirklichkeit bei Ludwig Klages.

Diese für die Lebensphilosophie, wie sie durch H. Bergson, L. Klages, W. Dilthey, G. Simmel, R. Eucken oder E. Troeltsch vorgetragen wird, außerordentlich grundlegende Haltung des Philosophierens erfährt in der Existenzphilosophie von K. Jaspers und M. Heidegger ebenso wie im Existentialismus A. Camus' und J.-P. Sartres wohl eine Verlagerung in ihrem Bezugsobjekt, nicht aber eine Änderung in ihrer Motivation. Ersucht die Lebensphilosophie mehr den direkten Kontakt zum vitalpsychischen Erleben, so die Existenzphilosophie das Innestehen in der existentiellen Erfahrung. Dabei wird aus dem Willen zur Prozessualität der Vitalsphäre die Entschlossenheit des Zu-sich-selbst-Stehens, zu unbedingter Aufrichtigkeit im Verhältnis zu den Grunderfahrungen des eigenen Selbstseins und seiner Ursprünglichkeit. Alles, was darin für existentielles Innewerden keine wirkliche und daseinsechte, dem Selbstvollzug jederzeit nachprüfbare Gegebenheit darstellt, hat um der Lauterkeit der eigenen Daseinsverwirklichung willen auch aus dem Philosophieren zu verschwinden. Nun steht jede Weise der Selbsterfahrung ohne Zweifel in dem Bewußtsein der Zeit und des Todes.[1] Indem also die Existenzphilosophie

[1] Vgl. ME §§ 17, 18, 21. W. Weier, Die Wende im existentiellen Bewußtsein von Zeit und Tod, Salzburger Jahrb. f. Philos., Bd. XXI/XXII, 1976/77, 163–182.

eben damit in unmittelbarstem Erfahrungs- und Erlebniskontakt zu verbleiben bemüht ist, erscheinen ihr alle zeitüberlegenen, unbedingten, werdelosen Sinn-, Wert- und Wesensgehalte als unvereinbar mit der Integrität der Selbstverwirklichung, ja geradezu als Fremdkörper in dieser. Deshalb widerstrebt es dem so orientierten Echtheitswillen, die Sphäre der Zeitlichkeit und Endlichkeit[2] zu überschreiten, um sich solchen Inhalten zuzuwenden, und er zieht daher das grundsätzliche Verbleiben in der reinen, sinnentfremdeten und daher nichtigen Zeitlichkeit jeder Weise des Transzendierens vor. So erklärt Camus: „Bei der Wahl zwischen der Geschichte und dem Ewigen habe ich die Geschichte gewählt, weil ich die Gewißheiten liebe. Ihrer wenigstens bin ich sicher."[3] Und wie es für Jaspers kein „zeitloses Reich der Wahrheit"[4] gibt, weil „Wahrheit des Daseins" „schlechthin und nur zeitlich"[5] ist, so erkennt Heidegger den „ursprünglichen ontologischen Grund der Existentialität des Daseins" in der „Zeitlichkeit"[6] und erklärt, daß „die Verfassung des Daseins und seine Weisen zu sein ontologisch nur möglich sind auf dem Grunde der Zeitlichkeit".[7] Deshalb fordert er, daß „die Behauptung ewiger Wahrheiten" endlich „ausgetrieben" werden müsse.[8]

Aus diesen Voraussetzungen ergibt sich, daß alles Philosophieren, wie Jaspers sich ausdrückt, allein „in der Situation des Zeitdaseins" vorkommt und allein darin einen „Sinn" haben kann,[9] weil es ja im Überschreiten der reinen Zeitlichkeit eo ipso die allein tragfähige Basis der unmittelbarsten Erlebnisgewißheit verlassen müßte. Insofern diese freilich etwas ganz und gar Subjektives darstellt, sieht Jaspers im „Objektiven" sogar „ein fremdes Andere".[10] Alles, was sich nicht durch lebhafte Aktualität oder dynamische Prozessualität der unmittelbarsten Selbsterfahrung als real ausweist und somit dem ganz direkt und unbezweifelbar Aufscheinenden zugehört, soll als existentiell unecht und unwahrhaftig angesehen werden und unter grundsätzlichem Projektionsverdacht stehen.

[2] Vgl. F.-J. von Rintelen, Philosophie der Endlichkeit als Spiegel der Gegenwart, Meisenheim/Gl. 1951.
[3] Der Mythos von Sisyphos, 73.
[4] Von der Wahrheit, 302.
[5] Ebd., 651.
[6] Sein und Zeit, a. a. O., II, 311.
[7] Ebd., 485.
[8] Ebd., 303.
[9] Philosophie II, 275.
[10] Ebd., 337.

1. Vom Bleibenden zum Wechsel

Die Lebensphilosophie hat in verschiedener Hinsicht am geistigen Vermächtnis des 19. Jahrhunderts wie an den Grundströmungen des neuzeitlichen Philosophierens teil. Wie für Hegel und Marx der Mensch ein Moment war in dem geschichtlichen Prozeß des Weltgeistes bzw. der in dialektischen Sprüngen sich entfaltenden Materie, so ist er für die Lebensphilosophie ganz und gar hineingenommen in den geschichtlichen Prozeß des sich entfaltenden Lebens. Wie für Nietzsche der Mensch aufging in dem in ihm wirkenden „Willen zur Macht" als dem Willen zum Leben, so ist der Mensch und seine ganze Welt für die Lebensphilosophie ein reines Produkt des sich in ihm auszeugenden „Lebens". Und wie Hegel den Weltgeist, Schopenhauer den Willen, Nietzsche den „Willen zum Leben", Marx die Materie verabsolutierte, so die Lebensphilosophie eben das Leben. Dieses wird hier genauso wie bei den genannten Philosophen des 19. Jahrhunderts zum Universalprinzip, d. h., vor, neben oder über ihm gibt es nichts. Was diese Denker miteinander verbindet, ist das gleiche Denkmodell, danach der letzte Bestimmungsgrund des Menschseins, hier das Leben, zum absoluten Universalprinzip der Gesamtwirklichkeit erhoben wird, über das hinaus es nichts geben soll. Diesem Denkmodell ging es, wie gezeigt, um die Verabsolutierung des Menschseins, insbesondere seiner Freiheit und Autonomie, um die Ausschaltung der Transzendenz. Zweifellos ist auch die Lebensphilosophie in ihrem Ansatz von diesem Freiheitsmotiv mitbestimmt. Indes wird unter diesen Voraussetzungen eine andere Frage in ihr vordringlich, die Frage nach der Wahrheit. Denn wenn die Welt und Wirklichkeit des Menschen in der geschichtlichen Prozessualität des Lebens auf- und untergeht, so wird die Frage sehr vordringlich, ob es dann überhaupt noch objektive Wahrheit, d. h. Wahrheit von zeitüberlegenem Geltungsrang geben kann. Die Möglichkeit, daß das Leben in all seiner ständigen Veränderung, in all seinem Werden und Vergehen eine zeitüberlegene Wahrheit widerspiegeln könne,[11] wird grundsätzlich ausgeschlossen und zwar nicht zuletzt auch deshalb, weil die Lebensphilosophie sich mit der Gegenwartsphilosophie darin einig ist, daß es um der Absolutheit des Menschseins willen keine Transzendenz geben könne. Von da her wie von dem Bestehen auf unmittelbarster Erlebnisevidenz ist die Wahrheitsfrage der Lebensphilosophie dirigiert, prädisponiert, vorentschieden. Zugleich sollen alle Inhalte, die über die Sphäre des un-

[11] Vgl. ST 549–570.

mittelbarsten Erlebens hinausgreifen, hinausliegen, die also der ganz direkten Kommunikation mit dem Denken sich verweigern, als unecht unwirklich, daher als rein projektiv und unwahr angesehen werden.

So ist Henri Bergson (1859–1941) nicht mehr auf die Möglichkeit eingestellt, daß in fließender, werdender, veränderlicher, zeitlicher, geschichtlicher Wirklichkeit ein Beharrendes, Unveränderliches, Überzeitliches, Übergeschichtliches sich darstellen könne.[12] Da Bewegtheit für ihn das Kriterium des Lebensechten, Wirklichen und Wahren ist, erscheinen ihm alle zeitüberlegenen Geltungen, Wahrheiten und Inhalte als unwirklich und unwahr. Er kennt nur das harte, unversöhnliche vorsokratische Entweder-Oder: Entweder besteht die Wirklichkeit in einem heraklitischen Lebens- und Werdensfluß oder sie ist ein pythagoreisch geometrisches und eleatisch starres Formgebilde: „Es gibt einfach nur Geometrisches und Lebendiges, und dazwischen – als ein Schwanken des Geistes zwischen beiden – den Begriff des Zusammenhanglosen."[13] Bergson kennt nur das Entweder-Oder einer „Ideenphilosophie", die alle Realität in „Formen" aufgehen läßt, oder einer Lebensphilosophie, welcher jede „Form" als ein Schnitt erscheinen müsse, den das Denken durch das Welt-Werden legt: „Man stelle sich einen Geist vor, der sich in den Gang des Werdens hineinversetzt und seine Bewegung annimmt. Ihm wird jeder eintretende Zustand, jede Qualität, kurz jede Form als ein bloßer Schnitt erscheinen, den das Denken durch das Welt-Werden legt ... Die Ideenphilosophie aber geht den umgekehrten Weg. Sie geht von der Form aus. Die sieht in der Form das Wesen der Realität selbst ... Die derart gesetzte, die von der Zeit unabhängige Form aber ist nicht mehr die in der Wahrnehmung verwurzelte: sie ist ein Begriff."[14] Angesichts dieser Alternative hält Bergson den Fluß des Lebens, die Bewegung, den Wechsel und Wandel für die eigentliche Wirklichkeit, um alle auf werdelose, immer gültige Gehalte gerichteten Formen des Denkens als starre und leblose Produkte eines Intellektes anzusehen, der nicht bereit ist, auf die Wirklichkeit des Lebens einzugehen. Dieser Intellekt ist es für Bergson, der im Gegensatz zu „Leben" und „Seele" sich sein eigenes geometrisches, starres, lebens- und daher wirklichkeitsfernes Gehäuse baue oder sein starres „Netz" von Fixie-

[12] Vgl. L. Kolakowski, H. Bergson, übers. v. U. Ludz, München, Zürich 1985, 99–132.

[13] Schöpferische Entwicklung, übers. v. G. Kantorowicz, Jena 1921, 241.

[14] Ebd., 321.

rungen über das Leben zu werfen suche, um dieses durch seine „Maschen“ hindurchschlüpfen zu lassen.[15] So ist für Bergson wie für Heraklit Wirklichkeit Wechsel, und Wechsel ist die eigentliche Substanz der Dinge: „Diese Wirklichkeit ist reine Bewegung. Es existieren keine starren Dinge, sondern allein werdende Dinge, keine Zustände, die bleiben, sondern nur Zustände, die sich verändern.“[16] Bergson glaubt, von einem aktualistischen Personbegriff her dieses Wesen der Wirklichkeit demonstrieren zu können: „Das Bewußtsein, das wir von unserer eigenen Person haben, in seinem unaufhörlichen Fließen, führt uns in das Innere einer Wirklichkeit hinein, nach deren Muster wir uns alle andere Wirklichkeit vorstellen müssen.“[17]

Hieraus ergibt sich, daß das Denken allein in dem Maße Wirklichkeit erfassen kann, in dem es sich selbst in die Bewegtheit des Werdens versetzt, daß es dagegen hierzu außerstande ist, solange es an unveränderlichen Inhalten festhält: „Unser Geist, der feste Stützpunkte sucht, hat im gewöhnlichen Verlauf des Lebens die eingewurzelte Gewohnheit, sich Zustände und Dinge vorzustellen. Er macht in gewissen Abständen sozusagen Momentaufnahmen von der unteilbaren Bewegung des Wirklichen ... So substituiert er dem Kontinuierlichen das Diskontinuierliche, der Beweglichkeit die Stabilität, der in Veränderung begriffenen Tendenz die fixen Punkte, die eine Richtung der Veränderung und der Tendenz festlegen. Diese Substitution ... geht aus vom Unbeweglichen und begreift und drückt die Bewegung nur aus als Funktion der Unbeweglichkeit. Sie fühlt sich wohl in fertigen Begriffen und bemüht sich, mit ihnen, wie mit einem Netz, etwas von der fließenden Wirklichkeit aufzufangen ... Aber dadurch läßt sie das eigentliche Wesen des Wirklichen durch die Maschen hindurchschlüpfen.“[18] In dem Bestreben des Denkens, unveränderliche Geltungen festzuhalten, statt sich in den Fluß des Lebens zu versetzen und mitzuschwimmen, sieht Bergson die Ursachen aller Antinomien der Metaphysik.[19] Es gibt für ihn keine Möglichkeit, mit der Starrheit der Begriffe die Wirklichkeit, welche in „Bewegung“ besteht, zu er-

[15] Denken und schöpferisches Werden, übers. v. L. Kottje, Meisenheim/Gl. 1948, 212.

[16] Ebd., 211.

[17] Ebd.

[18] Ebd., 212.

[19] Ebd.: „Die der Metaphysik innewohnenden Schwierigkeiten ... kommen hauptsächlich daher, daß wir uns in das Unbewegliche versetzen, um das Bewegliche nur als Übergang anzusehen, statt uns in das Bewegliche hineinzuversetzen, um mit ihm die unbeweglichen Positionen zu durchlaufen.“

fassen: „Es gibt kein Mittel, um mit der Festigkeit der Begriffe die Beweglichkeit des Beweglichen wiederzugewinnen.“[20]

In Vorläuferschaft zu Klages setzt schon Bergson die Welt des Geistes und des Verstandes dem Lebensbereich der Seele entgegen und sucht diesen über die Welt der Ideen zu stellen.[21] Der Verstand als solcher richtet sich nicht auf das Leben, die Bewegung und daher nicht auf die Wirklichkeit aus, sondern auf „fixe Punkte“ (points fixes) und das „Leblose“: „Beginnen wir ... damit, eine Grenzlinie zwischen Leblosem und Lebendigem zu ziehen, so sehen wir, wie das Leblose von Natur in die Verstandesrahmen eingeht, während sich das Lebendige hierzu nur künstlicherweise hergibt.“[22] Der Verstand fühlt sich bei der anorganischen Materie am ehesten in seinem Element. Er trägt ein „latentes Mathematikertum“ in sich und behandelt das Lebendige wie das Leblose: „Einen Punkt gibt es, den alle Welt uns zugeben wird; den nämlich, daß sich der Intellekt bei der anorganischen Materie am meisten in seinem Element fühlt ... In Form einer natürlichen Logik trägt der Intellekt ein latentes Mathematikertum in sich, das nach und nach und je im Maß tieferen Eindringens ins Innere der leblosen Materie frei wird ... Tritt nun der Intellekt an die Erforschung des Lebens heran, so behandelt er das Lebendige mit Notwendigkeit genau wie das Leblose.“[23] Indem Geist und Verstand in dieser ihnen naturgemäßen Richtung sich nicht auf den Richtungs-Sinn des Lebensflusses auszurichten vermögen, können sie von der Wirklichkeit und ihrem Sinn nichts erfassen, sondern gehen an ihr vorbei, indem sie entweder wie die alte „Metaphysik“ einen „Tunnel“ unter die Wirklichkeit des Lebensflusses graben oder wie die moderne „Wissenschaft“ eine „elegante Brücke“ darüber spannen.[24] Wenn daher der Geist zum Richtungs-Sinn der Wirklichkeit gelangen will, bleibt ihm gar nichts anderes mehr übrig, als „sich Gewalt anzutun“, die ge-

[20] Ebd., 213.

[21] Denken und schöpferisches Werden, 219: „Man könnte sagen, daß eine unsichtbare Strömung die moderne Philosophie dazu führt, die Seele über die Idee zu stellen.“

[22] Schöpferische Entwicklung, 203.

[23] Ebd., 200.

[24] Denken und schöpferisches Werden, 200: „Wenn man sich buchstäblich an das hielte, was die Metaphysiker und die Wissenschaftler sagen und auch verwirklichen, könnte man glauben, daß die ersteren unter die Wirklichkeit einen tiefen Tunnel getrieben haben, während die anderen über sie eine elegante Brücke errichten, daß aber der lebendige Fluß der Dinge zwischen diesen Kunstbauten daherfließt, ohne sie zu berühren.“

wöhnliche Richtung seines Denkens umzukehren und unaufhörlich seine Kategorien umzuschmelzen: „Es bleibt indessen wahr, daß unser Geist die entgegengesetzte Richtung zu verfolgen vermag. Er kann sich in die bewegliche Wirklichkeit hineinversetzen, ihre unaufhörlich wechselnde Richtung annehmen, kurz, sie intuitiv ergreifen. Er muß sich deswegen Gewalt antun und die gewöhnliche Richtung seines Denkens umkehren und unaufhörlich seine Kategorien umschmelzen. Aber er wird so zu gleichsam fließenden Begriffen kommen, die fähig sind, der Wirklichkeit sich innig anzuschmiegen, um gleichsam mit dem inneren Leben der Dinge eins zu werden."[25] „Philosophieren" besteht daher darin, „die gewohnte Richtung unserer Denkarbeit umzukehren".[26]

Besonders dem „Instinkt" weist Bergson die Rolle zu, den „Verstand" aus seinen Fixierungen, Erstarrungen, Festlegungen herauszureißen, aus seiner Neigung zum Formelhaften, Mathematischen zu befreien und in den Lebensfluß zurückzuversetzen. Aus dem Zusammenwirken von Instinkt und Verstand entsteht das, was Bergson „Intuition"[27] nennt. Diese alle Begriffshülsen sprengende Intuition ist einer der zentralsten Begriffe in Bergsons Lebensphilosophie. Demgemäß unterscheidet er in seiner Schrift ›Les deux Sources de la Morale et de la Religion‹ zwei Formen der Moral und der Religion: eine mehr verstandesmäßige, sich nicht in den Lebensfluß versetzende, daher unwahre und eine mehr instinktive, intuitive.[28] Ganz analog gibt es, wie er in seiner Schrift ›Essai sur les Données immédiates de la Conscience‹ zeigen will, zwei Erfahrungen der Zeitlichkeit: eine statisch-rationale, darin wir die Zeit in rein quantitativen Schemata berechnen, messen, beherrschen, ohne uns in den Zeitablauf, das Zeitgeschehen selbst zu versetzen, und eine dynamisch-intuitive, darin wir uns in den Zeitprozeß selbst versetzen und sein Fortströmen als „Dauer" (durée) erleben.[29] Vermittelt durch die Intuition gewinnt die letztere Zeiterfahrung Anteil an jenem „Lebensschwung" (élan vital),[30] der als innerste Kraftquelle alle Gestalten und Erschei-

[25] Ebd., 213.

[26] Ebd., 214.

[27] L'intuition philosophique, Paris 1927, 9–94.

[28] Die beiden Quellen der Moral und Religion, übers. v. E. Lerch, Olten, Freiburg i. Br. 1980, 33–62, 99–264. Œuvres, hrsg. v. A. Robinet, Paris 1959, 1006–1030, 1062–1200.

[29] Zeit und Freiheit, Frankfurt a. M. 1989, 106–177. Œuvres, a. a. O., 93–160.

[30] Die beiden Quellen, 93. Œuvres, a. a. O., 1055.

nungen der Welt hervortreibt und sich in ständiger Schöpfertätigkeit befindet.

Daß jedoch die Antizipation Bergsons, danach Leben und bleibender Sinn sich immer ausschließen, nicht selbstverständlich ist und daß Geist und Leben keinen Gegensatz, sondern eine wesentliche Einheit darstellen, wollte vor allem Maurice Blondel (1861–1949) zeigen.[31] Dieser geht mit Bergson davon aus, daß das Wesen der Wirklichkeit im Werden bestehe und sucht, wie Bergson es forderte, dieses Werden durch die Intuition zu verstehen.[32] In dieser begegnen ihm aber nun Inhalte, die die reine Zeitlichkeit und Geschichtlichkeit transzendieren: eine kosmische Einheit in der Vielfalt der Seienden,[33] eine tiefe Verwandtschaft zwischen Geist und Leben.[34] Das höhere Leben des Geistes findet er vom kosmischen Leben getragen, durchdrungen und aufgerufen, dieses zu lenken, zu ergänzen und zu vergeistigen.[35] Gleichzeitig erkennt aber Blondel auch die seinshafte Verschiedenheit von Leben und Geist.[36] Und nun fragt er nach dem letzten Grund dafür, daß Leben und Geist, Werden und Intuition trotz ihrer Verschiedenheit bzw. in ihrer Verschiedenheit doch einander so intim zugeordnet sind, daß sie eine Einheit bilden.[37] Zur Beantwortung dieser Frage geht er darauf zu, daß Leben und geistige Intuition nur dann eine Einheit bilden können, wenn sie beide in ihrer Verschiedenheit einen gemeinsamen Sinn ausdrücken, den Sinn einer sie umgreifenden Einheit.[38] Dieser Sinn muß über sie hinausliegen, um sie umgreifen und einander zuordnen zu können.[39] Er muß daher, wie Blondel gegen Bergson hervorhebt, Leben und Geist, Leben und Intuition transzendieren.[40] Es muß also eine transzendente „Ordnung“

31 Vgl. ST 433–437.

32 Das Denken, übers. v. R. Scherer, Bd. I, Die Genesis des Denkens und die Stufen seiner spontan aufsteigenden Bewegung, Freiburg, München 1953, 56.

33 Ebd., I, 40.

34 Ebd., I, 71, 201.

35 Ebd., I, 71, 85.

36 Ebd., I, 185.

37 Ebd., I, 39f.

38 Ebd., I, 71, 185: „Auf die Art, wie das Denken in uns zum Durchbruch kam ..., ist es unmöglich, sei es den rationalen Aspekt und ideellen Sinn oder den geistigen Aspekt und vitalen Sinn dieses Transzendenten zu unterdrücken.“

39 Ebd., I, 177.

40 Ebd., I, 79. Vgl. A. E. van Hooff, Die Vollendung des Menschen, Freiburg, Basel, Wien 1982, 279–330.

geben, die Leben und Intuition zur Einheit führt.[41] Dann muß aber auch ein transzendenter Sinnurheber und Sinnträger existieren.[42] Dieser ist für Blondel ein höchster „Intellekt", den er Gott nennt.[43] In ihm liegt die Einheit des kosmischen Lebens, welche die Sinngemeinschaft unter den verschiedenen Seienden, unter Leben und Geist, Werden und Intuition letztlich begründet, die ohne Gott unerklärlich, Fragment bliebe.[44]

2. Vom Geist zur Vitalität

Die Position Blondels nimmt jedoch innerhalb der Lebensphilosophie eine Außenseiterstellung ein, sofern seine Hinwendung zur Transzendenz und seine damit konspirierende Anschauung von der wesenhaften Einheit von Geist und Leben der Radikalität des lebensphilosophischen Echtheitswillens am Ende doch nicht entsprach. Dieser witterte vielmehr in jedem Überschreiten der reinen Prozessualität und daher in jeder Hinwendung zu geistigen Inhalten von bleibender Geltung und überdynamischer Universalität eine Preisgabe des einzig Wirklichen, der krafterfüllten Bewegtheit, und daher ein Ausgleiten ins Illusionäre, Lebensferne, Unechte, Unwahre. Deshalb setzte sich die Grundanschauung durch, danach ein unversöhnlicher Gegensatz zwischen Geist und Leben bestehe und alle Orientierung auf der Seite des letzteren zu stehen habe.

Dieses so verstandene „Leben" nennt Ludwig Klages „Seele" und begreift den „Geist als Widersacher der Seele".[45] Wie Bergson nennt auch Klages die Hinkehr des Geistes zu überzeitlichen Inhalten „Eleatismus" und setzt diesen dem „Heraklitismus" entgegen, den er als die Hinwendung zu dem „Strom des Geschehens", zur „Zeitlichkeit" versteht.[46] Unter beiden besteht für Klages ein „weltgeschichtlicher Gegensatz", für den bis heute kein Denker einen „Ausgleich" finden konnte, „weil es keinen gibt".[47] Demgemäß betrachtet er „Geist und

[41] Das Denken, I, 177.

[42] Das Denken, a. a. O., Bd. II, Die Verantwortung des Denkens und die Möglichkeit seiner Vollendung, Freiburg, München 1956, 316.

[43] Ebd., 325 f.

[44] Ebd., I, 151, 172.

[45] Der Geist als Widersacher der Seele, Sämtl. Werke, hrsg. v. E. Frauchiger u. a., Bd. I, Bonn 1969; Bd. II, Bonn 1966. Vgl. H. Kasdorff, Rhythmus und Takt, Leben und Geist, in: Hestia, hrsg. v. dems., Bonn 1983, 8–21.

[46] Der Geist als Widersacher der Seele, a. a. O., II, 853.

[47] Ebd.

Leben" als „zwei einander von grundaus feindliche Wirklichkeiten"[48] und erkennt eine „tiefe Kluft" zwischen beiden.[49] Sie stellen „Pole der Wirklichkeit" dar.[50] Denn „der Geist ‚ist'; das Leben vergeht – Der Geist urteilt; das Leben erlebt – Das Urteil ist eine Tat, das Erleben ein Pathos – Der Geist erfaßt das Seiende; das Leben erlebt das Geschehen – Das (reine) Sein ist außerraumzeitlich, und so ist es auch der Geist; das Geschehen ist raumzeitlich, und so ist es auch das Leben – Das Sein ist grundsätzlich denkbar, aber nie unmittelbar zu erleben; das Geschehen ist grundsätzlich erlebbar, aber nie unmittelbar zu begreifen – Die Urteilstat bedarf des erlebenden Lebens, worauf sie sich stütze; das Leben bedarf nicht des Geistes, damit es erlebe –."[51] Der „geistige Bemächtigungswille" liegt mit dem „Wirklichkeitssinn" im Streit[52] und bekundet dadurch „einen Selbstwiderspruch, der wie nichts anderes die Lebensfeindlichkeit des Willens und folglich des Geistes beleuchtet".[53]

Angesichts dieser Gegensätzlichkeit stellt sich Klages ganz entschieden auf die Seite Heraklits, dessen „unbestechlicher Hellsinn" für ihn „mit Lauten tragischen Hohnes die Sinnlosigkeit aller Zwecke und Werte trifft"[54] und alles „Dichten und Trachten der Menschen" durch ein „müssendes Getriebensein" ersetzt.[55] Die „Idee", für Klages Inbegriff aller zeitüberlegenen Geltungen, ist umgeben von einem „schweren, schier undurchdringlichen Bedeutungsgewölk", das den „alten Zaubernamen ‚Idee' nimbusartig umschleiert".[56] Hinter dieser Entscheidung für das Leben und gegen den Geist steht die vom Echtheitswillen dirigierte Abkehr von allen „nur" einsehbaren, nicht aber durch Erlebnisevidenz ausgewiesenen geistigen Inhalten und die hieraus resultierende Absolutsetzung der Bewegung als des Lebens, das zum Inbegriff alles Wirklichen, Echten und Wahren wird.

Hieraus ergibt sich für Klages die Ablehnung des Geistes als einer das Leben „zerstörenden Macht",[57] als einer „zerstörenden Tat".[58]

48 Ebd., I, 253.
49 Ebd.
50 Ebd., 68.
51 Ebd.
52 Ebd., I, 616.
53 Ebd., I, 617.
54 Ebd., II, 853.
55 Ebd.
56 Ebd., I, 572.
57 Ebd., II, 1120.
58 Ebd., I, 753.

Der „Geist“ ähnelt für ihn „einem in die Lebenszelle getriebenen Keil“, dessen Ziel es ist, diese zu „halbieren“, „den Leib zu entseelen, die Seele zu entleiben und solchermaßen das Leben selber zu töten“.[59] Deshalb will Klages „das höchste und letzte Ziel der Menschheit“ darin erkennen, mit dem „Scheidewasser des Geistes“ den „alles scheidenden Geist wieder vom Leben zu lösen“.[60]

Dieses verabsolutierte Lebensprinzip Klagesscher Prägung wird bei Marcuse zu jener „Triebstruktur“, die er als „Sinnlichkeit“,[61] „Eros“,[62] „Lustprinzip“[63] oder auch „Sexualität“[64] anspricht. Für jene „Befreiung“, die Marcuse als Ziel seiner „Kritischen Theorie“ betrachtet,[65] ist es bezeichnend, daß sie nicht ein „geistiges Geschehen“ meint, [66] nicht in der „Vernunft“ zu suchen ist,[67] sondern in jener „Sinnlichkeit“, der es um die „Beschränkung der Ansprüche der ‚höheren‘ Fähigkeiten zugunsten der ‚niederen‘“ geht.[68] Zwar erklärt Marcuse, daß „die Gesetze der Vernunft“ mit den „Interessen der Sinne“ „versöhnt“ werden müßten,[69] aber eigentlich geht es um die völlige Auflösung jener in diesen.

Aus dieser Entwicklungstendenz des Echtheitswillens ergibt sich die Verabsolutierung einer Vitalpsyche, die nunmehr den leer gewordenen „Thron“ des Geistes besteigt. Die Folge davon ist, daß die Bestimmungsgründe des Menschseins nicht mehr gleichsam „von oben“, aus der geistigen Dimension des immer Gültigen hervorgehen, sondern „von unten“ aus der dumpfen Irrationalität der Vitalpsyche und ihrer Triebinteressen sowie eines so verstandenen Un- und Unterbewußten herausquellen, d. h. unter Aufhebung der existentiellen Freiheit[70] determiniert sind. Hier vereinigt sich diese Tendenz mit den Interessen der Psychoanalyse bzw. Tiefenpsychologie Freudscher Prägung, danach sich menschliche Freiheit doch immer nur von den Trieben der Vitalpsyche leiten läßt und daher auch zu einer anderen

[59] Ebd., I, 755.
[60] Ebd., I, 254.
[61] Triebstruktur und Gesellschaft, a. a. O., V, 164f.
[62] Ebd., 145.
[63] Ebd., 44.
[64] Ebd., 49.
[65] Der eindimensionale Mensch, a. a. O., VII, 13.
[66] Aufsätze, a. a. O., III, 158.
[67] Triebstruktur und Gesellschaft, a. a. O., V, 165.
[68] Ebd.
[69] Ebd.
[70] Vgl. ME §§ 13, 15, 88. PB Kap. 6, 9.

und insbesondere geistigen Orientierung unfähig sein soll (vgl. Kap. III/4, § 1).

3. Vom Wesen zum Vollzug

Es entspricht durchaus dem lebensphilosophischen Interesse, wenn Jaspers den Urgehalt der Wahrheit nicht in persistierenden Substanzen, ontologischen Wesenheiten oder zeitüberlegenen Essenzen grundgelegt sieht, sondern allein in der Dynamik des jeweiligen aktuellen und lebendigen Vollzugs menschlicher Existenz. Wahrheit soll ebenso in der Echtheit der unmittelbarsten Selbsterfahrung wie in der Aktualität des jeweiligen Daseinsvollzugs ihren einzig denkbaren Realitätsanspruch haben und diesen in jedem Überschreiten solcher Erlebnisgewißheit verlieren.

So liegt für Jaspers „die Wahrheit der Existenz" niemals im „Inhalt als solchem" begründet, sondern allein in dem, „was durch das Denken in mir geschieht".[71] „Wahrheit ist demgemäß nicht allgemeingültig", sondern allein „Wahrheit für mich", indem ich ihr „unbedingt folge".[72] Das heißt, daß „Wahrheit" allein dadurch „ist, daß ich sie werde",[73] „in der Existenz vollziehe",[74] sie „in mir bewegende Kraft wird".[75] Sie besteht nicht in „Wissensergebnissen", sondern in einem Prozeß, und zwar in einem „Aneignungsprozeß von Seinsmöglichkeiten",[76] im „Handeln und Entscheiden".[77] Es ist daher nicht nur das „Selbstsein" allein vollziehbar im „Tun aus Freiheit",[78] sondern alle Wahrheit fällt zurück auf jenes „Lesen" der „Chiffreschrift" des Daseins, das nur durch „das innere Tun des Lesenden" möglich ist.[79] Somit ist Existenz auch „Ursprung ihres Wesens"[80] gemäß dem Prinzip: „Indem ich wähle, bin ich."[81]

In vergleichbarer Weise erklärt Sartre: „Es gibt Wirklichkeit nur in

[71] Vernunft und Existenz, 96.
[72] Philosophie I, 48.
[73] Philosophie II, 9.
[74] Von der Wahrheit, 652.
[75] Philosophie II, 342.
[76] Philosophie I, 324.
[77] Philosophie II, 182.
[78] Philosophie I, 65.
[79] Philosophie III, 163.
[80] Philosophie II, 182.
[81] Ebd.

der Tat."[82] Demgemäß ist der Mensch nichts als ein „Entwurf" und „existiert nur in dem Maße, in dem er sich verwirklicht".[83] Und auch für Sartre ist der Mensch ein „Wesen, bei dem die Existenz der Essenz vorausgeht",[84] also „nichts anderes, als wozu er sich macht".[85]

Die Folge ist, daß es für Jaspers keine bleibende, feststehende und unverrückbare Wahrheit gibt, sondern nur eine Vielheit von „Wahrheiten", die sich widersprechen. Denn „das existentiell Viele ist das Ursprüngliche".[86] Und indem „meine Wahrheit, die ich schlechthin bin als Freiheit", an „andere Wahrheit" stößt, „wird sie erst in und mit dieser", wobei „Wahrheiten sich widerstreiten" und „unvertretbar" zueinander hinstehen.[87] Folglich gibt es auch kein „zeitloses Sein", keine „absolute Wahrheit",[88] sondern nur jene „Vieldeutigkeit", „in der die Transzendenz sich für alles Zeitdasein verbirgt".[89] Und Philosophie ist das Denken, das nicht durch ein „vollendetes System" alles beenden, sondern durch „Systematik" orientieren, erhellen und „vieldeutig offenbaren" kann,[90] um zu jener Verwirklichung bereit zu machen, die allein „aus existentieller Möglichkeit getan und nicht vorweggenommen wird".[91]

4. Von der Transzendenz zur reinen Zeitlichkeit

Für das Verständnis von „Sinn des Seins" oder „Wahrheit des Seins", wie Heidegger es vorträgt, ist es bezeichnend, daß diese Zielpunkte der Transzendenzphilosophie zurückgenommen sind in die Immanenz der „Zeitlichkeit", welche ihm „Geschichtlichkeit" und „Endlichkeit" besagt. Fragt man nach dem letzten Ursprung dieser Anschauung in seinem Denken, so kann kein Zweifel sein, daß dieser zu suchen ist in seinem Verhältnis zu den Grunderfahrungen menschlicher Existenz, welche für ihn in der „Sorge" und im Erleben des „Seins zum Tode" besteht. Weil auch er an jenem Echtheitswillen fest-

[82] Ist der Existentialismus ein Humanismus?, 22.
[83] Ebd.
[84] Ebd., 11.
[85] Ebd.
[86] Philosophie II, 422.
[87] Ebd., 417.
[88] Philosophie I, 275.
[89] Von der Wahrheit, 136.
[90] Philosophie I, 275.
[91] Ebd.

zuhalten sucht, der auf die unmittelbarste Selbsterfahrung rekurriert und diese nicht überschreiten will, wird die Grunderfahrung der Sorge für ihn zum unüberschreitbaren Zentralpunkt seines gesamten Verständnisses von dem „Sinn" und der „Wahrheit" des „Seins": „Die ursprünglichste, grundlegende existenziale Wahrheit, der die fundamentalontologische Problematik – die Seinsfrage überhaupt vorbereitend – zustrebt, ist die Erschlossenheit des Seinssinnes der Sorge. Für die Freilegung dieses Sinnes bedarf es der ungeschmälerten Bereithaltung des vollen Strukturbestandes der Sorge."[92] Dies gilt es nun im einzelnen zu zeigen.

Die Sorge ist es, die Heidegger Einblick gewährt in „die konkrete Verfassung der Existenz, das heißt in ihren gleichursprünglichen Zusammenhang mit der Faktizität und dem Verfallen des Daseins".[93] Diese Grunderfahrung der Sorge beschreibt Heidegger auch als „Geworfenheit".[94] Tiefer aber zeigt sich ihm darin jenes „Sein zum Tode", das im „Strukturmoment der Sorge" seine „ursprünglichste Konkretion" hat,[95] wie auch „das Sein zum Tode in der Sorge gründet".[96] Hieraus aber zieht Heidegger den Schluß, daß die „Sorge" als das „Sein des Daseins" „durch und durch von Nichtigkeit durchsetzt" sei und „das (nichtige) Grundsein einer Nichtigkeit"[97] besage.

Indem nun Heidegger unter diesen Voraussetzungen die Sorge auf ihren ontologischen Sinn befragt, ist er bestrebt, an der Unmittelbarkeit der Sorgeerfahrung festzuhalten, diese nicht auf einen zeitüberlegenen Sinn zu überschreiten, sondern ihren Sinn in den aufgewiesenen Befindlichkeiten selbst zu sehen: „Das ... Phänomen der Sorge befragen wir dann auf seinen ontologischen Sinn. Die Bestimmung dieses Sinnes wird zur Freilegung der Zeitlichkeit."[98] „Zeitlichkeit enthüllt sich als der Sinn der eigentlichen Sorge."[99] „Die ursprüngliche Einheit der Sorgestruktur liegt in der Zeitlichkeit."[100] „Die Zeitlichkeit ermöglicht die Einheit von Existenz, Faktizität und Verfallen und konstituiert so ursprünglich die Ganzheit der Sorgestruktur ...,

[92] Sein und Zeit, a. a. O., II, 419.
[93] Ebd., 307.
[94] Ebd., 334.
[95] Ebd., 333.
[96] Ebd., 344. Vgl. P. Edwards, Heidegger on Death: a critical Evaluation, La Salle, Illinois 1979, 5–60.
[97] Sein und Zeit, a. a. O., II, 378.
[98] Ebd., 402.
[99] Ebd., 432.
[100] Ebd., 433.

Zeitlichkeit ist – der Sinn der Sorge."[101] Die „Zeitlichkeit" soll aber nicht nur den „Sinn des Daseins",[102] sondern auch „den ursprünglichen ontologischen Grund der Existentialität des Daseins",[103] ja die „Grundmöglichkeiten der Existenz"[104] darstellen. Damit will Heidegger keineswegs nur sagen, daß der Seinssinn ein solcher der Zeitlichkeit sei, sondern diesen vielmehr selbst als zeitlich verstehen: „Der zeitliche Sinn ... des Daseins: Die Analyse der Zeitlichkeit zeigte, daß die wesentlichen Strukturen der Zeitlichkeit ... selbst existenzial in die Zeitlichkeit zurückgenommen werden müssen."[105] Und er hebt an zitierter Stelle hervor, daß auch das „Unzeitliche" oder „Überzeitliche" „hinsichtlich seines Seins" doch „zeitlich" sei.[106] Somit gibt Heidegger klar zu erkennen, daß er keineswegs gewillt ist, in seiner ontologischen Fragestellung die Immanenz der reinen Zeitlichkeit zu transzendieren, und zwar auch dann nicht, wenn es um den letzten Sinn- und Seinsgrund der Existenz geht. Vielmehr ist er entschlossen, an ihrer reinen Zeitlichkeit festzuhalten. Diese ist für ihn zugleich der entscheidende Grund für die „Geschichtlichkeit" des Daseins: „Die Analyse der Geschichtlichkeit des Daseins versucht zu zeigen, daß dieses Seiende nicht ‚zeitlich' ist, weil es ‚in der Geschichte steht', sondern daß es umgekehrt geschichtlich nur existiert und existieren kann, weil es im Grunde seines Seins zeitlich ist."[107] So stellt sich für Heidegger in der „Geschichtlichkeit" des Daseins die „Zeitlichkeit" des Seins dar. Noch klarer heißt es: „Zum Erweis dessen, daß und wie Zeitlichkeit das Sein des Daseins konstituiert, wurde gezeigt: Geschichtlichkeit als Seinsverfassung der Existenz ist ‚im Grunde' Zeitlichkeit."[108]

Die einzige Dimension also, die Heidegger als wirkliche anerkennt, ist die der „Zeitlichkeit", die ihm „Endlichkeit" besagt.[109] Er verlangt daher eine Methode, die sich zur Interpretation des existentiellen Daseins auf die reine Endlichkeit beschränkt, um allein aus ihr das

[101] Ebd., 434.
[102] Ebd., 312.
[103] Ebd., 311.
[104] Ebd., 403. Vgl. Th. Rentsch, Heidegger und Wittgenstein, Stuttgart 1985, 104–133. F. K. Blust, Selbstheit und Zeitlichkeit, Würzburg 1987, 191–259. B. Mikulić, Sein, Physis, Aletheia, Würzburg 1987, 9–58.
[105] Sein und Zeit, a. a. O., II, 489.
[106] Ebd., 25 f.
[107] Ebd., 498.
[108] Ebd., 534.
[109] Kant und das Problem der Metaphysik, Frankfurt a. M. 1951, 215.

Sein zu verstehen: „Das Dasein soll in seiner Endlichkeit und zwar aus dem Hinblick auf die innere Ermöglichung des Seinsverständnisses konstruiert werden.“[110] Daraus ergibt sich notwendig, daß eine jede Deutung des Seinssinnes einzugrenzen ist auf den Umkreis seines Vorkommens in der Zeitlichkeit, nicht aber über diese hinausgreifen kann: „Die Begrenzung des Sinnes von ‚Sein‘ hält sich im Umkreis von Gegenwärtigkeit und Anwesenheit, von Bestehen und Bestand, Aufenthalt und Vor-kommen.“[111] Letztgenannte Ausdrücke könnten zu dem Gedanken verleiten, als ob Heidegger nun doch eine zweite Wirklichkeitsdimension annehmen würde, die in der begrenzenden ersten „anwese“, gegenwärtig sei. Indem er aber nicht nur von einer „Begrenzung“ des Ausdrucks oder der Darstellung von Sinn, sondern des Seinssinnes selbst spricht, läßt er keinen Zweifel darüber, daß er die Sphäre der zeitlich bedingten „Endlichkeit“ für die allein gegebene und wirkliche hält.

Aber nicht nur den „Sinn des Daseins“, sondern auch die „Wahrheit des Seins“ überhaupt will Heidegger in der Erfahrungsevidenz der Sorge, d.h. in ihrer Nichtigkeit, Zeitlichkeit, Geschichtlichkeit und Endlichkeit, festhalten. In diesem Sinne ersucht er „ein vom Sein selbst ereignetes Denken“,[112] das aufmerksam ist auf „die Wahrheit des Seins“, indem es „dem Sein der Wahrheit hilft, daß es im geschichtlichen Menschentum seine Stätte findet“.[113]

Jaspers stimmt darin mit Heidegger überein, daß philosophische Weltanschauung im Zeitdasein zu verharren hat, es nicht überschreiten und verlassen darf: „Das System im Philosophieren ist daher seinen Möglichkeiten nach zu begreifen nur in der Situation des Zeitdaseins, in welcher allein das Philosophieren vorkommt und Sinn hat.“[114] Das im existentiellen Sprung vollzogene Transzendieren, von dem Jaspers so eingehend spricht (vgl. Kap. XII/3, § 1), meint also keineswegs ein Überschreiten der Zeitsphäre hin auf überzeitliche Inhalte.[115]

[110] Ebd., 210.

[111] Einführung in die Metaphysik, a. a. O., Bd. XL, hrsg. v. P. Jaeger, Frankfurt a. M. 1983, 98.

[112] Was ist Metaphysik?, a. a. O., IX, 372.

[113] Ebd., 311.

[114] Philosophie II, 275.

[115] Vgl. W. Weier, Die Überhöhung der Endlichkeit im existentiellen Sprung, Salzburger Jahrbuch für Philosophie, Bd. XX, 1975, 21–46.

IX. Die Vorrangigkeit des Dynamischen

Der dargestellte, auf Erlebnisechtheit und Erfahrungsgewißheit gerichtete Wahrhaftigkeitswille zeigt sich innerhalb der Gegenwartsphilosophie noch in einer anderen Typik und Gestalt. Diese ist mit der dargelegten verbunden in dem Anliegen, die Unmittelbarkeit von Leben und Geschichte nicht zu überschreiten. Sie unterscheidet sich aber dadurch von dieser Typik, daß sie sehr wohl einen Blick hat für übergeschichtliche Inhalte wie „Strukturen“, „Ordnungssysteme“, „Ganzheiten“, „Bedeutungen“, „Sinn“ (Dilthey), für „zeitlos invariable Formen“ (Simmel), „ideale Werte“ (Troeltsch) oder „zeitlos gültige Formen“ (Eucken). Der in dieser Gestalt sich darstellende Echtheitswille offenbart aber nun insofern die besondere Tendenz des lebensphilosophischen Denkens, als er diese Inhalte zwar sieht, jedoch in den Werdensprozeß des Lebens zurückstößt. Denn indem er diesem gegenüber jenen das sonderliche Gewicht des eigentlich Wirklichen, Entscheidenden, Relevanten zubilligt, behandelt er ohne Zweifel die Dimension des Werdens und Entstehens, der Veränderung und Bewegung als grundsätzlich vorrangig gegenüber jener Sphäre der übergeschichtlichen Inhalte. Um nun diese Tendenz in ihrem besonderen Anliegen zu erfassen, ist es wichtig, ein Dreifaches zu bedenken.

Wenn Heidegger an soeben zitierter Stelle erklärt: „Auch das ‚Unzeitliche‘ oder ‚Überzeitliche‘ ist hinsichtlich seines Seins ‚zeitlich‘“,[1] oder wenn Jaspers meint, daß „in jedem Fall der Mensch wirklich nur als geschichtlich“ sei,[2] so sind sie von der Grundanschauung geleitet, daß die Frage nach dem letzten Grund zeitüberlegener, übergeschichtlicher Geltungen nicht, wie die platonische Philosophie meinte,[3] auf ein transzendentes und absolutes Sein hin weiter zu verfolgen sei, sondern im Prinzip und immer aus der Immanenz der Geschichtlichkeit und Zeitlichkeit erklärt werden müsse. Die Tatsache, daß dieser Rekurs auf die reine Geschichtlichkeit freilich die widersprüchliche Um-

[1] Sein und Zeit, a. a. O., II, 25 f.

[2] Existenzphilosophie, Berlin 1964, 63.

[3] Vgl. ST 94–104, 113–118, 120–129.

deutung des zeitüberlegenen Charakters solcher Sinngehalte in reine Dynamik und daher die Preisgabe ihrer phänomenalen Gegebenheit nach sich zog, konnte diese Tendenz nicht aufhalten oder gar zur Umkehr bringen. Denn die Überzeugung von der Vorrangigkeit des Dynamischen gegenüber dem Überdynamischen war von allzu elementarer Durchsetzungskraft. Die „Bewegung" erschien als das Eigentliche, Echte, Lebenswahre.[4]

Hand in Hand mit dieser Grundeinschätzung ging die Skepsis, der nahezu unüberwindliche Verdacht, alle übergeschichtlichen Inhalte liefen insofern auf reine Historizität[5] zurück, als sie eher einem von Wunschvorstellungen geleiteten Perspektivismus, einer bestimmten Anliegen, Bedürfnissen oder Postulaten des Denkens folgenden Projektion als dem ganz unmittelbar und unbezweifelbar Aufscheinenden, nämlich dem Leben selbst und seiner inneren Dynamik, zugehörten. Dieses Mißtrauen entkleidete mehr und mehr die als überzeitlich erkannten Inhalte ihrer Übergeschichtlichkeit, indem es sie solange aus rein historischer Bedingtheit verstand, in eine solche zersetzte und auflöste, bis von ihrer bereits erfaßten Zeitüberlegenheit nichts mehr übrig blieb und sie der als „Leben" angesprochenen reinen Geschichtlichkeit in die Arme fielen. So fordert Camus eine Methode, die darauf verzichtet, die Welt mit „Bildern und Gestalten" zu maskieren,[6] ihr „ganzes Wissen" auf das am unmittelbarsten Erlebbare restringiert[7] und jede darüber hinausgreifende Betrachtung als unredlich ablehnt.

Hierin wirkt sich ein Lebensgefühl und Lebensverständnis aus, das es für aufrichtiger hält zuzugestehen, daß nicht Werte, Sinngeltungen und Wesenheiten es seien, die den tatsächlichen Lebensablauf bestimmen, sondern die ganz elementaren Interessen und Bedürfnisse des Lebens selbst. So meinte schon Nietzsche, jene in Antike und Mittelalter verwirklichte Wahrhaftigkeit, die sich über die Lebensdimension hinausgreifenden Geltungen und Verbindlichkeiten zuwandte,

[4] Vgl. G. Kühne-Bertram, Aus dem Leben – zum Leben, Frankfurt a. M. 1987, 125–211.

[5] So wollte J. G. Droysen nicht in der Universalität des Geistes, sondern eines „generellen Ich" das „Wesentliche und Überdauernde" begründet finden, darin ein Ich sich „ideellerweise" an die Stelle eines anderen Ich setzen und dadurch „noch so Fernes verstehen" kann (Historik, Historisch-kritische Ausgabe, hrsg. v. P. Leyh, Bd. I, Stuttgart-Bad Cannstatt 1977, 365).

[6] Der Mythos von Sisyphos, 18.

[7] Ebd., 21.

habe die feinere, die bessere Wahrhaftigkeit gegen sich, die im Lebenswillen, im „Willen zur Macht" das eigentliche, die Gesamtwirklichkeit dirigierende Prinzip erkenne.[8] Deshalb macht er sich daran, in einer „Umwertung aller Werte" den biologischen, den vitalen „Werten" zu ihrem Recht zu verhelfen gegenüber allen die Lebenswirklichkeit transzendierenden Werten. Mit diesem Vorgehen meint Nietzsche, gegenüber aller transzendenzbezogenen Philosophie die gewissenhaftere Ehrlichkeit zu verwirklichen.[9] Denn er glaubt, daß jene „wahre Welt" übergeschichtlicher Geltungen, Sinngehalte und Werte, die der Mensch der vergänglichen Welt des Werdens gegenüberstelle, letztlich nur „aus psychologischen Bedürfnissen gezimmert" sei, weshalb er sich den Glauben an eine solche Welt aus intellektueller Redlichkeit „verbiete".[10] So ist auch Heidegger davon überzeugt: „Wenn aber dem Menschen vorgerechnet wird, daß er mit seiner Rechnung auf eine jenseitige ‚wahre Welt' nur mit sich selbst und seinen ‚Wünschen' rechnet und ein bloß Wünschbares zu einem Seienden hinaufsteigert, dann gerät diese so erfundene ‚wahre Welt' – der oberste Wert – ins Wanken."[11]

1. Vom „objektiven Geist" zur „Faktizität"

Für das Verständnis des Geistes, wie es Wilhelm Dilthey (1833–1911) durch seine umfassende Analyse der Geisteswissenschaften begründet, ist es signifikant, daß er darin eine „Selbigkeit der Vernunft" entdeckt, welche „Zusammenhang, Gleichartigkeit oder Verwandtschaft" unter den Systemen vermittelt.[12] Wie er hervorhebt, „macht die Selbigkeit in der Totalität des Geistes das Zusammenwirken der verschiedenen Leistungen in den Geisteswissenschaften möglich".[13] Diese „Selbigkeit der Vernunft" spricht Dilthey auch an als „objektiven Geist", in dem die denkenden Subjekte miteinander Gemeinschaft haben.[14] In diesen zeugen sich „dieselben Denkformen" aus,

[8] WGN VII, 25; IX, 344; XI, 287, 283.

[9] WKG V/2, 537. Vgl. WGN XI, 273; VII, 44; VIII, 402.

[10] WKG VIII/2, 290. WGN IX, 15.

[11] Der europäische Nihilismus, Pfullingen 1967, 42, 44f. Nietzsche, Pfullingen 1961, II, 66, 68f.

[12] Der Aufbau der geschichtlichen Welt in den Geisteswissenschaften, Ges. Schriften, Bd. VII, Stuttgart, Göttingen 1973, 141.

[13] Ebd., 191.

[14] Ebd., 208.

welche den „Zusammenhang in den Geisteswissenschaften“ bewirken,[15] so daß es möglich ist, „Hauptformen“ der Weltanschauungen durch „vergleichendes Verfahren“ aus ihrer Mannigfaltigkeit „abzuleiten“.[16] Ja, Dilthey glaubt, daß durch ein „Fortrücken der Geschichte selbst“ immer „neue Ereignisse“ hervorgebracht werden und „der Gegenstand des Verstehens selber verbreitet werde“.[17] In dieser Perspektive nimmt der „objektive Geist“ Züge des Übergeschichtlichen, Zeitüberlegenen an. In ihm ist daher „die Vergangenheit dauernde beständige Gegenwart“ für uns.[18] Er enthält in sich „eine Ordnung“, welche voraussetzt, daß in der Menschheit ein „Ordnungssystem“ wirkt, das „von der Regelhaftigkeit und der Struktur im Allgemeinmenschlichen zu den Typen führt, durch welche das Verstehen die Individuen auffaßt“.[19]

Es entspricht dieser Grundperspektive, daß Dilthey in seiner Beschreibung der Lebensphänomene auf Sinnstrukturen stößt, die sich im Fluß des Werdens, Entstehens und Vergehens, der Geschichte und des Lebens ausdrücken und doch damit nicht einfach identisch sind, sondern „in verschieden gebrochenem Strahl“[20] sich ausdrücken. So kennt er unter den „einzelnen Erlebnissen“ einen „Lebenszusammenhang“, den er nicht als „Summe aufeinander folgender Momente“, sondern als „ein Ganzes“, „eine durch Beziehungen, die alle Teile miteinander verbinden, konstituierte Einheit“ versteht.[21] Zur Verdeutlichung dieser „Einheit“ setzt Dilthey die Kategorie der „Bedeutung“ ein als „die eigenste Kategorie geschichtlichen Denkens“,[22] als „erste Kategorie des Lebens“,[23] als die „umfassendste Kategorie, *unter* welcher das Leben auffaßbar wird“,[24] weil sie es einem „bloßen Nacheinander“ entreißt und aus der „Beziehung“ begreift, welche „innerhalb des Lebens dessen Teile zum Ganzen haben“.[25] Sie ist es, welche solchermaßen „den Vorgang des Verstehens, durch den das Leben über

[15] Ebd., 121.

[16] Weltanschauungslehre. Abhandlungen zur Philosophie der Philosophie, Ges. Schr., Bd. VIII, Stuttgart 1960, 8.

[17] Der Aufbau der geschichtlichen Welt, a. a. O., VII, 145.

[18] Ebd., 208.

[19] Ebd., 213.

[20] Weltanschauungslehre, a. a. O., VIII, 224.

[21] Der Aufbau der geschichtlichen Welt, a. a. O., VII, 140.

[22] Ebd., 292.

[23] Ebd., 361.

[24] Ebd., 232.

[25] Ebd., 233.

sich selbst in seinen Tiefen aufgeklärt wird“[26] – ein Hauptthema seiner Philosophie –, allererst ermöglicht. Die „Analysis des Lebenszusammenhangs“[27] aber führt Dilthey zu einer Metaphysik, einer zweiten Dimension des Lebens, indem er „die Einzelzwecke des Lebens“ einem „obersten Zweck“ „unterordnet“,[28] den er als „ein höchstes Gut“[29] interpretiert, das „von Idealen bestimmt sein soll“ und „eine Gestaltung realisiert“.[30] Das Leben soll sogar der „Steigerung“[31] und „Entwicklung zu höherer Gestalt“[32] fähig sein. Mit der Erkenntnis der „Gestaltung“ und „Bedeutung“ konspiriert der Gedanke an eine „Struktur“,[33] und ein „Höheres“ innerhalb des Lebensflusses setzt einen „Sinn“ voraus, den Dilthey in der „Zentrierung“ der Lebenszusammenhänge um einen Mittelpunkt“ sehen will und der „allererst Einheit schafft“.[34] Diese sinnerfüllte Einheit ist es, welche bewirkt, daß die „äußeren, einzelnen Ereignisse“ in ihrem „Zusammenhang“ auf „ein Inneres“ bezogen sind.[35]

Allein, es konnte bei dieser Darstellung im Denken Diltheys nicht bleiben. Denn zu sehr war er geführt und durchdrungen von der Überzeugung, daß doch die Dimension des Dynamischen, also des Lebens und der Geschichte, in der Philosophie als vorrangig zu behandeln sei gegenüber der übergeschichtlichen Wirklichkeit, da sie sich von dieser durch ein höheres Maß an Lebensechtheit, Erfahrungsevidenz und Unmittelbarkeit des Erlebens abhebe.[36] So konnte es dazu kommen,

[26] Ebd., 87.

[27] Ebd., 237.

[28] Ebd., 201.

[29] Ebd.

[30] Ebd., 236.

[31] Die geistige Welt. Einleitung in die Philosophie des Lebens, 1. Hälfte, Ges. Schriften, Bd. V, Leipzig, Berlin, CXII.

[32] Ebd., 219.

[33] Der Aufbau der geschichtlichen Welt, a. a. O., VII, 237, 234f.

[34] Ebd., 249.

[35] Ebd.

[36] Vgl. H. Ineichen, Erkenntnistheorie und geschichtlich-gesellschaftliche Welt, Frankfurt a. M. 1975, 196–234. I. N. Bulhof, W. Dilthey, The Hague, Boston, London 1980, 33–79, 132–195. H. Boeder, Dilthey und Heidegger, in: Dilthey und der Wandel des Philosophiebegriffs seit dem 19. Jahrhundert, hrsg. v. E. W. Orth, Freiburg 1984, 161–177. D. Carr, Künftige Vergangenheit, in: Dilthey und die Philosophie der Gegenwart, hrsg. v. dems., München 1985, 415–436. G. Fütterer, Historische Phantasie und praktische Vernunft, Würzburg 1985, 45–106.

daß Dilthey entgegen seinen dargelegten Grundanschauungen kategorisch erklärt: „Was der Mensch sei, sagt ihm *nur* die Geschichte.“[37] Demgemäß führt er aus: „Gäbe es hinter dem Leben ... ein Zeitloses, dann wäre dieses ein Antezedens des Lebens: denn es wäre danach das, was für den Lebensverlauf in seinem ganzen Zusammenhang die Bedingung wäre: dieses Antezedens wäre dann das, was wir eben nicht erlebten und darum nur Schattenreich.“[38] „Der Fluß des Lebens aber ist überall nur einmal, jede Welle in ihm entsteht und vergeht.“[39] „Das Schiff unseres Lebens wird gleichsam auf einem beständig fortrückenden Strom dahingetragen, und Gegenwart ist immer und überall, wo wir auf diesen Wellen sind, leiden, erinnern oder hoffen, kurz, wo wir in der Fülle unserer Realität leben. Wir fahren aber unablässig auf diesem Strom dahin, und in demselben Moment, in welchem das Zukünftige ein Gegenwärtiges wird, versinkt dieses auch schon in die Vergangenheit.“[40]

Schließlich kennt Dilthey nur noch eine Widersprüchlichkeit, Unergründlichkeit und Rätselhaftigkeit des Lebens, die ihm am Ende die reine und völlig sinnlose Faktizität als das Letzte der „Welt“ erscheinen läßt: „Dieser Knäuel von quälenden und entzückenden Fragen, von intellektueller Lust und von Schmerzen der Insuffiziens, der Widersprüche: das ist das Rätsel des Lebens.“[41] Das Leben ist „unergründlich“,[42] und das Denken „läßt uns ratlos gegenüber den Rätseln des Lebens“.[43] „Der letzte Erklärungsgrund der Welt ist die Tatsächlichkeit, die reine Faktizität. Diese ist aber an das Lebensgefühl gehalten der Zufall.“[44] Der Grund der Geschichte ist „die irrationale Faktizität“.[45] Besonders im Denken der Weltanschauungen und Philosophien glaubt Dilthey die Widersprüchlichkeit, Unsicherheit

[37] Weltanschauungslehre, a.a.O., VIII, 224. Vgl. Einleitung in die Geisteswissenschaften, Ges. Schr., Bd. I, Stuttgart 1962, 31. Die geistige Welt, Ges. Schr., Bd. VI, Stuttgart 1962, 123. Der Aufbau der geschichtlichen Welt, a.a.O., VII, 291. Weltanschauungslehre, a.a.O., VIII, 6.

[38] Die geistige Welt. Einleitung in die Philosophie des Lebens, Ges. Schr., Bd. V, Leipzig, Berlin 1924, 5.

[39] Der Aufbau der geschichtlichen Welt, a.a.O., VII, 280.

[40] Ebd., 193.

[41] Weltanschauungslehre, a.a.O., VIII, 140.

[42] Weltanschauung und Analyse des Menschen, Ges. Werke, Bd. II, Leipzig, Berlin 1914, 243.

[43] Der Aufbau der geschichtlichen Welt, a.a.O., VII, 288.

[44] Weltanschauungslehre, a.a.O., VIII, 53.

[45] Der Aufbau der geschichtlichen Welt, a.a.O., VII, 288.

und Unberechenbarkeit des Lebens erkennen zu können. Zwischen ihrer „grenzenlosen" und „chaotischen Mannigfaltigkeit" und ihrem gleichwohl bestehenden „Anspruch auf Allgemeingültigkeit" erkennt er keinen verbindenden Sinn,[46] sondern nur einen „unauflösbaren Widerspruch",[47] welcher „den skeptischen Geist unterstützt".[48] Unter diesem Aspekt gibt es für ihn „im Wechsel der psychischen Vorgänge" dann doch nichts Bleibendes außer dem „Korrelativverhältnis" von „Selbst" und „Welt",[49] also auch keine Teilhabe an zeitüberlegenen Urfragen des Geistes.[50]

Am Ende kann Dilthey freilich nicht mehr erklären, wie einerseits die einzige Wirklichkeit ein in dauerndem Fluß und Werden befindliches Leben sei, das andererseits dennoch in sich immanent „Lebenszusammenhang", „Bedeutung", „Struktur", „Höheres", „Gestaltung", ja „Sinn" haben soll. Denn er versteht das Leben schließlich doch als ganz und gar eindimensionale Wirklichkeit, die nicht über sich selbst hinausweist auf zeitüberlegene Prinzipien. In diesem Sinne erklärt er: „Das Leben selbst bedeutet nicht etwas anderes."[51] „Das Leben soll aus ihm selber gedeutet werden."[52] Für diese Verkürzung seiner Gesamtperspektive ist ohne Zweifel der bezeichnete Echtheitswille und die aus ihm hervorgehende Entschlossenheit verantwortlich, über die Unmittelbarkeit der Bewegung letztendlich doch nicht hinausgehen zu wollen.

2. Von der Sinntranszendenz zur Lebensimmanenz

a) Die bei Dilthey zu beobachtende Tendenz, die in sich als übergeschichtlich erschauten Gehalte in die reine Geschichtlichkeit zurückzunehmen, zeigt sich auch bei Georg Simmel (1853–1918) und Ernst

[46] Vgl. GS Kap. 1–3.
[47] Weltanschauungslehre, a. a. O., VIII, 8, 75.
[48] Ebd., 75.
[49] Die geistige Welt, a. a. O., V, 200.
[50] Vgl. GS Kap. 1.
[51] Der Aufbau der geschichtlichen Welt, a. a. O., VII, 234.
[52] Die geistige Welt, a. a. O., V, 370. Vgl. H. P. Rickmann, W. Dilthey, London 1979, 42–57. H.-U. Lessing, Die Idee einer Kritik der historischen Vernunft, Freiburg, München 1984, 244–257. R. A. Makreel, Lebenswelt und Lebenszusammenhang, 381–414. D. Carr, Künftige Vergangenheit, 415–436. H.-H. Gander, Positivismus als Metaphysik, Freiburg 1988, 133–282.

Troeltsch (1865–1923). Wie Dilthey den Sinn des Lebens in seiner Zentrierung um einen Mittelpunkt erkennen zu können glaubt, so sieht Simmel in der Zentrierung und Rückbeugung des Lebensprozesses die Ausrichtung auf eine „Form", die er als „die Zusammengehaltenheit eines Umfangs durch ein ideelles Zentrum" versteht, auf das sich die „ewig fortströmenden Reihen der Prozesses" gleichsam „zurückbringen" und das ihnen einen „Halt gegen die Auflösung in diesem Strom" gewährt.[53] Deshalb begreift Simmel die „Form" als „unveränderlich", „zeitlos", „invariabel" und „ewig".[54] Sie bedeutet ihm „Sinn", der sich als „identischer" an „unzähligen Materialstücken wiederholen kann"[55] und mit einer „metaphysischen Einzigkeit" ausgestattet ist,[56] die diese „dem Nacheinander und Nebeneinander entreißt" und ihnen „einen eigenen Sinn gibt".[57] Im Hinblick darauf bedeutet das „Leben" für Simmel zugleich „Mehr-Leben"[58] und „Mehr-als-Leben".[59] Damit will er sagen, daß das „Leben" mehr ist als jede anzugebende Befindlichkeit, daß es über jede „hinausschwingt" und in eine „Dimension" gewiesen ist, „in die es transzendiert".[60] Und es sei gerade das für das „Leben" selbst „Bezeichnende", daß unsere „Erkenntnisse", „Werte", „Urteile" „mit ihrer Bedeutung, ihrer sachlichen Verständlichkeit ganz jenseits des schöpferischen Lebens stehen".[61] Aus diesem Grunde meint Simmel, „daß Leben eben nicht bloß Leben ist",[62] sondern als „absolutes Leben den relativen Gegensatz zwischen seinem engeren Sinne und dem lebensfreien Inhalt umgreift".[63]

Auch Ernst Troeltsch wendet sich in seinem ursprünglichen Ansatz gegen eine historistische und psychologistische Auflösung aller Sinngehalte in reiner Historizität. Er geht von der Beobachtung aus, daß „das religiöse Apriori" nicht im Werdensfluß der psychischen Akte auf- und untergehen kann.[64] Gegen den Psychologismus „protestiert

[53] Lebensanschauung, München, Leipzig 1918, 16f.
[54] Ebd.
[55] Ebd., 17.
[56] Ebd.
[57] Ebd.
[58] Ebd., 21.
[59] Ebd., 20.
[60] Ebd., 23.
[61] Ebd., 24.
[62] Ebd.
[63] Ebd.
[64] Zur Frage des religiösen Apriori, Ges. Schr., Bd. II, Tübingen 1913 (Nachdruck: Aalen: Scientia 1962), 754–768.

das religiöse Gefühl und die ganze Selbstanschauung der Vernunft mit all ihren idealen Werten, die ja in letzter Linie mit der Religion, d.h. mit der Gewißheit eines absolut vernünftigen Grundes der Dinge, stehen und fallen".[65] Troeltsch richtet sich gegen „eine Auflösung des Religiösen in den Fluß des psychologischen Geschiebes, aus dem es lediglich als Produkt und nicht als ein gesetzgebendes, eigene Notwendigkeiten entfaltendes Prinzip hervorginge".[66] Er will „im Gesamtflusse des Lebens" „Einheit, Zusammenhang und Sinn" sehen[67] und diesen „Sinn" in Gott begründet finden.[68]

b) So sehr also diese Philosophen sehr wohl eine der reinen Bedingtheit und Veränderung sich widersetzende Dimension übergeschichtlicher Sinngehalte erkennen, erscheint ihnen doch ohne Zweifel die reine Historizität in der Unmittelbarkeit ihrer Erlebnisgewißheit als vorrangiger, echter, eigentlicher, wirklicher, kurz als wahrer denn jene Dimension und diese mit ihr verglichen als schattenhaft und unwirklich. So gehen sie darauf aus, jene „zeitüberlegenen", „lebensfreien" Inhalte als solche anzusehen, die das Leben erst dann bestimmen, nachdem sie zuvor von ihm selbst zu dem gemacht sind, was sie sind. Auf diese Weise wird die beschriebene Sinntranszendenz am Ende in die Immanenz des Lebens, seiner Bedingtheit und Veränderlichkeit zurückgezogen.[69] Das Leben soll es daher nach Simmel selbst sein, welches die „Form" hervorbringt, um sich sodann umgekehrt nach einer „Achsendrehung" von der „Form" bestimmen zu lassen. Dann werden die „Formen", die das „Leben" selbst „hervorgetrieben hat", derartig „selbständig und definit", daß nunmehr „umgekehrt das Leben ihnen dient".[70] In dem Maße, in dem nun das Leben seine „Inhalte" in diese „Formen" „einordnet", gewinnt es „Wert und Sinnerfüllung".[71] Also erst nach dieser „Achsendrehung des Lebens" um seine „geistigen Kategorien" werden diese „eigentlich produktiv" und zu „Dominanten", welchen der „Lebensstoff" „nach-

[65] Ebd., 755.

[66] Ebd., 761.

[67] Der Historismus und seine Probleme, Ges. Schr., Bd. III, Tübingen 1922 (Nachdruck: Aalen: Scientia 1961), 183. Vgl. Über Maßstäbe zur Beurteilung historischer Dinge, Berlin 1916, 41.

[68] Der Historismus und seine Probleme, a.a.O., III, 183.

[69] Vgl. P.O. Ullrich, Immanente Transzendenz, Frankfurt a.M., Bonn, Cirencester/U.F. 1981, 156–194. E. Völzke, Das Freiheitsproblem bei G. Simmel, Bielefeld 1986, 26–40.

[70] Lebensanschauung, 38.

[71] Ebd.

geben" muß.[72] Das will Simmel in seiner „Philosophie des Geldes" am Beispiel des Geldes aufweisen.[73] Das Geld, welches zunächst als Lebensmittel erstrebt werde, könne durch eine Achsendrehung auf einmal zu einem Lebenszweck, ja Lebenssinn werden, dem das Leben diene.[74] So sei es schließlich das Leben selbst, welches das für es „Bedeutsame", „Gültige", „Objektive" als das „Mehr-als-Leben" selbst schaffe.[75]

Besonders ausgeprägt ist diese Wende zur reinen Geschichtlichkeit bei Troeltsch.[76] So sucht er ebenso alle Sinngehalte „auf die innere Bewegung des Weltlebens selbst" zurückzuführen und als „werdende Sinnzusammenhänge" mit der „Bewegung" zu verschmelzen,[77] wie er „eine innere Bewegung des göttlichen Geistes im Endlichen"[78] annimmt. Troeltsch will somit auf „Allgemeingültigkeit, Zeitlosigkeit, Absolutheit" verzichten, und „Spontaneität, Apriorität, Selbstgewißheit *ohne* Zeitlosigkeit, Allgemeingültigkeit und Absolutheit" soll „die allein mögliche Formel" sein.[79] In jeder Annahme einer „zeitlosen Unveränderlichkeit" sieht er „einen Rest eleatischen Denkens".[80] Er aber will „mit Heraklit" Gott selbst als der Veränderung unterworfen verstehen[81] und meint, allein wenn man so von der bewegten und veränderlichen „Lebendigkeit des göttlichen Willens" ausgehe, gewinne man jene „Lebenstiefe", „aus der heraus mit der inneren Beweglichkeit und Wandlung Gottes selber auch die Wandlung und Beweglichkeit der Wahrheit und des Ideals verständlich wird".[82] Diese „innere Bewegung des göttlichen Geistes im Endlichen", der „Lebensprozeß des Absoluten", das „Werden des göttlichen Geistes" soll allein die Möglichkeit eines Sinnes im Relativen gewährleisten können und jene „Wertrelativität" bewirken, die dadurch zustande kommt, daß in diesem „Relativen" als solchem das „Absolute" selbst „lebendig und schaffend wird".[83]

[72] Ebd.

[73] Gesamtausg., Bd. VI, hrsg. v. O. Rammerstedt, Frankfurt a. M. 1989.

[74] Ebd., 482–590.

[75] Lebensanschauung, 97.

[76] Vgl. G. Cantillo, E. Troeltsch, Napoli 1979, 193–264.

[77] Der Historismus und seine Probleme, a. a. O., III, 685. Vgl. J. J. Schaaf, Geschichte und Begriff, Tübingen 1946, 34 ff.

[78] Über Maßstäbe zur Beurteilung historischer Dinge, 36.

[79] Ebd., 29.

[80] Ebd., 40.

[81] Ebd., 42.

[82] Ebd.

[83] Der Historismus und seine Probleme, a. a. O., III, 212.

Weil also der göttliche Sinn im Endlichen, Relativen, Zeitlichen wirkt, schafft und wird, können wir in allem Relativen göttliches Leben erfassen, ja die Gedanken der Vernunft als „Ausfluß göttlichen Lebens“ verstehen: „Wir behalten die Möglichkeit, in der relativen Wahrheit und dem relativen Ideal göttliches Leben zu erfassen.“[84] „Das eigentliche Wagnis alles nicht bloß formalen Denkens besteht darin, daß wir einen aufblitzenden Vernunftgedanken als Ausfluß der göttlichen Lebendigkeit zu betrachten, zu erfassen und durchzuführen wagen.“[85] Und Troeltsch glaubt sogar an eine „wesenhafte Identität der endlichen Geister mit dem unendlichen Geiste“.[86] Auf solche Weise wird so sehr alle Sinntranszendenz in die reine Lebensimmanenz zurückgezogen, daß selbst das, was er als „kunstvolles Produkt und Mache des Menschen“ anspricht, für ihn „ganz durchtränkt ist mit Idee, Gesetz und Sinn“.[87] Indem so das „göttliche Leben“[88] hineinfällt in die einzig wirkliche Dimension des Dynamischen, kann es freilich kein „unveränderliches und bewegliches“ mehr sein.[89] Denn als „Ausfluß der göttlichen Lebendigkeit“[90] ist diese Dimension mit dem göttlichen Leben identisch und dieses in sie hineingenommen.

Mit dieser bei Simmel und Troeltsch zu beobachtenden Tendenz ist auch die Grundanschauung E. Topitschs vergleichbar, danach alle Handlungsprinzipien keinen „eigenen Normgehalt“[91] besitzen, sondern als „Projektionen“ „emotional affektiven Verhaltens“[92] aufzufassen sind, die durch „normative Rückanwendung“[93] auf das sie selbst entwerfende Subjekt als „hypothetische Imperative“[94] auftreten.

[84] Über Maßstäbe zur Beurteilung historischer Dinge, 42.
[85] Ebd., 43.
[86] Der Historismus und seine Probleme, a. a. O., III, 677.
[87] Ebd.
[88] Ebd., 678.
[89] Ebd., 185.
[90] Ebd.
[91] Vom Urpsrung und Ende der Metaphysik, 281. Mythos-Philosophie-Politik, 137
[92] Vom Ursprung und Ende der Metaphysik, 63.
[93] Ebd., 290.
[94] Ebd., 281.

3. Von der Sinnteilhabe zur Einkehr ins „Gesamtleben“

Wie Dilthey den „objektiven Geist“ in der „Faktizität“ versinken läßt, Simmel und Troeltsch die erkannte Sinntranszendenz in Lebensimmanenz versetzen, so erklärt Rudolf Eucken (1846–1926): „Was der landläufigen Fassung ein Jenseits dünkt, ... das wird nun die allein in sich selbst begründete, die allein echte und wahre Welt, die eine Ableitung irgendanderswoher weder verlangt noch gestattet.“[95] Auch für Eucken gibt es eine zeitüberlegene Wirklichkeit, die er in die Prozessualität eines „Gesamtlebens“[96] zurücknimmt. Allerdings ordnet er im Unterschied zu Dilthey, Simmel und Troeltsch dieses Gesamtleben dem Einzelleben oder „Selbstleben“[97] über innerhalb einer Lebenswirklichkeit, die als in sich zweidimensional gedacht wird, sofern sie „Zeitliches und Ewiges“[98] gleicherweise umfaßt, ja in sich zur Identität bringt. Für diese Gesamtkonzeption ist es nun bezeichnend, daß sie als Teilhabe des Einzellebens an einem „zeitlos Gültigen“,[99] einer „in sich begründeten wahren Welt“,[100] als der unmittelbare Mitvollzug des „Bloßmenschlichen“ an einem „Mehralsmenschlichen“ verstanden werden soll, das Eucken als „universales Leben“ anspricht.[101] Insofern die Bewegung des Allebens gegenüber dem Einzelleben den höheren Grad an Dynamik und Kraft aufweist, wird es diesem übergeordnet innerhalb einer identischen Lebenswelt. Und sofern dieses „universale Leben“ als das eigentliche und „echte Leben“[102] erscheint, wird das „zeitlos Gültige“ als ein „ursprüngliches und zeitüberlegenes Leben“[103] verstanden. Auf diesem Wege wird aus der Teilhabe an einem zeitüberlegenen Sinn[104] die „unmittelbare Teilnahme an einem Innenleben des Alls“,[105] ein „Aufsteigen zu einem selbständigen Leben“,[106] das „Teilnehmen an einer Welt des

[95] Der Sinn und Wert des Lebens, Leipzig 1908, 116.
[96] Mensch und Welt, Leipzig 1918, 323.
[97] Der Sinn und Wert des Lebens, 108.
[98] Ebd., 161.
[99] Ebd., 125.
[100] Ebd., 116.
[101] Ebd., 93.
[102] Mensch und Welt, 377.
[103] Der Sinn und Wert des Lebens, 151.
[104] Vgl. ST 549–582.
[105] Ebd.
[106] Ebd., 113.

Beisichselbstseins",[107] darin allein das Leben einen „Sinn und Wert" gewinnen kann.[108]

In diesem „Beisichselbstsein" fallen „Leben" und „geistige Welt" ineinander[109] und bilden zusammen ein „Gesamtleben", in das der „Kern unseres Wesens" aufgenommen wird, ohne darin zu „verschwinden".[110] Denn er wird „im Ganzen ein selbständiges Zentrum".[111] Diese Aufnahme in das Gesamtleben beschreibt Eucken als „Teilnahme an einem schaffenden Leben", die durch „volltätiges Schaffen",[112] „die Arbeit an der Welt"[113] erreicht wird und den „Menschen" aus der „Enge des natürlichen Ich" befreit, ohne ihn „in die Unendlichkeit verfließen" zu lassen.[114] Zugleich „verwandelt" dieser Eintritt in das „Ganze"[115] alle „bloße Tätigkeit" in „Selbsttätigkeit",[116] alles Leben in „Selbstleben"[117] und läßt ihn ein „unendliches Selbst" gewinnen.[118]

[107] Mensch und Welt, 377.
[108] Ebd. Der Sinn und Wert des Lebens, 131.
[109] Ebd., 122.
[110] Mensch und Welt, 323.
[111] Ebd.
[112] Ebd.
[113] Ebd., 367.
[114] Der Sinn und Wert des Lebens, 122.
[115] Mensch und Welt, 323.
[116] Der Sinn und Wert des Lebens, 108.
[117] Ebd.
[118] Ebd., 122.

D. Realitätsdrang und Ideenflucht

Die dargestellten Motive der Freiheit, Sicherheit und Wahrhaftigkeit zeugen und wirken sich in einem Realitätsdrang aus, der durch eine intensive Hinkehr zu jener Wirklichkeitsdimension gekennzeichnet ist, welche die Merkmale des Zufälligen, der Bewegung, Veränderung, Entwicklung, des Werdens, Entstehens und Vergehens, der Geschichte, des solchermaßen Bedingten und Quantitativen aufweist. Dieser Hinwendung entspricht eine ebenso deutliche, an Flucht oder Phobie grenzende Abkehr von jener Wirklichkeitsdimension, die als Geist- und Sinnsphäre die Grundzüge des Allgemeinen, Unveränderlichen, Werdelosen, Unbedingten, Übergeschichtlichen und Qualitativen enthält. Nicht nur in der Beantwortung, sondern schon in der Fragestellung aller philosophischen Probleme stellen sich diese Tendenzen innerhalb der Gegenwartsphilosophie unübersehbar dar.

So liegt es im Interesse der absoluten Freiheit, wie sie im ersten Teil dieser Schrift dargestellt wurde, daß die Sphäre des von sich aus Verbindlichen, Bestimmenden, Verpflichtenden, Normativen, also der unbedingten Sinngehalte und Wertpostulate, entwirklicht wurde, d. h. jeden Rückbezugs auf eine subjektüberlegene Realität, jeder Grundlegung in einer solchen oder auch nur Anbindung daran entkleidet und solchermaßen entwirklicht wurde. Dieser Tendenz entsprach freilich die ebenso intensive Hinwendung zum Unverbindlichen, also zum rein Faktischen, Bedingten, Zufälligen, Unberechenbaren, wie es sich insbesondere zeigt in der Entwicklung eines so verstandenen Lebens, einer so gedeuteten Geschichte, Gesellschaft und Psyche, in den unkontrollierbaren und irrationalen Mechanismen rein psychologischer oder auch soziologischer Provenienz. Dieser vom radikalen Freiheitsmotiv dirigierte Realitätsdrang wandte sich mit gleicher Nachhaltigkeit dem Selbsttun oder Mitvollzug aller Handlungs- bzw. Freiheitsprinzipien zu, d. h. ihrer Begründung in der Verwirklichung des eigenen Seins wie der Selbsterfahrung und in der unveräußerlichen Aktivität unmittelbarer, spontaner Lebensgestaltung. Im Zuge dieser Entwicklung lag es, daß in gleichem Maße alle überaktualen, metaphänomenalen[1]

[1] Vgl. PB Kap. 5.

oder gar metaphysischen Prinzipien als nebulös, schemenhaft und irreal eingestuft wurden.

Vergleichbare Konsequenzen gehen aus dem radikalen Sicherheitsmotiv hervor. Einerseits erscheinen diesem die Inhalte der geistigen Intuition wie diese selbst als zu wenig beweisbar, kontrollierbar und festlegbar. Andererseits entsprechen seiner Interessenshaltung jene Gegebenheiten des bedingten und endlichen Seins, die durch die Merkmale der Konstatierbarkeit, Festlegbarkeit, Berechenbarkeit, Nachweisbarkeit ausgewiesen sind, also die Gegebenheiten der materiellen, raum-zeitlichen, quantitativen, rein faktischen Realität. Ganz ohne Zweifel ist die hieraus hervorgehende Neigung zum materialistischen Denken als eine Weise jenes Realitätsdranges zu verstehen, wie er aus dem Sicherheitsmotiv entspringt. Die Materie ist in dieser Perspektive gleichsam das „ens realissimum". Auch alle Formen einer materialistisch-evolutionistischen Geschichtsauffassung, Anthropologie und Gesellschaftstheorie sind unbedingt im Zusammenhang hiermit zu sehen und zu verstehen. Diesem Entwicklungszug entspricht wiederum ein Verständnis von Geist, Sinn und Ideen, danach diese keine eigene Wirklichkeit, sondern nur das Produkt, die Verlängerung, Fortsetzung oder den „Überbau" des einzig realen materiellen Seins darstellen. Die marxistische Theorie, danach die wirtschaftlichen, d.h. materiellen Verhältnisse alle Gesellschaftsformen und die ihnen entsprechenden Ideen erzeugen, ist nur eine Anwendungsform dieses Realitätsdranges.

Wie besonders im Kap. VII deutlich wurde, drückt sich der Wille zu Wahrhaftigkeit und Echtheit in jener Skepsis aus, welche immer wieder auf die unüberwindbare Differenz und den unüberbrückbaren Abstand zwischen Denken und Sein hinschaut und demgemäß weder im rationalen Denken noch im geistigen Schauen ihr „Heil", eine Befreiung aus ihrer Problemspannung findet. Ohne Zweifel ist der in der Gegenwartsphilosophie recht nachhaltige Trend zum Irrationalen wie die Infragestellung der Vernunft in Zusammenhang damit zu sehen. In diesem Vorgang wird aber der Realitätsdrang nicht aufgehoben, sondern im Gegenteil verstärkt und vertieft. Er sucht nun eine Ausflucht, indem er sich von der theoretischen, denkerischen, ideellen Realitätsbegegnung abwendet und sich dem in der Handlungspotenz, im Akt, im Erlebnis schlummernden Realitätsbezug zukehrt. Dieser Aktualismus entspricht jener Dominanz des Prozessualen (vgl. Kap. VIII), welche besonders in der Lebensphilosophie Ausdruck findet und ebensosehr auf die Abkehr von der geistigen, sinnhaltigen, ideellen Welt wie auf die Hinwendung zu jener Wirklichkeit gerichtet ist, die durch Bewegtheit, Dynamik, Entwicklung und Evolution gekennzeichnet ist. Diesem aktualistischen Realitätsdrang gilt als „wahr", was, wie Jaspers sagt, „in mir geschieht",[2] „in mir bewegende Kraft wird".[3] Dagegen muß jede „Gestalt", jede „Idee" „in der Welt scheitern",[4] „Fragment ihrer selbst" bleiben.[5] Hand in Hand mit diesem aktualistischen Realitätsdrang geht eine phänomenalistische Verkürzung der Gesamtwirklichkeit auf den Bereich des am unmittelbarsten Beobachtbaren, Greifbaren, Erlebbaren, also auf ihre Außenseite, und die damit verbundene Abkehr von allen ontologischen bzw. metaphysischen Gründen, Prinzipien oder Sinngestalten. Es gibt kein „Sein hinter der Erscheinung",[6] wie Sartre ausdrücklich hervorhebt. Vielmehr gelte es, sich von jeder „Illusion der Hinterwelten"[7] endgültig zu trennen, da „das Sein eines Seienden genau das ist, was es zu sein scheint",[8] also mit dem vordergründig Aufscheinenden an ihm identisch sei, mit seiner Vorderansicht zusammenfalle.[9]

Alle Inhalte der Ontologie, insbesondere die Ideen und Werte der alten Metaphysik, werden also im Zuge dieses Realitätsdranges ins Utopische, Illusionäre, Irreale gewiesen. Hierfür ist nicht nur ein allgemeiner „horror metaphysicus", sondern geradezu jene Ideenflucht signifikant, die trefflichen Ausdruck findet in Goethes ›Faust‹, nämlich in jenem Dialog zwischen Mephisto und Faust, da dieser geradezu von „Schauder" gepackt ist angesichts jener „Göttinen" und „Mütter", um die „kein Ort, noch weniger eine Zeit" ist, und ausruft: „Die Mütter! Mütter! – s'klingt so wunderlich!" (6213–6219). Zurück bleibt nur die sich im Bedingten, Materiellen, Quantitativen, in reiner Dynamik, Bewegung, Aktualität, Funktion und Relation erschöpfende Realität, also die sinn-, wesens- und wertentfremdete Weltansicht des Nihilismus.[10]

In vergleichbarer Weise sieht Nietzsche „in all den berühmten Weisen seit Jahrtausenden" „lauter alte, lauter ältliche Weiber",

[2] Vernunft und Existenz, 96.

[3] Philosophie II, 343.

[4] Von der Wahrheit, 980.

[5] Philosophie I, 113.

[6] Das Sein und das Nichts, 10.

[7] Ebd.

[8] Ebd.

[9] Der Ekel, 104: „Die Dinge sind ganz und gar, was sie scheinen – und *hinter* ihnen ... gibt es nichts."

[10] Vgl. N §§ 49–53.

„lauter Mütter“, um „mit Faust zu reden: ‚die Mütter! Mütter! ’s klingt so schauerlich‘“.[11] Gegen eine solche „Philosophie“ der „Moral“ und der „Tugend“ will er „Philosophie als lebensgefährlichen Begriff“ lehren.[12]

[11] WKG VIII/3, 419.
[12] Ebd.

X. Der Realitätscharakter des Bedingten

1. Vom absoluten Geist zur Materie

Wie in Kap. III/3 dargelegt, hatte die idealistische Versubjektivierung aller geistigen Inhalte letztendlich zu ihrer uneingeschränkten Determination „von unten“, nämlich durch die reine Vitalität und schließlich die materiellen Verhältnisse geführt und so den absolut gesetzten Geist selbst zu einem Epiphänomen der Materie derealisiert. Wie gezeigt, war hierbei ein entscheidendes Entwicklungsmotiv der besonders durch Schopenhauer annoncierte Charakter des idealistischen Geistes, aller ideellen Bestimmungsgründe und Prinzipien entbehren zu müssen. Denn diese waren in absoluter Subjektivität aufgehoben und untergegangen.

Es läßt sich darüber hinaus aber nun zeigen, daß für diese Entwicklung auch der bezeichnete Realitätsdrang verantwortlich zu machen ist, für den alle ideellen und geistigen Prinzipien als unwirklich erscheinen, dagegen die Merkmale der Bewegung, Veränderung, des Werdens, Prozessualen, Quantitativen und letztlich Materiellen als Inbegriff des einzig Wirklichen erscheinen. So setzt Nietzsche den Wertprinzipien einer christlichen „Moral“ in seiner „Umwertung aller Werte“ die „stärksten Triebe“ wie „Habsucht“, „Herrschsucht“, „Grausamkeit“ als die „einzig realen“ entgegen, nachdem in idealistischer Perspektive alle subjektüberlegenen Werte als unwirklich erklärt und auf die einzige Realität der absoluten Freiheit zurückgeführt waren.[1] Demgemäß wirft Nietzsche dieser Moral vor, sie entwerte die „einzigen Handlungen“, die „wirklich wertvollen Antriebe“, nämlich die „egoistischen“,[2] um die „Instinkt-Widersprüchlichkeit“ zum einzigen Handlungsprinzip zu erheben.[3] Denn die Moral ist für Nietzsche die „Anzweiflerin und Wertminderung“ derjenigen „Welt“, die wir nun mal „sind“.[4]

[1] WKG VIII/2, 153.
[2] WKG VIII/3, 414.
[3] WKG VIII/3, 419.
[4] WGN IX, 398.

Sehr deutlich zeigt sich dieser Realitätsdrang in der Begründung des „Historischen Materialismus“, danach alle Wesens-, Sinn- und Wertgehalte ausnahmslos nichts als das Produkt wirtschaftlicher, „ökonomischer“, d.h. „materieller“ Verhältnisse darstellen. So betonen Karl Marx und Friedrich Engels (1820–1895) sehr ausdrücklich, sie wollten nicht von „willkürlichen Dingen“, sondern von jenen „wirklichen Voraussetzungen“ ausgehen, die sie in den „wirklichen Individuen“, ihrer „Aktion“ und ihren „materiellen Lebensbedingungen“ erkennen.[5] Demgemäß sehen sie den „ersten zu konstatierenden Tatbestand“ in der „körperlichen Organisation der Individuen“.[6] Das einzig Wirksame, Wirkliche, Reale finden sie also in jenen „materiellen Verhältnissen“, in der ganz elementaren „Sprache des wirklichen Lebens“, danach die „Produktion der Ideen, Vorstellungen, des Bewußtseins“, der „geistige Verkehr der Menschen“, „Moral“, „Religion“, „Metaphysik“ in der materiellen Bedingtheit des Lebens ihren eigentlichen und einzigen Ursprung haben[7]: „Die Menschen sind die Produzenten ihrer Vorstellungen, Ideen etc. etc., aber die wirklichen, wirkenden Menschen, wie sie bedingt sind durch eine bestimmte Entwicklung der Produktivkräfte und des denselben entsprechenden Verkehrs bis zu seinen weitesten Formationen hinauf.“[8] Die „materiellen Verhältnisse“ sind die „Basis aller Verhältnisse“ der Menschen, „die notwendigen Formen“, in denen allein sich „ihre materielle und individuelle Tätigkeit realisiert“.[9] Daraus ergibt sich, daß die in einer Gesellschaft jeweils „herrschende geistige Macht“ nichts anderes ist als die „herrschende materielle Macht der Gesellschaft“, die „herrschenden Gedanken also weiter nichts sind als der ideelle Ausdruck der herrschenden materiellen Verhältnisse“.[10]

Mit diesen Anschauungen konspiriert freilich die marxistische Soziologie, danach alle Gesellschaftsformen und -strukturen jenes Medium darstellen, über und durch das die ökonomischen Urrealitäten, wie sie als die durch die „Produktivkräfte“ erzeugten „Produktionsverhältnisse“ zu verstehen sind, als die einzig „reale Basis“ den „ideellen Überbau“, den „sozialen, politischen und geistigen Lebens-

[5] Die Deutsche Ideologie, a. a. O., Abt. I, Bd. V, 10.

[6] Ebd.

[7] Ebd., I/V, 15.

[8] Ebd.

[9] K. Marx, F. Engels, Ausgew. Briefe, Ost-Berlin 1953, 44.

[10] Die Deutsche Ideologie, a. a. O., I/V, 44.

prozeß" durchgehend determinieren.[11] Die „drei Klassen der modernen Gesellschaft", „die Fundamentalaristokratie, die Bourgeoisie und das Proletariat", haben also deshalb ihre „besondere Moral", weil die Menschen ihre „sittlichen Anschauungen" aus den „praktischen Verhältnissen" schöpfen, in denen ihre „Klassenlage" begründet ist.[12]

2. Von der Freiheit zur Evolution

§ 1. Materialismus und Evolutionismus

Dieser Realitätsdrang trifft sich als Hinwendung zum Bedingten insofern mit der Zielrichtung des Freiheitsmotivs, als er all jene ideellen Prinzipien für unwirklich erklärt, die geeignet wären, aufgrund ihrer Geltung und Verbindlichkeit auch die Freiheit mitzubestimmen und somit die absolute Freiheit aufzuheben. Indem also der Realitätsdrang alle unbedingten Inhalte entwirklicht, ihnen keinerlei eigene Kraft, Effektivität und Wirkungsmacht zubilligt, reduziert er nicht nur sie auf die einzig wirkliche „Urrealität" des bedingten, d.h. materiellen Seins, sondern muß sich am Ende auch in Widerspruch zu seiner eigenen Intention begeben und die Freiheit selbst in reiner Bedingtheit aufheben. Der Gegenwartsphilosophie fiel so die Frage zu, ob und wie denn Freiheit sich von ihrer eigenen Bedingtheit wieder befreien könne.

Diese Problemsituation ist sowohl für den Evolutionismus, wie David Friedrich Strauß (1808–1874) und Ernst Haeckel (1834–1919) ihn vertreten, wie für den dialektischen Materialismus und schließlich den Neomarxismus signifikant. In seiner Schrift ›Die Welträtsel‹ ist Haeckel mit der Grundintention, die Strauß in seiner Schrift ›Der alte und der neue Glaube‹ vortrug, verbunden. Beiden geht es darum, alle Lebensformen bis hinauf zum Seelisch-Geistigen und alle ideellen Prinzipien auf die einzige „Urwirklichkeit" des Materiellen als Musterbeispiel des Bedingten, Quantitativen, Bewegten, Dynamischen, also als Inbegriff der so gedachten einzigen Realität durchzuführen. Eben dadurch wollten sie Gott und Transzendenz, insbesondere den Schöpfergott überflüssig werden lassen, damit solchermaßen das

[11] K. Marx, Vorwort zur ›Kritik der politischen Ökonomie‹, Ost-Berlin 1947, 12ff.

[12] F. Engels, Herrn Eugen Dührings Umwälzung der Wissenschaft, Ost-Berlin 1948, 113.

Menschsein am Ende vom lastenden Joch des Gottesglaubens befreit werde.[13]

Im Prinzip nicht anders stellen sich die entscheidenden Beweggründe des dialektischen Materialismus dar mit dem einzigen Unterschied, daß dieser an eine „Entwicklung in Sprüngen“[14] denkt, welche die „materialistische Naturauffassung“ mit der „Dialektik“ Hegelscher Provenienz vereinigt.[15] Danach soll „die Vermehrung einer Quantität auf einer gewissen Höhe in eine neue Qualität umschlagen“,[16] also durch ein „Umschlagen der Quantität in Qualität“[17] einen „gesetzmäßigen Weltprozeß der Bewegung“[18] erklären. Auf diese Weise soll verständlich werden, wie es „nur eine Gattung, nämlich: weltliche Dinge gibt“,[19] „alle Verschiedenheit, alle Gegensätze der Welt“ nichts als „mannigfaltige Formen desselben Wesens“ der Materie seien[20] und so die „Welt aus dem Chaos zum geistbegabten Menschen fortgeschritten ist“.[21] Damit glaubt Marx die „wirkliche Welt“ so aufzufassen, wie sie „ohne idealistische Schrulle sich gibt“,[22] und eine durchgängige Determination von der Materie bis zu den höchsten Inhalten des Denkens annehmen zu können, welches somit als „Produkt des Hirns“[23] erscheint. Mit diesen Grundanschauungen will Marx zugleich die Menschheit von der Religion befreien, in der er

[13] D. F. Strauß, Der alte und der neue Glaube. Ein Bekenntnis, Bonn 1904, 29f., 32f., 41–63. E. Haeckel, Die Welträtsel. Gemeinverständliche Studien über monistische Philosophie, Leipzig 1926, 168–180, 239f.

[14] K. Kautsky, Die materialistische Geschichtsauffassung, Bd. I, Natur und Gesellschaft, Berlin 1927, 20. G. W. Plechanow, Die Grundprobleme des Marxismus, Stuttgart 1910, 30.

[15] W. I. Lenin, Marx-Engels-Marxismus, Moskau 1947, 14f. H. Erler, H. Arendt, Hegel und Marx, Köln, Wien 1979, 118–199. P. Ehlen, Marxismus als Weltanschauung, München, Wien 1982, 132–152.

[16] K. Kautsky, Die materialistische Geschichtsauffassung, I, 45. Vgl. A. Fürle, Kritik der Marxschen Anthropologie, München 1979, 128–145. W. Röhrich, Marx und die materialistische Staatstheorie, Darmstadt 1980, 56–61.

[17] W. I. Lenin, Marx-Engels-Marxismus, 14f.

[18] Ebd.

[19] J. Dietzgen, Ges. Schriften, Berlin 1930, I, 119.

[20] Ebd.

[21] Ebd.

[22] K. Marx, F. Engels, Ausgew. Schriften in zwei Bänden, Berlin 1954, II, 359.

[23] Herrn E. Dührings Umwälzung der Wissenschaft, 41.

in Übereinstimmung mit Ludwig Feuerbach (1804–1872)[24] und Friedrich Engels[25] nichts als die „Selbstentfremdung“ des Menschen sieht, der sich „selbst entweder noch nicht erworben oder schon wieder verloren hat“.[26]

Dieser naturalistische Evolutionismus des vorigen Jahrhunderts erlebt seine Wiederauferstehung in neuester Kosmologie, wie sie besonders durch die Ergebnisse der Weltraumforschung außerordentlich angeregt und weitergeführt ist. Bezeichnend für diesen heutigen kosmologischen Evolutionismus ist es, daß er nicht zu unterscheiden weiß zwischen der geistigen und existentiellen Sphäre des Unbedingten und der somatisch-psychischen Sphäre im Aufbau der menschlichen Person.[27] Deshalb wird der Mensch überhaupt, das Menschsein selbst auf jenes Evolutionsgeschehen reduziert, dem nur die Sphäre des Bedingten unterworfen ist (vgl. Kap. III). Z.B. verstehen G.B. Field und E.J. Chaisson das „Leben selbst“ als eine „natürliche Folge der Evolution der Materie“ und als damit gleichbedeutend die „Evolution der menschlichen Rasse“,[28] A. Unsöld kennt eine „geistige Entwicklung des Schimpansen“,[29] wie H. Fritzsch das „geistige Universum“ als „Produkt des Gehirns“,[30] den Menschen als „Produkt der achten Epoche“ anspricht[31] oder H. Elsässer die Menschheit als „kosmische Episode“[32] begreift. Demgemäß wird erklärt, daß es „keinen ewigen Gott gibt“,[33] sondern „Gott“ als „die Einheit des Universums der achten Epoche“ zu begreifen sei.[34] Freiheits- und Sicherheitsmotiv

[24] Das Wesen des Christentums, Sämtl. Werke, hrsg. v. W. Bolin u. F. Jodl, Bd. VI, Stuttgart 1903, 16, 32, 34ff., 37, 41f., 236f., 238.

[25] K. Marx, F. Engels, Über Religion, Ost-Berlin 1958, 118f. Vgl. W. I-. Lenin, Über die Religion, Moskau 1954, 25ff., 53–56.

[26] K. Marx, F. Engels, Über Religion, 30.

[27] Vgl. PB Kap. 4–8.

[28] Das unsichtbare Universum, übers. v. B. P. Koch, Basel, Boston, Stuttgart 1986, 204f.

[29] Evolution kosmischer, biologischer und geistiger Strukturen, hrsg. v. W. Höll, Stuttgart 1981, 87.

[30] Vom Urknall zum Zerfall. Die Welt zwischen Anfang und Ende, München, Zürich 1983, 316.

[31] Ebd., 331.

[32] Weltall im Wandel. Die neue Astronomie, Stuttgart 1985, 350. Vgl. E. R. Harrison, Kosmologie, Darmstadt 1983, 615ff.

[33] H. Fritzsch, Vom Urknall zum Zerfall, 331.

[34] Ebd. Zur Auseinandersetzung mit diesem neuesten Evolutionismus vgl.: W. Stegmüller, Hauptströmungen der Gegenwartsphilosophie, Bd. III, Stutt-

(Kap. III–V), eindimensionales Denken, Transzendenz- und Ideenflucht (Kap. VIII–XII) wirken hier zusammen.

§ 2. Neomarxistische Befreiungstheorie

Allein, in dieser Entwicklung des Materialismus und Evolutionismus schlägt die neuzeitliche Freiheitsbewegung ins Gegenteil ihrer Zielsetzung um in einer Weise, die Adorno und Horkheimer als ›Dialektik der Aufklärung‹ angesprochen haben.[35] Denn die Freiheit selbst war solchermaßen in reine Bedingtheit aufgelöst und des ihr unveräußerlichen Charakters des Unbedingten verlustig gegangen. So stellt sich für die Gegenwartsphilosophie die Frage, ob und wie Freiheit ihre eigene naturhistorische oder soziologische Bedingtheit befreien könne, und zwar durch Entfesselung dieser ihrer Bedingtheit selbst wie durch Aktivierung und Kräftigung ihrer Autarkie. Denn gemäß marxistischer Lehre vollzieht sich die Evolution ja insbesondere im Medium der menschlichen Gesellschaft.

In diesem Sinne spricht H. Marcuse von dem „eindimensionalen Menschen", für den es signifikant ist, daß „Ideen, Bestrebungen und Ziele, die ihrem Inhalt nach das bestehende Universum von Sprache und Handeln transzendieren, entweder abgewehrt oder zu Begriffen dieses Universums herabgesetzt werden".[36] Aber aus dieser Feststellung ergibt sich für Marcuse keineswegs ein neuer Frageimpuls in Richtung auf Unbedingtheit und Urphänomenalität ideeller Gehalte. Seine Ideenflucht verläuft vielmehr in entgegengesetzter Richtung, indem er die Bedingtheit des eindimensionalen Daseins selbst zu befreien, d. h. zu sich selbst zu bringen sucht: „Die Gegenstände der Natur werden frei, das zu sein, was sie sind. Aber um zu sein, was sie sind, sind sie abhängig von der erotischen Haltung: nur in ihr empfangen sie ihr telos ... Die Welt der Natur ist eine Welt der Bedrükkung, der Grausamkeit und der Schmerzen, wie es die menschliche

gart 1987, 345 S. S. J. Meurers, Kosmologie heute, Darmstadt 1984, 339 S. B. Kanitscheider, Kosmologie, Stuttgart 1984, 504 S.

[35] M. Horkheimer, Th. W. Adorno, Dialektik der Aufklärung, Adorno-Ausg., a. a. O., III, 57: „In der Selbsterkenntnis des Geistes als mit sich entzweiter Natur ruft wie in der Vorzeit Natur sich selber an, aber ... als Blindes, Verstümmeltes. Naturverfallenheit besteht in der Naturbeherrschung, ohne die der Geist nicht existiert."

[36] Der eindimensionale Mensch, a. a. O., VII, 32.

ist: und wie diese wartet sie auf Befreiung. Diese Befreiung ist das Werk des Eros."[37] „Die Freiheit müßte in der Befreiung der Sinnlichkeit, nicht in der Vernunft zu suchen sein, in der Beschränkung der Ansprüche der ‚höheren' Fähigkeiten zugunsten der ‚niederen'."[38] Damit verbindet Marcuse das Ziel, daß „die Gesetze der Vernunft mit den Interessen der Sinne versöhnt werden müßten",[39] indem „jede Ordnung", die dem „sinnlichen Trieb auferlegt werden müßte", „selbst eine Handlung der Freiheit" sein muß.[40] Das heißt, daß in einer „freien Kultur" „alle Gesetze" vom „Einzelnen", dem „freien Individuum" eingesetzt sind, das die Versöhnung zwischen „Vernunft" und „Sinnlichkeit" schafft gemäß dem „Grundgesetz": „Freiheit zu geben durch Freiheit."[41]

Auch E. Bloch geht davon aus, daß das „menschliche Leben" zwar „eine Art Transcendere, eine Überschreitung des Gegebenen" sei. Aber auch er denkt dabei keineswegs an zeitüberlegene Sinn-, Wesens- oder Wertgehalte. Denn „dieses Transcendere involviert als konkret-utopisches ebenso zuverlässig keine Transzendenz".[42] Entsprechend sieht er in seinem ›Prinzip Hoffnung‹ einen „Selbsterweiterungstrieb nach vorwärts", „eine Dämmerung nach vorwärts, ins Neue"[43] und jene „Intention auf noch ungewordene Möglichkeiten",[44] die in keiner Weise den Rahmen der reinen Bedingtheit sprengt. Deshalb bleibt diese Hoffnung eine „materialistisch begriffene", die zwar „per definitionem an der Front des Weltprozesses" steht, dabei aber gebunden bleibt an den „vordersten Seinsabschnitt der bewegten, utopisch offenen Materie".[45]

Th. W. Adorno geht davon aus, daß der neuzeitliche Idealismus sein Ziel verfehlt hat, weil unter den Voraussetzungen des darin grundgelegten Identitätsdenkens „die Subjekte der Grenze ihrer Freiheit an ihrer eigenen Zugehörigkeit zur Natur wie vollends an ihrer Ohnmacht angesichts der ihnen gegenüber verselbständigten Gesellschaft

[37] Triebstruktur und Gesellschaft, a. a. O., V, 145.
[38] Ebd., 165.
[39] Ebd.
[40] Ebd.
[41] Ebd.
[42] Das Prinzip Hoffnung, a. a. O., V, 1625.
[43] Ebd., 86.
[44] Ebd., 5.
[45] Ebd., 230. Vgl. R. Damus, E. Bloch, Meisenheim/Gl. 1971, 16–38. M. Weninger, Praxis als Ort der Hoffnung bei E. Bloch, Innsbruck 1982, 98–101.

innewerden".[46] Denn indem die „Konstruktion des Subjekt-Objekts" nicht nur das „Objekt" in „die freie Tat des absoluten Subjekts" „umfälsche", sondern auch im „Subjekt" „das sich darstellende Objektive erkenne", „schränke sie damit anti-ideologisch das Subjekt ein".[47] So löse das idealistische Denken die Beteuerung, „das Nichtich sei am Ende das Ich",[48] nie ein, und „was Freiheit produzierte, schlage in Unfreiheit um".[49] Hieraus ergibt sich aber für Adorno keineswegs die Infragestellung der idealistischen Auflösung aller Sinn-, Wert- und Wesensgehalte. Ganz im Gegenteil zeigt sich auch hier die Tendenz der Ideenflucht, indem Adorno das idealistische Identitätsdenken ausschließlich in Richtung auf die „archaische", „vor-ichliche", „unfreie Naturhörigkeit"[50] zu durchbrechen sucht, welche sich ihm letztlich als „materiell oder untrennbar fusioniert mit Materiellem" darstellt.[51]

Auch für M. Horkheimer geht der „Charakter des Individuums" zurück auf die „besonderen Umstände seines Schicksals in der Gesellschaft".[52] Das heißt, die „sozialen Verhältnisse" „bestimmen" „die seelische und geistige Beschaffenheit der Individuen",[53] so daß jedes Individuum in den „dialektischen Charakter des Geschehens" zwischen ihm und der Gesellschaft eingebunden, eingefangen bleibt.[54] Auch hier löst sich also das Menschsein in reiner Bedingtheit auf. Allerdings versucht nun Horkheimer die soziologische Bedingtheit aus Notwendigkeit in eine soziologische Bedingtheit aus Freiheit zu verwandeln, indem er lehrt, daß der „Geschichtsverlauf" als das „notwendige Produkt eines ökonomischen Mechanismus" zugleich den aus ihm hervorgehenden „Protest gegen diese Ordnung" und somit die „Idee der Selbstbestimmung des menschlichen Geschlechts" enthält.[55] Diese versteht Horkheimer als einen „Zustand", in dem seine Taten nicht mehr aus einem „Mechanismus", sondern aus „eigenen Entscheidungen" fließen, so daß die gesellschaftliche und geschichtliche „Notwendigkeit" aus einer „blinden" in eine „sinnvolle" verwan-

[46] Negative Dialektik, a. a. O., VI, 220.

[47] Ebd., 343.

[48] Ebd., 151.

[49] Ebd., 259.

[50] Ebd., 221.

[51] Ebd., 193. Vgl. Negative Dialektik und Versöhnung bei Th. W. Adorno, Freiburg 1975, 170–177.

[52] Bemerkungen zur philos. Anthropologie, a. a. O., III, 250.

[53] Ebd.

[54] Ebd., 251.

[55] Traditionelle u. krit. Theorie, a. a. O., IV, 203.

delt wird.[56] Allerdings kann dann „Sinn“ nur in leerer Autonomie bestehen, da auch Horkheimer in „Richtung einer materialistischen Theorie“ nicht das „objektive Sein“, wohl aber einen „absoluten Sinn“ leugnet.[57]

3. Vom Individuum zum Kollektiv

Die Konkretion menschlicher Individualität ist in jedem Fall angewiesen auf das freie und ursprüngliche Zeugnis des Selbst für einen unbedingten Sinn- oder Wertgehalt und jenes Eintreten für diesen, darin allein der Mensch in strengem Sinne unvertretbar ist, also Individualität erlangt.[58] Indem aber nun der Realitätsdrang ebenso wie das idealistische Freiheitsmotiv alle unbedingten Inhalte auf die reine Bedingtheit des „absoluten“ Subjekts zurückführt, ist die Konstitution der Individualität entwirklicht und, was damit gleichbedeutend ist, der Mensch zu einem reinen Gattungs- oder Gesellschaftswesen geworden. Die eigentliche Paradoxie, um nicht zu sagen „Schizophrenie“,[59] besteht nun darin, daß dieser gesamte Vorgang der Auflösung des Individuums im Namen der Individualität geführt wurde, nämlich des idealistischen Interesses an der Selbstbegründung und Ursprünglichkeit der absoluten Freiheit, die also in einer „Dialektik der nihilistischen Denkmotive“[60] nicht nur nicht ihr Ziel erreicht, sondern im Gegenteil ihrer originären Zielsetzung endet. Im Zuge dieser Entwicklung wurde das Individuum mehr und mehr zu einem Phänomen und Epiphänomen einer Gesellschaft, die nicht mehr aus selbstursprünglichen Individuen, sondern Exekutoren sinnentfremdeter Mechanismen und irrationaler Zwänge besteht und daher als Kollektiv anzusprechen ist. Hand in Hand mit dieser Entwirklichung der Individualität geht ihre Entwertung und die daraus folgende absolute Aufwertung des Kollektivs.

Hieraus resultiert eine philosophische Soziallehre und Soziologie, die keinen Raum mehr läßt für selbstursprüngliches Menschsein, Exi-

[56] Ebd.

[57] Bemerkungen zur philos. Anthropologie, a. a. O., III, 256.

[58] Vgl. PB Kap. 4–6. W. Weier, Die Frage nach der Möglichkeit existentieller Kreativität, 75–94.

[59] Adorno, Negative Dialektik, a. a. O., VII, 277: „Schizophrenie die geistesgeschichtliche Wahrheit übers Subjekt.“

[60] N §§ 82–92.

stentialität, Individualität und kein Gespür mehr hat für den Eigenwert des unvertretbar Personalen. So sieht der Marxist Max Adler (1873–1937) in „der individuellen Betätigung jedes einzelnen nur Funktionsweisen des Gattungsmäßigen“[61] und glaubt, erst dann sei das „menschliche Wesen“ erfaßt, „wenn, wie Marx das einmal ausdrückt, der wirkliche individuelle Mensch, als individueller Mensch Gattungswesen geworden ist“.[62] Demgemäß ist der Begriff der „Vergesellschaftung“ für Adler ein „streng objektiver Begriff“,[63] der die „Grundtatsächlichkeit“[64] oder, wie M. Rosental und P. Judin sagen, die „objektive Realität“,[65] die einzig „wirksame Macht“[66] bezeichne. Die Anwendung dieses Begriffs läuft darauf hinaus, daß „alles Geistige als das stets Soziale erkannt wird“,[67] die „geistige Natur des Menschen gleichbedeutend ist mit der sozialen und vergesellschafteten Natur“[68] und „die Eigentümlichkeit des menschlichen Geisteslebens“, wie Rosental und Judin formulieren, in der „Geschichte der Gesellschaft“ bestehen soll.[69] Diese „objektive Realität“ stellt aber nach marxistischer Deutung nichts anderes dar als „die Eigenschaft einer hochgradig organisierten Materie, nämlich des Gehirns“.[70]

Emile Durkheim (1858–1917) betrachtet in seiner Schrift ›Soziologie und Philosophie‹ die „Gesellschaft“ als eine „unendlich reichere und höhere Realität denn die unsere; eine Realität, von der alles kommt, was für uns zählt“.[71] Ja, Durkheim meint sogar, das „Individuum“ empfinde die „Gesellschaft“, je weiter sie sein „Bewußtsein“ übersteige, als „ihm selbst gegenüber transzendent“, und eben deshalb anerkenne es sie auch als eine „moralische Autorität“, vor der es sich „beugt“.[72] Sie sei es, die den „Idealtypus des Menschen“ vorschreibe, die „uns gebiete, weil sie außerhalb von uns und über uns

[61] Marx als Denker, Berlin 1925, 47f.

[62] Ebd.

[63] Lehrbuch der materialistischen Geschichtsauffassung, Berlin 1930, Bd. I, 222.

[64] Ebd., 223f.

[65] Zitiert nach: I. Fetscher, Der Marxismus. Seine Geschichte in Dokumenten, München 1973, 96.

[66] Ebd., 97.

[67] M. Adler, Marx als Denker, 48.

[68] Ders., Lehrbuch der materialistischen Geschichtsauffassung, I, 224.

[69] I. Fetscher, Marxismus, 97.

[70] Ebd.

[71] Soziologie und Philosophie, Frankfurt a. M. 1967, 107.

[72] Ebd., 108.

steht".[73] „Werte" sind somit allein „Produkte der allgemeinen Meinung", welche die „Gesellschaft" „geheiligt" hat.[74]

Zwar unterscheidet sich die Sozialphilosophie Adornos nicht dadurch von der Adlers oder Durkheims, daß er das Verhältnis zwischen Individuum und Gesellschaft anders sieht, wohl aber durch eine andere Bewertung derselben. Denn Adorno sieht und beklagt durchaus den darin geschehenden Verlust der Individualität und Selbstursprünglichkeit des Menschseins. Für Adorno werden die Menschen durch „die Vermittlung der totalen, alle Beziehungen und Regungen erfassenden Gesellschaft hindurch" zu eben dem wieder gemacht, „wogegen sich das Entwicklungsgesetz der Gesellschaft, das Prinzip des Selbst gekehrt hatte: zu bloßen Gattungswesen, einander gleich durch Isolierung in der zwangshaft gelenkten Kollektivität".[75] Das „Prinzip der Individualität" sei „von Anbeginn widerspruchsvoll" gewesen, weil es nicht nur nicht zur „Individuation" wirklich gekommen sei, sondern „die klassenmäßige Gestalt der Selbsterhaltung alle auf der Stufe bloßer Gattungswesen festgehalten" habe.[76] In der „Massenkultur" des „bürgerlichen Zeitalters" habe „Individualität" einen „fiktiven Charakter".[77] Denn indem das „anti-autoritäre Prinzip" „alles von sich aus Verbindliche" abschaffe, hätten die gerade bestehenden gesellschaftlichen Verhältnisse die Macht, „die ihr jeweils adäquaten Bindungen souverän zu dekretieren und zu manipulieren".[78]

[73] Ebd., 110f.
[74] Ebd., 111, 113.
[75] Dialektik der Aufklärung, Adorno-Ausg., a. a. O., III, 54.
[76] Ebd., 178.
[77] Ebd.
[78] Ebd., 112.

XI. Entwirklichung der Sinngeltung

Indem der Realitätsdrang nur noch dasjenige Sein für real und wirklich hält, das durch Bewegung, Veränderung, Prozessualität und Zeitlichkeit charakterisiert ist, müssen ihm eo ipso all jene spezifisch geistigen Geltungen des Sinn-, Wert- und Wesenhaften als irreal und unwirklich, mithin als illusorisch und projektiv erscheinen, die sich aufgrund ihres Gehalts als werdelos, unbedingt, unabänderlich und überzeitlich darstellen. Für diese Tendenz ist es besonders bezeichnend, daß sie keinen Unterschied mehr sieht zwischen Realität und Wirklichkeit, sondern das so gefaßte Irreale bereits als das Unwirkliche ansieht. Dadurch bringt sie sich in die Verlegenheit, wie sie besonders in der sogenannten „Badischen Schule" bei W. Windelband, H. Rickert und B. Bauch sich zeigt, auch solche Inhalte, die sie als zeitüberlegen gültig und unbedingt erkannt hat, nicht nur als irreal, sondern bereits als unwirklich betrachten zu müssen und folglich nicht mehr vom reinen Nichts unterscheiden zu können. In diesem aber gehen solche Gehalte gerade derjenigen Geltung verlustig, die gleichwohl erkannt und hervorgehoben wird. Obgleich also diese Philosophen in grundsätzlichem Gegensatz zu den dargestellten materialistischen Denkern die unbedingte Geltung von Sinn-, Wert- und Wesensgehalten sehen und betonen, liefern sie in ihrer Ideenflucht diese am Ende dem Nichts aus, so daß sie entgegen ihren ursprünglichen Anliegen ebenso wie der Materialismus im reinen Nihilismus enden. Einen Anschluß ihrer „Geltungen" an die Wirklichkeit können diese Denker keineswegs wie die antike und mittelalterliche Transzendenzphilosophie in ihnen selbst,[1] sondern allein in dem sie ver-wirklichenden Akt oder Erlebnis des tätigen Subjekts finden. Zwar ist dieser Drang vergleichbar mit der in Kap. IX dargestellten lebensphilosophischen Tendenz von der Idee zum Leben. Aber sie unterscheidet sich von dieser in ihrer Motivation wie in ihrem Ziel. In ihrer Motivation, sofern sie nicht so sehr im Wahrhaftigkeitsmotiv als vielmehr im Realitätsdrang gründet, und in ihrem Ziel, indem es

[1] Vgl. ST 70–194. GS Kap. 4, 7. GN Kap. 1.

ihr nicht so sehr um Lebensdynamik als vielmehr um Wirklichkeitshärte geht.

Analoges läßt sich im Hinblick auf den existentialistischen und existenzphilosophischen Phänomenalismus als dem grundsätzlichen Stehenbleiben beim Akthaften und Zeitbedingten sagen. Auch dieser hält alle Ideen und Sinngehalte nicht nur für irreal, sondern auch für unwirklich, solange sie nicht ver-wirklicht sind in dem rein zeitlichen Akt menschlicher Existenz. Im Unterschied zu den Badischen Philosophen richtet dieser Phänomenalismus sein Interesse auch schon nicht mehr auf den überzeitlichen Geltungsrang normativer Prinzipien. Diese sind schon im vorhinein der reinen Zeitlichkeit übergeben, solchermaßen ihrer Unbedingtheit entkleidet und daher im Nichts aufgelöst.

1. Von der Sinngeltung zur Zeitbedingtheit

§ 1. Vom Sinn zum Erlebnis

Wie Wilhelm Windelband (1848–1915) hervorhebt, gibt es „Normen“ des „Wahren“, „Guten“, „Schönen“, die „wandellos“, „ewig“ und „zeitlos“ gelten.[2] Allein, Windelband kennt kein „Sein“, das nicht die Eigenschaft des Werdens und der Vergänglichkeit aufweisen würde: „Ich erfahre kein Sein und kann keins erkennen, das nicht geworden und vergänglich wäre.“[3] Daraus folgt, daß mithin benannte „Normen“ kein Sein haben. Aber sie sind für Windelband nicht nur als irreal, sondern darüber hinaus auch als unwirklich anzusehen, da er in seiner Ideenflucht auch den Begriff der Wirklichkeit von dem der Geltung entfernen will. Übrig bleibt eine Geltung, die keinerlei Seinsbezug mehr aufweist und, indem sie auch nicht als wirklich angesehen wird, sich nicht mehr vom Nichts unterscheidet: „Ewig-zeitlos ist für mein Denken und Verstehen nur dasjenige, was gilt, ohne sein zu müssen.“[4]

Um nun angesichts dieser unvermeidbaren Konsequenzen doch noch einen gewissen Anschluß dieser „Geltungen“ an die Wirklichkeit erreichen zu können, glaubt Windelband, daß sie im sittlichen und religiösen „Erlebnis“, allerdings allein darin und durch dieses, sozu-

[2] Präludien, Tübingen 1919, II, 342 ff.
[3] Ebd., 342.
[4] Ebd.

sagen im nachhinein Wirklichkeitscharakter erlangen können: „Wenn ich mich auf das besinne, was sein soll ..., dann herrscht in mir etwas ..., was zwar in mir als einem zeitlich bestimmten Wesen mit der Zeit erscheint und mit der Zeit selbst wieder verschwindet, was aber seinem Inhalt nach zeitlos gilt.“[5] Während also das „Wissen“ auf das beschränkt ist, „was wirklich ist“, hat doch das „Gewissen“ ein „Bewußtsein von dem, was sein soll“.[6] Dabei kommt es nach Windelband darauf an, daß „das Zeitliche sich mir in das Zeitlose, das Seiende in das Seinsollende verwandle“.[7] Besonders im religiösen Erlebnis können „die Wertinhalte einer höheren Vernunftwirklichkeit“[8] und die „Normen“[9] Wirklichkeitscharakter erlangen.

Aber entscheidend ist, daß solche „Teilhabe“ an zeitüberlegenen Geltungen vom wissenschaftlichen Standpunkt aus unbegreiflich ist: „Das Teilhaben an dem Transzendenten ist unbegreiflich als etwas, das wir erleben, ohne es aus eigener Kraft zu tun, – ein Geschenk, das höchste von allen.“[10] Denn die „ewigen“, „zeitlosen“, „wandellosen“ „Normen“ können nicht in der „Erkenntnis“, sondern allein im „Erlebnis“ Wirklichkeitscharakter erlangen: „Die Ewigkeit will nicht erkannt, – sie will erlebt sein.“[11] Auf diese Weise sind alle geistig erschaubaren Geltungsgehalte entwirklicht und zugleich entwertet, weil ins Irrationale, rein Erlebnishafte abgedrängt und verflüchtigt. Zugleich ist die geistige Intuition, ja der Geist selbst in der Eigenart und Eigenwirklichkeit seiner Inhalte nicht mehr gesehen und ernst genommen, sondern selbst ins Utopische gewiesen.

§ 2. Vom Phänomen zur Zeit

So rechnet auch K. Jaspers nicht mit der Möglichkeit, daß in Welt, Zeit und Geschichte selbst zeitüberlegene Sinngestalten gegenwärtig sein könnten, sondern hält grundsätzlich daran fest, daß „jede Gestalt“, „jede Idee“ „in der Welt scheitern“,[12] darin „zusammenbre-

[5] Ebd., 343.
[6] Ebd., 342.
[7] Ebd., 345.
[8] Ebd., 305.
[9] Ebd., 307.
[10] Ebd.
[11] Ebd., 343.
[12] Von der Wahrheit, 980.

chen",[13] „Fragment ihrer selbst" bleiben muß.[14] Sollen alle Sinngestalten in der diesen Phänomenalismus bezeichnenden Weise selbst zu einem Zeitereignis, zu einer greifbaren Faktizität werden, so müssen sie in der Tat zerbrechen. Denn sie gehen des ihnen unabdingbaren Charakters der zeitüberlegenen Geltung verlustig. So wird die Konsequenz unumgänglich, daß es „das zeitlose Sein nicht gibt"[15] und „Ideen", d. h. alle Sinn-, Wesens- und Wertgeltungen, nie „objektives Dasein" erlangen.[16] Was bleibt, ist nicht der objektive Sinn, sondern allein der rein subjektiv entworfene, die „Wahrheit für mich",[17] das, was „in mir geschieht",[18] „in mir bewegende Kraft wird".[19] Dagegen „bleibt das Objektive leer, ein fremdes Andere",[20] kann als solches „nicht bestehen",[21] sondern nur in der Reduktion auf „die Situation des Zeitdaseins".[22]

„Phänomen", wie M. Heidegger es versteht, kann gleichfalls nicht zeitlich bedingte Ausdrucksgestalt zeitüberlegener Inhalte sein, sondern geht in bloßer Zeitlichkeit auf und unter, in das „Sich-an-ihm-selbst-zeigende"[23] und will so begriffen sein, „wie es sich von ihm selbst her", d. h. von seiner reinen Zeitgestalt her, „zeigt".[24] Während Jaspers sieht, daß der Sinn in seiner Verzeitlichung „scheitern" muß, will Heidegger „die Zeitlichkeit" selbst als den „ontologischen Sinn",[25] den „Seinssinn des Daseins"[26] deuten, so wie er sich ihm in der „Sorge" zeigt.[27] Dieser metaphänomenale Ansatz darf nicht darüber hinwegtäuschen, daß Heidegger immer im phänomenalistisch verengten Kreis der reinen Zeitlichkeit verbleibt, in dem auch das „Überzeitliche" „hinsichtlich seines Seins" als „zeitlich" erscheint.[28]

[13] Ebd., 620.
[14] Philosophie I, 113.
[15] Ebd., 275.
[16] Ebd., 102.
[17] Philosophie II, 342.
[18] Vernunft und Existenz, 96.
[19] Philosophie II, 343.
[20] Ebd., 337.
[21] Philosophie I, 273.
[22] Ebd., 275.
[23] Sein und Zeit, a. a. O., II, 38.
[24] Ebd., 46.
[25] Ebd., 402.
[26] Ebd., 312.
[27] Ebd., 432, 434, 485.
[28] Ebd., 25 f.

In dieser phänomenalistischen Verquickung von Zeit und Sinn ist dieser nicht nur ein solcher der „Zeitlichkeit“, sondern vielmehr selbst zeitlich und „muß in die Zeitlichkeit zurückgenommen werden“.[29] Durch diese Zeitlicheit, die „Endlichkeit“ besagt,[30] ist der Sinn selbst auf eine Zeitsituation „begrenzt“.[31] In dieser Reduktion aber auf die Phänomene der Zeit muß der Sinn, wie Jaspers unter dieser Voraussetzung völlig zu Recht erkennt, zum Fragment seiner selbst werden, da er das ihm unabdingbare Merkmal zeitüberlegener, d. h. auf keinen Zeitmoment begrenzbarer Geltung preisgegeben hat.

Indem Existenzphilosophie also in ihrem Phänomenverständnis nicht mit der Möglichkeit rechnet, daß in den Gegebenheiten der Zeitsphäre ein selbst werdeloser, urphänomenaler und zeitentrückter Sinn Parusie haben könne, hat sie diesen schon im vorhinein aufgegeben. Die unter dieser Voraussetzung gemachten nihilistischen Erfahrungen liegen daher in dieser selbst, nicht aber in der Sinnlosigkeit (Sartre) oder Absurdität (Camus) des Daseins, dem Scheitern jeder Sinnfindung in der Welt (Jaspers) oder in der Zeitbedingtheit der Ek-sistenz (Heidegger) begründet.

Deshalb sieht S. Kierkegaard „das Unglück unserer Zeit“ darin, „daß sie rein zu nichts als ‚der Zeit‘ geworden ist, zur Zeitlichkeit, die ungeduldig nichts von der Ewigkeit hören, dazu ... das Ewige ganz und gar überflüssig machen möchte, was doch nicht gelingen wird in alle Ewigkeit; denn je mehr man vermeint, des Ewigen entraten zu können, je mehr man sich darin verhärtet, daß man seiner entraten könne, desto mehr bedarf man seiner im Grunde“.[32]

2. Von der Sinngeltung zum Akt

Auch für Heinrich Rickert (1863–1936) „gibt es eine ‚andere Welt‘ als die immanente wirkliche“.[33] Diese „besteht“ einerseits „unabhängig von jedem Realen“ und ist insofern „transzendent“,[34] andererseits auch unabhängig von dem „psychischen Sein der einzelnen Individuen“ und „reicht“ daher in ihrem „Gehalt“ weit über alles „Seelenleben der

[29] Ebd., 489.
[30] Kant und das Problem der Metaphysik, 215.
[31] Einführung in die Metaphysik, a. a. O., XL, 98.
[32] Die Schriften über sich selbst, Ges. Werke, a. a. O., Abt. 33, 97.
[33] Der Gegenstand der Erkenntnis, Tübingen 1928, IX.
[34] Ebd.

Individuen" hinaus.[35] Denn es „gibt" für Rickert „unsinnlich Verstehbares unabhängig von der psychophysischen Sinnenwelt".[36] Demgemäß kennt Rickert auch „Bedeutungen" und „Sinngebilde", die „als von allen verstehbare Gegenstände dem Fluß der Zeit entzogen sind".[37]

Vor dem Gedanken an Sinnmetaphysik und Transzendenzphilosophie ergreift jedoch Rickert die Flucht. Denn eben dadurch werde „das Gewisseste, das wir haben, um unserem Leben einen Sinn zu geben, nicht befestigt, sondern erschüttert".[38] Es kann für ihn vor allem deshalb keine Einheit von unveränderlich Bleibendem und Werdendem geben, weil er in seinem Realitätsdrang nur dieses für wirklich hält.[39] Daher will er vielmehr, um den „Begriff des transzendenten Sinnes" zu bestimmen, „völlig darauf verzichten, ihn in der Sphäre des real Seienden unterzubringen".[40] Denn „der transzendente Sinn liegt vielmehr ‚über' oder ‚vor' allem Existierenden und ist daher von keiner Ontologie zu erfassen".[41] „Ebenso gehört der Sinn ... nicht selbst zum wirklichen Sein, sondern besteht nur mit Rücksicht auf einen geltenden Wert und ist insofern selbst unwirklich."[42] So kommt Rickert zu „zwei Welten, einer seienden und einer geltenden".[43] Für diesen Charakter des Sinnreiches, zu gelten und doch nicht zu sein, bietet sich Rickert zur Verdeutlichung der Wertbegriff[44] an als „umfassender Begriff des Nichtexistierenden".[45] Diesem Begriff des „Wertes" will Rickert den des „Sinnes" unterordnen.[46]

[35] Unmittelbarkeit und Sinndeutung, Tübingen 1932, 132.

[36] Ebd., 118. Vgl. G. Ramming, K. Jaspers und H. Rickert, Bern 1948, 39.

[37] Unmittelbarkeit und Sinndeutung, 131.

[38] Ebd., 123.

[39] Ebd., 117: „Metaphysik ... hätte es mit einem Jenseits zu tun, das alles Diesseitige zusammenhält, und sie würde, falls sie als Wissenschaft ‚möglich' ist, das ‚monistisch' miteinander verbinden können, was im Diesseits ‚dualistisch' auseinandergehalten werden muß."

[40] Der Gegenstand der Erkenntnis, 260.

[41] Ebd.

[42] Die Grenze der naturwissenschaftlichen Begriffsbildung, Tübingen 1929, 536.

[43] Der Gegenstand der Erkenntnis, IX.

[44] Vgl. H. Grünberg, Über das Verhältnis von Theoretischem und Praktischem im transzendentalen Subjekt, Leipzig 1926, 40, 76. N. Bagdasar, Der Begriff des Theoretischen Wertes bei H. Rickert, Berlin 1927, 64f.

[45] Der Gegenstand der Erkenntnis, 260.

[46] Unmittelbarkeit und Sinndeutung, 179.

Obgleich diese Entwirklichung des Sinnes und der Werte notwendig zu ihrer nihilistischen Preisgabe im Nichts führen muß, meint Rickert, in seinem Begriff einer „unwirklichen Geltung“ dieser Konsequenz entgehen zu können. So behauptet er, daß es „Gebilde“ gibt, „die nicht existieren und trotzdem ‚Etwas‘ sind“, und meint, dies am besten dadurch ausdrücken zu können, „daß wir sagen, sie gelten“.[47] Wie aporetisch dieser Begriff eines nicht existierenden und doch geltenden „Etwas“ ist, zeigt sich an Rickerts dazu im Widerspruch stehender Bestimmung des Nichtexistierens: „Die Negation des Existierens ... ergibt als bloße Negation immer nur das Nicht-Etwas oder das Nichts.“[48] So stehen sich am Ende auf der einen Seite das Reich der „reinen Werte und Geltungen“, „das wirklichkeitsfrei ‚schwebt‘ “, und auf der anderen Seite „das bloß wirkliche Leben“, „das als Wirklichkeit sinnfremd gedacht wird“,[49] schroff und beziehungslos gegenüber.

Wie Windelband versucht jedoch auch Rickert, einen Anschluß seines Geltungsbegriffs an die Wirklichkeit dadurch zu erreichen, daß er im „Subjektakt“ jenes „Ineinander von realem Sein und irrealer Geltung“ allererst ver-wirklicht sieht, das er als den „Weltknoten“, als die „Einheit von Wert und Wirklichkeit“[50] oder auch als „drittes Reich“[51] anspricht. „Der Sinn des Aktes oder der Sinn der Wertung ist ... die Verbindung und Einheit der beiden Reiche.“[52] Im „Stellungnehmen zu Werten“ „haben wir dann zugleich eine Einheit von Wert und Wirklichkeit“.[53] Im „Akt des Wertens, welcher der Wirklichkeit einen Wert *beilegt*“[54], ver-wirklicht sich der „Sinn“, der den „Akten, insofern sie zu Werten Stellung nehmen“, „innewohnt“.[55] Das „dritte Reich“ ist somit „das Reich des Sinnes“.[56] „Der Sinn jedoch, den wir jetzt meinen, ist nicht der Wert jenseits der Wertung, sondern er steckt in dem *Akte,* der den Wert meint oder versteht.“[57] Diesen Sinn nennt

[47] Der Gegenstand der Erkenntnis, 260.

[48] Ebd., 261.

[49] System der Philosophie I, Allgemeine Grundlegung der Philosophie, Tübingen 1921, 255.

[50] Ebd., 260.

[51] Ebd., 261.

[52] Ebd.

[53] Ebd., 258.

[54] Ebd., 256.

[55] Ebd., 257.

[56] Ebd., 261.

[57] Ebd.

Rickert „zum Unterschied vom reinen geltenden Wert den immanenten Sinn".[58] Allein im Akt ist für ihn der Sinn wirklich, lebendig und wirksam, für sich betrachtet aber rein „theoretisch". „Im Aktsinn wird ... der geltende Wert der Wahrheit sozusagen ‚lebendig', in ihm ‚lebt' das Unwirkliche, Geltende und daher darf so allein von einem Sinn des theoretischen Lebens gesprochen werden."[59]

Weil also Rickert aufgrund seines Realitätsbegriffs nach dem Grundsatz verfährt: „Jede Vereinigung von Wert und Wirklichkeit in einem jenseitigen Absoluten lehnen wir ab",[60] mußte er sich in die tiefgreifende Aporetik begeben, die der Gedanke eines über den Subjektakt des Wertens im Wirklichen „lebenden", sich darin „ausdrükkenden" „Unwirklichen" umfaßt.

Wie Rickert sich gegen jede wirkliche Sinntranszendenz wehrt, so lehnt auch J.-P. Sartre ein Wirkliches hinter den Erscheinungen ab. Darin sieht er „Hinterwelten", die ihm als eine „Illusion" erscheinen,[61] von der er sich trennen will.[62] Vielmehr soll es „Wirklichkeit" allein „in der Tat"[63] bzw. im „Akt" geben. «Tout est en acte.»[64] Ein „Sein hinter den Erscheinungen" weist Sartre grundsätzlich zurück.[65] Denn „die Dinge sind ganz und gar, was sie scheinen – und hinter ihnen ... gibt es nichts".[66] Das Menschsein erschöpft sich also in der Jeweiligkeit seiner Selbstverwirklichung, es „existiert" nur „in dem Maße, in dem es sich verwirklicht"[67], und besteht ausschließlich in dem, „wozu es sich macht".[68]

Auch Camus sieht in allen Sinngehalten ein nicht Wirkliches, eine Maskierung der Welt, die nur durch einen Trick, einen „Kunstgriff" erwirkt werden kann, von dem er nicht mehr Gebrauch machen kann und will.[69] Überzeitliche Geltungen bedeuten ihm „Kulissen des

[58] Ebd., 262.
[59] Ebd.
[60] Ebd., 295.
[61] Das Sein und das Nichts, 10.
[62] Vgl. J. Möller, Absurdes Sein?, Stuttgart 1959, 25ff. K. Hartmann, Grundzüge der Ontologie Sartres in ihrem Verhältnis zu Hegels Logik, Berlin 1963, 6ff., 16ff., 124ff.
[63] Ist der Existentialismus ein Humanismus?, 22.
[64] L'être et le néant, Paris 1943, 12.
[65] Das Sein und das Nichts, 10.
[66] Der Ekel, 104.
[67] Ist der Existentialismus ein Humanismus?, 22.
[68] Ebd..
[69] Der Mythos von Sisyphos, 18.

Ewigen".[70] Denn er will nur mit dem rechnen, was er „berühren" und deshalb für wirklich halten kann: „Damit aber hört mein ganzes Wissen auf; alles andere ist Konstruktion."[71] Ein „Sinn", der „über mich hinausgeht", „außerhalb meiner Situation liegt", „bedeutet" ihm nichts.[72] Er kann nicht als wirklich angesehen werden gemäß dem einzigen, vom Realitätsdrang dirigierten Wirklichkeitskriterium, danach nur als wirklich gelten kann: „was ich berühre, was mir Widerstand leistet".[73]

3. Von der Sinngeltung zur „Beziehung"

Auch für die Philosophie, wie Bruno Bauch (1877–1942) sie vorträgt, ist es bezeichnend, daß zwar durchaus „Ideen" erschaut werden, die sich in ihrer Geltung als gleichermaßen jedem „Subjekt" wie jedem „Objekt" überlegen zeigen,[74] diese aber doch in keinem Bezug zur „Wirklichkeit" stehen sollen. Grundsätzlich gilt auch hier: Es „folgt für die Idee, daß wir ihr Wirklichkeit in keinem Sinne zuerkennen können".[75] Zur näheren Begründung erklärt Bauch, „empirisch wirklich" könnten die „Ideen" „von vorneherein schon wegen ihres Allgemeinheitscharakters nicht sein".[76] Daß sie aber auch nicht „metaphysisch wirklich" sein könnten, begründet Bauch schlicht mit der Erklärung, daß „es etwas ‚metaphysisch' Wirkliches nicht gibt",[77] sowie mit der trivialen Bemerkung: „Wenn wir nicht wissen, ob es eine solche ‚metaphysische' Wirklichkeit gibt, dürfen wir sie nicht behaupten."[78] Die Unhinterfragtheit und Selbstverständlichkeit dieser Erklärung zeigt das Tendenziöse daran, nämlich den für den radikalen Realitätsdrang undenkbaren Gedanken einer „metaphysischen" Wirklichkeit, welcher das „einzig verläßliche" Realitätsmerkmal der Bewegtheit fehlt. Demgemäß versteht Bauch die „Ideen" als das

[70] Ebd., 45.

[71] Ebd., 21.

[72] Ebd., 47.

[73] Ebd.

[74] Die Idee, Leipzig 1926, 115: „In der Übersubjektivität wie in der Übergegenständlichkeit liegt also sowohl das Hinausgreifen über Subjekt und Objekt wie das Übergreifen auf beide in der Ermöglichung beider."

[75] Ebd., 35.

[76] Ebd.

[77] Ebd.

[78] Ebd., 34.

„Nicht-Seiende", „Nicht-Wirkliche",[79] schreckt aber gleich Windelband und Rickert davor zurück, die unter diesen Voraussetzungen unumgängliche Konsequenz zu ziehen und alle Sinngehalte an das Nichts preiszugeben. Seine Verlegenheit, in die er so gerät, zeigt sich darin, daß er im Hinblick auf die Ideen von einem „Etwas des Nichts"[80] spricht.

Um nun zu erklären, wie „Etwas" nichtseiend und unwirklich sei und dennoch bestehen könne, gebraucht Bauch den Begriff der „Beziehung", der für ihn so zu einem Zentralbegriff wird. Wie Windelband im „Erlebnis" und Rickert im „Akt" die Verbindung der unwirklichen Geltung mit der Wirklichkeit suchen, so meint Bauch, daß „Beziehungen" das Wesen der „Geltung", der „Ideen",[81] des „idealen Seins" auf der einen wie das Wesen des „Gegenstands", des „Objekts", der „Wirklichkeit" auf der anderen Seite ausmachen: „Wenn wir positiv sagen: die Idee ist Beziehung, so kann mit der Beziehung nichts Seiendes und kein Sein gemeint sein ... Und soweit wir sie bereits positiv als Beziehung erkannt haben, muß die Geltung auch den Charakter der Beziehung bezeichnen."[82] „Beziehungen sind es, die das Sein des Gegenstandes gründen, die darum selbst objektiv, weil aber selber als das gegenständliche Sein gründend, nicht selber seiend sind."[83] Wie Kant die „Gegenstände der Erfahrung" in den Leistungen des transzendentalen Subjekts konstituiert sieht, so will Bauch diesen „Beziehungen", die er „Geltungsbeziehungen" nennt,[84] eine „gegenstandskonstituierende Bedeutung" zubilligen,[85] sie aber im übrigen als „transzendental charakterisieren" und als rein „transzendentale Geltung" verstehen.[86] Diese soll als solche gleichermaßen „übersubjektiv" sein, „weil sie von Subjekten unabhängig ist und aller Gültigkeit innerhalb der Subjektsphäre selber zugrunde liegt",[87] wie sie als „überobjektiv" verstanden werden soll, „weil sie der Möglichkeit der Objekte selbst zugrunde liegt".[88]

[79] Wahrheit, Wert und Wirklichkeit, Leipzig 1923, 505.

[80] Die Idee, 75.

[81] Vgl. R. Hönigswald, Vom Problem der Idee, Logos, Bd. XV, 1926, 261–302.

[82] Die Idee, 106.

[83] Ebd., 85.

[84] Ebd.

[85] Ebd.

[86] Ebd., 114.

[87] Ebd.

[88] Ebd.

Auf diese Weise versucht Bauch dem „Nichts“ der „Ideen“ ein „Etwas“ abzujagen, das jenes freilich nie hergeben kann, und sie, obgleich ohne Seins- und Realitätsrang, doch als Seinsprinzipien zu interpretieren. Einerseits soll „ihre Geltung als Übersein“ die „Ideen“ „jenseits des Seins heben“,[89] andererseits soll „der Beziehungscharakter dieses Überseins“ sie zum „wahrhaften Sein der Geltung“ machen,[90] welches also so „wahrhaft“ „ist“, daß es schon nicht mehr „ist“. Damit will Bauch die „Ideen“ als „nicht seiende Grundlage des Seienden“[91] charakterisieren.

Die hinter solcher Philosophie stehende Tendenz hat keiner besser beim Namen genannt als Gottfried Benn, indem er erklärt: „Wir befinden uns als Zugehörige der europäischen Menschheitsgemeinschaft mitten in einer Epoche ungeheuer intensiver Formulierzwänge, einer extravaganten Begriffsepoche, die mit Hilfe von Formeln sich verteidigt und zum Funktionellen, zur gedanklich abgekürzten Beziehung ... schicksalhaft greift.“[92] Und weiter bemerkt Benn: „Funktionalismus heißt die Stunde, trägerlose Bewegung, unexistentes Sein ...; überall imaginäre Größen, überall dynamische Phantome, selbst die konkreten Mächte wie Staat und Gesellschaft substantiell gar nicht mehr zu fassen, immer nur der Prozeß an sich, immer nur die Dynamik als solche.“[93]

In Zusammenhang damit muß freilich die schon bei Rudolf Carnap aufgewiesene Tendenz (vgl. Kap. V/1) gesehen werden, alle inhaltlichen Gegebenheiten in rein relationale und formale zu verwandeln, wie er sie in seiner Schrift ›Der logische Aufbau der Welt‹ in den folgenden Worten ausspricht: „In einer Strukturbeschreibung wird nur die ‚Struktur‘ der Beziehung angegeben, d. h. ein Inbegriff ihrer formalen Eigenschaften. Unter den formalen Eigenschaften einer Beziehung verstehen wir solche, die sich ohne Bezugnahme auf den inhaltlichen Sinn der Beziehung und auf die Art der Gegenstände, zwischen denen sie besteht, formulieren lassen.“[94] Demgemäß sollen „wissenschaftliche Aussagen allein von bloßen Formen sprechen“.[95] Die „Kennzeichnung einzelner Gegenstände“ soll durch „nur strukturell angegebene Relationen“, d. h. „ohne (sc. inhaltliche) Aufweisungen“

[89] Ebd., 123.
[90] Ebd.
[91] Ebd., 86.
[92] Ges. Werke, a. a. O., VIII, 1924.
[93] Ebd., VI, 997.
[94] Der logische Aufbau der Welt, 13.
[95] Ebd., 15.

möglich sein.[96] Auf diese Weise soll an die Stelle einer „Bezugnahme auf das Materiale“ eine rein „formale Kennzeichnung der Gebildestrukturen“ treten.[97] An die Stelle der „Frage nach dem metaphysischen Wesen eines Gegenstandes“, die wissen will, „was dieser an sich sei“, soll die „Frage nach seinem konstitutionalen Wesen“ treten, die wissen möchte, „wie er im konstitutionalen Zusammenhang eines Systems steht“.[98] Zur Beantwortung dieser letzten Frage besteht das „Kriterium“ in der „Konstitutionsformel des Gegenstandes“ als einer „Umformungsregel“, „mit deren Hilfe jeder Satz schrittweise in Sätze über Gegenstände niederer Konstitutionsstufe übersetzt werden kann und schließlich in einen Satz über die Grundrelation allein“.[99]

[96] Ebd., 18.
[97] Ebd., 21.
[98] Ebd., 221.
[99] Ebd., 222.

XII. Depotenzierung des „idealen Seins“

Die Wertphänomenologie, wie sie besonders durch Max Scheler und Nicolai Hartmann vorgetragen wird, unterscheidet sich vornehmlich dadurch von der Badischen Schule, daß sie ein „ideales Sein“ kennt, ja sogar ein „ideales An-sich-Sein“, wobei sie besonders die Objektivität und Unbedingtheit der „Werte“ im Auge hat, und dieses von allen Weisen des „realen Seins“ auf das grundsätzlichste unterscheidet. Aber gerade durch diesen Ausgangspunkt wird in der Wertphänomenologie der Realitätsdrang und die damit verbundene Ideenflucht nur um so deutlicher. Denn es zeigt sich dabei die Tendenz, dieses ideale Sein, wiewohl es als unabhängig vom realen Sein erkannt ist, ihm gegenüber nicht nur zu depotenzieren, zu entwirklichen, ja abzuwerten, sondern ihm auch keinen eigenen, davon unabhängigen Wirklichkeitscharakter zuzubilligen. Dagegen ist diese Wertphänomenologie weit davon entfernt – etwa wie Augustinus[1] –, ausgehend von dem Wirklichkeitscharakter der Werte, diese nach ihrem letzten Ursprung und Grund zu befragen, der freilich nur ein transzendenter sein könnte, da ja schon die Wertwirklichkeit in geistiger Intuition als von jedem bedingten Sein wie von allem Denken unabhängig erschaut wird. Was für die Werte gilt, gilt aber auch von allen Sinn- und Wesensgehalten, ja von allem Sinn überhaupt, der im Zuge solcher Depotenzierung insbesondere seiner die heterogenen Seinsbereiche aneinander vermittelnden Kraft verlustig geht. Dies hat vor allem bei Scheler und Hartmann zur Folge, daß die Möglichkeit der Erkenntnis allen vom Denken verschiedenen Seins nicht durch ihre heterogene Teilhabe an einer sie übergreifenden und daher ihnen gegenüber transzendenten Sinnidentität erklärt werden kann, sondern nur noch durch ein partiales oder totales Identischwerden beider. Ein solches steht jedoch in ebenso eklatantem Widerspruch zu ihrer ontologischen Einheit wie zu ihrer durchgängigen Heterogenität.[2] Aber eben dadurch wird das Tendenziöse dieser Realitätssucht deutlich, daß sie

[1] Vgl. ST 120–129, GS 110–130. GN Kap. 1.

[2] Vgl. ST 437–445, 575.

auch bereit ist, solche Widersprüche und Aporien auf sich zu nehmen, um nur ja nicht dem idealen Sein Ausdrucksmächtigkeit gegenüber dem realen Sein zubilligen zu müssen. Es ist eben für die Gegenwartsphilosophie signifikant, daß alle Wirklichkeit, die nicht das Charakteristikum der Zeitlichkeit und Veränderung, der Prozessualität und Bedingtheit, der Geschichtlichkeit und Dynamik aufweist, schon als unwirklich, irreal, utopisch und illusionär erscheint. Zu dieser Anschauung verführt immer wieder der Umstand, daß reine Projektionen und Ideologien aufgrund ihrer Starrheit und Uneinsichtigkeit mit wirklichen Sinn-, Wert- und Wesensgehalten das Merkmal der Unbewegtheit gemein haben, so daß diese immer wieder mit jenen verwechselt werden.

In der Existenzphilosophie Jaspers' und Heideggers zeigt sich eine vergleichbare Tendenz. Zwar sprechen diese nicht von „idealem Sein", aber doch im Unterschied zum Existentialismus Camus' und Sartres sehr oft und eingehend von „Transzendenz", „Wahrheit des Seins" oder „Sinn des Seins". Wenn man allerdings, wie es immer wieder geschehen ist, glaubt, daß diese damit den Gedanken an eine wirkliche Transzendenz – etwa in platonischer Perspektive[3] – verbinden, so sieht man sich getäuscht. Denn die ganze Wirklichkeit solcher Inhalte koinzidiert letztlich mit dem transzendierenen *Akt* menschlicher Existenz, ja fällt mit demselben in ein und derselben ontologischen Dimension zusammen.

Indem also Phänomenologie und Existenzphilosophie in ihrem Grundansatz der Eigenwirklichkeit der Sinntranszendenz größeren Raum geben als die Badische Schule, dokumentiert sich die Depotenzierung derselben hier nur als um so tendenziöser.

1. Vom idealen zum realen Sein

§ 1. Das „ideale Sein"

Für die Grundposition Nicolai Hartmanns ist es entscheidend, daß er erklärt: „Das Ideale aller Gebiete zeigt ein deutlich aufweisbares, wenn auch unaufdringliches Ansichsein."[4] An der Entwicklung, die

[3] Vgl. ST 70–104. GS Kap. 4.

[4] Zur Grundlegung der Ontologie, Meisenheim/Gl. 1948, 312. Vgl. J. Nosbüsch, N. Hartmanns Lehre vom idealen Sein, in: N. Hartmann, hrsg. v. A. J. Buch, Bonn 1982, 238–251. D. H. Son, Die Seinsweise des objektivierten Gei-

dieser Begriff des idealen Ansichseins in seinem Denken durchläuft, läßt sich auf das vorzüglichste die seiner Philosophie innewohnende Tendenz, seine Verwirklichung des Realitätsdranges studieren und beschreiben. Zunächst betont er, daß dieses Ansichsein „Indifferenz“ besage: sowohl gegenüber dem „Akt, dem es gegeben ist“, als auch „gegen Realität und Irrealität“, also „gnoseologische“ wie „ontologische Indifferenz“.[5] In diesem Sinne betont Hartmann: „Das ideale Sein ist echtes Sein.“[6] „Es ist echtes Ansichsein; es hat durchaus eigene Strenge und Entschiedenheit, der nichts abzuhandeln ist. Es besteht auch in ihm eine Seinshärte.“[7] Zugleich soll dieses ideale Sein die „Grundstruktur“ des realen Seins ausmachen: „Damit wäre also gesagt, daß in der Welt des Wirklichen alle aufweisbare Struktur ursprünglich ideale Struktur ist.“[8] „Ideales Sein findet sich als Grundstruktur in allem Realen.“[9]

Allein, bei dieser Aussage, daß es ein „ideales Sein“ gebe, das als „echtes Sein“ mit einer durchaus eigenen „Seinshärte“ sich zeige, bleibt Hartmann keineswegs stehen, da sein Realitätsdrang ihn von diesem Sein weg- und zum „realen Sein“ zurückzieht. So hebt er hervor, daß die genannte „Indifferenz“ „*nur* Indifferenz gegen die Besonderheit und Existenz der Realfälle besagt“[10] und das „Ansichsein“ als ein solches aufzufassen sei, welches „das Ideale *grundsätzlich* am Realen festhält“ und ausschließlich durch dieses „belegt“ sei.[11] Er denkt dabei an ein „Ineinander-Verwobensein“, durch welches „das ganze Gewicht des realen Ansichseins“ hinter „die scheinbar schwebenden idealen Gebilde“ trete.[12] Hier spricht Hartmann noch vorsichtig von den „scheinbar schwebenden“ idealen Gebilden.

Der nächste Schritt zur Depotenzierung des idealen Seins und damit aller Sinn-, Wert- und Wesensgehalte besteht in der definitiven Behauptung, daß das „Ansichsein“ des „Idealen“ nur ein „‚dünneres‘, substanzloses Sein, gleichsam ein halbes Sein“ darstelle, dem

stes, Frankfurt a.M. 1987, 19–28. J. Stallmach, Ansichsein und Seinsverstehen, Bonn 1987, 5–44.

5 Zur Grundlegung der Ontologie, 312.

6 Möglichkeit und Wirklichkeit, Berlin 1938, 357.

7 Ebd., 317.

8 Grundzüge einer Metaphysik der Erkenntnis, 32.

9 Zur Grundlegung der Ontologie, 313.

10 Ebd., 285.

11 Ebd.

12 Ebd., 265.

„das volle Seinsgewicht noch fehlt".[13] Die „Sphäre des idealen Seins" soll nur noch „im Schweben" die des „realen Seins" „überlagern".[14] Demgemäß spricht Hartmann entgegen seiner Ausgangsposition das „ideale Sein" nur noch als „unvollständiges und gleichsam schwebendes Sein" an,[15] als „gewichtloses, ‚leichtes', formales Sein",[16] als „verdünntes und gleichsam depotenziertes Sein",[17] während ihm allein das „reale Sein" noch als „vollständiges und ontisch vollwertiges Sein" erscheint.[18]

Der Wandel, der sich hierdurch in seinem Denken ereignet hat, wird besonders dadurch deutlich, daß nunmehr das „ideale Sein" nicht mehr eine „ontologische Indifferenz" gegenüber der „Realität" besitzt,[19] sondern „seine Selbständigkeit nur eine gnoseologische, keine ontologische" besagt.[20] Gleicherweise stellt es keineswegs noch „die Grundstruktur in allem Realen"[21] dar, sofern es sich gerade nicht als „Wesensstruktur" des „realen Ansichseins" auffassen läßt.[22] „Es liegt also nicht nur nicht im Wesen des Idealen überhaupt, ein Reales zu beherrschen, sondern auch nicht im Wesen des Realen, durchgehend von Strukturen des Idealen beherrscht zu sein."[23] Und entsprechend soll es auch keineswegs „die Funktion der Wesenheiten und Wesensgesetze" sein, „die Realwelt zu durchsetzen oder zu beherrschen".[24]

Im Endresultat hat es also die Ideenflucht dahin gebracht, das „ideale Sein" zu „depotenzieren", zu entfunktionalisieren, einer „verdünnten Atmosphäre"[25] zuzurechnen und so einen entscheidenden Schritt zu seiner nihilistischen Auflösung zu tun. Nicht anders ergeht es den Werten in Hartmanns im übrigen so respektabler Wertphänomenologie.

[13] Ebd., 317.
[14] Ebd., 313.
[15] Möglichkeit und Wirklichkeit, 420.
[16] Ebd., 317.
[17] Ebd.
[18] Ebd., 430.
[19] Zur Grundlegung der Ontologie, 312.
[20] Ebd., 317.
[21] Ebd., 313.
[22] Ebd., 312.
[23] Ebd.
[24] Möglichkeit und Wirklichkeit, 431.
[25] Ebd., 317.

§ 2. Die Werte

Auch hier ist die Grundposition Hartmanns dadurch bezeichnet, daß er erklärt: „Werte sind der Seinsweise nach Platonische Ideen“, wobei er unter der „Seinsweise der Idee“ „die eines ὄντως ὄν“ versteht.[26] Und er betont, daß die „Werte“ dem „Subjekt“ als „Unabhängiges, Unverrückbares“ entgegentreten, ihm eine „selbständige Eigengesetzlichkeit und Eigenkraft“ entgegensetzen und somit „ihm gegenüber den Charakter eines Ansichseins“ aufweisen.[27] So kennt Hartmann ein „an sich bestehendes Reich der Werte“, das „ebenso jenseits der Wirklichkeit wie jenseits des Bewußtseins besteht“,[28] und er betont, daß diese „ideale Sphäre“ als eine „tatsächlich bestehende“ aufzufassen sei.[29] „Das Sein der Werte als ideales ist gleichgültig gegen reales Sein und Nichtsein. Ihr ideales Seinsollen besteht unabhängig von Realität oder Irrealität ihrer Materie“,[30] d. h. unabhängig von ihren Ausdrucksmedien. Aber wie in seiner Lehre vom „idealen Sein“ sollte es auch in seiner Wertphänomenologie bei diesem Ergebnis nicht bleiben. Denn hier wie dort ist dieselbe Tendenz sichtbar.

Deshalb zieht er sich auf die Aussage zurück: „Das ‚Ansichsein‘ (sc. der Werte) besagt ... die Unabhängigkeit vom Dafürhalten eines Subjekts – nicht mehr und nicht weniger.“[31] Und nur am „personalen Subjekt“ können die Werte „haften“,[32] nur mit seiner „Hilfe“ eine „determinierende“ Funktion ausüben, wenn nämlich dieses sich „für sie entscheidet“.[33] Zwar soll der „Inhalt des sittlichen Sollens“ im „Wert“ bestehen,[34] der ein „ideales Seinsollen“ begründet,[35] aber dieses „Sollen ist mit seiner Auswirkung im realen Sein (seiner Aktualität) wesensnotwendig auf ein reales Subjekt angewiesen“.[36] Demnach ist „die Schwäche des Prinzips zugleich die Stärke des Subjekts,

[26] Ethik, 121. Vgl. H. Schnädelbach, Philosophie in Deutschland 1831–1933, Frankfurt a. M. 1983, 225–228.

[27] Ethik, 149.

[28] Ebd., 156.

[29] Ebd.

[30] Ebd., 171 f.

[31] Ebd., 149. Vgl. A. J. Buch, Begrenztes Problemdenken, in: N. Hartmann, 97–112.

[32] Ethik, 187.

[33] Ebd., 771.

[34] Ebd., 172.

[35] Ebd.

[36] Ebd., 178.

seiner Machtstellung in der Welt".[37] Hieraus ergibt sich, daß das „ideale Sein der Wertstruktur" allein „gewährleistet ist durch das Ansichsein der realen Wertreaktionen".[38]

Wenn nun Hartmann sagt, daß allein das sittliche Subjekt in der Lage sei, „das Sollen ins Sein zu ‚setzen'",[39] welches „von sich aus keine reale Kraft" habe, „sich durchzusetzen",[40] ja „von sich aus keine Seinsenergie besitze",[41] so gilt dies freilich auch für die Werte, da „das ideale Seinsollen die Seinsweise der Werte ist".[42] Folglich ist die „reale Determination, die vom ethischen Wert ausgeht", für Hartmann eine „indirekte, gebrochene Determination und deswegen auch eine durch den Brechungspunkt bedingte".[43]

Der hohe Einsatz und Erfolg, den Hartmann zur phänomenologischen Beschreibung des idealen Seins und der Werte geleistet hat, wird so durch seinen Realitätsdrang am Ende gegenstandslos und ineffektiv.

2. Von der Sinnidentität zur Seinsidentität

Wie Hartmann so kennt auch Max Scheler „ein gewaltiges Reich von Gedanken, Bedeutungen, Sätzen", worunter er die „Ideen und Urphänomene selbst" versteht.[44] Immer wieder betont er, daß es für dieses Sinnreich signifikant sei, unabhängig zu sein von jedem denkenden Subjekt wie von jedem realen Objekt. So spricht er von „idealen Bedeutungseinheiten", die „unter Absehen" von „jeder Art Setzung der sie denkenden Subjekte" wie von „jeder Art von Setzung eines Gegenstandes" allein durch ihren „Gehalt" zur „Selbstgegebenheit" kommen.[45] Diesen Inhalten entspricht ein „Aprioriwissen", das durch „Beobachtung und Induktion" weder „aufgehoben" noch „vervollkommnet" werden kann,[46] das aber auch durch keine „Aktivität des Formens", geschweige durch „Akte eines ‚Ich' oder transzenden-

37 Ebd., 181.
38 Zur Grundlegung der Ontologie, 309.
39 Ethik, 182.
40 Ebd., 181.
41 Ebd., 180.
42 Ebd., 172.
43 Ebd., 180.
44 Die Wissensformen und die Gesellschaft, a. a. O., VIII, 217.
45 Der Formalismus, a. a. O., II, 67.
46 Ebd., 69.

talen Bewußtseins" Bestandteil der Erfahrung wird.[47] Vielmehr handelt es sich dabei um „‚absolute' Gegenstände", die „nicht relativ auf die Organisation der species homo" sind.[48] Es ist nun wichtig hervorzuheben, daß Scheler in seinem ursprünglichen Ansatz diesen „Ideen" eine konstitutive Bedeutung für den Sinngehalt der Welt wie des Denkens zubilligt, der er dann im Zuge seiner Ideenflucht keine weitere Beachtung mehr schenkt. So erklärt er einerseits, daß dieses „Reich" jene „Ideen" meine, „in die alles Beobachtbare der Welt als in die Wesensstruktur jeder ‚möglichen' Welt hineingebaut ist"[49] und die „ein ewiges Baugesetz und Baugerüst" darstellen, „das alle möglichen Gemüter und alle möglichen Güterwelten mitumfaßt".[50] Andererseits glaubt er, daß er in den „Akten" des „Geistes" „ein Reich, eine Sphäre von zeitlosen und ewigen Sinneinheiten berühre".[51]

Unter diesen Voraussetzungen lag es nahe, ja ergab sich geradezu, die Frage, wie denn das denkende Subjekt im Erkenntnisakt das außerhalb seiner befindliche, heterogene und ontologisch von ihm geschiedene Objekt erreichen könne, dadurch zu beantworten, daß beide als heterogene Ausdrucksgestalten einer sie übergreifenden, in verschiedener Weise sich in ihnen ausdrückenden Sinnidentität verstanden werden. Freilich hätte dies besagt, daß diese Sinnidentität als wirklich und beiden gegenüber transzendent zu verstehen war,[52] wie es nun einmal dem beschriebenen Realitätsdrang nicht entsprochen hätte. So ist für die Philosophie Schelers ein Zweifaches charakteristisch. Einmal die Tatsache, daß er nach Sein und Wirklichkeit dieses Ideenreichs nicht weiterfragt, sondern sich im Grunde mit der Anschauung zufrieden gibt, danach, wie Hartmann formuliert, solche „Urphänomenalität" lediglich „Unabhängigkeit vom Dafürhalten eines Subjekts – nicht mehr und nicht weniger"[53] besage. Zum anderen die Tatsache, daß er sich lieber der hochproblematischen Theorie, Subjekt und Objekt würden im Erkenntnisakt irgendwie in ihrem Sein identisch, zuwendet, statt an der bezeichneten Teilhabe beider an einer Sinnidentität[54] festzuhalten. So meint er, das „Sosein

[47] Schriften aus dem Nachlaß, a. a. O., X, 383.
[48] Vom Ewigen im Menschen, a. a. O., V, 98.
[49] Die Wissensformen und die Gesellschaft, a. a. O., VIII, 217.
[50] Schriften aus dem Nachlaß, a. a. O., X, 367.
[51] Ebd., X, 39.
[52] Vgl. ST 540–570.
[53] Ethik, 149.
[54] Vgl. W. Weier, Erfahrung und Metaphysik: Implikationen oder Gegensätze, 115–138.

der Sache“ vermöge im Erkenntnisakt „prinzipiell selber – und nicht nur als Bild – in unseren Geist einzutreten“,[55] so daß es zu „einer unmittelbaren Einigung“ zwischen dessen „Sein und dem Sein des Wesenhaften“,[56] einer „Seinsbemächtigung in der Erkenntnis“,[57] einer „Teilnahme am Sein des Urwesens“[58] komme, also zu einem „Hineinstellen des persönlichen Aktzentrums des Menschen in das wesenhafte Ursein“.[59] Denn das „gewaltige Reich von Gedanken, Bedeutungen und Sätzen“ kann nunmehr keine Vermittlung zwischen Denken und Sein mehr leisten, indem es so sehr entwirklicht ist, daß es „aus seiner konstitutionellen Eigenart heraus in der erfahr- und beobachtbaren Welt nichts ‚ändern‘ kann“.[60]

Um zu erklären, wie das erkennende Subjekt im Beisichsein außer sich sein könne, lehrt in vergleichbarer Weise Nicolai Hartmann, „das Subjekt und seine Objekte“ seien „seiende Glieder derselben Seinssphäre“,[61] so daß „wenigstens ein Teil der Kategorien des Ansichseienden identisch sein muß mit einem Teil der Kategorien des reinen Denkens“,[62] am Bilde im Subjekt „Konstellationen“ entstehen, die „partial identisch“ seien mit solchen am Objekt[63] und mithin „das Verhältnis zwischen Seinskategorien und Erkenntniskategorien“ „notwendig die Form einer Identität haben muß“.[64]

Selbst in Schelers Wertphänomenologie kann man noch den Widerschein dieser Tendenz des Abrückens von der Denken und Welt übergreifenden und daher transzendenten Sinnidentität erkennen, mit welcher der Übergang zu einer weltimmanenten Seinsidentität beider gleichbedeutend ist. Zunächst ist wieder betont, daß die „Wertqualität“ ein „eigenes Bereich von Gegenständen“ darstelle,[65] das weder von einem „Subjekt“ noch von einem „Ich“, sei es ein „empirisches oder transzendentales Ich“ oder „ein Bewußtsein überhaupt“, ab-

[55] Die Wissensformen und die Gesellschaft, a. a. O., VIII, 227.

[56] Vom Ewigen im Menschen, a. a. O., V, 86.

[57] Schriften zur Soziologie und Weltanschauungslehre, Ges. Werke, Bd. VI, hrsg. v. M. Scheler, Bern, München 1963, 82.

[58] Vom Ewigen im Menschen, a. a. O., V, 71.

[59] Ebd., V, 68.

[60] Die Wissensformen und die Gesellschaft, a. a. O., VIII, 217.

[61] Grundzüge einer Metaphysik der Erkenntnis, 205.

[62] Ebd., 523.

[63] Ebd., 413.

[64] Ebd., 361.

[65] Der Formalismus, a. a. O., II, 37.

hängig ist.[66] Immer wieder hebt Scheler hervor, die Werte seien „selbständige Phänomene“, die „mit weitgehendster Unabhängigkeit von dem Realsein oder Idealsein erfaßt werden“.[67] Aber auch hier ist es auffällig, daß er der Frage nach dem Wirklichkeitsgrad der Werte nicht nachgeht, sondern sich damit begnügt zu erklären, daß die Werte „gegenüber der existentialen Sphäre und der Sollenssphäre noch indifferent“ seien.[68] Und er meint, daß wir „da auch keine objektive Existenz von Werten oder Wertarten voraussetzen dürfen, wo sich nicht auch zum Erleben dieser Wertarten zugehörige Akt- und Funktionsarten finden“.[69] Der Tendenz, im Unterschied zu Hartmann schon gar nicht mehr von einem „Ansichsein“ der Werte zu sprechen, entspricht es, daß Scheler lehrt, „alles objektiv sittlich Wertvolle“ sei „auch wesenhaft an ‚autonome‘ Personakte geknüpft“,[70] und in diesem Sinne erklärt, der Wert „gut“ erscheine nur „an dem Akte seiner Realisierung“,[71] „auf dem Rücken dieses Aktes“[72] und könne daher „nie *in* diesem Akte intendiert werden“.[73] Zwar soll das „ideale Sollen“ auf den postulatorischen Charakter der „allgemeingültigen Werte“[74] zurückgehen,[75] dieser soll aber erst dadurch seine „Spezifizierung zu irgendeiner Art des Imperativischen“[76] erhalten, daß das Subjekt im „Forderungs*erlebnis*“, welches nicht das „ideale Sollen“ *„ist“*, sich allererst selbst das „innere Kommando des Sich-verpflichtet-Wissens“ gibt.[77]

[66] Ebd., 271.
[67] Ebd., 194.
[68] Ebd., 218.
[69] Ebd., 114f.
[70] Ebd., 488.
[71] Ebd., 47.
[72] Ebd., 48.
[73] Ebd., 49.
[74] Ebd., 483.
[75] Ebd., 214.
[76] Ebd., 211.
[77] Ebd.

3. Von der Transzendenz zur Existenz

§ 1. Von „Gott“ zur Existenz

Aus guten Gründen[78] öffnet sich Karl Jaspers an mehreren Stellen dem Aspekt, daß Existenz nicht „durch sich selbst“[79] frei, sondern in ihrer Freiheit „an Transzendenz gebunden“[80] sei, da sie sich nicht selbst „geschaffen“[81] hat, ihre Freiheit nicht durch „eine absolute Freiheit, die ich selbst wäre, hervorbringen“ kann[82], sondern ihr darin vielmehr „entgegenkommt, wodurch sie frei ist“.[83] Denn „das, wodurch ich frei bin“, wird „durch meine Freiheit selber gespürt und zugleich mit meiner Freiheit gedacht“.[84] Somit gilt: „Der Mensch ist nicht durch sich selbst ursprünglich er selbst.“[85] Denn „er ist als er selbst sich durch Transzendenz geschenkt“ und „verdankt“ sein Selbstsein einer „nur in seiner Freiheit selber fühlbaren Hand aus der Transzendenz“.[86] Dabei geht Jaspers so weit, daß er nicht nur allgemein von „Transzendenz“, sondern auch in gleicher Bedeutung von „Gott“ spricht und erklärt: „Auf der Höhe der Freiheit ... sind wir in unserer Freiheit als uns von der Transzendenz her gegeben bewußt. Je mehr der Mensch eigentlich frei ist, desto gewisser ist ihm Gott ... Gott ist für mich in dem Maße, als ich eigentlich existiere.“[87] „Wie wir uns selbst nicht geschaffen haben, so ist die Freiheit nicht durch uns selbst, sondern wird uns ... so geschenkt, daß dieses Frei-sein und Frei-handeln mit dem Bewußtsein einer ganz anderen Notwendigkeit des Müssens verknüpft ist ... Wir nennen das, woher es kommt, die

[78] Vgl. W. Weier, Existenz zwischen Unbedingtheit und Endlichkeit. Die Grundfrage des neuzeitlichen Autonomiegedankens im Problemhorizont der klassischen Metaphysik, Perspektiven der Philosophie, Bd. XIV, 1988, 263–292. Ders., Die Frage nach der Möglichkeit existentieller Kreativität, Wiener Jahrbuch für Philos., Bd. XX, 1988, 75–94.

[79] Der philosophische Glaube, München 1974, 53.

[80] Ebd.

[81] Ebd., 32. Chiffren der Transzendenz, München 1970, 48.

[82] Der philosophische Glaube angesichts der Offenbarung, München 1962, 32.

[83] Ebd.

[84] Ebd.

[85] Der philosophische Glaube, 53.

[86] Ebd.

[87] Einführung in die Philosophie, München 1971, 51.

Transzendenz oder Gott.“[88] Jaspers spricht in diesem Sinne sogar von einer „totalen Abhängigkeit unserer Freiheit vor der Transzendenz“[89] und kennt ein „Unbedingtes“, das „nicht zeitlich wird“, sondern „quer zur Zeit ist“, indem es „aus der Transzendenz auf dem Wege über die Freiheit in diese Welt bricht“.[90]

Allein, auch Jaspers will bei solchen Perspektiven nicht verweilen, sondern versucht alles, was er über „Transzendenz“ und „Gott“ gesagt hat, zurückzuholen in den existentiellen Akt des Transzendierens selbst, in den „existentiellen Sprung“.[91] Diese Inhalte werden ihm zur „Idee“, zur „Chiffre“, die nur und allein mit dem Sein der Existenz selbst lesbar und deutbar sind. Denn „wie die Idee nur lebt, als getragen von Existenz, und zusammenbricht, wenn alle Existenz sie verläßt“,[92] so gilt: „Im Lesen der Chiffreschrift wird so wenig ein unabhängig von mir bestehendes Sein erfaßt, daß vielmehr dieses Lesen nur mit meinem Selbstsein möglich ist.“[93] „Wo ich Chiffre lese, bin ich voll verantwortlich, weil ich sie nur durch mein Selbstsein lese, dessen Wahrhaftigkeit sich für mich in der Weise des Chiffrelesens zeigt.“[94] Daraus folgt, daß es „für das Dasein keine allgemeingültige Geltung“, sondern „nur die subjektive Geltung für je dieses Dasein gibt“,[95] was freilich nicht zuletzt auf die Aussage zu beziehen ist, daß das „Unbedingte“ durch die „Freiheit“ in die „Welt“ einbreche. Dann „besteht der zeitlose Sinn der Geltung nicht aus sich“,[96] und es gibt kein „zeitloses Reich der Wahrheit“,[97] sondern „Wahrheit des Daseins ist schlechthin und nur zeitlich“.[98] Dann „ist es dem Menschen unmöglich, im Zeitdasein die Transzendenz als erkennbaren Gegenstand ... zu haben“,[99] und es gilt: „Es gibt schließlich kein System der Transzendenz, weil sie für Existenz im Dasein zugänglich ist in selbst wieder geschichtlicher Gestalt.“[100]

[88] Chiffren der Transzendenz, 48.
[89] Ebd.
[90] Der philosophische Glaube, 32.
[91] Philosophie II, 5ff., 18f., 204f. Vgl. F.-P. Burkard, Ethische Existenz bei K. Jaspers, Würzburg 1982, 53ff. Ders., K. Jaspers, Würzburg 1985, 41ff.
[92] Von der Wahrheit, 620.
[93] Philosophie III, 150.
[94] Ebd., 151.
[95] Von der Wahrheit, 649.
[96] Ebd., 302.
[97] Ebd.
[98] Ebd., 383, 651.
[99] Ebd., 974.
[100] Philosophie I, 276.

Aufgrund dieser Transzendenz- und Ideenflucht besteht für Jaspers Transzendenz wie überhaupt jeder Inhalt nur im Vollzug der Existenz, die diesen Inhalt in Freiheit wählt, indem sie die Chiffre, zu der alles Objektive wird, allein mit ihrem Selbstsein liest: „Ohne Existenz fiele der Sinn von Transzendenz."[101] „Ohne Existenz würde Weltorientierung sinnlos und Transzendenz zum Aberglauben."[102] „Existenz ist, was sich zu sich selbst und darin zu *seiner* Transzendenz verhält."[103] „Indem ich mich aus Freiheit ergriff, ergriff ich darin *meine* Transzendenz."[104] Wie die Transzendenz überhaupt, so ist auch Gott für Jaspers eine Chiffre, die erst in der freien existentiellen Wahl mit Inhalt erfüllt wird, aber unabhängig davon nicht bestehen kann: „Im Lesen der Chiffren des Daseins enthüllt jeweils Existenz die Transzendenz der Gottheit, ohne allgemeingültig und für immer zu erfassen, was sie ist."[105] Zwar meint Jaspers durchaus, daß Existenz Chiffren als Chiffren der Transzendenz und der Gottheit lese, aber bei alledem wird nichts von existentiellem Selbstsein Unabhängiges als eine *in sich* bestehende Wirklichkeit erfaßt. Auch, was Jaspers das „Umgreifende" nennt, tritt nicht unabhängig von Existenz auf. Es ist entweder das Umgreifende, das ich selbst bin, oder das Umgreifende, in dem ich selbst bin.[106] Als das Umgreifende, das ich selbst bin, ist es „Dasein", „Bewußtsein überhaupt" und „Geist".[107] Diese drei Weisen des Umgreifenden, das ich bin, greifen nicht über jenen Raum des Subjekts hinaus, in dem die Existenzwerdung geschieht. Das Umgreifende, in dem wir selbst sind, ist das „Sein selbst" als „Welt" und „Transzendenz".[108] Diese Weisen des Umgreifenden will Jaspers im Unterschied zum Deutschen Idealismus zwar nicht in ihrer Realität auf das Subjekt reduzieren, sehr wohl aber in ihrem Sinn, ihrem Inhalt, ihrer Bedeutung. Denn auch das Umgreifende, in dem wir sind, ist Chiffre, die Existenz selbst durch ihr Selbstsein und aus freier Wahl erst mit Inhalt erfüllt. Zwar lehrt Jaspers im Unterschied zum Idealismus nicht, daß alles Sein in einem absoluten Subjekt gesetzt sei, aber er glaubt in völliger Übereinstimmung mit dem Idealismus doch, daß es keine der

[101] Vernunft und Existenz, 44.
[102] Philosophie I, 52.
[103] Philosophie I, 15.
[104] Philosophie II, 199.
[105] Philosophie III, 67.
[106] Vernunft und Existenz, 35–57.
[107] Ebd., 37–43.
[108] Ebd., 43–46.

absolut freien Existenz überlegenen Inhalte gebe und alles Gültige allein in ihr und durch sie Geltung habe. Dabei fällt alles Inhaltliche zurück auf die freie Wahl der Existenz, die am Ende als Inbegriff des Realhorizonts der Transzendenz übrig bleibt.

§ 2. Von der „Wahrheit des Seins“ zur Existenz

Martin Heidegger stellt seinem Hauptwerk ›Sein und Zeit‹ die Erklärung voran: „Die Frage nach dem Sinn von Sein soll gestellt werden.“[109] Daß er dabei an einen letzten Bestimmungsgrund allen Seins denkt, wird durch den Hinweis verdeutlicht: „Das Gefragte der auszuarbeitenden Frage ist das Sein, das, was Seiendes als Seiendes bestimmt.“[110] Diese Frage soll „Antwort finden aus dem Verhältnis“, in dem das „Sein“ zur „Ek-sistenz“ steht, „insofern es die Ek-sistenz in ihrem existenzialen, das heißt ekstatischen Wesen an sich hält und zu sich versammelt als die Ortschaft der Wahrheit des Seins inmitten der Seienden“.[111] Denn Heidegger erkennt den „Sinn des Seins“ darin, daß die „Wahrheit des Seins“ sich in den Entwürfen des ek-sistierenden Daseins „ereigne“,[112] „lichte“ und zugleich „verberge“.[113] Es ist wichtig, darauf hinzuweisen, daß Heidegger in seinem ursprünglichen Frageansatz diesen Seinssinn als einen urphänomenalen, nämlich als die Urbedeutung des Verhältnisses von „Wahrheit des Seins“ und Zeit freizulegen sucht und deshalb als einen solchen meint, der selbst schon nicht mehr dem Zeitgeschehen unterworfen, sondern ihm enthoben ist.[114] Denn damit dieser Sinn jene Zuordnung von zeitlichem Sinn und Sein überhaupt gewähren kann, die für Heidegger die letztgültige und daher bereits zeitüberlegene Wahrheit des Seins offenbart, kann er nicht mit den zeitlichen Medien zusammenfallen, sondern muß über sie in überzeitlicher Weise verfügen. Deshalb treten bei Heidegger immer wieder Formulierungen auf, danach die „Wahrheit des Seins“ als eine solche verstanden wird, die Ek-sistenz nur erreichen kann, indem sie über sich selbst hinaustritt im „ekstati-

[109] Sein und Zeit, a. a. O., II, 6.

[110] Ebd., 8.

[111] Brief über den „Humanismus“, a. a. O., IX, 332.

[112] Ebd., 323, 326, 332, 336.

[113] Holzwege, a. a. O., V, 40f., 48f.

[114] Vgl. W. Weier, Menschliches Fragen als Zeugnis für objektiven Sinn, 182.

schen Wohnen in der Nähe des Seins",[115] im „Hin-aus-stehen in die Wahrheit des Seins".[116] So spricht er auch das „Sein" an als „die Dimension des Ekstatischen der Ek-sistenz"[117] und versteht den „Menschen" als „vom Sein in die Wahrheit des Seins geworfen, daß er, dergestalt ek-sistierend, die Wahrheit des Seins hüte".[118] Entsprechend betont Heidegger, es stehe nicht in der „Macht" der „Freiheit" menschlicher Existenz, „daß die Transzendenz als Urgeschehen sich zeitigt".[119]

Allein, so sehr Heideggers Frage auf den „Sinn" und die „Wahrheit des Seins" gerichtet ist, geht es ihm keineswegs um eine Neubegründung wirklicher „Transzendenz". Vielmehr verläßt er seinen ursprünglichen Frageansatz wieder, um den „Sinn" und die „Wahrheit des Seins" am Ende allein aus der Existenz und ihrer reinen Zeitlichkeit zu verstehen.[120] Eben darin zeigt sich der bezeichnete Realitätsdrang auf seine Weise. Um diese Wende zu vollziehen, will er das „Phänomen der Sorge" auf seinen „ontologischen Sinn" befragen.[121] Die „Bestimmung dieses Sinnes" aber wird für ihn „zur Freilegung der Zeitlichkeit",[122] die sich so als der „Sinn der eigentlichen Sorge"[123] enthüllt. Es ist nun für die Existentialontologie Heideggers bezeichnend, daß er in Abweichung vom Phänomen der Sorge[124] diesen Sinnausdruck keineswegs auf einen zeitüberlegenen Gehalt hinterfragt, um seine zeitliche Darstellung von diesem zu unterscheiden, sondern vielmehr den Sinn überhaupt mit der reinen Zeitlichkeit gleichsetzt.[125] Heidegger will also keineswegs nur sagen, daß der Seinssinn ein solcher der Zeitlichkeit sei, sondern ihn vielmehr selbst als zeitlich verstehen, d.h. in die reine Geschichtlichkeit und Aktualität der Existenz selbst versetzen. So ist die „Wahrheit des Seins" und der „Sinn" nicht nur ein solcher der Zeitlichkeit, sondern selber „zeitlich".[126]

[115] Brief über den „Humanismus", a.a.O., IX, 343.
[116] Ebd., 326.
[117] Ebd., 334.
[118] Ebd., 330.
[119] Vom Wesen des Grundes, a.a.O., IX, 175.
[120] Vgl. F. Lleras, Zu Heideggers Gedanken vom Ende der Metaphysik, Frankfurt a.M. 1986, 196–349.
[121] Sein und Zeit, a.a.O., II, 402.
[122] Ebd.
[123] Ebd., 432.
[124] Vgl. ME §§23, 34–49, 56.
[125] Vgl. E. Kettering, Nähe, Pfullingen 1987, 17ff., 44ff., 65ff., 93ff.
[126] Sein und Zeit, a.a.O., II, 489.

Wie in Kap. VIII/4 gezeigt, sollen die „wesentlichen Strukturen der Zeitlichkeit“ selbst „existenzial in die Zeitlichkeit zurückgenommen werden“.[127] Denn Heidegger kennt und anerkennt keine zeitüberlegene Wirklichkeit. Vielmehr ist alles „Überzeitliche“ „hinsichtlich seines Seins“ „zeitlich“,[128] d. h. nur und ausschließlich als die zeitliche Existenz wirklich. „Zeitlichkeit“ aber bedeutet ihm „Endlichkeit“, die er als den „Charakter der Zeitigung selbst“[129] versteht, da nur „eigentliche Zeitlichkeit, die zugleich endlich ist“, so etwas wie „Schicksal, das heißt eigentliche Geschichtlichkeit“ möglich macht.[130] Somit ist aber nicht nur „Existenz als Seinsart in sich Endlichkeit“,[131] sondern „das Sein selbst ist im Wesen endlich“.[132]

Doch auch über diese Auslieferung allen „Sinnes“ und aller „Wahrheit des Seins“ an die reine Zeitlichkeit der Ek-sistenz geht Heidegger noch hinaus in Richtung auf ihre völlige nihilistische Preisgabe. Denn sofern „das Strukturmoment der Sorge“ im „Sein zum Tode“ seine „ursprünglichste Konkretion“ hat,[133] zeigt sich ihm die Sorge zugleich ebenso wie die „Angst“[134] als Ausdruck des „Nichts“, als „das nichtige Grundsein einer Nichtigkeit“,[135] als „durch und durch von Nichtigkeit durchsetzt“.[136] Unter den bezeichneten Voraussetzungen ergibt sich daraus, daß das Sein selbst sich als das Nichts bekundet und Ek-sistenz als die „Ortschaft der Wahrheit des Seins“[137] zugleich als „der Platzhalter des Nichts“[138] erscheint. Deshalb erklärt Heidegger: „‚Das reine Sein und das reine Nichts ist also dasselbe.‘ Dieser Satz Hegels besteht zu Recht. Sein und Nichts gehören zusammen ..., weil das Sein selbst im Wesen endlich ist und sich nur in der Transzendenz des in das Nichts hinausgehaltenen Daseins offenbart.“[139] Aber nicht nur das Sein zeigt sich als das Nichts, sondern auch die „Wahrheit“ des

[127] Ebd.

[128] Ebd., 25f.

[129] Ebd., 436.

[130] Ebd., 509.

[131] Kant und das Problem der Metaphysik, 206.

[132] Was ist Metaphysik?, a. a. O., IX, 120.

[133] Sein und Zeit, a. a. O., II, 333.

[134] Was ist Metaphysik?, a. a. O., IX, 112, 113. Sein und Zeit, a. a. O., II, 453.

[135] Ebd., 378.

[136] Ebd.

[137] Brief über den „Humanismus“, a. a. O., IX, 332.

[138] Was ist Metaphysik?, a. a. O., IX, 118.

[139] Ebd., 120.

Seins wird zur „Unwahrheit“, seine „Lichtung“ zu seiner „Verbergung“.[140] Demgemäß erklärt Heidegger: „Die Behauptung ‚ewiger Wahrheiten‘ gehört zu den noch nicht radikal ausgetriebenen Resten von christlicher Theologie innerhalb der philosophischen Problematik. Das Sein der Wahrheit steht in ursprünglichem Zusammenhang mit dem Dasein“,[141] d. h. mit der reinen Zeitlichkeit.

Die „Dimension des Ekstatischen der Ek-sistenz“ aber und die „Transzendenz“ fallen zurück in den zeitlichen Akt der Existenz: „Die Transzendenz ist der Überstieg (sc. vom Seienden zum gründenden Sein), der so etwas wie Existenz überhaupt ... ermöglicht.“[142] In diesem transzendierenden Akt wird also am Ende nicht das „gründende Sein“ erreicht. Vielmehr gilt: „Die Hineingehaltenheit in das Nichts auf dem Grunde der verborgenen Angst ist das Übersteigen des Seienden im Ganzen: die Transzendenz.“[143]

Unter diesen Voraussetzungen aber kann nur noch Ek-sistenz selbst als einziger Ursprung allen „Sinnes des Seins“ erscheinen: „Wahrheit ‚gibt es‘ nur, sofern und solange Dasein ist ... Vordem Dasein überhaupt nicht war und nachdem Dasein überhaupt nicht mehr sein wird, war keine Wahrheit und wird keine sein.“[144] „Hält man diese grundsätzlich ontologisch-existenziale Interpretation des Begriffes von ‚Sinn‘ fest, dann muß alles Seiende von nicht daseinsmäßiger Seinsart als unsinniges, des Sinnes überhaupt wesenhaft bares begriffen werden.“[145]

[140] Holzwege, a. a. O., V, 41 f. Vgl. E. Fränzki, Die Kehre, Pfaffenweiler 1985, 57–122. G. Faden, Der Schein der Kunst, Würzburg 1986, 13–17.

[141] Sein und Zeit, a. a. O., II, 303 f.

[142] Vom Wesen des Grundes, a. a. O., IX, 137.

[143] Was ist Metaphysik?, a. a. O., IX, 118. Vgl. A. Jäger, Gott, Tübingen 1978, 397–483. H.-G. Gadamer, Heideggers Wege, Tübingen 1983, 152–163. O. Pugliese, Vermittlung und Kehre, Freiburg, München 1986, 190–207. U. Thiele, Individualität und Zeitlichkeit, Kassel 1986, 39–59.

[144] Sein und Zeit, a. a. O., II, 299 f.

[145] Ebd., 201 f.

Nachwort

Der dreifache Verlust und das Gebot der Stunde

1. Der Verlust des Menschseins

E. Husserl erkennt die „Krisis der europäischen Wissenschaften" darin, daß alle „Fragen", welche „die Welt des Universums der bloßen Tatsachen übersteigen",[1] ausgeschaltet werden und in diesem Ereignis nichts geringeres geschieht als der „Zusammenbruch des Glaubens an eine universale Philosophie als Führerin des neuen Menschen" wie an eine „absolute Vernunft, aus der die Welt ihren Sinn hat".[2] Darin aber sieht Husserl „die Krisis des europäischen Menschentums selbst in der gesamten Sinnhaftigkeit seines kulturellen Lebens, in seiner gesamten ‚Existenz'".[3] Der Mensch sei in seinem „geistigen Dasein" preisgegeben, wenn „wissenschaftliche Wahrheit ausschließlich Feststellung dessen ist, was die Welt tatsächlich ist", und wenn die „Geschichte" nichts weiteres zu lehren hat, „als daß alle Gestalten der geistigen Welt, alle den Menschen jeweils haltgebenden Lebensbindungen, Ideale, Normen wie flüchtige Wellen sich bilden und wieder auflösen".[4] Verliert der Mensch den Glauben daran, so heißt das nichts anderes als: er verliert den Glauben „an sich selbst", „an das ihm eigene wahre Sein".[5] Mit anderen Worten, in dem Maße, in dem die spezifisch geistigen Urintentionen als gegenstandslos, illusorisch, ja als „sinnlos" verspottet werden, ist nicht nur der Mensch als verstehendes Wesen in Frage gestellt,[6] sondern als in seiner Grundhaltung

[1] Die Krisis der europäischen Wissenschaften, a. a. O., VI, 7.
[2] Ebd., 10f.
[3] Ebd., 10.
[4] Ebd., 4.
[5] Ebd., 11.
[6] Vgl. PB Kap. 13.

widersinnig, weil wesenhaft einem gänzlich Irrealen zugewiesen, mithin als Fehlkonstruktion, Kuriosität ohnegleichen entwertet. Es muß klar ausgesprochen werden, daß alle Formen des Mißtrauens, ja der Verachtung gegenüber den geistigen Urfragen gleichbedeutend sind mit einer Mißachtung des Menschseins überhaupt, mit einem Verrat an ihm. Deshalb kommt es darauf an, diesem Urmißtrauen gegenüber den Frageintentionen des geistigen Menschseins das grundsätzliche Anliegen entgegenzuhalten, sie als in dessen Struktur grundgelegt und verwurzelt aufzuweisen, sie als ontologische Wirklichkeit, deren Realität daher nicht mehr zur Disposition steht, wieder ernst zu nehmen und ihre Eigenevidenz herauszuarbeiten, die freilich keine empirische oder rationale sein kann, sondern auf die Selbstbegründung, Selbstgewißheit und Selbstrechtfertigung der geistigen bzw. existentiellen Gehalte[7] rekurriert. So allein kann das Menschsein in seiner Integrität und Ganzheit zurückerobert werden.

2. Der Verlust der Philosophie und Geisteswissenschaft

Indem das geistige Menschsein preisgegeben wird und seine eigentlichen Frageanliegen ausgeschaltet sind, ist die Philosophie, wie Husserl sich ausdrückt, „enthauptet",[8] die Geisteswissenschaft ihres wahren und universellen Gegenstandsbereichs beraubt und dazu verurteilt, bei den empirischen und rationalen Wissenschaften um ein winziges und für diese weitgehend entbehrliches Arbeitsfeld zu betteln. Wie schon Nietzsche sah, macht dieser „Rest Philosophie von heute", wozu „die ganze neuere Philosophie allmählich gesunken ist", „Mißtrauen und Unmut, wenn nicht Spott und Mitleiden" gegen sich rege.[9] „Philosophie", auf „Erkenntnistheorie" reduziert, sei nur noch eine „Enthaltsamkeitslehre", die nicht mehr über die Schwelle ihres Hauses hinwegkomme und sich das Recht zum Eintritt verweigere.[10] Das sei „Philosophie in den letzten Zügen, ein Ende, eine Agonie, etwas das Mitleiden macht".[11]

Entscheidend für diese Selbstauflösung ist, daß auch die Philoso-

[7] Vgl. ME §§34–49, 92. N §§93–96.

[8] Die Krisis der europäischen Wissenschaften, a. a. O., VI, 7.

[9] WGN VII, 121.

[10] Ebd.

[11] Ebd.

phie und Geisteswissenschaft von dem Anspruch der empirischen und rationalen Wissenschaften auf Alleinherrschaft angesteckt ist und von diesen sich ihre Methode vorschreiben läßt. So hatte schon Nietzsche mit Recht bemerkt, „Wissenschaft" sei „in vollem Übermute und Unverstande" darauf aus, „der Philosophie Gesetze zu machen und ihrerseits einmal den ‚Herrn' – was sage ich! – den *Philosophen* zu spielen".[12] So ist in der Tat das Verhältnis dieser Wissenschaften durch die Anmaßung bezeichnet, das mit ihren Methoden nicht Erreichbare bereits als gegenstandslos, nicht verständlich, ja unsinnig zu entwerten, also mit außerphilosophischen, mit den geistigen nicht vertrauten Denkmethoden über Wert und Unwert der philosophieeigenen zu befinden. Das damit einhergehende technisch-ökonomische Wissenschaftsverständnis diskriminiert in gleichem Maße die völlig andersartige Zielgerichtetheit der Philosophie und Geisteswissenschaften, indem es sich selbst, d.h. Gewinn, Nutzen und Vorteil, verabsolutiert. So allein konnte es geschehen, daß ausschließlich rationalistisch und empiristisch orientierte und daher zu Unrecht in der Philosophie ein Heimatrecht beanspruchende Denker als Träger oder gar Vollender der Philosophie- und Geistesgeschichte gefeiert wurden, obgleich sie – und zwar ausdrücklich – in gar keinem Verhältnis zu ihrem eigentlichen und übergeschichtlichen Problemhorizont wie zu seiner Ausfaltung in der philosophischen Tradition stehen, ja diese gerade beenden wollen.

Angesichts dieser Situation ist es von hoher Wichtigkeit, sich auf die Eigenart und Besonderheit des geistigen Seins, durch die es sich von den empirischen und rationalen Methoden absetzt und unterscheidet, zurückzubesinnen, d.h. auf die Selbstevidenz seiner Gewißheit, die Unbedingtheit, Überzeitlichkeit, Werdelosigkeit und Urphänomenalität seines Gegenstandsbereichs wie auf die Ursprünglichkeit, Freiheit und Spontaneität seiner Erkenntnisweisen. Weiter kommt es darauf an, die aus ihren Sinn-, Bedeutungs-, Wert- und Wesensgehalten sich ergebende Selbstbegründung und Selbstrechtfertigung der geistigen Einsicht wie ihre daraus hervorgehende Vorbegrifflichkeit und Vorrationalität, ihre Erfahrungstranszendenz und nicht zuletzt ihre Verifikation und Bestätigung aus der Erfahrung des existentiellen Selbstseins[13] klar zu sichten und neu ins Bewußtsein zu rufen. So ist viel daran gelegen, daß Philosophie und Geisteswissenschaften bei aller Konspiration mit den Naturwissenschaften oder der Mathematik sich diesen nicht zum Opfer bringen, sondern ihre Eigenwürde be-

[12] Ebd., VII, 119.
[13] Vgl. ME §§ 34–49, 92. N §§ 93–96.

greifen, die in der Eigengesetzlichkeit, Selbstursprünglichkeit und dem Eigenwert des geistigen Seins ihren entscheidenden Grund hat.

3. Der Sinn- und Wertverlust

Die nihilistische Preisgabe aller Sinngehalte ist insofern inhuman, als sie „die dringlichste aller Fragen“ (Camus[14]), die Frage, ob „das Leben“ einen „Sinn“ habe und mithin sich „lohne“[15] oder nicht, unbeantwortet, ja den Menschen in seiner Fragenot im Stich läßt. Mit erstaunlicher Konsequenz zieht sich die Gegenwartsphilosophie auf eine für die Grundfragen des Lebens und Daseins völlig belanglose „tote Richtigkeit“[16] zurück, die unempfindsam ist gegenüber der Frage nach Gewicht und Bedeutung einer Aussage für diese Lebensprobleme. Damit verbunden ist der Verlust der Sinn-Kategorien wie der Teilhabe, des Ausdrucks, der Gegenwärtigkeit, der Mitteilung und folglich der Verlust des mehrdimensionalen Denkens überhaupt.[17] Dafür bezeichnend ist die Tatsache, daß der Sinn immer wieder dort gesucht wird, wo er außerordentlich schwer zu verifizieren ist, weil hier keine Wege zu seiner Erprobung und Selbsterfahrung offen stehen, nämlich in allen uns äußerlich bleibenden Erscheinungsweisen von Welt, Zeit und Geschichte. Um so mehr kommt es darauf an, die große Fülle der Sinngehalte, die uns in den Erfahrungen unseres geistigen und existentiellen Seins gegeben sind, zu bergen und durch ihren seinem Selbstvollzug unverzichtbaren Charakter als seiner Struktur wesenhafte, mithin wirkliche, weil darin wirksame Gegebenheiten auszuweisen und gegen den Projektionsverdacht zu schützen.[18] Das heißt, die geistige und existentielle Selbsterfahrung mit ihren Möglichkeiten der Verifikation und Erprobung[19] muß unbedingt als der entscheidende Weg zu wirklicher und zweifelsfreier Sinnfindung aufgewiesen werden.

[14] Der Mythos von Sisyphos, 9.

[15] Ebd.

[16] W. Hochkeppel, Mythos Philosophie, 111.

[17] Vgl. ST 513–592. GN Kap. 4–6. GS Kap. 12, 13.

[18] Vgl. PB Kap. 9–11. ME §§ 34–49. N §§ 93–96. W. Weier, Existenz zwischen Unbedingtheit und Endlichkeit, 263–292.

[19] Vgl. W. Weier, Die Legitimation existenzanalytischer Methode, in: Religion als Selbstfindung. Grundlegung einer Existenzanalytischen Religionsphilosophie, Paderborn, München, Wien, Zürich 1991, Kap. 3, 8–10, ME §§ 13–49, besonders § 92.

In der ungelenkten Radikalität und ungezügelten Exzessivität ihrer typisch neuzeitlichen Fassung[20] führen die Motive der Freiheit, Sicherheit und Wahrhaftigkeit in einer negativen Dialektik[21] nicht nur nicht ans Ziel ihrer Beweggründe, sondern enden im Gegenteil ihrer ursprünglichen Zielsetzung. Denn im Dasein im Nichts als dem völlig Sinn-, Wert- und Wesenlosen tritt an die Stelle der absoluten Freiheit Ursprungslosigkeit und Selbstverlust, also Unfreiheit,[22] an die Stelle der uneingeschränkten Sicherheit Ungewißheit, Unvernunft und Verlorenheit, also Unsicherheit,[23] und an die Stelle des radikalen Echtheitswillens ein Jonglieren mit Perspektiven, Methoden, Theorien und Illusionen, also die Unaufrichtigkeit.[24] Deshalb stellen diese Motive die Gegenwart vor die noch unbewältigte Aufgabe, sie auf ihre Uranliegen zurückzubringen. Sofern diese aber sich letztlich als unbedingte Wertforderungen zeigen, beinhaltet diese Aufgabe den Auftrag, sie selbst und ihre Sinnimplikationen[25] vor dem neuzeitlichen Nihilismus zu bewahren. Dies ist aber nur möglich durch ihre grundsätzliche Öffnung gegenüber der Dimension der zeitüberlegenen, werdelosen, urphänomenalen, unbedingten und unabänderlichen Sinn-, Wert- und Wesensgehalte. Damit ist gemeint: die Selbstwerdung der Freiheit und die Entfaltung der Kreativität in Teilhabe am Sinn der Freiheit, Selbstursprünglichkeit und Einzigartigkeit,[26] die Neubegründung der Sicherheit in der Verwirklichung des Sinnes der Autonomie[27] und die Wandlung des Echtheitswillens aus seinem Bezug zum unbedingten Wert der Wahrhaftigkeit.[28] In diesem Auftrag liegt das Vermächtnis der Neuzeit und Gegenwart, die Ankündigung ihres Endes und der Beginn eines nachnihilistischen Zeitalters, einer wirklichen „Postmoderne".[29]

[20] Vgl. GN Kap. 4–6.

[21] Vgl. N §§ 82–92.

[22] Vgl. N §§ 82–84.

[23] Vgl. N §§ 85–88.

[24] Vgl. N §§ 89–92.

[25] Vgl. N §§ 93–100, 117–120.

[26] Vgl. N §§ 97, 98. ME §§ 46, 47. PB Kap. 9–11. W. Weier, Die Frage nach der Möglichkeit existentieller Kreativität, 75–94.

[27] Vgl. N § 99. W. Weier, Existenz zwischen Unbedingtheit und Endlichkeit, 263–292.

[28] Vgl. N § 100.

[29] Vgl. das Verständnis derselben in: P. Koslowski, Die postmoderne Kultur. Gesellschaftlich-kulturelle Konsequenzen der technischen Entwicklung, München 1987, 17–40.

Namenregister